Joachim Hurth

Erfolgsfaktoren im mittelständischen Einzelhandel

Band 11

Herausgegeben von

Bruno Tietz (†)

Hans-Peter Liebmann

Joachim Zentes

Joachim Hurth

Erfolgsfaktoren im mittelständischen Einzelhandel

Wie aus Kleinen Riesen Local Heroes werden

Deutscher Fachverlag

Die Deutsche Bibliothek - CIP-Einheitsaufnahme

Hurth, Joachim:
Erfolgsfaktoren im mittelständischen Einzelhandel : Wie aus kleinen Riesen local heroes werden / Joachim Hurth. - Frankfurt am Main : Dt. Fachverl., 1998
(Zukunft im Handel ; Bd. 11)
Zugl.: Diss.
ISBN 3-87150-602-8

ISBN 3-87150-602-8
ISSN 1433-8130

Umschlag: Art & Work, Frankfurt am Main
Druck und Bindung: Strauß Offsetdruck GmbH, Mörlenbach

Geleitwort

In der neueren wissenschaftlichen Diskussion des strategischen Managements nimmt die Erfolgsfaktorenforschung einen wichtigen Stellenwert ein. So wird in zahlreichen theoriegeleiteten empirischen Studien versucht, Faktoren zu extrahieren, die als Ursache überdurchschnittlicher Performance, gemessen bspw. an Branchenwerten, betrachtet bzw. als Kausalfaktoren eingestuft werden können.

Erfolgsfaktorenanalysen liegen auch aus Untersuchungen vor, die Handelsunternehmen zum Untersuchungsobjekt haben. Dennoch ist ein beachtliches Forschungsdefizit festzustellen. Dieses Defizit ist im wesentlichen in der Vernachlässigung von Klein- und Mittelbetrieben des Handels zu sehen. In ähnlicher Form - wenngleich nicht mit dem gleichen Ausmaß - gilt dies auch für die Erfolgsanalyse mittelständischer Unternehmen anderer Branchen.

Andererseits lassen sich - im Sinne einer „Alltagsbeobachtung" - zahlreiche mittelständische Handelsunternehmen ausmachen, die als „ Platzhirsche" an ihren jeweiligen Standorten mehr Umsatz bzw. höhere Marktanteile erzielen und - wie vereinzelte deskriptive Analysen aufzeigen - auch höhere bzw. weit überdurchschnittliche Renditen erwirtschaften. Diesen erfolgreichen Handelsunternehmen mit nur einer lokalen bzw. regionalen Marktbedeutung („local heroes" oder „hidden champions") stehen national oder gar global agierende Handelsunternehmen gegenüber, über deren strategische Orientierungen, so ihre Expansion, auch in der Wirtschaftspresse viel berichtet wird, die aber - verglichen mit den local heroes - oftmals geringere Performancewerte aufweisen, dagegen größere Umsätze und Marktanteile.

Es stellt sich somit die empirisch relevante und für die Wirtschaftspraxis gleichermaßen bedeutsame Frage nach den Ursachen des Erfolgs dieser mittelständischen Unternehmen, die sich in Zeiten stagnierender oder gar rückläufiger Märkte bei gleichzeitig zunehmender Umsatzkonzentration nicht nur gegenüber den „großen Playern" behaupten, sondern ihre Position sogar ausbauen.

Aus theoretischer Sicht ist dieses gleichermaßen von Interesse. So stellt sich die Frage, ob die vorliegenden Erkenntnisse zur Erklärung des Erfolgs von Unternehmen, die meist bzw. ausschließlich - oftmals nur implizit - aus Studien von Großunternehmen hergeleitet wurden, auf mittelständische Handelsunternehmen übertragbar sind, oder ob es andere Faktoren gibt, die den Erfolg dieser Unternehmen determinieren.

Dieses Forschungsziel verfolgt Joachim Hurth mit seiner Arbeit. So ermittelt er mit seiner theoriegestützten empirischen Untersuchung kritische Erfolgsfaktoren, die erfolgreiche von weniger erfolgreichen mittelständischen Einzelhandelsunternehmen unterscheiden. Zugleich gelingt es ihm, Strategische Gruppen, im Sinne von Situations-Verhaltensmustern, zu identifizieren und den Einfluß der Gruppenzugehörigkeit auf den Erfolg zu analysieren.

Joachim Hurth erreicht zugleich ein weiteres Ziel. So gelingt es ihm, für mittelständische Handelsunternehmen konkrete Handlungsempfehlungen abzuleiten. Auch die Mittelstandspolitik wird durch die Erkenntnisse von Joachim Hurth bereichert. Er zeigt Richtungen auf, die eine mittelstandsorientierte Förderpolitik verfolgen sollte. Der Arbeit ist daher nicht nur im wissenschaftlichen Bereich, im Bereich der Handelspraxis, sondern auch in den staatlichen und nichtstaatlichen Institutionen, z.B. Ministerien, Kammern und Verbänden, eine breite Verbreitung zu wünschen.

Saarbrücken, im Juli 1998 (Joachim Zentes)

Vorwort

Der Mittelstand ist seit einiger Zeit, vor allem aufgrund seiner positiven Beschäftigungseffekte, verstärkt in der Diskussion. Die kleinen und mittleren Unternehmen des Einzelhandels haben große wirtschaftliche Bedeutung. So stellen Betriebe mit bis zu 99 Mitarbeitern 96,6 % der Unternehmen. Der Marktanteil des mittelständischen Handels ist allerdings zurückgegangen durch die Zunahme von Großflächen und die zunehmende Filialisierung und Konzentration.

Trotz diesen schwierigen Bedingungen gibt es über alle Branchen Beispiele sehr erfolgreicher mittelständischer Handelsunternehmen, hier als Local Heroes bezeichnet.

Ziel der Untersuchung ist es, die Unterschiede zwischen erfolgreichen und weniger erfolgreichen Unternehmen des mittelständischen Einzelhandels zu analysieren, um daraus Handlungsempfehlungen abzuleiten.

Es zeigt sich, daß vor allem die Kleinen Riesen, kleine Filialsysteme und große Solitäre, die Local Heroes und damit die künftigen Gewinner des Einzelhandels sind.

Die vorliegende Arbeit wurde im Sommersemester 1998 als Dissertation an der Rechts- und Wirtschaftswissenschaftlichen Fakultät der Universität des Saarlandes angenommen.

Aufrichtig danken möchte ich Herrn Professor Dr. Joachim Zentes für die ausgezeichnete Betreuung. Nach dem Tod meines ersten akademischen Lehrers, Professor Dr. Bruno Tietz, dem ich posthum für viele wichtige Erfahrungen danken möchte, wäre die Durchführung meines Promotionsvorhabens ohne das Engagement von Prof. Dr. Zentes nicht möglich gewesen.

Danken möchte ich weiter allen Gesprächspartnern, die mir im Rahmen meiner Untersuchung Rede und Antwort standen, den Kollegen und Freunden aus meiner Zeit am Handelsinstitut und am Institut für Handel und Internationales Marketing und Herrn Professor Dr. Peter Weinberg, meinem Zweitkorrektor.

Einen großen persönlichen Dank schulde ich meinen Eltern Christa und Norbert, die mir alles ermöglicht haben.

Meiner Frau Susanne widme ich dieses Buch. Ohne Ihre Unterstützung wäre die Arbeit nicht zustande gekommen.

Saarbrücken, im Juli 1998 Joachim Hurth

Inhaltsverzeichnis

Tabellenverzeichnis

Übersichtenverzeichnis

Abkürzungsverzeichnis

a.L.	=	am Lech
a.M.	=	amMain
Aufl.	=	Auflage
BAG	=	Bundesarbeitsgemeinschaft der Mittel- und Großbetriebe des Einzelhandels e.V.
BBE	=	Betriebswirtschaftliche Beratungsstelle für den Einzelhandel
Bd.	=	Band
bzw.	=	beziehungsweise
BMWi	=	Bundesministerium für Wirtschaft
DBW	=	Die Betriebswirtschaft
d.h.	=	das heißt
Diss.	=	Dissertation
DUV	=	Deutscher Universitätsverlag
d.s.	=	das sind
ECU	=	European Currency Unit
EU	=	Europäische Union
e.V.	=	eingetragener Verein
f.	=	folgende
FAZ	=	Frankfurter Allgemeine Zeitung
F&E	=	Forschung und Entwicklung
GDI	=	Gottlieb Duttweiler Institut
GfK	=	Gesellschaft für Konsum-, Markt- und Absatzforschung
ggf.	=	gegebenenfalls
HGZ	=	Handels- und Gaststättenzählung
Hrsg.	=	Herausgeber
hrsg. v.	=	herausgegeben von
i.A.	=	im Allgemeinen
i.d.R.	=	in der Regel
i.e.S.	=	im engen Sinne, im engeren Sinne
IfH	=	Institut für Handelsforschung
Ifo	=	Institut für Wirtschaftsforschung
i.w.S.	=	im weiten Sinne, im weiteren Sinne
Jg.	=	Jahrgang
KMO	=	Kaiser-Meyer-Olkin
KMU	=	Kleine und mittlere Unternehmen
LZ	=	Lebensmittel Zeitung
Mio.	=	Millione(n)
Mrd.	=	Milliarde(n)
Nr.	=	Nummer
o.J.	=	ohne Jahr
o.O.	=	ohne Ort

o.S.	=	ohne Seite
o.V.	=	ohne Verfasser
PIMS	=	Profit Impact of Market Strategies
qm	=	Quadratmeter
RGH	=	Rationalisierungs-Gemeinschaft des Handels
ROI	=	Return on Investment
S.	=	Seite
SME	=	Small and Medium-Sized Enterprise
sog.	=	sogenannte(r)
Sp.	=	Spalte
SPSS	=	Statistical Package for Social Science
TW	=	Textilwirtschaft
u.a.	=	unter anderem, und andere
usw.	=	undsoweiter
u.U.	=	unter Umständen
vgl.	=	vergleiche
WiSt	=	Wirtschaftswissenschaftliches Studium
WISU	=	Das Wirtschaftsstudium
WWS	=	Warenwirtschaftssystem
z.B.	=	zum Beispiel
ZfB	=	Zeitschrift für Betriebswirtschaft
ZfbF	=	Zeitschrift für betriebswirtschaftliche Forschung
ZFP	=	Zeitschrift für Forschung und Praxis
zit.	=	zitiert
z.T.	=	zum Teil
z.Z.	=	zur Zeit

Erstes Kapitel: Ziel und Abgrenzung der Arbeit

A. Charakterisierung der Untersuchung

I. Problemstellung

Bedeutung und Schwierigkeiten des Mittelstandes

Der Mittelstand ist in jüngster Zeit verstärkt in der Diskussion, insbesondere aufgrund der positiven Beschäftigungseffekte. Nach neuesten Zahlen haben die Betriebe ab 1 000 Mitarbeiter in Westdeutschland zwischen 1990 und 1995 etwa 750 000 Beschäftigte abgebaut. Im selben Zeitraum haben die kleinen und mittleren Unternehmen fast 1 Mio. Arbeitsplätze neu geschaffen.[1]

Der Mittelstand hat große Bedeutung. Etwa drei Viertel aller Arbeitnehmer arbeiten in Betrieben mit weniger als 500 Beschäftigten. Im Einzelhandel werden je nach Abgrenzung rund 96 bis 99 % der Unternehmen dem Mittelstand zugerechnet.[2]

Die Wettbewerbssituation kleiner und mittlerer Unternehmen im Einzelhandel ist in den vergangenen Jahren durch folgende Tendenzen geprägt:

- Ausweitung der Marktanteile großflächiger Betriebsformen,
- Fortschreitung von Filialisierung und Franchising und
- Zunahme der Konzentration im Einzelhandel.

Der Umsatz der kleinen und mittleren Fachgeschäfte ging von 1980 55,4 % auf 36,1 % im Jahre 1995 zurück.[3] Trotz dieser schwierigen Bedingungen gelingt es einigen mittelständischen Händlern, erfolgreich zu überleben. Nach wie vor werden die ver-

---

1 Vgl. o.V.: Mittelstand, Die Kleinen schaffen Arbeitsplätze, in: BAG Handelsmagazin, 1997, Nr. 5, S. 9.

2 Vgl. exaktere Daten im Zweiten Kapitel Grundlagen.

3 Vgl. ebenfalls das Zweite Kapitel Grundlagen.

gleichsweise höchsten Renditen von mittelständischen Unternehmen erzielt. Viele davon sind „Platzhirsche“ seit mehr als einer Generation.[4]

Defizite der Forschung

Verglichen mit der Erforschung von Erfolgsfaktoren von Großunternehmen des Handels muß die Untersuchung der Erfolgsursachen in Klein- und Mittelbetrieben des Handels als unterentwickelt angesehen werden: „Die Erforschung mittelständischer Erfolgsfaktoren muß als äußerst mangelhaft eingestuft werden.“[5] Die Erfolgsfaktorenuntersuchungen im Handel hatten bisher vor allem Filialsysteme zum Gegenstand.[6] Nur wenige Untersuchungen haben sich mit kleinen und mittleren Unternehmen des Einzelhandels, zu denen auch Kleinfilialisten, d.h. Filialisten mit wenigen Filialen, zählen, beschäftigt.[7]

II. Zielsetzung

Als Kern der Erfolgsfaktorenforschung kann das Extrahieren von Einflußgrößen auf den Erfolg aufgefaßt werden. Als Erfolgsfaktoren werden dabei die Einflußgrößen verstanden, die erfolgreiche von nicht erfolgreichen Unternehmen unterscheiden.[8] Von einem Erfolgsfaktor ist auszugehen, wenn das betreffende Konstrukt in besonderem Maße bei den erfolgreichen Betrieben zutrifft, und zugleich bei den weniger erfolgreichen unterdurchschnittlich ausgeprägt ist.[9]

---

4 Vgl. Tietz, Bruno: Einzelhandelsperspektiven für die Bundesrepublik Deutschland bis zum Jahre 2010, (Deutscher Fachverlag) Frankfurt a.M. 1992, S. 251.

5 Vgl. Daschmann, Hans-Achim: Erfolgsfaktoren mittelständischer Unternehmen, (Schäffer-Poeschel) Stuttgart 1994, S. 76.

6 Vgl. z.B. Falter, Hartmut: Wettbewerbsvorteile von Filialbetrieben, (DUV) Wiesbaden 1992; vgl. Kube, Christian: Erfolgsfaktoren in Filialsystemen, (Gabler) Wiesbaden 1991.

7 Vgl. z.B. Wölk, Andrea: Zukunftschancen kleiner und mittlerer Unternehmen im Einzelhandel, hrsg. v. Forschungsstelle für den Handel Berlin (Ffh) e.V., Berlin 1991.

8 Vgl. Hildebrandt, Lutz: Erfolgsfaktorenforschung im Handel, in: Trommsdorff, Volker (Hrsg.): Handelsforschung 1986, Forschungsstelle für den Handel Berlin (FfH) e.V., (Gabler) Wiesbaden 1986, S. 37-52, S. 38.

9 Vgl. Patt, Paul-Josef: Strategische Erfolgsfaktoren im Einzelhandel, 2. Aufl., (Peter Lang) Frankfurt a.M. u.a. 1990, S. 72.

Die Existenz erfolgreicher mittelständischer Einzelhändler trotz großer Probleme der Mehrzahl der Unternehmen und die mangelnde Berücksichtigung in der Forschung führen zum **ersten Forschungszielbündel**:

1. Ermittlung kritischer Erfolgsfaktoren, die erfolgreiche und weniger erfolgreiche mittelständische Einzelhändler unterscheiden,
2. empirische Überprüfung der Wirkungen,
3. Implikationen für den mittelständischen Einzelhandel und die Forschung.

Die Erfolgsfaktorenforschung geht davon aus, daß es für jede Situation gültige Erfolgsfaktoren nicht geben kann.[10] Zur Reduktion der Komplexität der Umwelt bietet sich die Gruppenbildung an.[11] Aufgrund dieser Überlegung wird ein **weiteres Forschungszielbündel** formuliert:

1. Ermittlung von Situations-Verhaltensmustern (Strategische Gruppen),
2. Analyse des Einflusses der Gruppenzugehörigkeit auf den Erfolg,
3. Implikationen für den mittelständischen Einzelhandel und die Forschung.

Erfolgsfaktoren können eine Vielzahl von Konstrukten sein. Grundsätzlich könnte man die Meinung vertreten, daß alle bestimmbaren Erfolgsfaktoren zu berücksichtigen sind. Diesem Wunsch nach Vollständigkeit kann aus Gründen der Handhabbarkeit und Transparenz der Untersuchung nicht entsprochen werden. Viele Erfolgsfaktoren können auf andere, hierarchisch niedrigere, Konstrukte zurückgeführt werden. Es können somit eine fast unbeschränkte Zahl von potentiellen Erfolgsfaktoren aufgestellt werden. Eine große Anzahl erhöht jedoch deren interkorrelative Beziehungen und verstärkt das Zurechnungsproblem. Die Qualität der Ergebnisse nimmt daher nicht mit steigender Konstruktzahl zu.[12] Ziel muß es sein, strategische bzw. kritische Erfolgsfaktoren zu

---

[10] Vgl. Müller-Hagedorn, Lothar; Greune, Malte: Erfolgsfaktorenforschung und Betriebsvergleich im Handel, in: Müller-Hagedorn, Lothar (Hrsg.): Mitteilungen des Instituts für Handelsforschung an der Universität zu Köln, 44. Jg., 1992, Nr. 9, S. 121-131, S. 124.

[11] Zur Typenbildung im Rahmen der Kontingenztheorie und zu den Wettbewerbsstrategien und dem Konzept der Strategischen Gruppe wird im Dritten Kapitel Stellung genommen.

[12] Vgl. Bürkner, Sven: Erfolgsfaktorenforschung und Marketing-Management, Studien- und Arbeitspapiere Marketing, Nr. 16, Institut für Marketing, Universität München 1996, S. 15-16.

bestimmen, die den Erfolg nachhaltig und längerfristig beeinflussen.[13] Demnach ist eine Vorauswahl wesentlicher Einflußgrößen zu treffen.[14]

Die Untersuchung berücksichtigt über die aufgezeigten Zielsetzungen hinaus die **Besonderheiten von Mittelstand und Handel**. Es erscheint durchaus plausibel, daß Art, Stärke und Zusammenwirken von Erfolgsfaktoren mit der Unternehmensgröße differieren.[15] Die Notwendigkeit mittelstandsspezifischer Forschung ergibt sich aus der Feststellung, daß Größe allein keinen Erfolg garantiert: „Größe und Marktstellung um jeden Preis sind keine Garanten für den Erfolg."[16] Folgende Besonderheiten des Handels machen die Notwendigkeit handelsspezifischer Erfolgsfaktorenforschung deutlich:

- Sortimentsorientierung vor Produktorientierung,
- Gleichrangigkeit von Absatz und Beschaffung,
- größere Verbrauchernähe,
- größere Orientierung an lokalen Märkten („all business is local") und
- die Vielzahl von Betriebsformen und Betriebstypen.[17]

III. Abgrenzung

Die mit dem Mittelstandsproblem verwandten Aspekte Gründungs-, Insolvenz- und Krisenforschung werden hier ausgeklammert. Alle beschäftigen sich mit sehr spezifischen Situationen, die großen Einfluß ausüben und den Vergleich der Merkmale erfolgreicher versus nicht erfolgreicher Unternehmen erschweren. Aufgrund der Umweltfaktoren und der Charakteristika von Existenzgründungen stimmt z.B. keine der Gründungssituationen mit einer anderen überein. Dadurch ist die Bedeutung eines generellen Erfolgsfaktorenkataloges für derartige Situationen als gering einzuschätzen.[18]

---

13 Vgl. Daschmann, Hans-Achim: Erfolgsfaktoren mittelständischer Unternehmen, (Schäffer-Poeschel) Stuttgart 1994, S. 11.

14 Vgl. Kube, Christian: Erfolgsfaktoren in Filialsystemen, (Gabler) Wiesbaden 1991, S. 55.

15 Rehkugler, Heinz: Erfolgsfaktoren der mittelständischen Unternehmen, in: WISU, 18. Jg., 1989, Nr. 11, S. 626-632.

16 Olbrich, Rainer: Erfolgspositionen im Lebensmittelhandel, Ergebnisse und Konsequenzen einer repräsentativen Befragung, in: ZfB, 64. Jg., 1994, Nr. 4, S. 425-442, S. 432.

17 Vgl. Patt, Paul-Josef: Strategische Erfolgsfaktoren im Einzelhandel, 2. Aufl., (Peter Lang) Frankfurt a.M. u.a. 1990, S. 13.

18 Vgl. Bädecker, Petra: Erfolgsfaktoren von Existenzgründungen im Facheinzelhandel, Diplomarbeit, Universität Göttingen 1995, S. 56.

Auf die Problematik von Familienunternehmen wird nicht spezifisch eingegangen.[19] Als Betrachtungsebene der Studie wird das Gesamtsystem Unternehmen ausgewählt.[20]

Eine sachliche Abgrenzung ergibt sich aus der Beschränkung auf den stationären Einzelhandel in Deutschland. Zeitlich gesehen liegt eine Querschnittsuntersuchung vor.

IV. Restriktionen

Restriktionen der Untersuchung sind die fehlende Konsumentenmeinung und der Querschnittscharakter der Erhebung. Weiter ist die Spezifität, d.h. die Übertragbarkeit der Ergebnisse, von Interesse.

Die Vernachlässigung der Kundenurteile tangiert die Bereiche Erfolgsindikator und Erfolgsfaktor. Hinsichtlich der Erfolgsindikatoren erscheinen Kundenurteile vernachlässigbar, solange quantitative Größen wie Umsatz oder Gewinn zur Operationalisierung des Erfolgs verwendet werden. Problematischer ist der Aspekt Erfolgsfaktor, z.B. dürfte die Freundlichkeit des Personals über eine Managerbefragung nicht valide zu prüfen sein. Andererseits sind die Anforderungen an Konsumentenbefragungen, z.B. die Kontrolle situativer Einflüsse, bei einer großen Zahl von zu untersuchenden Unternehmen an verschiedenen Standorten nur schwer zu erfüllen. Darüber hinaus erscheint die Annahme linearer Zusammenhänge zwischen Einstellungskonstrukten und Erfolgsgrößen unrealistisch. „Durch die zusätzliche Erfassung konsumentenorientierter Determinanten kann der empirische Aussagegehalt der Erfolgsfaktorenforschung nicht in jedem Fall erhöht werden."[21] Aus den genannten und aus forschungsökonomischen Gründen wird auf Konsumentenbefragungen verzichtet. Für jedes Konstrukt muß eine konsumentenunabhängige Operationalisierung gefunden werden.

Bei Längsschnittanalysen muß die Konstanz der Umweltfaktoren, die Einflüsse ausüben, gewährleistet werden. Dies ist für eine Vielzahl von Konstrukten, z.B. branchenabhängige Konjunkturschwankungen, sehr schwierig. Querschnittsuntersuchungen, die relative Größen berücksichtigen, z.B. Branchendurchschnittswerte, haben diese Pro-

---

19 Vgl. zu den Besonderheiten von Familienunternehmen z.B. Wimmer, Rolf u.a.: Familienunternehmen, Chancen und Risiken, (Gabler) Wiesbaden 1996; vgl. Hinterhuber, Hans H.; Rechenauer, Ottmar; Stumpf, Monika (Hrsg.): Die mittelständische Familienunternehmung, (Peter Lang) Frankfurt a.M. u.a. 1994.

20 Damit werden Erfolgsaspekte einzelner Filialen nicht betrachtet.

21 Burmann, Christoph: Fläche und Personalintensität als Erfolgsfaktoren im Einzelhandel, (Gabler) Wiesbaden 1995, S. 155-156.

bleme nicht. Bei der Querschnittsanalyse ist darauf zu achten, daß nicht untersuchte Einflußgrößen möglichst homogen sind. Eine Möglichkeit zur Homogenisierung des Kontextes ist die Typenbildung.[22] Dies impliziert die Untersuchung von Situations-Verhaltens-Mustern.[23]

Eine weitere wichtige Fragestellung ist die Branchenabgrenzung der Untersuchung. Die Eingrenzung der Untersuchungsobjekte auf einen Betriebstyp oder eine Branche läßt nur eine begrenzte Reichweite der Ergebnisse zu. Die Homogenität der Untersuchungsobjekte ermöglicht allerdings konkrete Aussagen, da die branchenspezifischen Umwelteinflüsse berücksichtigt werden. Die Forderungen nach situationsabhängigen Aussagen einerseits und praktischer Spezifizierung andererseits schließen sich gegenseitig aus. Es handelt sich um ein typisches Dilemma der Erfolgsfaktorenforschung.[24] Wenn die zentrale Idee der Erfolgsfaktorenforschung ist, daß trotz Mehrdimensionalität und Multikausalität einige zentrale Einflußgrößen existieren,[25] dann muß es Ziel der Erfolgsfaktorenforschung sein, branchenübergreifende Erfolgsfaktoren zu ermitteln.

Darüber hinaus wird die Spezifität der Untersuchung durch die Zielsetzung, die Ermittlung von Erfolgsfaktoren des mittelständischen Einzelhandels, bestimmt. Aufgrunddessen wird eine branchenübergreifende Untersuchung vorgenommen.

---

22 Vgl. Burmann, Christoph: Fläche und Personalintensität als Erfolgsfaktoren im Einzelhandel, (Gabler) Wiesbaden 1995, S. 90, S. 220.

23 Vgl. Patt, Paul-Josef: Strategische Erfolgsfaktoren im Einzelhandel, 2. Aufl., (Peter Lang) Frankfurt a.M. u.a. 1990, S. 240.

24 Vgl. Kube, Christian: Erfolgsfaktoren in Filialsystemen, (Gabler) Wiesbaden 1991, S. 55 f.; vgl. Schröder, Hendrik: Erfolgsfaktorenforschung im Handel - Stand der Forschung und kritische Würdigung der Ergebnisse, in: Marketing-ZFP, 16. Jg., 1994, Nr. 2, S. 89-105, S. 94; vgl. Trommsdorff, Volker: Erfolgsfaktorenforschung, Produktinnovation und Schnittstelle Marketing, F&E, Diskussionspapier 143, Wirtschaftswissenschaftliche Dokumentation, Technische Universität Berlin 1990, S. 20; vgl. Wahle, Peter: Erfolgsdeterminanten im Einzelhandel, (Peter Lang) Frankfurt a.M. u.a. 1991, S. 10.

25 Vgl. Leidecker, Joel K.; Bruno, Albert V.: Identifying and Using Critical Success Factors, in: Long Range Planning, 17. Jg., 1984, Nr. 1, S. 23-32, S. 24.

B. Ablauf der Untersuchung

Der in der folgenden Übersicht (vgl. Übersicht B-1) dargestellte Ablauf der Untersuchung entspricht der Grobgliederung der Arbeit. Nach dem einführenden Teil werden die Grundlagen (Zweites Kapitel) erörtert, insbesondere auf Begriffe und Abgrenzungen wird eingegangen.

Das theoretische Basismodell (Drittes Kapitel) diskutiert drei grundlegende theoretische Bausteine auf deren Auswahl noch eingegangen wird. Im Dritten Kapitel wird die Erfolgsrelevanz potentieller Einflußgrößen aus theoretischen Ansätzen abgeleitet.

Die empirische Untersuchung wird durch die Metaanalyse, den Bezugsrahmen und das Erhebungsdesign vorbereitet. Die Metaanalyse besteht aus einer Diskussion theoretischer Grundlagen und aus der Analyse einer Auswahl bisheriger empirischer Studien und unterstützt die Operationalisierung der Hypothesen. Der Bezugsrahmen der Untersuchung ermöglicht die Einordnung der verschiedenen Teilbereiche in ein vorgegebenes Raster. Das Erhebungsdesign umfaßt die Vorgehensweise bei der Erhebung der empirischen Daten.

Die Auswertung (Fünftes Kapitel) orientiert sich an den forschungsleitenden Hypothesen. Weiter werden spezifische Hypothesen zu den im Dritten Kapitel als erfolgsrelevant hergeleiteten Konstrukten gebildet. Während dort nur die Relevanz hergeleitet wird, wird in diesem Kapitel auch die Wirkungsrichtung festgelegt. Die Implikationen (Sechstes Kapitel) bilden den Abschluß der Arbeit.

Übersicht B-1: Ablauf der Untersuchung

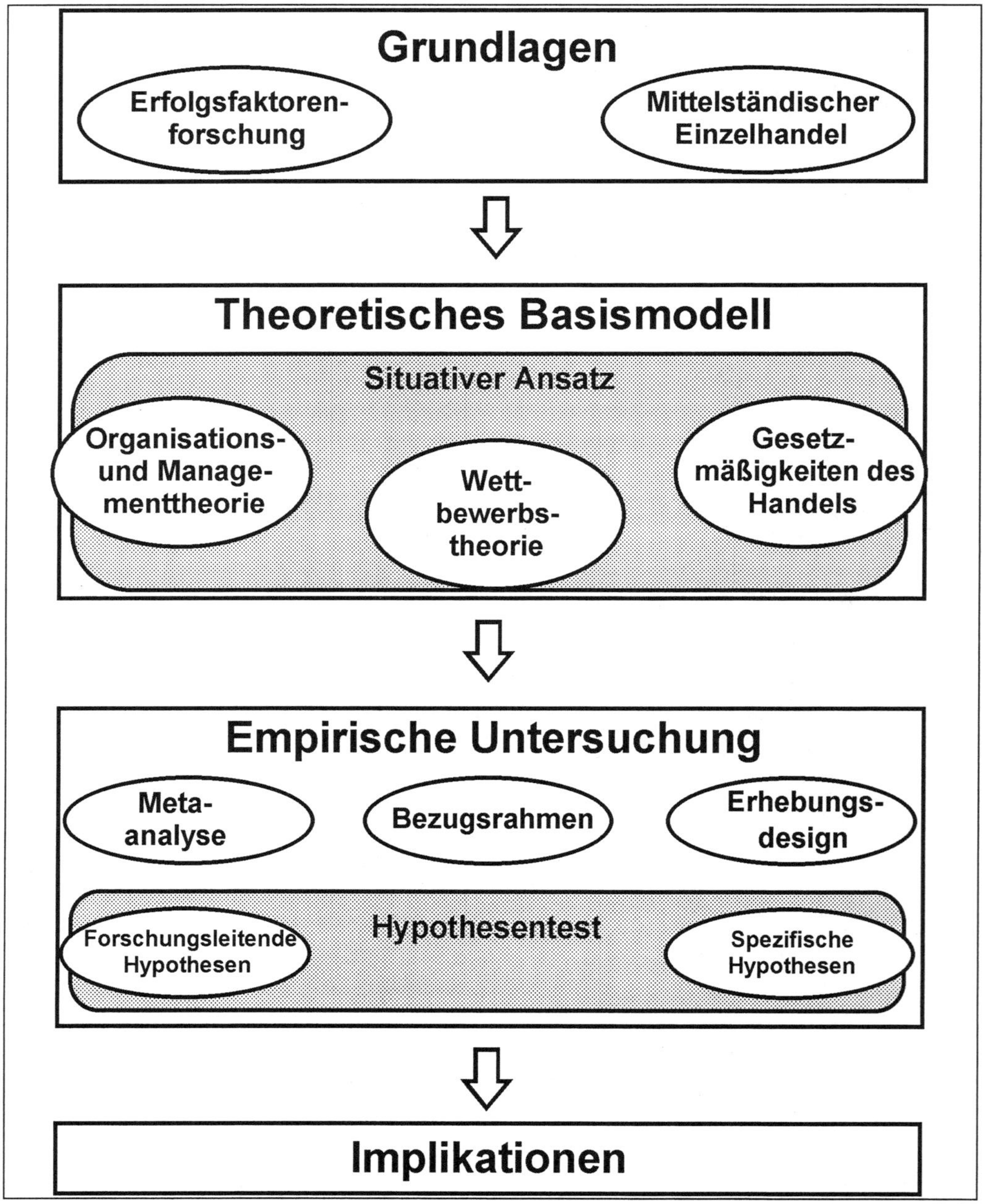

Zweites Kapitel: Grundlagen der Untersuchung

C. Mittelständische Handelsunternehmen

I. Begriff

1. Mittelstand

In der Literatur werden die Begriffe Klein- und Mittelbetriebe sowie Mittelstand häufig synonym verwandt obwohl der Begriff Mittelstand auch eine soziologische Dimension hat.[26] Die quantitative Betrachtung der kleinen und mittleren Unternehmen (KMU) muß ergänzt werden durch qualitative Merkmale. Nicht die Betriebsgröße steht im Vordergrund, sondern ein Betriebstyp.[27]

Als qualitative Abgrenzungsmerkmale des Begriffs Mittelstand gelten u.a.:

- die zentrale Stellung und Bedeutung des Unternehmers im Betrieb,
- die Überschaubarkeit des Betriebes durch die Person des Unternehmers, der aktive Mitarbeit leistet,[28]
- der stark informelle Charakter der Organisation und die dadurch bedingte Flexibilität,
- die Ausrichtung des Betriebes auf kleine Nachfragemengen und
- der geringe Filialisierungsgrad.[29]

---

26 Vgl. Pfohl, Hans-Christian: Abgrenzung der Klein- und Mittelbetriebe von Großbetrieben, in: Pfohl, Hans-Christian (Hrsg.): Betriebswirtschaftslehre der Klein- und Mittelbetriebe, 2. Aufl., (Erich Schmidt) Berlin 1990, S. 1-23, S. 2.

27 Vgl. Daschmann, Hans-Achim: Erfolgsfaktoren mittelständischer Unternehmen, (Schäffer-Poeschel) Stuttgart 1994, S. 51.

28 Vgl. Krickhahn, Thomas: Die wirtschaftlichen Verbände des Mittelstands in Deutschland, (DUV) Wiesbaden 1995, S. 14.

29 Vgl. Rationalisierungs-Gemeinschaft des Handels beim RKW e.V.: Zur Lage des mittelständischen Facheinzelhandels, (RGH mbH Rationalisierungs-Gemeinschaft des Handels beim RKW e.V.) Köln 1983, S. 12.

Aufgrund der Vielfalt möglicher Abgrenzungskriterien sowie quantitativer und/oder qualitativer Größen- und Abgrenzungsniveaus ist es schwierig, eine theoretisch fundierte und allgemeingültig anerkannte Definition des mittelständischen Unternehmens anzugeben, ohne dabei einen mehr oder weniger großen Teil der mittelständischen Betriebe auszublenden oder ungenau zu erfassen. Differenzierte Mittelstandsdefinitionen, die sowohl qualitative als auch quantitative Merkmale berücksichtigen, sind problematisch, denn „je detaillierter und umfangreicher die verwendeten Definitionen sind, desto größer werden die damit verbundenen Abgrenzungsprobleme."[30] Diese Defizite kennzeichnen Wesensmerkmale des Mittelstandes. Sie bestehen in seiner Heterogenität, seiner Wandlungsfähigkeit und seiner grundsätzlich branchen- und regionenbezogenen Ubiquität.[31] Eine untersuchungsspezifische Definition ist nötig.

2. Abgrenzung der kleinen und mittleren Unternehmen (KMU) des Einzelhandels

Der Mittelstand kann mit Hilfe quantitativer und/oder qualitativer Kriterien beschrieben werden. Die Kennzeichnung kann durch ein oder mehrere Merkmale erfolgen. Übereinstimmend kommt die Wirtschaftswissenschaft zu dem Ergebnis, daß quantitative Abgrenzungen des Mittelstandes immer unzulänglich und willkürlich bleiben müssen, selbst dann, wenn mehrere Kriterien kombiniert werden. Die Grenze, welche Größenordnung von Unternehmen noch zum Mittelstand gezählt werden kann, verschiebt sich ständig. So sind die Mittelstandsunternehmen, definiert als „etwas zwischen oben und unten", allgemein größer geworden.[32]

---

30 Krickhahn, Thomas: Die wirtschaftlichen Verbände des Mittelstands in Deutschland, (DUV) Wiesbaden 1995, S. 18-19.

31 Vgl. Gruhler, Wolfram: Wirtschaftsfaktor Mittelstand, Wesenselemente der Marktwirtschaft in West und Ost, (Deutscher Instituts-Verlag) Köln 1994, S. 19.

32 Vgl. Nieschlag, Robert: Der Mittelstand im Handel gestern und heute, in: Treis, Bartho (Hrsg.): Der mittelständische Einzelhandel im Wettbewerb, Größenbedingte Vor- und Nachteile, (Vahlen) München 1981, S. 1-10, S. 3-4.

Im Grunde lassen sich alle Merkmale mittelständischer Unternehmen auf zwei Aspekte zurückführen:

- die zentrale Stellung des Unternehmers und
- die „begrenzte" Betriebsgröße im Sinne von begrenzten Ressourcen, aber auch Überschaubarkeit und Flexibilität.[33]

Eine der bekanntesten Einteilungen mittelständischer Unternehmen, die neben den quantitativen Kriterien Anzahl der Beschäftigten und Jahresumsatz auch das qualitative Kriterium Wirtschaftszweig erfaßt, stammt vom Institut für Mittelstandsforschung an der Universität Bonn. Danach sind Kleinunternehmen des Einzelhandels (im Gegensatz z.B. zu Industrieunternehmen) durch[34]

- bis zu zwei Mitarbeiter und
- einen Jahresumsatz bis 100 000 DM gekennzeichnet.

Die mittleren Unternehmen haben

- drei bis 99 Mitarbeiter und
- einen Umsatz von bis zu 10 Mio. DM.

Durch Diskussion amtlicher Statistiken kommt *Treis* zu der Auffassung, daß die mittelgroßen Unternehmen, das sind Unternehmen mit Umsätzen zwischen 250.000 DM und 10 Mio. DM, den Kern des Mittelstands im Handel bilden.[35]

Die EU differenziert die Aufnahme in ihre Förderprogramme nicht nach Branchen. Die Förderfähigkeit greift für Unternehmen mit bis zu 500 Beschäftigten und einem Jahresumsatz bis 38 Mio. ECU. Darüber hinaus darf sich das Unternehmen höchstens zu einem Drittel im Besitz eines anderen Unternehmens befinden, es sei denn, es handelt

---

33 Vgl. Daschmann, Hans-Achim: Erfolgsfaktoren mittelständischer Unternehmen, (Schäffer-Poeschel) Stuttgart 1994, S. 55.

34 Vgl. Daschmann, Hans-Achim: Erfolgsfaktoren mittelständischer Unternehmen, (Schäffer-Poeschel) Stuttgart 1994, S. 52.

35 Vgl. Treis, Bartho: Zur Problematik der statistischen Erfaßbarkeit des Mittelstands im Einzelhandel, in: Treis, Bartho (Hrsg.): Der mittelständische Einzelhandel im Wettbewerb, Größenbedingte Vor- und Nachteile, (Vahlen) München 1981, S. 11-20, S. 15.

sich um eine Bank oder eine Risikokapitalgesellschaft.[36] Nach neuerer Abgrenzung wird die Mitarbeiterzahl auf 250 Beschäftigte limitiert.[37]

Eine sehr detaillierte quantitative Abgrenzung wird von der amerikanischen Behörde Small Business Administration vorgenommen. Die Kriterien dienen als Grundlage für die Vergabe von Fördermitteln. Allein im Einzelhandel werden ca. 140 nach Branchen differenzierte Abgrenzungen vorgegeben. Danach erwirtschaften die KMU zwischen 5 und 25 Mio. Dollar.

Nach dem Ausschuß für Begriffsdefinitionen aus der Handels- und Absatzwirtschaft kann die quantitative Abgrenzung des mittelständischen Einzelhandels als Negativabgrenzung zu den Großbetriebsformen des Einzelhandels aufgefaßt werden. Danach gilt ein Einzelhandelsunternehmen mit zehn und mehr Filialen als Großbetriebsform des Einzelhandels. Folglich sind mittelständische Händler definiert als Unternehmen mit bis zu neun Filialen.

Im folgenden wird eine Übersicht über wichtige Definitionen mittlerer und kleiner Unternehmen im Einzelhandel gegeben (vgl. Tabelle C-1).

---

36 Vgl. Europäische Kommission (Hrsg.): Maßnahmen für die KMU und das Handwerk, (Amt für amtliche Veröffentlichungen der Europäischen Gemeinschaften) Brüssel u.a. 1995, S. 64.

37 Vgl. o.V.: EU definiert Mittelstand neu, in: FAZ, 8. Februar 1996, S. 14.

Tabelle C-1: Ausgewählte Abgrenzungen kleiner und mittlerer Unternehmen im Einzelhandel

Quelle	*bis ... Beschäftigte*	*bis ... DM Umsatz*	*sonstige Merkmale*
Institut für Mittelstands-forschung[38]	99	25 Mio.	
Kriterien für die Förde-rung von Unternehmens-beratungen[39]		5 Mio.	
Peters[40]	99	10 Mio.	
Treis[41]		10 Mio.	
SBA[42]		40 Mio.	
Katalog E[43]			bis 9 Filialen
Pfohl[44]	49	10 Mio.	

3. Arbeitsdefinition

Eine zentrale Forderung bei der Auswahl betriebsgrößenrelevanter Merkmale ist die Zweckmäßigkeit, die sich auf aussagen- und erhebungsbezogene Auswahlkriterien be-

38 Vgl. BMWi (Hrsg.): Unternehmensgrößenstatistik 1992/1993, Bonn 1993, S. 14.

39 Vgl. BMWi (Hrsg.): Unternehmensgrößenstatistik 1992/1993, Bonn 1993, S. 7.

40 Vgl. Kahle, Egbert: Organisation der Mittelständischen Unternehmung, in: Frese, Erich (Hrsg.): Handwörterbuch der Organisation, 3. Aufl., (Poeschel) Stuttgart 1992, Sp. 1408-1419, Sp. 1409.

41 Vgl. Treis, Bartho: Zur Problematik der statistischen Erfaßbarkeit des Mittelstands im Einzelhandel, in: Treis, Bartho (Hrsg.): Der mittelständische Einzelhandel im Wettbewerb, Größenbedingte Vor- und Nachteile, (Vahlen) München 1981, S. 11-20, S. 15.

42 Small Business Administration, USA.

43 Vgl. Ausschuß für Begriffsdefinitionen aus der Handels- und Absatzwirtschaft (Hrsg.): Katalog E, 4. Ausgabe, Köln 1995, S. 50.

44 Vgl. Pfohl, Hans-Christian: Abgrenzung der Klein- und Mittelbetriebe von Großbetrieben, in: Pfohl, Hans-Christian (Hrsg.): Betriebswirtschaftslehre der Klein- und Mittelbetriebe, 2. Aufl., (Erich Schmidt) Berlin 1990, S. 1-23, S. 10.

ziehen kann. Die aussagenbezogene Betrachtung untersucht, ob das Merkmal der betriebswirtschaftlichen Zielsetzung angemessen ist, d.h. ob und wie stark die Aussage nach der Betriebsgröße differenziert. Die Erhebungsbezogenheit der Kriterien soll die Durchführbarkeit und Richtigkeit der Untersuchung sicherstellen.[45]

Oft genannte quantitative Grenzen des Mittelstands sind 100 Beschäftigte und mehr, 10 bzw. 25 Mio. DM Umsatz und mehr oder 10 Filialen und mehr. Die genannte Umsatzgröße erscheint im vorliegenden Untersuchungszusammenhang zu gering, so haben Solitär-Kaufhäuser selbst in Mittelzentren oft über 100 Mio. DM Umsatz. Die Beschäftigtenzahl ist im Handel wenig geeignet, KMU abzugrenzen. Dies ist u.a. darauf zurückzuführen, daß die Zahl der Beschäftigten in einem Laden stark von der Bedienungsform abhängt.

Die Abgrenzung nach der Zahl der Filialen macht insofern Sinn, daß großflächige und umsatzstarke, unabhängige Einzelhändler mit eingeschlossen sind. Darüber hinaus erscheint mit diesem Merkmal die Integration des zentralen qualitativen Merkmals Eigentümerprägung gelungen. Es ist davon auszugehen, daß der Übergang zum Großfilialsystem, hier ab zehn Filialen, mit der einhergehenden notwendigen Standardisierung und dem nötigen Aufbau eines professionellen Systems dem mittelständischen Handel eine Grenze setzt. Ab dieser Schwelle ist die Prägung durch die einzelne Person nur noch schwer zu realisieren. Dennoch kann nicht ausgeschlossen werden, daß Unternehmen mit mehr als zehn Filialen dem Mittelstand zuzurechnen sind. Deswegen werden die Kriterien Filialzahl und Umsatzgröße kombiniert.

In der vorliegenden Untersuchung soll folgende **Arbeitsdefinition** zur Abgrenzung der KMU des Einzelhandels gelten:

Ein mittelständisches Einzelhandelsunternehmen

- *erwirtschaftet bis unter 250 Mio. DM Umsatz oder*
- *unterhält bis zu 9 Arbeitsstätten.*

Darüber hinaus sollen die Untersuchungsobjekte wirtschaftlich unabhängig sein, eine mögliche Kapitalbeteiligung muß unter 50 % betragen. Diese Definition ist lediglich als Konvention für die Einbeziehung der Unternehmen in die vorliegende Untersu-

45 Vgl. Pfohl, Hans-Christian: Abgrenzung der Klein- und Mittelbetriebe von Großbetrieben, in: Pfohl, Hans-Christian (Hrsg.): Betriebswirtschaftslehre der Klein- und Mittelbetriebe, 2. Aufl. (Erich Schmidt) Berlin 1990, S. 1-23, S. 5-6.

chung zu verstehen. Das qualitative Kriterium Eigentümerprägung wird nicht explizit aufgenommen, da managergeführte Unternehmen nicht aus der Erhebung ausgeschlossen werden sollen. Prinzipiell erscheint bereits die von den Unternehmen vertretene Auffassung mittelständisch zu sein, als geeignetes Kriterium. Bei der im nächsten Abschnitt folgenden Diskussion von Daten zum mittelständischen Einzelhandel werden die restriktiven Abgrenzungen bis unter 10 Mio. DM Umsatz und bis 99 Beschäftigte zugrundegelegt.

Neben der Mittelstandsabgrenzung ist die Einzelhandelsdefinition festzulegen. In der vorliegenden Arbeit wird der Einzelhandel im institutionellen Sinne verstanden. Im funktionellen Sinne liegt Einzelhandel vor, „wenn Marktteilnehmer Güter, die sie in der Regel nicht selbst be- oder verarbeiten, von anderen Marktteilnehmern beschaffen und an private Haushalte absetzen. Einzelhandel im institutionellen Sinne, auch als Einzelhandelsunternehmung, Einzelhandelsbetrieb oder Einzelhandlung bezeichnet, umfaßt jene Institutionen, deren wirtschaftliche Tätigkeit ausschließlich oder überwiegend dem Einzelhandel im funktionellen Sinne zuzurechnen ist.“[46]

II. Bedeutung und Entwicklung der KMU des Einzelhandels

Die KMU des Einzelhandels verfügen über **große wirtschaftliche Bedeutung**, sie

- erwirtschaften je nach Abgrenzung 39,4 bis 54,9 % des Einzelhandelsumsatzes,
- beschäftigen je nach Abgrenzung 55,5 bis 65,4 % der Beschäftigten des Einzelhandels und
- stellen je nach Abgrenzung 96,6 bis 99,7 % der Einzelhandelsunternehmen (vgl. Tabelle C-2).

Diese Daten verdeutlichen die hohe Konzentration im deutschen Einzelhandel. Die Unternehmen mit einem Jahresumsatz unter 10 Mio. DM stellen z.B. 98,8 % der Unternehmen, erzielen aber nur 39,4 % des Umsatzes im Einzelhandel.

46 Ausschuß für Begriffsdefinitionen aus der Handels- und Absatzwirtschaft (Hrsg.): Katalog E, 4. Ausgabe, Köln 1995, S. 41.

Tabelle C-2: Die Bedeutung des mittelständischen Einzelhandels in der Bundesrepublik Deutschland im Jahre 1993

Abgrenzung	*Anteil der Unternehmen in %*	*Anteil der Beschäftigten in %*	*Anteil am Umsatz in %*
Umsatz unter 10 Mio. DM und Neugründungen	98,8	55,5	39,4
Bis 99 Beschäftigte	96,6	59,2	46,6
Bis 9 Arbeitsstätten	99,7	65,4	54,9

Quelle: Eigene Berechnungen aus Daten der Handels- und Gaststättenzählung 1993.

Neben der quantitativen Bedeutung des mittelständischen Einzelhandels ist die **qualitative** Bedeutung zu beachten.[47] Sie kann in Stichworten verdeutlicht werden:

- ordnungs- und gesellschaftspolitische Bedeutung,
- Bedeutung als Konjunkturstabilisator,
- Bedeutung für den Arbeitsmarkt,
- Bedeutung für die Versorgung.

Die mittelständischen Unternehmen stellen mit ihrer Flexibilität und Anpassungsfähigkeit an veränderte Marktbedingungen ein stabilisierendes Element der Wettbewerbsordnung dar,[48] indem sie den Wettbewerb sichern und Monopolisierungstendenzen entgegenwirken.[49] Mittelständische Einzelhändler tragen zur Konjunkturstabilisierung bei, da sie einerseits in Zeiten anhaltender Stagnations- und Rezessionsphasen in der Lage sind, sich schnell und äußerst flexibel Veränderungen am Markt anzupassen, andererseits sind sie für das Aufspüren von Marktnischen und für ihr persönliches En-

[47] Vgl. zu den gesamtwirtschaftlichen Funktionen des Mittelstands Ridinger, Rudolf (Hrsg.): Gesamtwirtschaftliche Funktion des Mittelstandes, (Duncker & Humblot) Berlin 1997.

[48] Vgl. Wölk, Andrea: Erfolgsfaktoren kleiner und mittlerer Unternehmen im Einzelhandel - Eine empirische Studie, in: Trommsdorff, Volker (Hrsg.): Handelsforschung 1991, Forschungsstelle für den Handel Berlin (FfH) e.V., (Gabler) Wiesbaden 1992, S. 47-64, S. 48.

[49] Vgl. Mugler, Josef: Betriebswirtschaftslehre der Klein- und Mittelbetriebe, 2. Aufl., (Springer) Wien u.a. 1995, S. 47.

gagement bekannt.[50] Der mittelständische Einzelhandel ist von eminent beschäftigungspolitischer Bedeutung, was zum Teil aus rein quantitativen Fakten, z.B. der großen Anzahl mittelständischer Betriebe resuliert.[51] Mittelständische Einzelhandelsunternehmen tragen zu einer Dezentralisierung der Marktwirtschaft bei und verhindern bzw. erschweren eine zu große Konzentrationsbildung am Markt.[52]

Entwicklung von Umsatz und Anzahl der Unternehmen im Einzelhandel nach Umsatzklasse, Beschäftigtenklasse und Zahl der Arbeitsstätten.

Die KMU haben im Einzelhandel, aufgrund der Zunahme der Marktanteile großflächiger Betriebstypen, der fortschreitenden Filialisierung und der zunehmenden Konzentration, an Bedeutung verloren. Um diese Aussage zu belegen, werden im folgenden einige Auswertungen der Handels- und Gaststättenzählung (HGZ) 1993 vorgestellt. Die Daten entstammen einer Vollerhebung von 1993, deren Wiederholung fraglich ist. Es handelt sich damit um die aktuellsten amtlichen Informationen zum deutschen Einzelhandel. Die Entwicklungsdaten beziehen sich aus Gründen der Vergleichbarkeit nur auf die alten Bundesländer.

Die Entwicklung von Umsatz und Zahl der Unternehmen des mittelständischen Einzelhandels wird nach drei Abgrenzungen dargestellt:

- Unternehmen mit Umsätzen bis unter 10 Mio. DM,
- Unternehmen mit bis zu 99 Beschäftigten und
- Unternehmen mit bis zu 9 Arbeitsstätten.

Die Unternehmen des Einzelhandels mit einem Umsatz von bis unter 10 Mio. DM hatten (einschließlich Neugründungen) 1985 einen Anteil von 99,1 % an den Einzelhandelsunternehmen insgesamt und erwirtschafteten 1984 einen Umsatzanteil von 43,9 % (vgl. Tabelle C-3 und C-4). 1993 betrug der Unternehmensanteil mit Umsätzen bis unter 10 Mio. DM (einschließlich Neugründungen) nur noch 98,7 % mit einem

50 Vgl. Zeitel, Gerhard: Volkswirtschaftliche Bedeutung von Klein- und Mittelbetrieben, in: Pfohl, Hans-Christian (Hrsg.): Betriebswirtschaftslehre der Klein- und Mittelbetriebe, 2. Aufl., (Erich Schmidt) Berlin 1990, S. 24-44, S. 42-44.

51 Vgl. zur kritischen Diskussion dieser These Schmidt, Axel G.: Der überproportionale Beitrag kleiner und mittlerer Unternehmen zur Beschäftigungsdynamik: Realität oder Fehlinterpretation von Statistiken?, in: ZfB, 66. Jg., 1996, Nr. 5, S. 537-557.

52 Vgl. Mugler, Josef: Betriebswirtschaftslehre der Klein- und Mittelbetriebe, 2. Aufl., (Springer) Wien u.a. 1995, S. 39-40.

Umsatzanteil 1992 von 37,4 %, das ist ein Rückgang um 6,5 Prozentpunkte. Der Umsatzanteil der Unternehmen über 250 Mio. DM Umsatz wuchs im gleichen Zeitraum von 35,8 % auf 43,2 %. Stark gewachsen ist die Anzahl der Unternehmen mit einem Umsatz zwischen 1 Mio. und 250 Mio. DM. Dies gilt auch für den Umsatz, dort wurden Zuwächse um 50 % erzielt. Größte Umsatzgewinner waren die Einzelhandelsunternehmen mit einem Umsatz über 250 Mio. DM.

Tabelle C-3: Entwicklung der Anzahl der Unternehmen im Einzelhandel im früheren Bundesgebiet[1] nach zusammengefaßten Umsatzgrößenklassen von 1985 bis 1993

Umsatz von ... bis unter ... DM	*1985[2)]*		*1993[3)]*		
	Anzahl	*in %*	*Anzahl*	*in %*	*1985 = 100,0*
unter 250 000	131 824	41,7	115 375	35,1	87,5
250 000 bis 1 Mio.	109 244	34,6	112 694	34,3	103,2
1 Mio. bis 10 Mio.	47 400	15,0	65 564	19,9	138,3
10 Mio. bis 250 Mio.	2 581	0,8	3 833	1,2	148,5
über 250 Mio.	153	0,0	258	0,1	168,6
Neugründungen	24 800	7,8	31 006	9,4	125,0
Einzelhandel insgesamt[4)]	316 002	100,0	328 730	100,0	104,0

1) 1985 einschließlich Berlin-West, 1993 einschließlich Berlin-West und Berlin-Ost.
2) Am 29.03.
3) Am 30.04.
4) Ohne Kfz-Handel und Tankstellen.

Quelle: Statistisches Bundesamt (Hrsg.): Fachserie 6, Handel, Gastgewerbe, Reiseverkehr, Handels- und Gaststättenzählung 1993, Einzelhandel, Heft 1: Unternehmen des Einzelhandels, (Metzler-Poeschel) Stuttgart 1995, S. 25.

Tabelle C-4: Entwicklung der Umsätze[1] im Einzelhandel im früheren Bundesgebiet[2] nach zusammengefaßten Umsatzgrößenklassen von 1984 bis 1992

Umsatz von ... bis unter ... DM	*1984*		*1992*		
	in Mio. DM	*in %*	*in Mio. DM*	*in %*	*1984 = 100,0*
unter 250 000	15 224	3,7	13 277	2,1	87,2
250 000 bis 1 Mio.	55 343	13,5	58 686	9,2	106,0
1 Mio. bis 10 Mio.	105 359	25,7	158 888	24,6	150,8
10 Mio. bis 250 Mio.	82 798	20,2	124 200	19,4	150,0
über 250 Mio.	146 464	35,8	275 996	43,2	188,4
Neugründungen	4 112	1,0	9 515	1,5	231,4
Einzelhandel insgesamt	409 300	100,0	638 562	100,0	156,0

1) Einschließlich Umsatzsteuer.
2) 1984 einschließlich Berlin-West, 1992 einschließlich Berlin-West und Berlin-Ost.

Quelle: Statistisches Bundesamt (Hrsg.): Fachserie 6, Handel, Gastgewerbe, Reiseverkehr, Handels- und Gaststättenzählung 1993, Einzelhandel, Heft 1: Unternehmen des Einzelhandels, (Metzler-Poeschel) Stuttgart 1995, S. 25.

Die Unternehmen mit einer Beschäftigtenzahl von bis zu 99 Personen hatten in Westdeutschland 1985 wie 1993 einen Anteil von 99,6 % der Unternehmen (vgl. Tabelle C-5). Diese kleinen und mittleren Unternehmen erzielten 1984 einen Umsatzanteil von 50,0 %. 1992 war der Anteil auf 44,6 % gesunken (vgl. Tabelle C-6). Starke Zuwächse verzeichneten die Unternehmen mit 10 bis 99 und über 500 Beschäftigten.

Tabelle C-5: Entwicklung der Anzahl der Unternehmen im Einzelhandel im früheren Bundesgebiet[1] nach zusammengefaßten Beschäftigtengrößenklassen von 1985 bis 1993

Unternehmen mit .. bis ... Beschäftigten	*1985[2]*		*1993[3]*		
	Anzahl	*in %*	*Anzahl*	*in %*	*1985 = 100,0*
1 bis 2	158 417	50,7	156 473	47,6	98,8
3 bis 9	128 862	41,2	140 209	42,7	108,8
10 bis 99	24 262	7,8	30 643	9,3	126,3
100 bis 499	899	0,3	1 022	0,3	113,7
500 und mehr	247	0,1	383	0,1	155,1
Einzelhandel insgesamt[4]	312 687	100,0	328 730	100,0	105,1

1) 1985 einschließlich Berlin-West, 1993 einschließlich Berlin-West und Berlin-Ost.
2) Am 29.3.
3) Am 30.4.
4) Ohne Kfz-Handel und Tankstellen.

Quelle: Statistisches Bundesamt (Hrsg.): Fachserie 6, Handel, Gastgewerbe, Reiseverkehr, Handels- und Gaststättenzählung 1993, Einzelhandel, Heft 1: Unternehmen des Einzelhandels, (Metzler-Poeschel) Stuttgart 1995, S. 25 und Angaben des Statistischen Bundesamtes und eigene Berechnungen.

Tabelle C-6: Entwicklung der Umsätze[1)] im Einzelhandel im früheren Bundesgebiet[2)] nach zusammengefaßten Beschäftigtengrößenklassen von 1984 bis 1992

Unternehmen mit ... bis ... Beschäftigten	*1984*		*1992*		
	in Mio. DM	*in %*	*in Mio. DM*	*in %*	*1984 = 100,0*
1 bis 2	28 094	6,7	29 780	4,7	106,0
3 bis 9	92 481	22,0	119 458	18,7	129,2
10 bis 99	89 556	21,3	135 436	21,2	151,2
100 bis 499	53 517	12,7	59 971	9,4	112,1
500 und mehr	157 256	37,4	293 915	46,0	186,9
Einzelhandel insgesamt	420 904	100,0	638 562	100,0	151,7

1) Einschließlich Umsatzsteuer.
2) 1984 einschließlich Berlin-West, 1992 einschließlich Berlin-West und Berlin-Ost.

Quelle: Statistisches Bundesamt (Hrsg.): Fachserie 6, Handel, Gastgewerbe, Reiseverkehr, Handels- und Gaststättenzählung 1993, Einzelhandel, Heft 1: Unternehmen des Einzelhandels, (Metzler-Poeschel) Stuttgart 1995, S. 25 und Angaben des Statistischen Bundesamtes und eigene Berechnungen.

Die Anzahl der Einzelhandelsunternehmen mit nur einer Arbeitsstätte blieb im früheren Bundesgebiet seit 1985 mit rund 93 % auf einem hohen Niveau (vgl. Tabelle C-7), während der Umsatzanteil dieser Kleinstunternehmen von 43,4 % auf 37,6 % fiel (vgl. Tabelle C-8). Die Filialisten mit mehr als 50 Arbeitsstätten, die in Westdeutschland nur 0,1 % der Unternehmen insgesamt ausmachen, konnten ihren Umsatzanteil von 27,8 % im Jahre 1985 auf 33,2 % im Jahre 1992 steigern.

Die Großbetriebsformen des Einzelhandels, d.h. die Unternehmen mit mindestens 10 Arbeitsstätten, erzielten 1992 in Westdeutschland mit 977 oder 0,3 % der Unternehmen einen Umsatz von 298 Mrd. DM, das ist ein Anteil von 46,7 %. Nach dieser Abgrenzung erzielt der mittelständische Einzelhandel mit 53,3 % immer noch über die Hälfte des Umsatzes. 1984 waren es allerdings noch 59,3 %.

Das größte relative Wachstum, sowohl hinsichtlich der Unternehmenszahl als auch hinsichtlich des Umsatzes, konnten die Unternehmen mit mehr als 50 Arbeitsstätten realisieren. Gute Steigerungen erzielten die kleinen Filialisten mit 5 bis 9 und 10 bis 49 Arbeitsstätten.

Tabelle C-7: Entwicklung der Anzahl der Unternehmen im Einzelhandel nach Zahl der Arbeitsstätten im früheren Bundesgebiet[1] von 1985 bis 1993

Unternehmen mit ... bis ... Arbeitsstätten	*1985[2]*		*1993[3]*		
	Anzahl	*in %*	*Anzahl*	*in %*	*1985 = 100,0*
1	294 681	93,3	304 545	92,6	103,3
2 bis 4	19 357	6,1	21 530	6,5	111,2
5 bis 9	1 210	0,4	1 675	0,5	138,4
10 bis 49	597	0,2	751	0,2	125,8
50 und mehr	157	0,0	226	0,1	143,9
Einzelhandel insgesamt[4]	316 002	100,0	328 727	100,0	104,0

1) 1985 einschließlich Berlin-West, 1993 einschließlich Berlin-West und Berlin-Ost.
2) Am 29.03.
3) Am 30.04.
4) Ohne Kfz-Handel und Tankstellen.

Quelle: Angaben des Statistischen Bundesamtes und eigene Berechnungen.

Tabelle C-8: Entwicklung der Umsätze[1] im Einzelhandel nach Zahl der Arbeitsstätten im früheren Bundesgebiet[2] von 1984 bis 1992

Unternehmen mit ... bis ... Arbeitsstätten	*1984*		*1992*		
	in Mio. DM	*in %*	*in Mio. DM*	*in %*	*1984 = 100,0*
1	177 748	43,4	240 310	37,6	135,2
2 bis 4	46 458	11,4	70 772	11,1	152,3
5 bis 9	18 458	4,5	29 271	4,6	158,6
10 bis 49	52 654	12,9	85 988	13,5	163,3
50 und mehr	113 982	27,8	212 272	33,2	186,2
Einzelhandel insgesamt	409 300	100,0	638 613	100,0	156,0

1) Einschließlich Umsatzsteuer.
2) 1984 einschließlich Berlin-West, 1992 einschließlich Berlin-West und Berlin-Ost.

Quelle: Angaben des Statistischen Bundesamtes und eigene Berechnungen.

Zum Ende der Betrachtung der HGZ-Daten soll die Entwicklung noch einmal im Überblick dargestellt werden (vgl. Tabelle C-9). Insbesondere die Umsatzzahlen zeigen, daß die Bedeutung der großen Unternehmen ständig zugenommen hat, so sind die Umsätze der Unternehmen mit 10 und mehr Arbeitsstätten um 78,9 % gestiegen, die Umsätze der Unternehmen mit bis zu 9 Arbeitsstätten dagegen nur um 40,3 %. Die Umsatzbedeutung der kleinen und mittleren Unternehmen hat unabhängig von der Abgrenzung **deutlich abgenommen** (vgl. Übersicht C-1). Der Rückgang erscheint nach HGZ-Daten aufgrund fehlender Berücksichtigung von Konzernverbindungen und der Tatsache, daß einige Branchen weniger konzentrativ geprägt sind, weniger dramatisch als oft dargestellt. Hinzu kommt, daß Kfz-Handel und Tankstellen nicht berücksichtigt sind. Diese Branchen sind durch sehr hohe Konzentrationsraten gekennzeichnet.

Tabelle C-9: Entwicklung des Einzelhandels im früheren Bundesgebiet nach Größenklassen von 1985 bis 1993 bzw. von 1984 bis 1992

Abgrenzung Einzelhandel mit ...	*Anzahl Unternehmen* *1993 (1985 = 100,0)*	*Umsatz* *1992 (1984 = 100,0)*
Umsatz unter 10 Mio. DM und Neugründungen	151,0	133,5
Umsatz ab 10 Mio. DM	150,0	174,5
bis zu 99 Beschäftigten	105,1	135,5
über 99 Beschäftigten	122,6	167,9
bis zu 9 Arbeitsstätten	104,0	140,3
mehr als 9 Arbeitsstätten	129,6	178,9

Quelle: Eigene Berechnungen aus Daten der Handels- und Gaststättenzählung 1993 und 1985.

Übersicht C-1: Entwicklung der Umsatzbedeutung der kleinen und mittleren Unternehmen des Einzelhandels im früheren Bundesgebiet von 1984 bis 1992

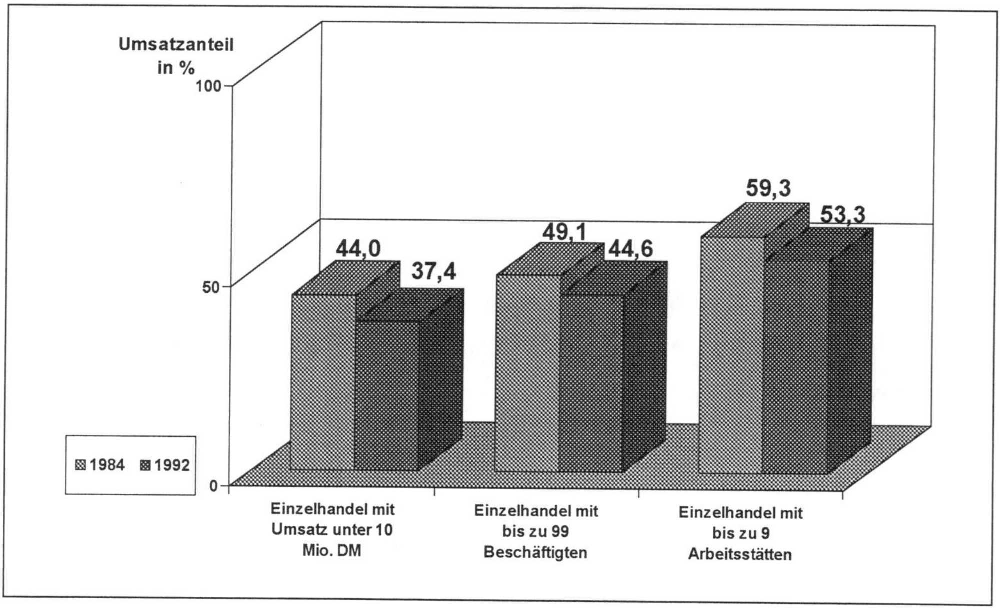

Entwicklung nach Betriebstypen

Die Bedeutungszunahme konzentrierter Handelssysteme läßt sich anhand der Betriebstypendynamik aufzeigen. Die Gewinner des vergangenen Jahrzehnts waren die Fachmärkte und die großflächigen Betriebstypen des Lebensmitteleinzelhandels, deren Marktanteile von 11,9 % im Jahre 1980 auf 17,5 % im Jahre 1995 (Verbrauchermärkte und SB-Warenhäuser) bzw. von 2,0 % auf 13,8 % bei Fachmärkten anstiegen. Die **traditionellen Fach- und Spezialgeschäfte** hatten einen **Rückgang ihres Marktanteils von 55,4 % im Jahre 1980 auf 36,1 % im Jahre 1995** zu verzeichnen (vgl. Tabelle C-10).

Tabelle C-10: Entwicklung der Anteile am Einzelhandelsumsatz nach ausgewählten Betriebstypen in Westdeutschland von 1980 bis 1995

Betriebstyp	*Angaben in %*			
	1980	*1986*	*1992*	*1995*[1)]
Versandhandelsunternehmen[2)]	5,5	5,3	5,4	5,5
Kleinere und mittlere traditionelle Fachgeschäfte	55,4	46,7	38,2	36,1
Kleine und mittlere filialisierte Geschäfte	18,0	19,6	21,4	21,8
Warenhäuser[3)]	7,2	5,6	5,4	5,3
Fachmärkte	2,0	7,5	12,4	13,8
Verbrauchermärkte und SB-Warenhäuser[4)]	11,9	15,3	17,2	17,5

1) Schätzung.
2) Gesamtumsatz einschließlich stationärer Einzelhandel.
3) Nur die vier Warenhauskonzerne und Woolworth.
4) Nur Verbrauchermärkte und SB-Warenhäuser mit Lebensmittelabteilungen.

Quelle: Täger, Uwe Chr. u.a.: Entwicklungsstand und -perspektiven des Handels mit Konsumgütern, (Duncker & Humblot) Berlin u.a. 1994, S. 29.

Verdrängung der KMU des Einzelhandels

Fach- und Spezialgeschäfte waren bis in die 70er Jahre die dominierenden Betriebstypen des Ladeneinzelhandels. Starke Akzeptanzverluste der Fachgeschäfte erfolgten durch Diskonter in den 60er Jahren und vor allem in den 70er Jahren durch Verbrauchermärkte und SB-Warenhäuser. Diese führten zum vielzitierten Sterben der „Tante-Emma-Läden." Diese Entwicklung läßt sich insbesondere für die 70er Jahre nachweisen. Die Zahl der Einzelhandelsunternehmen mit einem Jahresumsatz unter 250 000 DM ging nach Angaben der Umsatzsteuerstatistik zwischen 1970 und 1978 von 272 433 auf 186 453 zurück, das entspricht der Schließung von 85 980 Unternehmen (vgl. Tabelle C-11). Alle Unternehmen der anderen Größenklassen konnten im gleichen Zeitraum ihre Anzahl erhöhen. Zu beachten ist, daß sich die Daten der Umsatzsteuerstatistik nicht problemlos mit denen der HGZ vergleichen lassen.

Tabelle C-11: Entwicklung der Anzahl der Unternehmen im Einzelhandel im früheren Bundesgebiet nach zusammengefaßten Umsatzgrößenklassen von 1970 bis 1978 - Daten der Umsatzsteuerstatistik -

Umsatz von ... bis unter ... DM	*1970*		*1978*	
	Anzahl	*in %*	*Anzahl*	*in %*
unter 250 000	272 433	71,2	186 453	53,5
250 000 bis 1 Mio.	91 966	24,0	119 272	34,2
1 Mio. bis 10 Mio.	17 031	4,5	40 568	11,6
10 Mio. bis 25 Mio.	712	0,2	1 707	0,5
25 Mio. und mehr	340	0,1	694	0,2
insgesamt	382 482	100,0	348 694	100,0

Quelle: Statistisches Bundesamt, zit. nach: Tietz, Bruno: Einzelhandelsperspektiven für die Bundesrepublik Deutschland bis zum Jahre 2010, (Deutscher Fachverlag) Frankfurt a.M. 1992, S. 197.

Zur künftigen Entwicklung

Die Handelskonzentration wird aufgrund

- der zunehmenden Flächenengpässe,
- der weiter stagnierenden Nachfrage (Marktwachstum führt tendenziell zu Dekonzentration, Stagnation dagegen zu Konzentration) und
- der kontinuierlichen Expansion der Konzernunternehmen

weiter zunehmen, voraussichtlich jedoch mit geringeren Wachstumsraten als in den vergangenen Jahren aufgrund der bereits weit fortgeschrittenen Entwicklung, die nur noch wenig Spielraum für nationale Akquisitionen bietet. Die Monopolkommission erwartet eine Unterbrechung der Tendenz zum externen Wachstum. Sie führt dies neben einer „Atempause" nach der Wiedervereinigung und der schlechten konjunkturellen Situation darauf zurück, daß „der für Zusammenschlüsse in Betracht kommende Mittelstand bereits weitgehend übernommen wurde."[53]

Die Monopolkommission geht davon aus, **daß die kleinen und mittleren traditionellen Fachgeschäfte weiter an Bedeutung verlieren werden.**[54] *Nielsen* prognostiziert einen weiteren Anteilsrückgang der Lebensmittelläden unter 400 qm Verkaufsfläche von 70,2 % im Jahre 1995 auf 50,0 % im Jahre 2005.[55] Das Ifo-Institut erwartet einen Rückgang des Marktanteils der kleinen und mittleren traditionellen Fachgeschäfte von rund 36 % im Jahre 1995 auf 25 % im Jahre 2010.[56]

Chancen und Risiken des mittelständischen Einzelhandels

Zentraler Faktor im Mittelstand ist der Inhaber: „Viele mittelständische Unternehmen stehen und fallen mit der Inhaberpersönlichkeit als dem entscheidenden Faktor für die Unternehmensentwicklung im positiven wie im negativen Sinne."[57] Vorteile mittel-

---

53 Monopolkommission (Hrsg.): Elftes Hauptgutachten der Monopolkommission 1994/1995, Unterrichtung durch die Bundesregierung, Deutscher Bundestag, 13. Wahlperiode, Drucksache 13/5309, Juli 1996, S. 330.

54 Vgl. Monopolkommission (Hrsg.): Marktstruktur und Wettbewerb im Handel, Sondergutachten der Monopolkommission gemäß § 24b Abs. 5 Satz 4 GWB, (Nomos) Baden-Baden 1994, S. 31.

55 Vgl. o.V.: Konzentration nimmt zu, in: Handelsblatt, Nr. 147, 1. August 1996, S. 9.

56 Vgl. HDE (Hrsg.): 49. Arbeitsbericht 1996, Köln 1997, S. 15.

57 Knebel, Heinz: Der Schlüssel zum Erfolg mittelständischer Unternehmen, in: Management Heute, 1988, Nr. 6, S. 5-9, S. 5-7.

ständischer Unternehmen sind die überschaubare Organisation, und damit „Nestwärme", die Möglichkeit zur Teamarbeit und wenig Hierarchieebenen. Weitere Vorteile sind geringere Kommunikationskosten als bei Großunternehmen und die Vermeidung hierarchischer Bürokratie. Der Erfolg von Mittelständlern kann nicht in der begrenzten Größe selbst liegen, da viele dem Wettbewerb nicht standhalten.[58]

Probleme ergeben sich durch die Dominanz des Firmenchefs bei mangelhafter Nachfolgeregelung, Nichtanpassung des Führungsstils an neue Anforderungen, mangelhafte Investitionen in die Verbesserung des Führungsverhaltens und bei fehlender Informationsbereitschaft gegenüber den eigenen Managern.

Als eines der größten Risiken des mittelständischen Einzelhandels wird die ungeklärte Nachfolgeregelung genannt. Allein in Westdeutschland brauchen innerhalb der nächsten zehn Jahre etwa 700 000 Unternehmen, davon etwa 60 000 Handelsunternehmen, eine neue Unternehmensleitung. Weniger als die Hälfte hat bislang Maßnahmen zur Nachfolge getroffen.[59]

Die Gefahren für die mittelständischen Einzelhändler drohen von

- den Fachmärkten,
- der verbesserten Sortimentskompetenz der SB-Warenhäuser,
- der weiteren Differenzierung der Versandhandelssortimente,
- dem Ausbau bestehender und dem Aufbau neuer Filialunternehmen,
- der Entwicklung eines lokalen (platzbezogenen) Marketing der bestehenden Filialunternehmen.[60]

---

58 Vgl. Kahle, Egbert: Organisation der mittelständischen Unternehmung, in: Frese, Erich (Hrsg.): Handwörterbuch der Organisation, 3. Aufl., (Poeschel) Stuttgart 1992, Sp. 1408-1419, Sp. 1413-1414.

59 Vgl. o.V.: Mittelstand, Abtritt der Kerngruppe, in: BAG Handelsmagazin, 1996, Nr. 6, S. 8; vgl. Maderner, Stephan: Was tun, wenn der Alte geht?, in: TW, 51. Jg., 1996, Nr. 17, S. 32-33, S. 32.

60 Vgl. Tietz, Bruno: Einzelhandelsperspektiven für die Bundesrepublik Deutschland bis zum Jahre 2010, (Deutscher Fachverlag) Frankfurt a.M. 1992, S. 253.

Ausgewählte Chancen der KMU des Einzelhandels sind:

- Die Polarisierung des Einkaufsverhaltens eröffnet Chancen. Während der Preiseinkauf bei den Großflächen erfolgt, werden Individualität, Qualität und Erlebnis im Fachgeschäft gesucht;
- Trend zur Individualisierung versus Standardisierung bei Filialunternehmen;
- den zunehmenden Anspruchniveaus der Konsumenten kann durch die größere Anpassungsfähigkeit entsprochen werden.

III. Zur Entwicklung der Systeme des Einzelhandels

Der Einzelhandel wird zunehmend durch kooperative oder konzentrative Handelssysteme geprägt. Die Bedeutung des Nicht-Systemhandels nimmt ständig ab. Die Marktanteile dieser Handelsbereiche veränderten sich in der Bundesrepublik Deutschland im Zeitraum von 1980 bis 1995 wie folgt (vgl. Übersicht C-2):

- kooperative Handelssysteme: genossenschaftliche und privatwirtschaftliche Einkaufsverbände bzw. Verbundgruppen: von 42,7 % auf 44,8 %;
- konzentrierte Handelssysteme: Verbrauchermärkte, Filialbetriebe, Waren- und Versandhäuser: von 37,8 % auf 43,2 %;
- beim nicht organisierten Einzelhandel ist ein Rückgang der Marktanteile von 19,5 % auf 12,0 % zu verzeichnen.

Übersicht C-2: Marktanteile der Handelssysteme in Westdeutschland von 1980 bis 1995

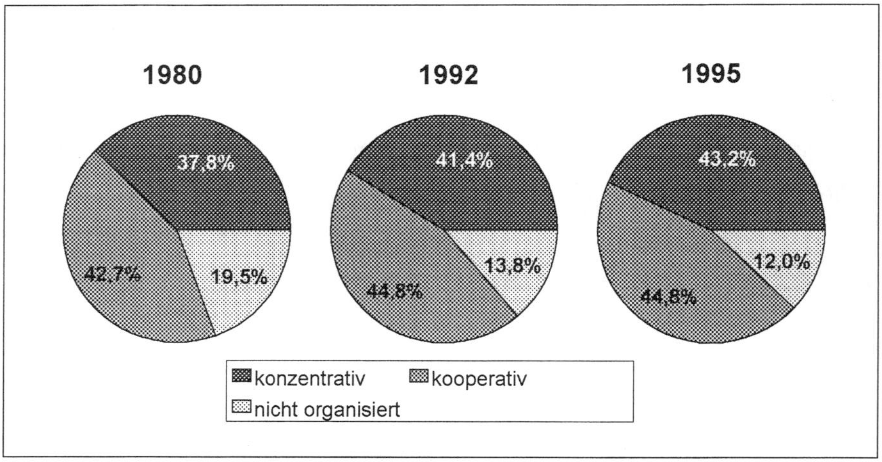

Quelle: Täger, Uwe Chr. u.a.: Entwicklungsstand und -perspektiven des Handels mit Konsumgütern, (Duncker & Humblot) Berlin u.a. 1994, S. 114.

Zu den Einkaufsgemeinschaften

Einkaufsgemeinschaften können kontrovers diskutiert werden. Sie

- entlasten die mittelständischen Einzelhändler durch Bestellung mittels Ordersätzen,
- führen zu Kosten- und Zeitersparnissen,
- erhöhen die Beschaffungssicherheit,
- ermöglichen bessere Einkaufskonditionen,
- nutzen die Kompetenz von Beschaffungsspezialisten,
- stärken die Wettbewerbsfähigkeit des Einzelhändlers und

- schränken auf der anderen Seite seine Autonomie ein.[61]

In Westdeutschland waren im Jahre 1992 rund 65 % der Einzelhandelsunternehmen mit einem Jahresumsatz von mehr als 500 000 DM in Verbundgruppen eingebunden. Dies entspricht einem Umsatzanteil von etwa 40 % des Konsumgütereinzelhandels. Damit weisen die deutschen Kooperationen im europäischen Vergleich eine höhere Marktbedeutung auf gegenüber z.B. 30 bis 35 % in den Niederlanden und in Dänemark oder 20 % in Frankreich.[62]

Die Diskussion zur Erhöhung des Verhaltensspielraumes von Einkaufsgemeinschaften bzw. Verbundgruppen ist aus Sicht der Industrie eine zweischneidige Angelegenheit:

1. Auf der einen Seite führen die strukturellen Nachteile gegenüber Filialsystemen zu einer Schwächung der Kooperationen, die wiederum eine Schwächung des kooperierenden Einzelhandels zur Folge hat.
2. Auf der anderen Seite führt jede Durchsetzungskompetenzsteigerung der Verbundgruppen aus Sicht der Industrie zu einer Annäherung an die Strukturen konzentrierter Filialsysteme.

Es ist davon auszugehen, daß die zunehmende Konzentration im Handel Gegenreaktionen des mittelständischen Handels auslösen wird und muß. Die Stärkung kann nur durch gemeinsame Absatzaktivitäten der Kooperationssysteme gelingen. „Dort, wo dies ... nicht gelingt, werden sich immer wieder leistungsaktive Mitglieder aus der Gruppe lösen."[63] Der Abgang führt zum weiteren Bedeutungsrückgang des Systems. *Täger*, Ifo-Institut, empfiehlt „„Überlegungen und Vorschläge zu erarbeiten, um den Kooperationssystemen mit ihrer Vielzahl von kleinen und mittleren Familienunternehmen eine bessere Plattform für ihre Absatz- und Wettbewerbsaktivitäten zur Verfügung zu stellen."[64] „Der Wettbewerbsvorsprung großer Handelsunternehmen kann ...

---

61 Vgl. Treis, Bartho: Größenbedingte Vor- und Nachteile mittelständischer Einzelhandelsunternehmen im Beschaffungsbereich, in: Treis, Bartho (Hrsg.): Der mittelständische Einzelhandel im Wettbewerb, Größenbedingte Vor- und Nachteile, (Vahlen) München 1981, S. 43-76, S. 55-56.

62 Vgl. Täger, Uwe Chr. u.a.: Entwicklungsstand und -perspektiven des Handels mit Konsumgütern, (Duncker & Humblot) Berlin u.a. 1994, S. 109.

63 Täger, Uwe Chr.; Costa, Christine: Anbindung der Kleinen und Mittleren, in: BAG Handelsmagazin, 1996, Nr. 6, S. 40-42, S. 42.

64 Täger, Uwe Chr.: Struktur und Entwicklungen des Handels in der Europäischen Gemeinschaft, Vortrag anläßlich der Vollsitzung des Ausschusses für Handel und Vertrieb der Generaldirektion XXIII der Europäischen Kommission am 26. April 1996 in Brüssel, S. 12.

von kleinen und mittleren Handelsunternehmen nur über die Anbindung an leistungsfähige Kooperationssysteme ... erzielt werden.“[65]

IV. Hidden Champions, Local Heroes und Kleine Riesen im Einzelhandel

Der Begriff **Hidden Champions** wurde in der deutschen betriebswirtschaftlichen Literatur erstmals von *Simon* gebraucht und geht zurück auf eine Formulierung von *Levitt*.[66] Die Sicherung der langfristigen Unternehmensexistenz ist das wichtigste Unternehmensziel solcher Firmen. Auch Unternehmen, die bereits sehr lange existieren, erleben Krisen, sie gehen aus diesen aber gestärkt hervor.[67]

Die Hidden Champions arbeiten meist auf ausgesprochenen Nischen-Märkten. Nach der Terminologie von *Porter* befinden sie sich in einem Wettbewerbsumfeld, das in die Kategorie enger Zielmarkt fällt. Neben den typischen Unternehmen gibt es die Super-Nischenanbieter und die Marktbesitzer, die ihren eigenen Markt bilden und praktisch keine Wettbewerber haben. „Ein wichtiger Aspekt der Strategie ist, zu wissen, was man auf keinen Fall tun will.“[68]

Nach *Simon* gehört ein Unternehmen zu den Hidden Champions, wenn ein erster oder zweiter Rang im Weltmarktanteil sowie eine geringe bis mittlere Unternehmensgröße vorliegt.[69] Zentrales Merkmal ist die Marktführerschaft. Diese ist kein rein quantitatives Konstrukt. *Simon* spricht in diesem Zusammenhang von psychologischer Marktführerschaft, die mit einem Führungsanspruch verbunden und Ergebnis einer Kombination von geistiger Führung und Umsetzungsführerschaft ist.

---

65 Täger, Uwe Chr.; Costa, Christine: Anbindung der Kleinen und Mittleren, in: BAG Handelsmagazin, 1996, Nr. 6, S. 40-42, S. 42.

66 Vgl. Simon, Hermann: Hidden-Champions - Speerspitzen der deutschen Wirtschaft, in: Working Paper 02-90, Lehrstuhl für BWL und Marketing, Universität Mainz, Mainz 1990, S. 2.

67 Vgl. Simon, Hermann: Die heimlichen Gewinner (Hidden Champions). Die Erfolgsstrategien unbekannter Weltmarktführer, (Campus) Frankfurt a.M. u.a. 1996, S. 19-20.

68 Simon, Hermann: Die heimlichen Gewinner (Hidden Champions). Die Erfolgsstrategien unbekannter Weltmarktführer, (Campus) Frankfurt a.M. u.a. 1996, S. 54.

69 Vgl. Simon, Hermann: „Hidden Champions", Speerspitze der deutschen Wirtschaft, in: ZfB, 60. Jg., 1990, Nr. 9, S. 875-890, S. 876; vgl. Simon, Hermann: Elemente der Erfolgsstrategien unbekannter Weltmarktführer, in: Belz, Christian (Hrsg.): Kompetenz für Marketing-Innovationen, Bd. 1, Suchfelder für innovatives Marketing, (Thexis) St. Gallen 1997, S. 100-113.

Ein zentraler Erfolgsfaktor der Hidden Champions ist die hohe Leistungsorientierung. „Die Strategie der Hidden Champions ist primär leistungs- und nicht preisorientiert."[70] Die Leistungsorientierung ist geprägt durch das Aussondern schwacher Teammitglieder, mehr Arbeit als Köpfe, geringere Arbeitsteilung und damit engere Beziehung zum Endprodukt, wenn nötig Aufteilung des Unternehmens in kleinere Einheiten und Verfügbarkeit und Flexibilität der Mitarbeiter.[71]

Die Führung der Hidden Champions beschreibt *Simon* wie folgt:[72]

- die Führungskräfte sind extrem motiviert, sogar besessen;
- die Führung ist autoritär in den Grundwerten, aber partizipativ in operativen Fragen.

Die Wettbewerbsvorteile der Hidden Champions beruhen auf den Parametern

- Produktqualität,
- Kundennähe,
- Mitarbeiter,
- Innovation und
- Service.

Diese werden durch die Strategien Spezialisierung und Konzentration umgesetzt.[73]

Die Untersuchung von *Simon* stellt einen gut strukturierten Beitrag zur Erfolgsfaktorenforschung dar, der die besondere Situation des Mittelstandes berücksichtigt. Der Autor zeigt auf, in welchen Bereichen Wettbewerbsvorteile geschaffen werden müssen, um sich als Mittelständler erfolgreich am Markt zu behaupten.[74]

---

70 Simon, Hermann: Die heimlichen Gewinner (Hidden Champions). Die Erfolgsstrategien unbekannter Weltmarktführer, (Campus) Frankfurt a.M. u.a. 1996, S. 92.

71 Vgl. Simon, Hermann: Die heimlichen Gewinner (Hidden Champions). Die Erfolgsstrategien unbekannter Weltmarktführer, (Campus) Frankfurt a.M. u.a. 1996, S. 169-171.

72 Vgl. Simon, Hermann: Die heimlichen Gewinner (Hidden Champions). Die Erfolgsstrategien unbekannter Weltmarktführer, (Campus) Frankfurt a.M. u.a. 1996, S. 179.

73 Vgl. Simon, Hermann: „Hidden Champions", Speerspitze der deutschen Wirtschaft, in: ZfB, 60. Jg., 1990, Nr. 9, S. 875-890, S. 879; vgl. Simon, Hermann: Lessons from Germany's midsize giants, in: Harvard Business Review, 70. Jg., 1992, Nr. 2, S. 115-123.

74 Vgl. Bürkner, Sven: Erfolgsfaktorenforschung und Marketing-Management, Studien- und Arbeitspapiere Marketing, Nr. 16, Institut für Marketing, Universität München 1996, S. 53.

Hidden Champions wurden bisher vor allem in der Industrie untersucht.[75] Nach *Biallo* weisen die industriellen mittelständischen Erfolgsunternehmen folgende übergreifenden Merkmale auf:[76]

- Anpassung an lokale Märkte;
- starke Mitarbeiterorientierung, oft erfolgsabhängige und überdurchschnittliche Vergütung;
- Diversifikation, ständige Suche nach alternativen Anwendungsmöglichkeiten der Produkte;
- hervorragende Produktqualität, oft hochpreisige Produkte, hohe F&E-Aufwendungen, hoher Innovationsgrad;
- häufig Familienunternehmen mit patriarchalischem Führungsstil, „management by walking around".

Die Merkmale der industriellen Champions sind nur bedingt auf mittelständische Händler übertragbar.

Ein Problem ist die Definition des Marktanteils im Handel. Insbesondere der Markt ist schwer zu bestimmen. Sowohl das Einzugsgebiet als auch die zu berücksichtigenden Konkurrenten bereiten Probleme. Zum einen überschneiden sich die Sortimente, zum anderen ist die Interbetriebstypenkonkurrenz zu beachten. Demnach sind weder die tatsächlichen Wettbewerber, noch das Marktvolumen exakt zu bestimmen.[77] Dem Marktanteil eines Handelsbetriebes dürfte zudem nicht die zentrale Bedeutung beizumessen sein wie bei Herstellerunternehmen.[78] Die fehlende Eignung des Marktanteils als Erfolgsindikator zeigt sich in einer Untersuchung von 70 Warenhausfilialen. *Burmann* weist in dieser Studie einen negativen Zusammenhang zwischen hohem Marktanteil und Flächenproduktivität nach. Dies ist in erster Linie ein Ausstrahlungseffekt der Filialgröße. Ein Warenhaus erzielt in kleineren Städten aufgrund des gerin-

---

75 Vgl. z.B. Schmitt, Eckart: Strategien mittelständischer Welt- und Europamarktführer, (Gabler) Wiesbaden 1997.

76 Vgl. Biallo, Horst: Die geheimen deutschen Weltmeister: mittelständische Erfolgsunternehmen und ihre Strategien, (Wirtschaftsverlag Uebereuter) Wien 1993.

77 Vgl. Kube, Christian: Erfolgsfaktoren in Filialsystemen, (Gabler) Wiesbaden 1991, S. 97.

78 Vgl. Patt, Paul-Josef: Strategische Erfolgsfaktoren im Einzelhandel, 2. Aufl., (Peter Lang) Frankfurt a.M. u.a. 1990, S. 225.

gen Einzugsgebietes und der damit verbundenen geringen Filialgröße meist niedrige Flächenproduktivitäten trotz hohen Marktanteils.[79]

Ein weiteres nicht übertragbares Merkmal der Hidden Champions ist die globale Ausrichtung. Dieses Kriterium ist für mittelständische Einzelhändler in den meisten Fällen irrelevant, da stationärer Einzelhandel auf lokale Kundschaft angewiesen ist. Der Begriff **Local Heroes** erscheint im Einzelhandel aufgrund dessen treffender.

Eine der ersten Institutionen, die das Hidden Champions-Konzept auf den Handel übertragen hat, ist die BBE (Betriebswirtschaftliche Beratungsstelle für den Einzelhandel). Das Schlagwort **„Kleine Riesen"** wurde erstmals 1994 in Vorträgen der BBE verwendet. Unter der Überschrift „Die Kleinen Riesen als Gewinner des Wettbewerbs" werden die guten Chancen kleiner Filialunternehmen beschrieben.[80]

Die BBE geht in ihrer These der Kleinen Riesen davon aus, daß in den 90er Jahren weniger die großen, sondern vielmehr die mittelgroßen Organisationen, die sich Schlankheit und direkte Marktanpassung bewahrt haben, den Markt beherrschen werden. Diese mittelgroßen Unternehmen werden definiert als

1. Filialunternehmen des Nonfood-Handels mit 30 bis 70 oder gar 100 Filialen,
2. Franchisegruppen und
3. streng geführte Verbundgruppen.

Im Rahmen dieser Arbeit werden die zweite und dritte von der BBE genannte Gruppe nicht betrachtet. Die Abgrenzung der Filialunternehmen erscheint sehr großzügig, wenn man bedenkt, daß nach HGZ-Daten im früheren Bundesgebiet im Jahre 1993 nur 226 der rund 330 000 Einzelhandelsunternehmen über mehr als 50 Filialen verfügten. Bei der Betrachtung, wieviel Kleine Riesen es gibt, geht die BBE, abweichend von der vorher aufgezeigten Definition, von Unternehmen ab fünf Filialen aus. Danach bilden etwa 1 000 Textil-Filialisten, 1 300 sonstige Nonfood-Filialisten und 2 000 Lebensmittelfilialisten den Markt. Den Erfolg dieser Gruppe mißt die BBE an folgenden Zahlen:

---

[79] Vgl. Burmann, Christoph: Fläche und Personalintensität als Erfolgsfaktoren im Einzelhandel, (Gabler) Wiesbaden 1995, S. 118-119.

[80] Vgl. BBE (Hrsg.): Megatrends in Vertrieb, Handel und Gesellschaft II, Köln 1996, S. 434-443.

Tabelle C-12: Die Umsatzentwicklung in ausgewählten Betriebstypen des Einzelhandels von 1970 bis 1994

Betriebstyp	*Umsatz 1994 (1970 = 100,0)*
Warenhäuser	186
Versandhandel	240
Facheinzelhandel mit bis zu 4 Filialen	298
Facheinzelhandel mit 5 und mehr Filialen	485

Quelle: In Anlehnung an: BBE (Hrsg.): Megatrends in Vertrieb, Handel und Gesellschaft, Köln 1996, S. 436.

Die Stärken der Kleinen Riesen des Handels sind in Schlagworten der BBE:[81]

- Auftreten wie ein Fachhändler,
- Kosten wie ein Mittelständler und
- Einkaufen wie ein Großer.

Treis hat sich ebenfalls mit dem Thema „Kleine Riesen im Handel" beschäftigt. Nach seiner Meinung haben im Wettbewerb um lokale Märkte

- Standort sowie
- fachliche und persönliche Kompetenz der Manager

herausragende Bedeutung für den Unternehmenserfolg.[82]

Die Chancen der Kleinen Riesen sind warengruppenspezifisch zu sehen. Gute Möglichkeiten von Fach- und Spezialanbietern ergeben sich durch die relativ preisunabhängige Nachfrage nach Prestigewaren, z.B. Babyausstattung oder Sportartikel. Die Zukunft des mittelständischen Handels wird gesichert durch die umfassende Ausschöpfung des erweiterten lokalen Marktpotentials mit mehreren Filialen. Dabei wird der Handel unterstützt von Warenwirtschaftssystemen, motivierten Mitarbeitern und

---

81 Vgl. BBE (Hrsg.): Megatrends in Vertrieb, Handel und Gesellschaft, Köln 1996, S. 437.

82 Vgl. Treis, Bartho: Perspektiven des mittelständischen Einzelhandels, Vortrag im Sommer 1995, hrsg. v. Institut für Marketing & Handel, Universität Göttingen, Göttingen 1995, S. 2.

seiner Marktkenntnis.[83] Der zentrale Erfolgsfaktor für kleine Betriebsformen ist eine umfassende Kundenorientierung der gesamten Unternehmenspolitik mit dem Ziel, Kundenbindung und Kundentreue zu erhöhen. Der Unternehmer muß ein Leitbild schaffen, mit dem sich Kunden und Mitarbeiter identifizieren können. Der größte Wettbewerbsvorteil der Mittelständler besteht dabei in der kundenspezifischen Beratung.

Zentes zählt über die geschilderte Betrachtung der Kleinfilialsysteme hinaus auch starke Einzelhäuser zu den Kleinen Riesen. Als Kleine Riesen führt er inhabergeführte Fachhandelsbetriebe - starke Einzelhäuser oder regionale Filialisten - an, die über hohe lokale bzw. regionale Marktanteile verfügen. Durch die regionale Bedeutung erzielen diese Unternehmen Konditionen, die denen von Ketten oder Filialsystemen entsprechen.[84]

Die Individualkraft der Kleinen Riesen liegt in folgenden Merkmalen:

- Dienstleistungsmentalität als zentrales Merkmal der Unternehmenskultur,
- hohe Kundennähe durch lokale bzw. regionale Marktkenntnisse,
- große Flexibilität,
- großes Differenzierungspotential,
- unternehmerisches Engagement.

Die Individualkraft muß gekoppelt werden mit einer entsprechenden „Systempower", die sich z.B. in der Professionalität der Abläufe dokumentiert. Die Kosten- und Qualitätsführerschaft ist nach *Zentes* mit strategischen horizontalen und vertikalen Allianzen zu erzielen. Die horizontalen Bindungen sollen Konditionenvorsprünge ermöglichen, die vertikalen Bindungen, z.B. im Rahmen von Exklusivverträgen, zur Differenzierung beitragen.

Die Zukunft der Kleinen Riesen wird im Gegensatz zu den traditionellen Fachgeschäften sehr positiv gesehen. Nach Ifo-Schätzungen wird der Einzelhandelsumsatzanteil der kleinen und mittleren filialisierten Fachgeschäfte von 1995 22 % auf 26 %

---

83 Vgl. Treis, Bartho: Perspektiven des mittelständischen Einzelhandels, Vortrag im Sommer 1995, hrsg. v. Institut für Marketing & Handel, Universität Göttingen, Göttingen 1995, S. 11.

84 Vgl. Zentes, Joachim: „Hidden Champions - Die Zukunft gehört den Kleinen Riesen", in: Express, Händlerzeitschrift Blaupunkt, Ausgabe „Markt", 1997, Nr. 2, S. 4.

im Jahr 2010 steigen.[85] Auch die Verbundgruppen des Handels halten die Kleinfilialisten für sehr erfolgsträchtig.[86]

Zur Operationalisierung der Begriffe Kleine Riesen und Local Heroes sollen folgende Arbeitsdefinitionen gelten:

Die Kleinen Riesen sind Filialsysteme und große Solitäre des mittelständischen Einzelhandels.

Größenmerkmale sind neben der Filialzahl die Mitarbeiterzahl und die Umsatzklasse. Ein qualitatives Merkmal ist der Wille zur weiteren Filialisierung und die regionale Verteilung der Filialen. Der Begriff Kleine Riesen ist nach dieser Definition nicht mit der Erfolgswirksamkeit gekoppelt. Diese These wird getrennt untersucht.

Die Local Heroes sind weit überdurchschnittlich erfolgreiche Unternehmen des mittelständischen Einzelhandels. Sie sind gekennzeichnet durch

- hohe Bedeutung im relevanten Markt,
- kompetente Führung,
- Professionalität und
- ansprechendes Ladenlayout.

Local Heroes sind in allen Einzelhandelsbranchen zu finden. Ein bekanntes mittelständisches Textilunternehmen ist Engelhorn & Sturm in Mannheim. Dort werden ca. 850 Mitarbeiter beschäftigt. Allein das Haupthaus verfügt über 12 000 qm Verkaufsfläche. Das Unternehmen ist eindeutig der „Platzhirsch" in Mannheim.[87] Im Möbelhandel erzielen Familienunternehmen wie Mann in Karlsruhe oder Kraft in Bad Segeberg Umsätze um eine Mrd. DM.[88] Die Local Heroes lassen sich als Store brands (Handel als Marke) auf lokaler Ebene auffassen.[89]

Die Vorteile der Regionalisierung werden auch in den USA erkannt. Einige wenig bekannte regionale Warenhausketten werden als Gewinner genannt: Von Maur, Youn-

---

85 Vgl. HDE (Hrsg.): 49. Arbeitsbericht 1996, Köln 1997, S. 15.

86 Vgl. o.V.: Kaufring baut auf die Kleinen Riesen, in: FAZ, 1. Februar 1996, S. 16.

87 Vgl. o.V.: Paradiesvögel wie wir, in: TW, 50. Jg., 1995, Nr. 47, S. 32-35, S. 33.

88 Vgl. Möbel Zahlen Daten 1996/97, (Holzmann) Hamburg 1996, S. 15.

89 Vgl. Roeb, Thomas: Wenn der Händler zur Marke wird, in: LZ, 49. Jg., 1997, Nr. 17, S. 81-83; einige Händler erzielen in ihrem Markt Bekanntheitsgrade bis zu 98 %.

kers, Bon Ton, Carson Pirsi Scott oder Gottschalks. Die Konzentration auf eine bestimmte Region, gepaart mit einem „Platzhirsch-Status", führt zu hohem Bekanntheitsgrad und hoher Kundenloyalität.[90] Die Existenz der Local Heroes trotz des schwierigen wirtschaftlichen Umfeldes war Auslöser der vorliegenden Untersuchung: Was unterscheidet die erfolgreichen von den weniger erfolgreichen Unternehmen?

V. Zum Zusammenhang mit den erklärungsrelevanten Theorien

Zur Organisation

Ein enger Zusammenhang besteht zwischen Mittelstandsproblematik und der **Organisations- und Managementforschung**. Ausgangspunkt der Betrachtung der mittelständischen Unternehmung als Stufe in einem Entwicklungsprozeß ist die These von *Chandler,* nach der die Wahl der Organisationsform die Konsequenz der Wachstumsstrategie ist (structure follows strategy). Speziell für die mittelständische Unternehmung ist fraglich, ob diese These zutrifft. In der Praxis erscheint oft das Gegenteil der Fall: aufgrund begrenzter Ressourcenausstattung muß sich die Strategie zwangsläufig der gegebenen Struktur anpassen (strategy follows structure). Der Übergang von einer Organisationsform in eine andere wird unter dem Begriff organisatorischer Wandel oder Organisationsentwicklung diskutiert. Erklärungsbedürftig sind sowohl das Postulat der Gesetzmäßigkeit der Evolution (manche Mittelständler sind schon sehr lange Mittelständler) als auch weitere Dimensionen, die die Organisationseinheit beeinflussen.[91] Innerhalb der Handelsforschung werden Fragen zur Veränderung von Unternehmen unter dem Stichwort Dynamik der Betriebsformen diskutiert.

Wenn der Leistungsaustausch zwischen Subjekten nicht über einen Markt, sondern innerhalb einer Unternehmung vor sich geht, können Transaktionskosten gespart werden. Dieses Motiv ist nach dem Transaktionskostenansatz der Hauptgrund zur Errichtung einer Unternehmung. Der Ansatz berücksichtigt dabei, daß Informationen, die für den Güteraustausch notwendig sind, knappe Güter sind und damit Kosten verursa-

---

90 Vgl. o.V.: Erfolgreich als Platzhirsch, in: einzelhandelsberater, 1996, Nr. 6, S. 58.

91 Vgl. Kahle, Egbert: Organisation der mittelständischen Unternehmung, in: Frese, Erich (Hrsg.): Handwörterbuch der Organisation, 3. Aufl., (Poeschel) Stuttgart 1992, Sp. 1408-1419, Sp. 1410, Sp. 1411.

chen.[92] Im Einzelfall sind nicht alle relevanten Transaktionskosten zu erfassen. Es ist deshalb in den meisten Fällen nicht möglich, mit diesem Ansatz zu erklären, warum es zur Bildung eines Unternehmens mit einer bestimmten Organisationsform kommt.

Zur optimalen Betriebsgröße

Der Transaktionskostenansatz, der innerhalb der Organisations- und Managementforschung zum Ansatz der **Neuen Institutionenökonomik** gezählt wird, erklärt kleine und mittlere Unternehmensgrößen über steigende interne Transaktionskosten: Wenn die internen Transaktionskosten (Organisationskosten) die Kosten, die bei Koordination über einen Markt entstehen, überschreiten, ist weiteres Wachstum unwirtschaftlich.[93] Die Transaktionskosten können in Economies of Market und Economies of Organization unterschieden werden. Die Kostenvorteile der Organisation ergeben sich dadurch, daß für immer wiederkehrende Transaktionen Rahmenbedingungen geschaffen werden, die kostensenkend wirken. Je größer die Unternehmung, desto mehr Rahmenbedingungen müssen geschaffen werden und desto höher die Organisationskosten.[94] Abgeleitet aus dem Transaktionskostenansatz geht *Baumol* davon aus, daß Unternehmen mit einer Rate wachsen, bei der die Grenzerträge gleich den Grenzkosten sind. Nach *Gutenberg* entsteht Wachstum durch die Abstimmung optimaler Faktorkombinationen, die zum Wechsel von einer Produktionsfunktion in die nächste führt.[95]

Die **Industrieökonomik** erklärt die Unternehmensgröße aus den Fähigkeiten der Unternehmung. Unternehmen werden gegründet, expandieren, bleiben klein oder verschwinden je nach Leistungsfähigkeit. Nach dieser Auffassung ist eine kleine Unternehmensgröße suboptimal.[96] Der **verhaltenswissenschaftliche Ansatz** geht davon aus, daß sich die von Unternehmensgründern oft genannten Motive in kleinen Einheiten besser verwirklichen lassen. Weitere Erklärungsansätze postulieren, daß sich Markt

---

92 Vgl. Mugler, Josef: Betriebswirtschaftslehre der Klein- und Mittelbetriebe, 2. Aufl., (Springer) Wien u.a. 1995, S. 6-10.

93 Vgl. Mugler, Josef: Betriebswirtschaftslehre der Klein- und Mittelbetriebe, 2. Aufl., (Springer) Wien u.a. 1995, S. 36.

94 Vgl. Bössmann, Eva: Unternehmungen, Märkte, Transaktionskosten, in: WiSt, 12. Jg., 1983, Nr. 12, S. 105-111, S. 107.

95 Vgl. Albach, Horst: Empirische Theorie der Unternehmensentwicklung, (Westdeutscher Verlag) Opladen 1986, S. 8; vgl. Albach, Horst: Unternehmenswachstum, -stagnation und -schrumpfung, in: Tietz, Bruno; Köhler, Richard; Zentes, Joachim (Hrsg.): Handwörterbuch des Marketing, 2. Aufl., (Schäffer-Poeschel) Stuttgart 1995, Sp. 4417-4436, Sp. 4420.

96 Vgl. Mugler, Josef: Betriebswirtschaftslehre der Klein- und Mittelbetriebe, 2. Aufl., (Springer) Wien u.a. 1995, S. 36.

und Unternehmen entsprechen müssen, d.h. kleine Unternehmen auf kleinen Märkten tätig sind, oder daß Marktwiderstände die Grenzen des Wachstums bilden. Nach dem neoklassischen Ansatz sind Entscheidungen in den Hauptfunktionen wie Beschaffung, Lagerung, Produktion, Absatz- und Finanzierung optimal, wenn sie dazu beitragen, daß das Unternehmen langfristig einen möglichst hohen Gewinn erwirtschaftet.[97]

Zu den Wachstumsschwellen

Die Theorie der Wachstumsschwellen geht auf *Clifford* zurück. Seine Untersuchung von Schwellenfirmen (Treshold Companies) weist problematische Umsatzgrößen zwischen 20 und 200 Mio. Dollar nach.[98] Die These eines kontinuierlichen Wachstums wurde von *Marshall* aufgestellt und von *Steindle* entkräftet.[99] *Albach* stellt im Rahmen einer dynamischen Theorie des Wachstums von Unternehmen fest, daß sich die Entwicklung nicht stetig, sondern in Wachstumsschüben vollzieht.[100] Bei der Untersuchung der kritischen Wachstumsschwellen werden zwei problematische Größenklassen ermittelt:[101]

- 500 - 749 Beschäftigte und
- über 1249 Beschäftigte.

Die theoretische Begründung von Wachstumsschwellen basiert auf[102]

- Wachstumspausen nach kontrolltheoretischen Modellen,
- unstetigen Wachstumsverläufen aufgrund von Unteilbarkeiten in der Produktion und

97 Vgl. Albach, Horst: Unternehmenswachstum, -stagnation und -schrumpfung, in: Tietz, Bruno; Köhler, Richard; Zentes, Joachim (Hrsg.): Handwörterbuch des Marketing, 2. Aufl., (Schäffer-Poeschel) Stuttgart 1995, Sp. 4417-4436, Sp. 4429-4430.

98 Vgl. Albach, Horst: Kritische Wachstumsschwellen in der Unternehmensentwicklung, in ZfB, 46. Jg., 1976, Nr. 10, S. 683-696, S. 695.

99 Vgl. Yim, Byung-Chun: Wachstumsschwellen von kleinen und mittleren Unternehmen, Diss., Stuttgart 1989, S. 87.

100 Vgl. Albach, Horst: Zur Theorie des wachsenden Unternehmens, in: Albach, Horst u.a.: (Hrsg.): Theorie des einzelwirtschaftlichen und des gesamtwirtschaftlichen Wachstums, (Duncker & Humblot) Berlin 1965, S. 9-97, S. 60, S. 17.

101 Vgl. Albach, Horst; Bock, Kurt; Warnke, Thomas: Kritische Wachstumsschwellen in der Unternehmensentwicklung, (Poeschel) Stuttgart 1985, S. 337 f.

102 Vgl. Graumann, Mathias: Jüngere Theorien des Unternehmenswachstums, in: WISU, 23. Jg., 1994, Nr. 11, S. 911-914, S. 913.

- der Engpaßplanung, nach der die Wachstumsrate durch den Kapazitätsengpaß determiniert wird.

Die Theorien dienen weniger der Erklärung des Erfolges im Sinne einer instrumentellen Variable, als vielmehr der Erklärung von Rentabilitätsproblemen.

Art und Anzahl von Wachstumsschwellen werden unterschieden. Nach *Buchele* existiert nur eine Wachstumsschwelle, die Führungskrise. *Ludwig* geht davon aus, daß nur eine Art von Wachstumsschwelle existiert (Finanzierungskrise), sie tritt aber mehrfach bei verschiedenen Niveaus auf. Die Ergebnisse von *Clifford* weisen auf mehrere Arten, aber nur eine zu überwindende Schwelle hin.[103]

Wachstumskrisen sind durch ein deutlich niedrigeres Wachstum der Unternehmen gekennzeichnet, in Verbindung mit einer Verschlechterung der Ertragssituation. Drei Arten von Wachstumskrisen sind zu nennen. Die erste tritt unmittelbar ein nach der Gründung bis eine überlebensfähige Größe erreicht ist. Am Ende des Lebenszyklus steht die Alterskrise. In einer mittleren Phase stehen Unternehmen mit Wachstumspotential, aber verschlechterter Rentabilität. Unterlassen diese Unternehmen die nötigen Anpassungen, kommt es zur Krise.[104]

Das Wachstum ist auch nach Meinung von *Koenigs/Spies* eng verknüpft mit Wachstumsschwellen. Sie überprüfen die Ergebnisse von *Albach* anhand vorliegender Ifo-Daten, die Unternehmensdaten über einen Zeitraum von fast 20 Jahren enthalten. Die Ergebnisse konnten weitgehend bestätigt werden.[105]

Die englische ACARD-Studie (Advisory Council for Applied Research and Development) kommt zu folgenden zentralen Ergebnissen:

- Die Fokussierung auf den Eigentümer ist in sehr kleinen Unternehmen ein Vorteil, wird bei Wachstum aber zum Problem, weil ein anderes Management nötig wird.
- Die zentralen Ressourcenengpässe sind Finanzierung, Personal und Technologie.

---

[103] Vgl. Brockhoff, Klaus: Wachstumsschwellen und Forschungsschwellen, in: ZfB, 50. Jg., 1980, Nr. 5, S. 475-499, S. 479.

[104] Vgl. Albach, Horst; Bock, Kurt; Warnke, Thomas: Wachstumskrisen von Unternehmen, in: ZfbF, 36. Jg., 1984, Nr. 10, S. 779-793, S. 779, S. 782.

[105] Vgl. Koenigs, Konstantin; Spies, Richard: Wachstumsschwellen der Unternehmen in Abhängigkeit von der Größenklasse, Arbeitspapiere zur Strukturanalyse, Nr. 23, Institut für Volkswirtschaftslehre der Universität Augsburg 1985, S. 6, S. 26.

- Der Erfolg der KMU wird von den Marktgegebenheiten mitbestimmt.[106]

[106] Vgl. Barber, John; Metcalfe, Stanley; Porteous, Mike: Barriers to Growth: The ACARD Study, in: Barber, John; Metcalfe, Stanley; Porteous, Mike (Hrsg.): Barriers to growth in small firms, (Routledge) London u.a. 1992, S. 1-19, S. 9 f.

D. Erfolgsfaktorenforschung unter besonderer Berücksichtigung der KMU des Einzelhandels

I. Begriff

1. Abgrenzung

Zu unterscheiden sind die Begriffe **Erfolgsforschung und Erfolgsfaktorenforschung**. Nach *Ahlert*[107] ist die Erfolgsforschung (Benchmarking) das Lernen von erfolgreichen Vorbildern

- innerhalb der eigenen Unternehmung oder
- außerhalb der eigenen Unternehmung.

Die Erfolgsforschung kann somit auch intern erfolgen und zur Evolution des Unternehmens direkt beitragen. Anliegen der Erfolgsforschung ist es, exzellente Organisationen zu identifizieren und deren Konzepte zu analysieren, um Ideen für eigene Veränderungen sowie konzeptionelle Umsetzungsanregungen zu generieren.[108] Das Benchmarking ist im Handel bisher nur wenig verbreitet.[109] Enge Verwandschaft mit dem Benchmarking-Konzept weist der im Handel verbreitete Betriebsvergleich auf.[110] Dabei werden innerbetrieblich oder zwischenbetrieblich Zeitvergleiche oder Soll-Ist-

107 Vgl. Ahlert, Dieter: Auf der Suche nach den Spitzenleistungen im Handel, Evolution mit Benchmarking oder Revolution durch Reengineering als Erfolgsstrategie für Handelsbetriebe, Handelssysteme und Distributionssysteme?, Arbeitspapier Nr. 17, Institut für Handelsmanagement, Westfälische Wilhelmsuniversität Münster, Münster 1994/95, S. 2.

108 Vgl. Eickhoff, Markus: Erfolgsfaktorenforschung im Bekleidungshandel, (Peter Lang) Frankfurt a.M. u.a. 1997, S. 2.

109 Vgl. Schröder, Hendrik: Noch besteht hoher Nachholbedarf, Bestandsaufnahme zum Umfang des Benchmarking im Handel, in: LZ, 48. Jg., 1996, Nr. 47, S. 58-59, S. 59; vgl. weiter Schröder, Hendrik: Minimalprogramm, Benchmarking im Handel, in: Absatzwirtschaft, 40. Jg., 1996, Nr. 9, S. 94-99, S. 99.

110 Vgl. Zentes, Joachim: Grundbegriffe des Marketing, 4. Aufl., (Schäffer-Poeschel) Stuttgart 1996, S. 46; vgl. zum Wettbewerbsbenchmarking als Vergleich zur direkten Konkurrenz Lasch, Rainer; Trost, Ralf: Wettbewerbs-Benchmarking: Ein empfehlenswertes Management-Instrument?, in: ZfB, 67. Jg., 1997, Nr. 7, S. 689-712.

Vergleiche durchgeführt. Der Betriebsvergleich des Instituts für Handelsforschung (IfH) in Köln umfaßt Fachgeschäfte des Einzelhandels.[111]

Die Erfolgsfaktorenforschung ist ein Teilbereich der Erfolgsforschung und hat die Suche nach Schlüsselfaktoren zum Inhalt, durch die sich Gewinner und Verlierer signifikant unterscheiden.[112] Die Erfolgsfaktorenforschung geht davon aus, daß es trotz Mehrdimensionalität und Multikausalität des Unternehmenserfolges zentrale Einflußgrößen gibt, die den Erfolg einer strategischen Planungseinheit maßgeblich beeinflussen.[113]

2. Erfolgsfaktoren und Erfolgsfaktorenforschung

Der Begriff „Erfolgsfaktor" wurde erstmals im Jahre 1969 von *Steiner* verwandt.[114] Synonyme sind strategische Schlüsselfaktoren, strategische Erfolgspositionen, Erfolgsdeterminanten oder kritische Erfolgsfaktoren. Erfolgsfaktoren (key success factors) wurden zu Beginn in Management-Informationssystemen genutzt.[115]

Aufgabe der Erfolgsfaktorenforschung ist es, denkbare Einflußgrößen zu sammeln und zu systematisieren und ihren Einfluß auf den Erfolg zu ermitteln. Dabei wird von zwei Hauptgruppen ausgegangen, den **Faktoren, die ein Handelsbetrieb selbst steuern kann, und den sogenannten Umweltfaktoren**.[116] Der erhebliche Einfluß der Umweltsituation auf den Unternehmenserfolg bedingt die Berücksichtigung unternehmensexterner Bedingungen bei strategischen Überlegungen. Der Begriff „Erfolgsfaktor" muß

---

111 Die Betriebsvergleichsdaten des IfH in Köln wurden bereits mehrfach für Erfolgsfaktorenuntersuchungen genutzt; vgl. Müller-Hagedorn, Lothar; Greune, Malte: Erfolgsfaktorenforschung und Betriebsvergleich im Handel, in: Müller-Hagedorn, Lothar (Hrsg.): Mitteilungen des Instituts für Handelsforschung an der Universität zu Köln, 44. Jg., 1992, Nr. 9, S. 121-131; vgl. Meyer, Gerhard: Die Faktorkombination als strategischer Erfolgsfaktor im Einzelhandel, in: Trommsdorff, Volker (Hrsg.): Handelsforschung 1991, Forschungsstelle für den Handel Berlin (FfH) e.V., (Gabler) Wiesbaden 1992, S. 65-88.

112 Vgl. Grant, Robert: Contemporary Strategy Analysis, (Blackwell Business) Cambridge 1995, S. 3-4.

113 Vgl. Leidecker, Joel K.; Bruno, Albert V.: Identifying and Using Critical Success Factors, in: Long Range Planning, 17. Jg., 1984, Nr. 1, S. 23-32, S. 24.

114 Vgl. Kube, Christian: Erfolgsfaktoren in Filialsystemen, (Gabler) Wiesbaden 1991, S. 2.

115 Vgl. Grunert, Klaus G.; Ellegaard, Charlotte: The concept of key success factors: Theory and method, in: Baker, M. J. (Hrsg.): Perspectives on Marketing Management, 3. Aufl., (Wiley & Sons) New York u.a. 1993, S. 245-274, S. 246.

116 Vgl. Müller-Hagedorn, Lothar: Erfolgsfaktoren im Einzelhandel, in: Absatzwirtschaft, 37. Jg., 1993, Nr. 11, S. 90-101, S. 92.

somit als mehrdimensionale Größe interpretiert werden. Das optimale Zusammenspiel mehrerer Determinanten und die Anpassung an die externen Rahmenbedingungen machen den Erfolg aus.[117]

Die Bestimmung strategischer Erfolgsfaktoren kann prinzipiell auf fünf Analyseebenen erfolgen:[118]

- branchenübergreifende, generelle Erfolgsfaktoren,
- branchenspezifische Erfolgsfaktoren,
- Erfolgsfaktoren spezifischer strategischer Gruppen innerhalb einer Branche,
- unternehmensspezifische Erfolgsfaktoren,
- geschäftsfeldspezifische Erfolgsfaktoren.

Die Studien, die die Erforschung von Erfolgsfaktoren zum Ziel haben, können in **quantitative und qualitative Untersuchungen** unterteilt werden. Die quantitativen Untersuchungen verfolgen das Ziel, mittels bi- und multivariaten Methoden Wirkungszusammenhänge zwischen quantitativen Erfolgsfaktoren[119] (unabhängige Variable) und Erfolgsgrößen (abhängige Variable) aufzudecken. Ein Beispiel für eine quantitative Erfolgsfaktorenuntersuchung ist die PIMS-Studie, auf die noch eingegangen wird. Bei qualitativen Untersuchungen werden die Erfolgsfaktoren über explorative Expertengespräche ermittelt. Der Ansatz berücksichtigt insbesondere „weiche" Konstrukte wie Unternehmenskultur, Unternehmensgrundsätze und Führungsstil. Die Studie von *Peters/Waterman,* die ebenfalls noch näher erläutert wird, ist ein Beispiel. Als Vertreter der qualitativ orientierten Erfolgsfaktorenforschung im Handel gelten *Applebee/Nitzberg, Meffert, Tietz* oder *McKinsey.* Quantitativ ausgerichtete Studien stammen von *Thurik, Dalrymple, Hise u.a., Lusch/Moon* oder *Bierbaum.*[120]

---

[117] Vgl. Wölk, Andrea: Erfolgsfaktoren kleiner und mittlerer Unternehmen im Einzelhandel. Eine empirische Studie, in: Trommsdorff, Volker (Hrsg.): Handelsforschung 1991, Forschungsstelle für den Handel Berlin (FfH) e.V., (Gabler) Wiesbaden 1992, S. 47-64, S. 51.

[118] Vgl. Seibert, Siegfried: Strategische Erfolgsfaktoren in mittleren Unternehmen, Diss., Frankfurt a.M. 1987, S. 10.

[119] Vgl. zum Begriff quantitativer strategischer Erfolgsfaktor: Meffert, Heribert: Erfolgsfaktoren im Handel, Einführung in die Problemstellung, in: Meffert, Heribert; Wagner, Helmut (Hrsg.): Dokumentationspapier der wissenschaftlichen Gesellschaft für Marketing und Unternehmensführung, Nr. 45, Universität Münster, Münster 1988, S. 1-13, S. 6; vgl. Patt, Paul-Josef: Strategische Erfolgsfaktoren im Einzelhandel, 2. Aufl., (Peter Lang) Frankfurt a.M. 1987, S. 6.

[120] Vgl. Patt, Paul-Josef: Strategische Erfolgsfaktoren im Einzelhandel, 2. Aufl., (Peter Lang) Frankfurt a.M. u.a. 1990, S. 12 f.

Pragmatisch gesehen, können Erfolgsfaktoren aus theoretischen Erkenntnissen, aus Plausibilitätsüberlegungen, aus situationsspezifischem Wissen, aus der Erfahrung von Experten und aus den Erkenntnissen empirischer Analysen generiert werden.[121] Zu unterscheiden sind weiter die Suche nach Erfolgsfaktoren (z.B. durch Benchmarking) und die Wirkungsanalyse der Faktoren. In empirischen Studien läuft dieser Prozeß oft zweistufig ab.

Untersuchungen, die überwiegend **monokausal**, d.h. nur einzelne Erfolgsfaktoren betonende Ansätze verfolgen, werden **nicht der Erfolgsfaktorenforschung** zugerechnet.[122] Die grundlegende Idee der Erfolgsfaktorenforschung ist, daß der Erfolg auf einige zentrale Erfolgsfaktoren zurückzuführen ist. Damit kann die Betrachtung eines eng abgegrenzten Bereichs nicht genügen.

In der vorliegenden Untersuchung werden folgende **Arbeitsdefinitionen** getroffen:

Ein Erfolgsfaktor ist ein unabhängiges Merkmal oder ein unabhängiges Konstrukt, das signifikante Beziehungen zur abhängigen Variable Unternehmenserfolg aufweist.

Als zentrale Erfolgsfaktoren werden die Erfolgsfaktoren bezeichnet, die bei den erfolgreichen Unternehmen stark überdurchschnittlich und bei den weniger erfolgreichen Unternehmen stark unterdurchschnittlich ausgeprägt sind.

Auf die Operationalisierung des Begriffs Erfolg wird noch eingegangen.

3. Merkmale von Erfolgsfaktoren

Die Wirkungsstärke der Erfolgsfaktoren setzt sich zusammen aus drei Komponenten:[123]

---

121 Vgl. Lange, Bernd: Bestimmung strategischer Erfolgsfaktoren und Grenzen ihrer empirischen Fundierung. Dargestellt am Beispiel der PIMS-Studie, in: Die Unternehmung, 36. Jg., 1982, Nr. 1, S. 27-41, S. 31.

122 Vgl. Fritz, Wolfgang: Marketing - ein Schlüsselfaktor des Unternehmenserfolges?, in: Marketing-ZFP, 12. Jg., 1990, Nr. 2, S. 91-110, S. 92; vgl. Hildebrandt, Lutz: Erfolgsfaktorenforschung im Handel, in: Trommsdorff, Volker (Hrsg.): Handelsforschung 1986, Forschungsstelle für den Handel Berlin (FfH) e.V., (Gabler) Wiesbaden 1986, S. 37-52, S. 42.

123 Vgl. Wilde, Klaus D.: Bewertung von Produkt-Markt-Strategien, (Duncker & Humblot) Berlin 1989, S. 56-57.

- Wirkungselastizität des Erfolgsfaktors: sie gibt an, um wie viele Einheiten sich die Erfolgspotentialdimension ändert, wenn sich der verursachende Erfolgsfaktor um eine Einheit ändert.
- Variabilität des Erfolgsfaktors: die Variabilität eines Erfolgsfaktors gibt bei konstanter Wirkungselastizität die Bandbreite an, in der sich der Erfolgsfaktor aufgrund unkontrollierbarer externer Umweltbedingungen oder aufgrund aktiver Beeinflussung verändern kann.
- Wirkungsdeterminiertheit des Erfolgsfaktors: sie zeigt, wie wahrscheinlich eine Veränderung der Erfolgsgröße bei einer Veränderung des Erfolgsfaktors ist.

Bei der Erfolgsfaktorenforschung sollten die Erfolgsfaktoren extrahiert werden, die eine hohe Wirkungselastizität, eine hohe Variabilität und Determiniertheit aufweisen.

Empirische Studien zur Erfolgsfaktorenforschung können mit Hilfe der Kriterien

- Spezifität,
- Präzision und
- Kausalität

analysiert werden.[124]

Aufgrund von Situationsbesonderheiten sind möglichst spezifische Untersuchungen zu empfehlen, z.B. innerhalb einer Branche. Auf der anderen Seite bieten branchenübergreifende Untersuchungen generalisierbare Erkenntnisse. Im Hinblick auf die Zielsetzung der Arbeit wird eine branchenübergreifende Untersuchung als zwingend angesehen. Die Ergebnisse von Untersuchungen, die mehrere Betriebstypen oder Branchen zum Gegenstand haben, verfügen über einen hohen Grad an Allgemeingültigkeit.[125]

Die Präzision der Untersuchungen hängt von den Erhebungs- und Auswertungsverfahren ab. Qualitative Studien beruhen meist auf Expertengesprächen, quantitative Arbeiten verwenden statistische Auswertungsmethoden und ermöglichen präzisere Aussagen.[126]

---

124 Vgl. Kube, Christian: Erfolgsfaktoren in Filialsystemen, (Gabler) Wiesbaden 1991, S. 4-6.

125 Vgl. Schröder, Hendrik: Erfolgsfaktorenforschung im Handel - Stand der Forschung und kritische Würdigung der Ergebnisse, in: Marketing-ZFP, 16. Jg., 1994, Nr. 2, S. 89-105, S. 93.

126 Vgl. Kube, Christian: Erfolgsfaktoren in Filialsystemen, (Gabler) Wiesbaden 1991, S. 5-6.

Primäres Ziel der Erfolgsfaktorenforschung ist die Ermittlung von „Wenn-Dann-“ bzw. „Ursache-Wirkungs-Beziehungen.“ Das Kausalitätsproblem besteht darin, daß jeder aufgestellten „Ursache-Wirkungs-Beziehung“ entgegengehalten werden kann, daß nicht der betrachtete Erfolgsfaktor, sondern ein anderer vorgelagerter Ursachenfaktor oder eine moderierende Variable die spezifische Wirkung erzeugt hat. Jede Ursache besitzt mehrere Wirkungen, jede Wirkung mehrere Ursachen (multiple Kausalität).[127] Das Problem der Multidimensionalität wird durch die wechselseitigen Abhängigkeiten zwischen Erfolgsfaktoren verschärft. Bestimmte Schlüsselvariablen üben ihren Einfluß über andere erfolgsbeeinflussende Variablen indirekt auf den Unternehmenserfolg aus.[128]

II. Entwicklung der Erfolgsfaktorenforschung

Ausgangspunkt der ersten Erfolgsfaktorenstudien war die exakte Definition des **Management-Informationsbedarfs**.[129] Zielsetzung der Forschung war es, Schlüsselinformationen für das Management herauszufiltern, die den Unternehmenserfolg signifikant beeinflussen.[130] Erfolgsfaktorenstudien finden sich zu späteren Zeitpunkten auch in den Bereichen der situativen Organisations-[131], Entscheidungs-[132], Innovations-[133] und der Führungsforschung.[134]

---

127 Vgl. Wilde, Klaus D.: Bewertung von Produkt-Markt-Strategien, (Duncker & Humblot) Berlin 1989, S. 59.

128 Vgl. Lange, Bernd: Bestimmung strategischer Erfolgsfaktoren und Grenzen ihrer empirischen Fundierung. Dargestellt am Beispiel der PIMS-Studie, in: Die Unternehmung, 36. Jg., 1982, Nr. 1, S. 27-41, S. 31; vgl. Wilde, Klaus D.: Bewertung von Produkt-Markt-Strategien, (Duncker & Humblot) Berlin 1989, S. 59, S. 63; vgl. Jacobs, Siegfried: Strategische Erfolgsfaktoren der Diversifikation, (Gabler) Wiesbaden 1992, S. 33.

129 Vgl. Daniel, Roland D.: Managing Information Crisis, in: Harvard Business Review, 39. Jg., 1961, Nr. 5, S. 111-121; vgl. Hoffman, Friederich: Kritische Erfolgsfaktoren - Erfahrungen in großen und mittelständischen Unternehmen, in: ZfbF, 38. Jg., 1986, Nr. 10, S. 831-843, S. 832.

130 Vgl. Jacobs, Siegfried: Strategische Erfolgsfaktoren der Diversifikation, (Gabler) Wiesbaden 1992, S. 9; vgl. Rockart, John F.: Chief Executives Define their own Data Needs, in: Harvard Business Review, 57. Jg., 1979, Nr. 2, S. 81-93.

131 Vgl. Bock, Kurt: Unternehmenserfolg und Organisation, Eine empirische Untersuchung, (Bonner Betriebswirtschaftliche Schriften) Bonn 1986; vgl. Grabatin, Günther: Effizienz von Organisationen, (de Gruyter) Berlin u.a. 1981.

132 Vgl. Gemünden, Hans G.: Der Einfluß von Ablauforganisationen auf die Effizienz von Entscheidungen - eine empirische Analyse am Beispiel von Bilanzanalysen, in: ZfbF, 39. Jg., 1987, Nr. 12, S. 1063-1077.

133 Vgl. Köhler, Richard: Produktpolitik - Strategische Stoßrichtung und Erfolg von Produktinnovationen, in: Hauschildt, Jürgen; Grün, Oskar (Hrsg.): Ergebnisse empirischer betrieblicher For-

Eine quantitative Grundlagenstudie der Erfolgsfaktorenforschung ist die **PIMS-Studie** (Profit Impact of Market Strategies). Zentrales Ergebnis ist, daß von den ursprünglich über 200 Variablen nur 37 unabhängige Erklärungsvariablen einen wichtigen Einfluß auf den Return on Investment (ROI) haben und lediglich 17 Konstrukte den Cash-flow determinieren. Anhand einer multiplen Regression war es möglich, bis zu 80 % der Varianz der abhängigen Variable ROI (mit 37 Erfolgsfaktoren) und bis zu 70 % der abhängigen Variable Cash-flow (mit 19 Erfolgsfaktoren) zu erklären.[135] Darüber hinaus überschneiden sich die Schlüsselfaktoren, die den Cash-flow und den ROI bestimmen.[136] I.d.R. werden nur sieben zentrale Erfolgsdeterminanten beschrieben: Investitionsintensität, Produktivität, Marktposition, Marktwachstum, Qualität von Produkten oder Dienstleistungen, Innovation und Differenzierung von Wettbewerbern und vertikale Integration.[137]

Im Gegensatz zu dem PIMS-Ansatz ist die Untersuchung der Amerikaner *Peters/Waterman*, „**In search of Excellence**", ein Beispiel für eine qualitative Erfolgsfaktorenanalyse. Ausgangspunkt ist das sogenannte „7-S-Modell", welches neben den „harten" Konstrukten System, Struktur und Strategie auch „weiche" Konstrukte wie Stil, Stammpersonal, Spezialkenntnisse und Selbstverständnis heranzieht. Die Analyse von 62 amerikanischen Unternehmen aus unterschiedlichen Branchen führt trotz aller Unterschiede zu einer Reihe gemeinsamer Erfolgsfaktoren, z.B. Nähe zum Kunden, Flexibilität und Führung.[138] Nachteile der Studie sind mangelnde Repräsentativität der

---

schung, (Schäffer-Poeschel) Stuttgart 1993, S. 255-293; vgl. Hauschildt, Jürgen: Innovationsmanagement - Determinanten des Innovationserfolges, in: Hauschildt, Jürgen; Grün, Oskar (Hrsg.): Ergebnisse empirischer betrieblicher Forschung, (Schäffer-Poeschel) Stuttgart 1993, S. 295-326.

134 Vgl. Witte, Eberhard: Effizienz der Führung, in: Kieser, Alfred u.a. (Hrsg.): Handwörterbuch der Führung, (Poeschel) Stuttgart 1987, Sp. 163-175.

135 Vgl. Schoeffler, Sidney; Buzzell, Robert D.; Heany, Donald F.: Impact of Strategic Planning on Profit Performance, in: Harvard Business Review, 52. Jg., 1974, Nr. 2, S. 137-145, S. 140; vgl. Buzzell, Robert D.; Gale, Bradley T.; Sultan Robert G.: Market Share - a Key to Profitability, in: Harvard Business Review, 53. Jg., 1975, Nr. 1, S. 97-106, S. 97.

136 Vgl. Abell, Derek F.; Hammond, John S.: Strategic Market Planning, (Prentice Hall) Englewood Cliffs 1979, S. 335-339.

137 Vgl. Buzzell, Robert D.; Gale, Bradley T.: Das PIMS-Programm. Strategien und Unternehmenserfolg, (Gabler) Wiesbaden 1989; vgl. Kreilkamp, Edgar: Strategisches Management und Marketing, (de Gruyter) Berlin u.a. 1987, S. 377-399; vgl. Barzen, Dietmar; Wahle, Peter: Das PIMS-Programm - was es wirklich wert ist, in: Harvard Manager, 12. Jg., 1990, Nr. 1, S. 100-109, S. 103-108.

138 Vgl. Peters, Thomas J.; Waterman, Robert H.: Auf der Suche nach Spitzenleistungen, 15. Aufl., (Moderne Industrie) Landsberg a.L. 1993, S. 29 f.

Stichprobe, Unvollständigkeit der Erfolgsfaktoren und Vernachlässigung von Umweltvariablen.[139]

III. Probleme der Erfolgsfaktorenforschung

Die Schwierigkeiten der Erfolgsfaktorenforschung ergeben sich aus der grundsätzlichen Problematik der Analyse von Ursache-Wirkungs-Zusammenhängen.[140] Der Nachweis einer Ursache-Wirkungs-Beziehung, auch Kausalität, ist ein zentrales Ziel der Erfolgsfaktorenforschung. **Kausalität** kann nach dem Prinzip des kritischen Rationalismus nicht bewiesen werden. Mit zunehmender Zahl mißlungener Falsifikationsversuche kann eine Hypothese aber als bewährt angesehen werden.

Untersuchungen, die Kontrastgruppen erfolgreicher und nicht erfolgreicher Untersuchungsobjekte gegenüberstellen, sind eher kausal zu interpretieren als solche, in denen nur erfolgreiche Projekte analysiert werden.[141] Ebenso lassen Längsschnittuntersuchungen eine höhere Kausalität erwarten als Querschnittsuntersuchungen.[142]

Eine wesentliche Kritik an der Erfolgsfaktorenforschung gründet auf der mangelnden **theoretischen Fundierung**.[143] Viele Studien verzichten auf ein theoriengeleitetes For-

---

[139] Vgl. zu einer Kritik an der Studie von Peters und Waterman: Frese, Erich: Exzellente Unternehmungen - Konfuse Theorien. Kritisches zur Studie von Peters und Waterman, in DBW, 45. Jg., 1985, Nr. 5, S. 604-606, S. 605 f.; vgl. Fritz, Wolfgang: Marketing - ein Schlüsselfaktor des Unternehmenserfolges?, in: Marketing-ZFP, 12. Jg., 1990, Nr. 2, S. 91-110, S. 92.

[140] Vgl. ausführlich zur Kritik an den Studien der empirischen Erfolgsfaktorenforschung im Handel: Schröder, Hendrik: Erfolgsfaktorenforschung im Handel - Stand der Forschung und kritische Würdigung der Ergebnisse, in: Marketing-ZFP, 16. Jg., 1994, Nr. 2, S. 89-102, S. 94 f; vgl. weiter Bürkner, Sven: Erfolgsfaktorenforschung und Marketing-Management, Studien- und Arbeitspapiere Marketing, Nr. 16, Institut für Marketing, Universität München 1996, S. 9 f.

[141] Vgl. Kube, Christian: Erfolgsfaktoren in Filialsystemen, (Gabler) Wiesbaden 1991, S. 6-7; vgl. Trommsdorff, Volker; Kube, Christian: Erfolgsfaktor-Strukturen im Filialsystem erforschen und steuern, in: Trommsdorff, Volker (Hrsg.): Handelsforschung 1991, Forschungsstelle für den Handel Berlin (FfH) e.V., (Gabler) Wiesbaden 1992, S. 17-45, S. 18.

[142] Vgl. Hildebrandt, Lutz; Annacher, Dirk: Panelanalysen zur Kontrolle „unbeobachtbarer" Einflußgrößen in der Erfolgsfaktorenforschung, in: ZFB, 66. Jg., 1996, Nr. 11, S. 1409-1425; vgl. Trommsdorff, Volker; Kube, Christian: Erfolgsfaktor-Strukturen im Filialsystem erforschen und steuern, in: Trommsdorff, Volker (Hrsg.): Handelsforschung 1991, Forschungsstelle für den Handel (FfH) e.V., (Gabler) Wiesbaden 1992, S. 17-45, S. 18.

[143] Vgl. Fritz, Wolfgang: Marketing - ein Schlüsselfaktor des Unternehmenserfolges?, in: Marketing-ZFP, 12. Jg., 1990, Nr. 2, S. 91-110, S. 103; vgl. Lehner, Franz: Die Erfolgsfaktoren-Analyse in der betrieblichen Informationsverarbeitung, in: ZfB, 65. Jg., 1995, Nr. 4, S. 385-409, S. 387; vgl.

schungsdesign.[144] Die Ableitung von Erfolgsfaktoren aus Einzelbeispielen birgt die Gefahr, wichtige Einflußgrößen zu vernachlässigen und die Ergebnisse falsch zu interpretieren.[145]

Die meisten der bisher vorliegenden Studien werden hinsichtlich Untersuchungsdesign und -methoden in folgenden Punkten kritisiert:[146]

- mangelnde theoretische Ableitung von Hypothesen,
- Vernachlässigung theoretischer Konstrukte und qualitativer Aspekte,
- Verwendung von untersuchungsunspezifischen Daten,
- Unvollständigkeit der Daten,
- unzweckmäßige Auswertungsverfahren,
- Vernachlässigung der spezifischen Rahmenbedingungen,
- fehlende zeitliche Stabilität.

Kube nennt folgende Kritikpunkte:

- meist exploratorischer Ansatz,
- Vernachlässigung theoretischer Erkenntnisse und empirischer Befunde bei Variablenauswahl bzw. Hypothesengenerierung,
- nur geringe Anwendung kausalanalytischer Verfahren, die auch indirekte Beziehungen untersuchen,
- keine Berücksichtigung von Kundenurteilen und Verwendung nicht geeigneter Sekundärdaten,
- fehlende Offenlegung der zugrunde gelegten Operationalisierungen und Prämissenkontrolle,
- Beschränkung auf Querschnittsanalysen.[147]

Schröder, Hendrik: Erfolgsfaktorenforschung im Handel - Stand der Forschung und kritische Würdigung der Ergebnisse, in: Marketing-ZFP, 16. Jg., 1994, Nr. 2, S. 89-105, S. 94 f.

144 Vgl. Fritz, Wolfgang: Marketing - ein Schlüsselfaktor des Unternehmenserfolges?, in: Marketing-ZFP, 12. Jg., 1990, Nr. 2, S. 91-110, S. 103.

145 Vgl. Jacobs, Siegfried: Strategische Erfolgsfaktoren der Diversifikation, (Gabler) Wiesbaden 1992, S. 35

146 Vgl. Schröder, Hendrik: Erfolgsfaktorenforschung im Handel - Stand der Forschung und kritische Würdigung der Ergebnisse, in: Marketing - ZFP, 16. Jg., 1994, Nr. 2, S. 89-105, S. 94 f.

147 Vgl. Kube, Christian: Erfolgsfaktoren in Filialsystemen, (Gabler) Wiesbaden 1991, S. 36-42.

Um die genannten Probleme in der vorliegenden Untersuchung weitgehend zu vermeiden, werden folgende **Prinzipien** zugrunde gelegt:[148]

1. Theoriegeleitete Herleitung und Operationalisierung von Hypothesen.
2. Anwendung angemessener multivariater Auswertungsverfahren.
3. Auswahl der Untersuchungsobjekte nach dem verfolgten Forschungsziel.
4. Berücksichtigung von beeinflussenden Umweltvariablen.
5. Längsschnittorientierte Definition der Erfolgsindikatoren, um den Querschnittscharakter der Untersuchung zu mildern.
6. Aufnahme von nicht erfolgreichen Unternehmen in die Stichprobe als Kontrollgruppe.

Problematisch bleibt dennoch, daß die empirische Erfolgsfaktorenforschung bis heute nicht in der Lage ist, die bisherigen Erkenntnisse in ein umfassendes Kausalmodell des Unternehmenserfolgs zu integrieren.[149]

IV. Erfolgsindikatoren

Die Erfolgsindikatoren bzw. Erfolgsgrößen dienen dazu, die Wirkungen strategischer Erfolgspotentiale zu messen. Das Konstrukt Erfolg kann quantitativ (z.B. Gewinnhöhe) oder qualitativ (z.B. Zielerreichung) gemessen werden. *Schröder* gibt einen Überblick über in der Erfolgsfaktorenforschung im Handel verwendete Indikatoren[150] und kommt zu dem Schluß, daß „fraglich ist, ob die aufgeführten Erfolgsgrößen geeignet sind, jene Unternehmungen herauszufiltern, die sich signifikant hinsichtlich ihres strategischen Erfolgs von anderen Unternehmungen unterscheiden."[151] Dieses Fazit führt er u.a. dar-

---

148 Diese Prinzipien versuchen, die z.B. von Kube und Patt diskutierten Schwächen der Erfolgsfaktorenforschung zu vermeiden; vgl. Kube, Christian: Erfolgsfaktoren in Filialsystemen, (Gabler) Wiesbaden 1991, S. 73; vgl. Patt, Paul-Josef: Strategische Erfolgsfaktoren im Einzelhandel, 2. Aufl., (Peter Lang) Frankfurt a.M. u.a. 1990, S. 240 f.

149 Vgl. Raffée, Hans; Fritz, Wolfgang: Die Führungskonzeption erfolgreicher und weniger erfolgreicher Industrieunternehmen im Vergleich, Ergebnisse einer empirischen Untersuchung, in: ZfB, 61. Jg., 1991, Nr. 11, S. 1211-1226, S. 1212.

150 Es handelt sich meist um betriebswirtschaftliche Größen wie Umsatz und Gewinn oder handelsspezifische Kennzahlen, z.B. Produktivität. Im Vierten Kapitel findet sich eine Übersicht der verwendeten Indikatoren in einigen analysierten Studien. Dabei fällt auf, daß die Indikatoren selten in Relation zur Konkurrenz gesetzt werden.

151 Schröder, Hendrik: Erfolgsfaktorenforschung im Handel - Stand der Forschung und kritische Würdigung der Ergebnisse, in: Marketing - ZFP, 16. Jg., 1994, Nr. 2, S. 89-105, S. 99.

auf zurück, daß die gewählten Meßgrößen oft nicht den strategischen Zielsetzungen der Unternehmen entsprechen und die Indikatoren sich meist nur auf ein Jahr beziehen. Darüber hinaus läßt sich der Erfolg nicht allein in einer eindimensionalen quantitativen Größe ausdrücken. Der augenblickliche Gewinn einer Unternehmung ist kein Indikator für einen langfristigen Erfolg.[152]

Die Messung des Erfolgs muß sich an den Unternehmenszielen orientieren. Nach dem Zielansatz sind Unternehmen erfolgreich, wenn sie ihre vorab formulierten Ziele erreicht haben. Für diese Auffassung sprechen die neueren Ansätze und Ergebnisse der Zielforschung, die davon ausgehen, daß die Unternehmen ein komplexes Zielbündel verfolgen, in das die einzelnen Unternehmensziele mit unterschiedlichem Gewicht eingehen.[153] Folgende Unternehmensziele haben sich in der empirischen Zielforschung als dominierend erwiesen:[154]

- Sicherung der Wettbewerbsfähigkeit,
- Erzielung einer hohen Kundenzufriedenheit,
- Erwirtschaftung eines befriedigenden Return on Investment und
- Sicherung des Unternehmensbestandes.

Als Ausprägungen des wirtschaftlichen Erfolges kommen folgende Zielinhalte in Frage:[155]

1. Erfolgsziele: Gewinn, Gesamtkapitalrendite, Eigenkapitalrendite;
2. Marktziele: Marktanteilsziele, Wachstumsziele;
3. Finanzielle Ziele: Eigenkapitalquote, Selbstfinanzierungsgrad.

Die Unterscheidung von Erfolgsfaktor und Erfolgsindikator kann Probleme bereiten. Ein Beispiel ist der Indikator Marktanteil. In vielen Untersuchungen wird der Markt-

---

152 Vgl. Schröder, Hendrik: Erfolgsfaktorenforschung im Handel - Stand der Forschung und kritische Würdigung der Ergebnisse, in: Marketing - ZFP, 16. Jg., 1994, Nr. 2, S. 89-105, S. 99-101.

153 Vgl. Raffée, Hans; Fritz, Wolfgang: Die Führungskonzeption erfolgreicher und weniger erfolgreicher Industrieunternehmen im Vergleich, Ergebnisse einer empirischen Untersuchung, in: ZfB, 61. Jg., 1991, Nr. 11, S. 1211-1226, S. 1213-1214.

154 Vgl. Fritz, Wolfgang: Marktorientierte Unternehmensführung und Unternehmenserfolg, (Schäffer-Poeschel) Stuttgart 1992, S. 222.

155 Vgl. Gottschlich, Werner: Strategische Führung in mittleren Unternehmen - Konzepte, Operationalisierung und Messung, (Peter Lang) Frankfurt a.M. u.a. 1989, S. 233.

anteil als Erfolgsfaktor behandelt.[156] Inzwischen wird von Ketten ausgegangen, so wirkt z.B. die Produktqualität auf den Marktanteil und dieser auf den ROI. Damit wird der Marktanteil zu einer intervenierenden Variablen.[157]

Die zentralen Kritikpunkte an der bisherigen Messung des Erfolgs führen zu folgenden Auswahlprinzipien in der vorliegenden Untersuchung:

- Verwendung von quantitativen und qualitativen Indikatoren,
- Messung der Indikatoren im Drei-Jahres-Zeitraum,
- Vergleich der Erfolgsindikatoren mit Konkurrenzwerten zur Relativierung der Leistung.[158]

Die Abhängigkeit der ermittelten Erfolgsfaktoren von den gewählten Erfolgsindikatoren zeigt sich in einer Vielzahl von Studien. Dies führt zu der Notwendigkeit, mehrere Erfolgsindikatoren zu verwenden.

Die Operationalisierung des Erfolgs soll darüber hinaus auf den erklärungsrelevanten Theorien basieren. Im Dritten Kapitel wird der Erfolg als abhängige Variable diskutiert, ebenso wie die Auswahl der gewählten Erfolgsindikatoren in der empirischen Untersuchung.

V. Erfolgsfaktorenforschung im Handel

Als Ursprung der Erfolgsfaktorenforschung kann - wie bereits erwähnt - das PIMS-Programm angesehen werden. Seit den 60er Jahren werden in den USA überwiegend Industrieunternehmungen systematisch auf strategische Erfolgsfaktoren hin untersucht. Für die **Handelsforschung** ist das PIMS-Programm **wenig ergiebig**, da „reine Handelsunternehmen nicht oder nur in beschränkter Zahl am PIMS-Projekt beteiligt sind."[159]

---

156 Vgl. z.B. Daschmann, Hans-Achim: Erfolgsfaktoren mittelständischer Unternehmen, (Schäffer-Poeschel) Stuttgart 1994, S. 20; im Grunde wird auch in der PIMS-Studie so verfahren.

157 Vgl. z.B. Kube, Christian: Erfolgsfaktoren in Filialsystemen, (Gabler) Wiesbaden 1991.

158 Der Vergleich eines quantitativen Indikators, z.B. Umsatzwachstum, mit dem Branchendurchschnitt scheint valider als die Betrachtung des absoluten Zuwachses.

159 Hildebrandt, Lutz: Erfolgsfaktorenforschung im Handel, in: Trommsdorff, Volker (Hrsg.): Handelsforschung 1986, Forschungsstelle für den Handel Berlin (FfH) e.V., (Gabler) Wiesbaden 1986, S. 37-52, S. 40.

Zu Beginn der weiteren Erfolgsfaktorenforschung in den 80er Jahren wurde der Einzelhandel weitestgehend ausgeschlossen. Branchenübergreifende Untersuchungen waren gekennzeichnet durch eine deutliche Unterrepräsentativität von Handelsunternehmen bei der Stichprobenzusammensetzung. Inzwischen hat sich die Bedeutung handelsspezifischer Studien verstärkt, um den Besonderheiten dieses Wirtschaftszweiges gerecht zu werden. Gegenwärtig repräsentiert die Erfolgsfaktorenforschung noch einen relativ jungen Forschungszweig, was die geringe Anzahl von Erfolgsfaktorenstudien im deutschen Einzelhandel widerspiegelt.[160]

Der Begriff Erfolgsfaktor taucht in Stichwortverzeichnissen der Handelslehrbücher bisher nicht auf. Das Konzept des Erfolgsfaktors findet allerdings implizit Verwendung, wenn vom strategischen Einsatz absatzpolitischer Instrumente im Handel gesprochen wird. Inhaltlich können Erfolgsfaktoren und absatzpolitische Instrumente in der Handelsforschung als Schnittmenge bezeichnet werden. „Andererseits geht das Erfolgsfaktorenkonzept über die absatzpolitischen Instrumente hinaus. Um Erfolgsfaktoren gegenüber den absatzpolitischen Instrumenten in der Handelsforschung abzugrenzen, soll folgende Definition dienen:

1. Als Erfolgsfaktoren werden Faktoren oder Charakteristika verstanden, die den Erfolg, aber auch den Mißerfolg einer Unternehmung oder Branche, einer strategischen Geschäftseinheit, eines Produktes oder einer Marke beeinflussen.
2. Erfolgsfaktoren haben immer eine strategische Dimension, d.h. sie sind langfristig wirksam und begründen einen Wettbewerbsvorteil oder auch -nachteil gegenüber den Konkurrenten.
3. Erfolgsfaktoren sind innerbetrieblich aber auch außerbetrieblich zu suchen."[161]

Am Beginn der Erfolgsfaktorenforschung im Handel standen **qualitative Untersuchungen** erfolgreicher Großunternehmen.[162] Eine der ersten Analysen im Handel

---

160 Vgl. Müller-Hagedorn, Lothar: Erfolgsfaktoren im Einzelhandel, in: Absatzwirtschaft, 37. Jg., 1993, Nr. 11, S. 90-101, S. 99 f.

161 Hildebrandt, Lutz: Erfolgsfaktorenforschung im Handel, in: Trommsdorff, Volker (Hrsg.): Handelsforschung 1986, Forschungsstelle für den Handel Berlin (FfH) e.V., (Gabler) Wiesbaden 1986, S. 37-52, S. 39.

162 Vgl. zum Überblick der Anfänge der Erfolgsfaktorenforschung im Handel Meffert, Heribert: Erfolgsfaktoren im Handel, Einführung in die Problemstellung, in: Meffert, Heribert; Wagner, Helmut (Hrsg.): Dokumentationspapier der Wissenschaftlichen Gesellschaft für Marketing und Unternehmensführung, Nr. 45, Universität Münster, Münster 1988, S. 1-13, S. 8-10.

stammt von *Applebee/Nitzberg*, welche folgende Erfolgsfaktoren von Warenhäusern ermitteln:

- Standort,
- Ware/Sortiment,
- Personalqualität,
- Warenpräsentation und Ladenraumgestaltung,
- Managementqualität und
- finanzielle Aspekte.

McKinsey ermittelt als Erfolgsfaktoren von Warenhäusern die frühzeitige Spezialisierung und Diversifikation, bei Discountern den Einsatz neuer Technologien und effiziente Logistik. Die erfolgreichen Fachgeschäftsketten zeichnen sich durch folgende Stärken aus:

- flexibel in der Standortpolitik,
- schnelle Reaktion auf sich wandelnde Einkaufsgewohnheiten,
- günstige Preise durch Zusammenschluß in Einkaufsgesellschaften,
- konsequente Definition und Ansprache von Kundenzielgruppen,
- kurze Reaktionszeiten in Werbung und Merchandising,
- gute Personalmotivation und hoher Identifikationsgrad der Mitarbeiter.

Die Schwerpunkte der genannten Arbeiten liegen bei qualitativen Fallstudien, die oft die erste Phase eines neuen Forschungsgebietes darstellen. Erste richtungsweisende Untersuchungen, die **multivariate Verfahren** zur Ermittlung von Erfolgsfaktoren einsetzten, stammen von *Hise u.a.*[163] und *Lusch/Moon.*[164] Während die qualitativen Anregungen den Gesamterfolg von Einzelhandelsunternehmen betrachten, sind nun Geschäftsstätten die Ebene der Betrachtung.

Hise u.a. untersuchen mit Hilfe einer schriftlichen Befragung den Einfluß verschiedener Konstrukte auf den Deckungsbeitrag, den Umsatz und die Gesamtkapitalrentabili-

---

163 Vgl. Hise, Richard T. u.a.: Factors Affecting the Performance of Individual Chain Store Units: An Empirical Analysis, in: Journal of Retailing, 59. Jg., 1983, Nr. 2, S. 22-39.

164 Vgl. Lusch, Robert F.; Moon, SooYoung: An Exploratory Analysis of the Correlates of Labour Productivity in Retailing, in: Journal of Retailing, 60. Jg., 1984, Nr. 9, S. 37-61.

tät von 132 Einzelhandelsbetriebsstätten eines Filialunternehmens. Die Auswahl der Konstrukte erfolgt sowohl explorativ als auch hypothesengeleitet. Mit einer Regressionsanalyse wird der Einfluß von 18 Konstrukten auf drei Erfolgsindikatoren getestet. Als zentrale Erfolgsfaktoren ergeben sich Anzahl der Beschäftigten, Warenbestand, Erfahrung des Filialleiters in seiner jetzigen Funktion, Anlagevermögen und Dauer der Betriebszugehörigkeit des Filialleiters.

Lusch/Moon ermitteln das Gehaltsniveau und die Geschäftsstättengröße als Erfolgsfaktoren mit Einfluß auf die Personalproduktivität von 751 Geschäften des Eisenwarenhandels. Als wegweisend gilt darüber hinaus die Studie von *Cronin/Skinner*.[165] In 35 Lebensmittelsupermärkten werden der Zusammenhang zwischen Marketingpolitik und der Gesamtkapitalrentabilität sowie dem Verschuldungsgrad untersucht.

Die Untersuchung von *Hise u.a.* hat gegenüber den Untersuchungen von *Lusch/Moon* und *Cronin/Skinner* den Vorteil, sehr umfassend zu sein. Während *Lusch/Moon* den Einfluß des Marketing-Mix analysieren und *Cronin/Skinner* Marketing-Ergebnisvariablen betrachten, beachteten *Hise u.a.* erstmals über betriebliche Leistungsfaktoren hinausgehende Konstrukte.[166]

Als erste typisch multivariate Erfolgsfaktorenstudie in der deutschen Handelsforschung kann eine Untersuchung der Rationalisierungs-Gemeinschaft des Handels (RGH) bezeichnet werden.[167] Mit Hilfe einer multiplen Regressionsanalyse wird der Einfluß von neun intern kontrollierbaren Leistungsfaktoren, so Arbeit, Fläche, Sortiment oder Verkaufsform auf den Erfolgsindikator „betriebliche Nettowertschöpfung" in 24 Bekleidungsfachgeschäften des Textil- und Bekleidungseinzelhandels untersucht. Die wichtigsten Parameter (sie erklären 46 % der Varianz) sind Bedienungsform und -intensität, spannenbetonte Sortimentspolitik, Preisabschriften-Niveau und Zahl der Beschäftigten.

Im deutschsprachigen Raum ist seit Mitte der 80er Jahre die Arbeit auf dem Gebiet der Erfolgsfaktorenforschung im Handel intensiviert worden. Dennoch kommt *Burmann* auf nur zehn Erfolgsfaktorenstudien, die eine empirische Basis haben und mit statisti-

---

165 Vgl. Cronin, J.; Skinner, St.: Marketing Outcomes, Financial Conditions, and Retail Profit Performances, in: Journal of Retailing, 60. Jg., 1984, Nr. 4, S. 9-22.

166 Vgl. Hildebrandt, Lutz: Erfolgsfaktorenforschung im Handel, in: Trommsdorff, Volker (Hrsg.): Handelsforschung 1986, Forschungsstelle für den Handel Berlin (FfH) e.V., (Gabler) Wiesbaden 1986, S. 37-52, S. 43-44.

167 Vgl. Bierbaum, Harald: Leistung und Leistungsbedingungen im Einzelhandel, Rationalisierungs-Gemeinschaft des Handels beim RKW e.V. Köln, 3. Teil, Köln 1979.

schen Verfahren ausgewertet werden.[168] Wichtige Beiträge zur Erfolgsfaktorenforschung im Handel lieferten die Studien von *Patt* (1988), *Wahle* (1991), *Kube* (1991), *Falter* (1992) und *Wölk/Ruthe* (1991) bzw. *Wölk* (1992).

Kube integriert in seiner Untersuchung 30 Studien zur Erfolgsfaktorenforschung aus dem In- und Ausland. Anschließend werden für jeden potentiellen Einflußfaktor das Signifikanzniveau und die durchschnittliche Stärke des Erfolgseinflusses ermittelt. Ein Defizit dieses Vorgehens ist die Abhängigkeit der Ergebnisse von der Güte der ausgewerteten Studien. Da die bisher durchgeführten Studien vielfach methodische Probleme aufweisen, resultieren hieraus Einschränkungen. In einer eigenen kausalanalytischen Studie in der Brauereiwirtschaft werden 77 Gaststätten analysiert. *Kube* berücksichtigt den Einfluß der Erfolgsindikatoren auf die Ergebnisse empirischer Untersuchungen, indem er alle Erfolgsfaktoren in Abhängigkeit ihrer Wirkung auf Umsatz, Erfolg und Ertrag diskutiert.[169] Zentrale Ergebnisse sind der positive Einfluß von Standortqualität, Betriebsgröße und Servicequalität auf den Absatz und der positive Einfluß von Absatz und Wettbewerbsintensität auf den Ertrag.[170]

Auf der Basis von 90 Fragebögen, die an Filialbetriebe des Nonfood-Fachhandels versandt wurden, untersucht *Falter* den Einfluß verschiedener Dimensionen auf Wettbewerbsvor- bzw. nachteile. Es ergibt sich eine Typologie wettbewerbsstarker Filialbetriebe, anschließend werden Merksätze zur Erringung von Wettbewerbsvorteilen generiert.[171] Die zentrale Kritik an der Arbeit liegt in der Forschungsmethodik. Der Autor nimmt keine valide Trennung von erfolgreichen und nicht erfolgreichen Unternehmen vor, seine statistischen Auswertungen beschränken sich weitgehend auf Mittelwertdifferenzen. Darüber hinaus werden die Auswirkungen auf Erfolgsindikatoren vernachlässigt. Die Arbeit ist aus diesen Gründen i.e.S. nicht der Erfolgsfaktorenforschung zuzurechnen.

Explizit auf den mittelständischen deutschen Einzelhandel bezogen sind, neben der Untersuchung von *Bierbaum,* die Untersuchungen von *Patt, Wahle* und *Wölk,* auf die im folgenden näher eingegangen wird.

---

168 Vgl. Burmann, Christoph: Fläche und Personalintensität als Erfolgsfaktoren im Einzelhandel, (Gabler) Wiesbaden 1995, S. 16.

169 Vgl. Kube, Christian: Erfolgsfaktoren in Filialsystemen, (Gabler) Wiesbaden 1991, S. 43.

170 Vgl. Kube, Christian: Erfolgsfaktoren in Filialsystemen, (Gabler) Wiesbaden 1991, S. 214-215.

171 Vgl. Falter, Hartmut: Wettbewerbsvorteile von Filialbetrieben, (DUV) Wiesbaden 1992, S. 249 f., S. 262 f.

VI. Erfolgsfaktorenforschung im mittelständischen Einzelhandel

Wahle untersucht in seiner Studie 127 Fachgeschäfte des Radio- und Fernseheinzelhandels. Er ergänzt die schriftliche Befragung der Unternehmen mit einer regionalmarktspezifischen Untersuchung in Siegen, bei der sechs Unternehmen und 434 Konsumenten befragt werden. Eine vorgeschaltete branchenübergreifende Untersuchung basiert lediglich auf Expertengesprächen, obwohl der Autor selbst die Notwendigkeit branchenübergreifender Untersuchungen postuliert.[172] Zur Ermittlung Strategischer Gruppen führt der Autor eine Clusteranalyse durch, deren Validität mit Hilfe der Diskriminanzanalyse getestet wird. Folgende Strategische Gruppen des mittelständischen Radio- und Fernsehfacheinzelhandels werden ermittelt:[173]

- Sortimentstiefenorientierte Qualitätsbewußte,
- Durchschnittliche,
- Sortimentsbreitenorientierte Preisaktivisten.

Zur Reduktion der Variablen und zur Ermittlung der Erfolgsfaktoren der Betriebstypen wird innerhalb der Cluster eine Faktorenanalyse durchgeführt; angeschlossen wird eine Regressionsanalyse, bei der der Einfluß der Erfolgsfaktoren auf verschiedene Erfolgsindikatoren untersucht wird.[174] Als zentrale Erfolgsfaktoren von Fachgeschäften des Radio- und Fernseheinzelhandels ergeben sich:

- Niedrige Wettbewerbsintensität,
- Image,
- Qualitätsorientierung, verbunden mit Sortimentstiefe, und
- Preisaggressivität, verbunden mit Sortimentsbreite.

---

172 Vgl. Wahle, Peter: Erfolgsdeterminanten im Einzelhandel, (Peter Lang) Frankfurt a.M. u.a. 1991, S. 105.

173 Vgl. Wahle, Peter: Erfolgsdeterminanten im mittelständischen Einzelhandel, Ergebnisse einer theoriegestützten empirischen Analyse im Radio- und Fernsehfacheinzelhandel, in: Internationales Gewerbearchiv (IGA), 39. Jg., 1991, Nr. 3, S. 173-174.

174 Vgl. Wahle, Peter: Erfolgsdeterminanten im Einzelhandel, (Peter Lang) Frankfurt a.M. u.a. 1991, S. 182-184.

Der Erfolg ist abhängig von der Wettbewerbssituation und dem Betriebstyp.[175] Der Anspruch „Erfolgsdeterminanten im Einzelhandel“ zu generieren, kann aufgrund der Spezifität der Untersuchungsobjekte nicht erfüllt werden.

Patt untersucht 55 Bekleidungsfachgeschäfte mit Hilfe strukturierter Expertengespräche und teilweise schriftlicher Befragung. Als Auswertungsverfahren verwendet er Korrelationsanalysen, t-Test, Chi-Quadrat-Test, Faktoren- und Clusteranalyse sowie die multiple Regressionsanalyse. Erfolgsfaktoren sind

- Wettbewerbsstärke,
- Erlebnisorientierung,
- Nutzung von Systemen,
- Überschaubarkeit und
- Leistungs- und Öffentlichkeitsorientierung.

Auf der Suche nach Unternehmenstypen, die charakteristische Unternehmensphilosophien repräsentieren, bildet *Patt* fünf Cluster. Die „kostenbewußten Reagierer“ zeigen extremes Kostenbewußtsein und schnelle Reaktionen auf Umsatzeinbrüche. Kontinuität in der Unternehmensführung und Stammkundenorientierung sind weitere Merkmale. Die „mitarbeiterorientierten Ertragsfetischisten“ haben ein gutes Klima, Mitarbeiter, die sich mit dem Unternehmen identifizieren, sie konzentrieren sich auf lukrative Teilsegmente und haben eine engagierte Unternehmensführung. Die „Durchschnittsunternehmen“ sind wenig profiliert. Die „kundenorientierten Strategen“ sind service-, erlebnis- und PR- orientiert und legen Wert auf konsequente Durchsetzung und Kreativität. Die „nüchternen Systematiker“ konzentrieren sich auf nachvollziehbare Entscheidungen und konsequente Durchsetzung. Den größten Anteil an überdurchschnittlich erfolgreichen Unternehmen weist das Cluster der kundenorientierten Strategen auf, gefolgt von den kostenbewußten Reagierern, die ihrerseits hohe Quoten von weniger erfolgreichen Unternehmen aufweisen.[176] Kritisch anzumerken ist, daß es sich bei der Arbeit um keine theoriegeleitete Forschung handelt. Die Aufstellung der Hypothesen orientiert sich nicht an einem theoretischen Bezugsrahmen.

---

175 Vgl. Wahle, Peter: Erfolgsdeterminanten im Einzelhandel, (Peter Lang) Frankfurt a.M. u.a. 1991, S. 273-274.

176 Vgl. Patt, Paul-Josef: Strategische Erfolgsfaktoren im Einzelhandel, 2. Aufl., (Peter Lang) Frankfurt a.M. u.a. 1990, S. 122-129.

Die Untersuchungsmethode, die in der Studie von *Wölk* angewendet wird, „stellt eine Kombination aus qualitativem und quantitativem sowie aus branchenspezifischem und branchenübergreifendem Untersuchungsansatz dar. Allgemeine sowie branchenspezifische Veröffentlichungen liefern erste Anhaltspunkte für Erfolgsfaktoren, in anschließenden Expertengesprächen werden diese konkretisiert und ergänzt (qualitative Analyse).“[177] Anschließend wird eine schriftliche Befragung bei 450 Fachgeschäften aus den Branchen Radio- und Fernsehen, Lebensmittel, Sport, Textil, Foto und Drogerien durchgeführt.[178]

Die Hauptergebnisse lassen sich wie folgt zusammenfassen:[179]

1. Es gibt Aktionsfelder, auf denen die Einzelhandelsunternehmen aktiv sein müssen, um langfristig erfolgreich zu sein. Dazu gehören Standort, Sortiment, Dienstleistungen, Preis, Personal, Ladengestaltung, Werbung und Verkaufsförderung, Informationssysteme und die Zugehörigkeit zu Verbundgruppen (Kooperation).
2. Der Einsatz einzelner Erfolgsfaktoren allein garantiert noch keinen Erfolg. Das Zusammenwirken der Erfolgsfaktoren macht den Erfolg aus. Dieser Kombination muß ein Konzept zugrunde liegen. Ein solches Konzept ist ein übergeordneter, in der Unternehmensleitung liegender Erfolgsfaktor.

Als Erfolgsfaktoren der Unternehmensleitung ergeben sich Kreativität, Konzeption, langfristige Zielsetzung, Flexibilität und Innovationsbereitschaft.[180] Der Zusammenhang zwischen Konstrukt und Erfolg wird mittels Regressions- und Varianzanalyse branchenspezifisch untersucht.[181]

---

177 Wölk, Andrea: Erfolgsfaktoren kleiner und mittlerer Unternehmen im Einzelhandel - Eine empirische Studie, in: Trommsdorff, Volker (Hrsg.): Handelsforschung 1991, Forschungsstelle für den Handel Berlin (FfH) e.V., (Gabler) Wiesbaden 1992, S. 47-64, S. 49.

178 Vgl. Wölk, Andrea: Zukunftschancen kleiner und mittlerer Unternehmen im Einzelhandel, hrsg. v. Forschungsstelle für den Handel Berlin (FfH) e.V., Berlin 1991, S. 5.

179 Vgl. Wölk, Andrea: Erfolgsfaktoren kleiner und mittlerer Unternehmen im Einzelhandel - Eine empirische Studie, in: Trommsdorff, Volker (Hrsg.): Handelsforschung 1991, Forschungsstelle für den Handel Berlin (FfH) e.V., (Gabler) Wiesbaden 1992, S. 47-64, S. 50.

180 Vgl. Wölk, Andrea: Zukunftschancen kleiner und mittlerer Unternehmen im Einzelhandel, hrsg. v. Forschungsstelle für den Handel Berlin (FfH) e.V., Berlin 1991, S. 226.

181 Vgl. Wölk, Andrea: Zukunftschancen kleiner und mittlerer Unternehmen im Einzelhandel, hrsg. v. Forschungsstelle für den Handel Berlin (FfH) e.V., Berlin 1991, S. 68.

Bisher fehlt eine multivariate Untersuchung branchenübergreifender Erfolgsfaktoren im mittelständischen deutschen Einzelhandel. Zudem erfolgte die Auswahl der mittelständischen Unternehmen bisher weniger aus zielgerichteten als vielmehr aus erhebungstechnischen Gründen. Die Theorieleitung der Forschung muß in Frage gestellt werden. Die vorliegende Untersuchung soll die aufgewiesene Forschungslücke schließen.

VII. Zum Zusammenhang zwischen Erfolgsfaktorenforschung und den erklärungsrelevanten Theorien

Ein enger Zusammenhang besteht zwischen Ziel und Vorgehen der Erfolgsfaktorenforschung und der **Wettbewerbstheorie**. Die strategische Planung, das Konzept der Wettbewerbsvorteile und neuere Ansätze der Wettbewerbstheorie haben letztendlich immer den langfristigen Erfolg der Unternehmung zum Ziel.[182] Der wesentliche Beitrag der Industrieökonomik zur Erfolgsfaktorenforschung liegt im Nachweis der Erfolgsrelevanz der Marktstruktur bzw. des Umfeldes.[183] Die strategische Planung kann darüber hinaus als eigener Erfolgsfaktor angesehen werden. Die Mehrheit der bisherigen Studien stützt die These der Erfolgswirksamkeit.[184] Die Erfolgsfaktorenforschung ist in idealtypischer Weise dazu geeignet, einen grundlegenden Beitrag zu der strategischen Planung zu leisten. Angesichts des Standes der Erfolgsfaktorenforschung ist allerdings fraglich, inwieweit Erkenntnisse für die strategische Planung genutzt werden können.[185]

Beiträge der **Organisations- und Managementtheorie** zur Erfolgsfaktorenforschung liefern der Transaktionskostenansatz (Bestimmung der Effizienz) und die Kontingenztheorie.[186] Die weitverbreitete Auffassung, daß es einen für alle Unternehmen gültigen

---

182 Vgl. Grant, Robert: Contemporary Strategy Analysis, (Blackwell Business) Cambridge 1995, S. 3-4.

183 Vgl. Grabner-Kräuter, Sonja: Diskussionsansätze zur Erforschung von Erfolgsfaktoren, in: Journal für Betriebswirtschaftslehre, 1996, Nr. 6, S. 278-300, S. 280-281.

184 Vgl. Fritz, Wolfgang: Erfolgsfaktoren im Marketing, in: Tietz, Bruno; Köhler, Richard; Zentes, Joachim (Hrsg.): Handwörterbuch des Marketing, 2. Aufl., (Schäffer-Poeschel) Stuttgart 1995, Sp. 594-607, Sp. 598.

185 Vgl. Bürkner, Sven: Erfolgsfaktorenforschung und Marketing-Management, Studien- und Arbeitspapiere Marketing, Nr. 16, Institut für Marketing, Universität München 1996, S. 64.

186 Vgl. Grabner-Kräuter, Sonja: Diskussionsansätze zur Erforschung von Erfolgsfaktoren, in: Journal für Betriebswirtschaftslehre, 1996, Nr. 6, S. 278-300, S. 281 f.

Katalog von Erfolgsfaktoren nicht geben kann,[187] entspricht der Denkweise des situativen Ansatzes. Unternehmensbezogene Erfolgsfaktorenuntersuchungen, zu denen auch Effizienzanalysen zählen, sind in Organisations-, Entscheidungs- und Führungstheorie zu finden. Da die Erfolgsfaktorenforschung versucht, den Erfolg über einzelne Parameter hinaus möglichst umfassend zu erklären, sehen *Hoffmann/Rebstock* in der Erfolgsfaktorenforschung den bisher umfassendsten Ansatz und vorläufig letzten Schritt in der Entwicklung der Organisations- und Managementforschung.[188]

Ansatzpunkte und Beiträge zur Erfolgsfaktorenforschung lassen sich in ganz unterschiedlichen Bereichen finden. Es ist sinnvoll, die Erkenntnisse dieser Forschungsgebiete zu berücksichtigen, um die theoretische Basis der Erfolgsfaktorenforschung zu verbessern.[189]

---

[187] Vgl. Müller-Hagedorn, Lothar; Greune, Malte: Erfolgsfaktorenforschung und Betriebsvergleich im Handel, in: Müller-Hagedorn, Lothar (Hrsg.): Mitteilungen des Instituts für Handelsforschung an der Universität zu Köln, 44. Jg., 1992, Nr. 9, S. 121-131, S. 124; vgl. Kube, Christian: Erfolgsfaktoren in Filialsystemen, (Gabler) Wiesbaden 1991, S. 276.

[188] Vgl. Fritz, Wolfgang: Marketing - ein Schlüsselfaktor des Unternehmenserfolges?, in: Marketing-ZFP, 12. Jg., 1990, Nr. 2, S. 91-110, S. 92.

[189] Vgl. Grabner-Kräuter, Sonja: Diskussionsansätze zur Erforschung von Erfolgsfaktoren, in: Journal für Betriebswirtschaftslehre, 1996, Nr. 6, S. 278-300, S. 295-296.

Drittes Kapitel: Theoretisches Basismodell

E. Ausgewählte Theorien und ihr Erklärungsbeitrag

I. Abgrenzung

Der Anspruch eines theoriengeleiteten Forschungsvorhabens setzt den Rückgriff auf theoretische Ansätze und Konzepte voraus, welches einem konfirmatorischen Vorgehen entspricht.[190] Auf der Basis von Theorien und Ergebnissen empirischer Untersuchungen werden Hypothesen formuliert, die anschließend empirisch überprüft und entsprechend bestätigt oder falsifiziert werden.[191]

In der vorliegenden Untersuchung wird mit Hilfe eines noch zu entwerfenden Bezugsrahmens ein **explorativ-konfirmatorisches** Vorgehen gewählt, das sowohl qualitative als auch quantitative Aspekte berücksichtigt und zuläßt.

Es existiert bisher kein geschlossenes, anerkanntes Modell zur Erklärung des Unternehmenserfolges. Aus diesem Grunde müssen mehrere theoretische Ansätze (**theoretischer Pluralismus**) berücksichtigt werden.[192] Auf die ausgewählten Theorien wird im folgenden eingegangen.

Im Rahmen der vorliegenden Untersuchung steht der Erfolg des Unternehmens als Ganzes im Vordergrund. Erfolge einzelner Teilbereiche, z.B. Filialen oder Abteilungen, sind nicht Gegenstand der Analyse. Zur Erklärung des Verhaltens einer Unternehmung sind vor allem organisations- und wettbewerbstheoretische Ansätze geeig-

---

190 Vgl. Dichtl, Erwin: Leitlinien der Marketing-Forschung, in: Marketing-ZFP, 5. Jg., 1983, Nr. 1, S. 61-62, S. 61; vgl. Nieschlag, Robert; Dichtl, Erwin; Hörschgen, Hans: Marketing, 18. Aufl., (Duncker & Humblot) Berlin 1997, S. 678 f.

191 Vgl. Fritz, Wolfgang: Marktorientierte Unternehmensführung und Unternehmenserfolg (Schäffer-Poeschel) Stuttgart 1992, S. 60; vgl. Martin, Albert: Die empirische Forschung in der Betriebswirtschaftslehre, (Poeschel) Stuttgart 1987, S. 33.

192 Vgl. Fritz, Wolfgang: Marketing-Management und Unternehmenserfolg, 2. Aufl., (Schäffer-Poeschel) Stuttgart 1995, S. 27.

net.[193] Aufgrund der Notwendigkeit handelsspezifischer Forschung wird darüber hinaus auf ausgewählte Aspekte der Handelswissenschaft als spezielle Betriebswirtschaftslehre eingegangen.

II. Überblick

Die Begriffe, die in Zusammenhang mit der Erforschung von Unternehmen gebraucht werden, lassen sich nicht überschneidungsfrei abgrenzen. Insbesondere Organisations- und Managementtheorie bezeichnen im Kern die selben Konstrukte. Aus diesem Grunde werden die Grundlagen der ausgewählten Ansätze dargestellt, bevor auf den Erklärungsgehalt der einzelnen Theoriebereiche näher eingegangen wird.

Hierarchisch gesehen kann man die Theorie der Unternehmung als den umfassendsten Ansatz bezeichnen. Ansätze der Mikroökonomie (z.B. die Annahme der vollkommenen Märkte) oder die Betriebswirtschaftslehre als Forschungsgebiet werden, neben den Management- und Organisationstheorien, darunter subsumiert.[194] Die Organisationstheorie fokussiert auf Organisationsstrukturen und die Steuerung der in der Organisation arbeitenden Individuen.[195] Die herkömmliche Managementlehre befaßt sich vor allem mit der Führungstheorie. Das systemorientierte Management betrachtet die Gestaltung und Lenkung eines Gesamtsystems (z.B. einer Institution) als Hauptaufgabe. Dabei wird das primär lineare Denken aufgegeben zugunsten des vernetzten Denkens. Alle Teile sind voneinander abhängig.[196]

Nach *Staehle* muß die **Managementforschung** im Licht ihrer historischen Entwicklung betrachtet werden. Er unterscheidet Verhaltens- und Formalwissenschaften.[197] Die formalwissenschaftlichen Ansätze beruhen auf mathematischen Entscheidungsmodellen, wie lineare Programmierung oder Spieltheorie, und gehen hervor aus den traditionellen Ansätzen Scientific Management und Industrial Engineering, deren wichtig-

---

193 Vgl. Fritz, Wolfgang: Marketing-Management und Unternehmenserfolg, 2. Aufl., (Schäffer-Poeschel) Stuttgart 1995, S. 78.

194 Vgl. Schauenberg, Bernd: Theorien der Unternehmung, in: Handwörterbuch der Betriebswirtschaft, 5. Aufl., (Poeschel) Stuttgart 1993, Sp. 4168-4182.

195 Vgl. Frese, Erich: Organisationstheorie, in: Frese, Erich (Hrsg.): Handwörterbuch der Organisation, 3. Aufl., (Poeschel) Stuttgart 1992, Sp. 1706-1733, Sp. 1706.

196 Vgl. Staehle, Wolfgang H.: Management, Eine verhaltenswissenschaftliche Perspektive, 7. Aufl., (Vahlen) München 1994, S. 43.

197 Vgl. Staehle, Wolfgang H.: Management, Eine verhaltenswissenschaftliche Perspektive, 7. Aufl., (Vahlen) München 1994, S. 21 f.

ster Vertreter *Taylor* ist. Auf ihn geht auch das Prinzip der Arbeitsteilung zurück. Die verhaltenswissenschaftlichen Ansätze sind eine Spezialisierung von administrativen (*Fayol*), bürokratischen (*Weber*), physiologisch-psychologischen und Human-Relations-Ansätzen. Gegenstand sind im weitesten Sinne alle Disziplinen, die sich mit menschlichem Verhalten beschäftigen.

Eine integrative Generalisierung dieser beiden Ansätze strebt der systemtheoretische Ansatz an. Die sozialwissenschaftliche Richtung der Systemtheorie sieht das soziale System als Zusammenspiel von

- externem System (Umwelteinflüsse) und
- internem System (Interaktionen zwischen den Teilnehmern).[198]

Aus der Kritik, die Systemtheorie sei zu theoretisch, entwickelten sich die situativen Ansätze. Ihnen zugrunde liegt die Forderung nach konkreten, operationalen Gestaltungsempfehlungen. Die situativen Ansätze bauen stark auf der Empirie auf.[199]

Eine allgemein anerkannte Systematisierung organisationstheoretischer Ansätze existiert nicht.[200] *Frese* unterscheidet die betriebswirtschaftlich relevanten **Organisationstheorien** in

- Ansätze zur Erklärung von Organisationsstrukturen und
- Steuerung arbeitsteiliger Handlungen durch Organisationsstrukturen.[201]

Darüber hinaus nennt er humanistische Organisationstheorien. Deren Ursprung waren die Hawthorne-Experimente, die die Human-Relations-Bewegung einleiteten und in den 50er Jahren in Motivationstheorien mündeten.[202]

Zu den Theorien zur Erklärung von Organisationsstrukturen zählt *Frese* die situativen Ansätze, die evolutionsorientierte Organisationstheorie, den Transaktionskostenansatz und Erklärungsansätze zu den Gestaltungsmöglichkeiten des Management. Die Steue-

---

198 Vgl. Staehle, Wolfgang H.: Management, Eine verhaltenswissenschaftliche Perspektive, 7. Aufl., (Vahlen) München 1994, S. 44.

199 Vgl. Staehle, Wolfgang H.: Management, Eine verhaltenswissenschaftliche Perspektive, 7. Aufl., (Vahlen) München 1994, S. 47.

200 Vgl. Schulte-Zurhausen, Manfred: Organisation, (Vahlen) München 1995, S. 5.

201 Vgl. Frese, Erich: Organisationstheorie, 2. Aufl., (Gabler) Wiesbaden 1992, S. 110.

202 Vgl. Frese, Erich: Organisationstheorie, in: Frese, Erich (Hrsg.): Handwörterbuch der Organisation, 3. Aufl., (Poeschel) Stuttgart 1992, Sp. 1706-1733, Sp. 1708.

rung des individuellen Verhaltens der Organisationsteilnehmer steht im Vordergrund der entscheidungslogischen und mathematischen Modelle und der aufgabenlogischen Differenzierung (vor allem *Taylor*). Die Berücksichtigung der begrenzten Rationalität der Individuen wurde in den 50er und 60er Jahren u.a. durch *March/Simon* und *Cyert/March* (behavioral theory of the firm) vorgenommen. Neben den Ansätzen zur verhaltensbezogenen Aufgabengestaltung zählt *Frese* unter dem Stichwort „Individuelles Verhalten" noch die Theorien zum Führungsverhalten auf.[203]

Schauenberg verdeutlicht den umfassenden Ansatz der Theorie der Unternehmung dadurch, daß er „eine" Theorie der Unternehmung ablehnt und von „Theorien" der Unternehmung spricht.[204] Er beginnt seine Betrachtung bei den klassischen Konzepten der Betriebswirtschaftslehre (*Adam Smith*) und der Volkswirtschaftslehre (Annahme des vollkommenen Marktes und Aufgabe dieser Annahme im Rahmen der monopolistischen Konkurrenz). Anschließend behandelt er „Managertheorien", denen er auch den Agency-Ansatz zuordnet, und die Behavioral Theory of the Firm, die *Frese* und *Staehle* ebenfalls in ihre Klassifikationen integrieren. Einen neuen Aspekt zeigt *Schauenberg* durch den Zusammenhang zwischen Betriebswirtschaftslehre und Unternehmenstheorie (z.B. *Schmalenbach* und *Gutenberg*). Unter dem Punkt „Neuere Entwicklungen" subsumiert er die Konzepte Spieltheorie, Transaktionskosten und Principal-Agent-Theorie.[205]

Die den bisherigen Ausführungen übergeordnete Einteilung in eine primär externe Sicht (von außen nach innen) und eine primär interne Sicht (von innen nach außen) führt zur **Wettbewerbstheorie**, die oft unter dem Begriff Industrieökonomik diskutiert wird. *Simon* spricht von der Lehre der Wettbewerbskräfte, deren bedeutendster Vertreter *Porter* den Erfolg in Abhängigkeit sieht von den Wettbewerbsbedingungen. Die Unternehmen sollen sich Märkte mit günstigen Wettbewerbsbedingungen suchen und sich Wettbewerbsvorteile schaffen. Nach der Ressourcen-Strategie soll sich das Unternehmen dagegen an den internen Ressourcen orientieren. Ideal ist es, wenn sich die externen Möglichkeiten und die internen Kompetenzen entsprechen.[206]

---

203 Vgl. Frese, Erich: Organisationstheorie, in: Frese, Erich (Hrsg.): Handwörterbuch der Organisation, 3. Aufl., (Poeschel) Stuttgart 1992, Sp. 1706-1733, Sp. 1723-1724, Sp. 1714-1717.

204 Vgl. Schauenberg, Bernd: Theorien der Unternehmung, in: Handwörterbuch der Betriebswirtschaft, 5. Aufl., (Poeschel) Stuttgart 1993, Sp. 4168-4182, Sp. 4170.

205 Vgl. Schauenberg, Bernd: Theorien der Unternehmung, in: Handwörterbuch der Betriebswirtschaft, 5. Aufl., (Poeschel) Stuttgart 1993, Sp. 4168-4182.

206 Vgl. Simon, Hermann: Die heimlichen Gewinner (Hidden Champions). Die Erfolgsstrategien unbekannter Weltmarktführer, (Campus) Frankfurt a.M. u.a. 1996, S. 110.

Kennzeichnend für die Industrieökonomik ist das Kernparadigma, das die Merkmale der Branchenstruktur, deren Einflußgrößen, strategische Verhaltensweisen der Unternehmen und Erfolgsgrößen in Beziehung zueinander setzt. Erfolgspotentiale ergeben sich aus der Wahl attraktiver Branchen und/oder adäquater Wettbewerbsstrategien in dieser Branche. Im Gegensatz zu der externe Größen betonenden Industrieökonomik geht der Ressourcenansatz davon aus, daß interne Ressourcen von Unternehmen die Grundlage von dauerhaften überdurchschnittlichen Gewinnen bilden.[207] Der für die Wettbewerbstheorie grundlegende Ansatz der Industrieökonomik, insbesondere die traditionelle Richtung der Harvard School, stellt die empirische Analyse des Einflußes der Marktstruktur auf das Marktverhalten und das daraus resultierende Marktergebnis in den Vordergrund.[208] Die Bildung von Problemklassen bzw. Situationstypologien wird in der situativen Forschung dazu verwendet, die unbegrenzte Variabilität von Handlungssituationen auf einige typische Situationen zu reduzieren.[209] Die Bildung von Typen innerhalb bestimmer Wettbewerbssituationen zeigt enge Beziehungen auf zum Konzept der Strategischen Gruppen nach *Porter*. Als Strategische Gruppe bezeichnet man Unternehmen einer Branche, die eine ähnliche Wettbewerbsstrategie verfolgen.[210]

Der Zusammenhang der Wettbewerbstheorie zu den vorab genannten Management- und Organisationstheorien besteht in der Einteilung in interne und externe Sicht der Unternehmung im **situativen Ansatz**. Wenn der situative Ansatz die Berücksichtigung von Umweltfaktoren postuliert, bedingt dies auch die Einbeziehung von Wettbewerbscharakteristika. In engem Zusammenhang zur Management- und Organisationsforschung steht der Begriff „**Strategische Planung,**" auch „Strategische Unternehmensplanung."

---

207 Vgl. Bamberger, Ingolf; Wrona, Thomas: Der Ressourcenansatz und seine Bedeutung für die Strategische Unternehmensführung, in: ZfbF, 48. Jg., 1996, Nr. 2, S. 130-153, S. 130.

208 Vgl. Fritz, Wolfgang: Marketing-Management und Unternehmenserfolg, 2. Aufl., (Schäffer-Poeschel) Stuttgart 1995, S. 87.

209 Vgl Tomczak, Torsten: Situative Marketingstrategien, (de Gruyter) Berlin u.a. 1989, S. 14.

210 Vgl. Harrigan, Kathryn R.: An Application of Clustering for Strategic Groups Analysis, in: Strategic Management Journal, 6. Jg., 1985, S. 55-73, S. 56; vgl. Meffert, Heribert; Heinemann, Gerrit: Strategische Gruppen im Handel, Eine empirische Analyse am Beispiel des textilen Einzelhandels, in: Trommsdorff, Volker (Hrsg.): Handelsforschung 1989, Forschungsstelle für den Handel Berlin (FfH) e.V., (Gabler) Wiesbaden 1989, S. 119-133, S. 120; vgl. Homburg, Christian; Sütterlin, Stefan: Strategische Gruppen: Ein Survey, in: ZfB, 62. Jg., 1992, Nr. 6, S. 635-662, S. 637.

Im folgenden wird auf ausgewählte Ansätze der genannten Theoriebereiche eingegangen, die im Hinblick auf die Zielsetzung der Arbeit besondere Relevanz aufweisen. Eine restriktive Abgrenzung bzw. Zuordnung zu einem der Theoriebereiche ist weder machbar noch gewollt, da jeder Ansatz seine eigene Berechtigung aufweist. Bei der Lösung komplexer organisatorischer Probleme sind die verfügbaren Erkenntnisse so gut wie möglich zu nutzen - unabhängig davon, aus welcher Disziplin oder aus welchem Ansatz sie stammen:[211]

- Zur vergleichenden Beschreibung der Strukturen verschiedener Organisationen kann der situative Ansatz herangezogen werden.
- Verhaltensorientierte Ansätze betonen die Bedeutung des menschlichen Verhaltens für die organisatorische Gestaltung.
- Bei der Suche nach optimalen organisatorischen Problemlösungen können Erkenntnisse aus entscheidungsorientierten Ansätzen genutzt werden.

III. Situativer Ansatz als übergreifendes Konzept

Die Bedeutung des situativen Ansatzes für die Betriebswirtschaftslehre wird von vielen Autoren unterstrichen. *Raffée* hält den situativen Ansatz, genau wie den entscheidungsorientierten oder den Systemansatz, für ein eigenständiges Konzept der Betriebswirtschaftslehre.[212]

Der situative Ansatz entwickelte sich Mitte der 60er Jahre in den USA als contingency approach oder situational approach.[213] Er wird deshalb auch als Kontingenztheorie[214] bezeichnet. Die Organisations- bzw. Unternehmensstruktur ist danach von einer Vielzahl externer Einflußfaktoren abhängig (= kontingent). Dabei wird ein starker Einfluß der formalen Organisationsstruktur auf die Effizienz der Organisation unterstellt.[215] Grundannahme des situativen Ansatzes ist, daß **keine generell optimale und allgemeingültige Handlungsweise** existiert. Eine effektive und effiziente Organisation

---

211 Vgl. Schulte-Zurhausen, Manfred: Organisation, (Vahlen) München 1995, S. 26.

212 Raffée, Hans: Gegenstand, Methoden und Konzepte der Betriebswirtschaftslehre, in: Baetge, Jörg u.a. (Hrsg.): Vahlens Kompendium der Betriebswirtschaftslehre, 3. Aufl., Bd. 1, (Vahlen) München 1989, S. 1-46, S. 39.

213 Vgl. Schulte-Zurhausen, Manfred: Organisation, (Vahlen) München 1995, S. 19.

214 Vgl. Kieser, Alfred; Kubicek, Herbert: Organisation, 3. Aufl., (de Gruyter) Berlin 1992, S. 46.

215 Vgl. Kieser, Alfred: Der Situative Ansatz, in: Kieser, Alfred (Hrsg.): Organisationstheorien, (Kohlhammer) Stuttgart u.a. 1993, S. 161-191, S. 161.

hängt immer von den spezifischen situativen Gegebenheiten ab.[216] Entsprechend dem „Prinzip der situativen Bedingtheit"[217] können keine uneingeschränkten, sondern nur relativierte, von den herrschenden Bedingungen abhängige Gestaltungsempfehlungen gegeben werden.[218] Hauptanliegen situativer Studien ist es, den unrealistischen Allgemeingültigkeitsanspruch zugunsten situativer Bezüge aufzugeben. Auf der Basis empirischer Untersuchungen sollen Situationsmodelle bzw. Quasi-Theorien mittlerer Reichweite aufgestellt werden, die trotz ihres reduzierten Allgemeinheitsgrades über einen beträchtlichen empirischen Gehalt verfügen.[219] In der Empirie ist zu untersuchen, wie Strukturen aussehen, die sich in bestimmten Situationen bewähren. Daraus lassen sich Erklärungen von Organisationsunterschieden, Prognosen zur Veränderung von Organisationsstrukturen und Gestaltungsempfehlungen ableiten.[220]

Im Rahmen der Weiterentwicklung des situativen Ansatzes durch multikausale Ansätze[221] werden die Auswirkungen der formalen Organisationsstruktur auf das Verhalten der Organisationsmitglieder und die Effizienz der Organisation miteinbezogen. Analytische und pragmatische Verfahren werden unterschieden. Bei den erstgenannten werden die Strukturvariablen als abhängige, die Situationsvariablen als unabhängige Variablen bezeichnet. Nach der pragmatischen Auffassung steht die Auswahl der Strukturvariante, die der Situation am besten entspricht, im Vordergrund (bester Fit mit der Situation).[222] Einer der klassischen situativen Ansätze stammt von *Lawrence/Lorsch* und wird als Contingency Theory of Organization (Kontingenztheorie) bezeichnet. Bei

---

216 Vgl. Staehle, Wolfgang H.: Deutschsprachige situative Ansätze in der Managementlehre, in: Kieser, Alfred (Hrsg.): Organisationstheoretische Ansätze, (Vahlen) München 1981, S. 215-226, S. 215.

217 Raffée, Hans: Gegenstand, Methoden und Konzepte der Betriebswirtschaftslehre, in: Baetge, Jörg u.a. (Hrsg.): Vahlens Kompendium der Betriebswirtschaftslehre, 3. Aufl., Bd. 1, (Vahlen) München 1989, S. 1-46, S. 38.

218 Vgl. ausführlich zum situativen Ansatz: Kieser, Alfred: Der Situative Ansatz, in: Kieser, Alfred (Hrsg.): Organisationstheorien, (Kohlhammer) Stuttgart u.a. 1993, S. 161-191; vgl. Kieser, Alfred; Kubicek, Herbert: Organisation, 3. Aufl., (de Gruyter) Berlin u.a. 1992, S. 45 f.

219 Vgl. Staehle, Wolfgang H.: Deutschsprachige situative Ansätze in der Managementlehre, in: Kieser, Alfred (Hrsg.): Organisationstheoretische Ansätze, (Vahlen) München 1981, S. 215-226, S. 215-216.

220 Vgl. Kieser, Alfred: Der Situative Ansatz, in: Kieser, Alfred (Hrsg.): Organisationstheorien, (Kohlhammer) Stuttgart u.a. 1993, S. 161-191, S. 161.

221 Vgl. Scholz, Christian; Oberschulte, Hans: Situative Organisationsforschung: Grundlagen für ein Forschungsprojekt, Lehrstuhl für Betriebswirtschaftslehre, insb. Organisation, Personal- und Informationsmanagement, Arbeitspapier Nr. 9, Universität des Saarlandes, Saarbrücken 1989.

222 Vgl. Schulte-Zurhausen, Manfred: Organisation, (Vahlen) München 1995, S. 20-21.

der Vergleichsforschung geht es darum, vergleichbare Problemsituationen, deren Einflußfaktoren, mögliche Handlungsalternativen sowie Effizienzindikatoren im Unternehmen empirisch zu erfassen.[223] Diese Erläuterungen verdeutlichen die grundlegende **Bedeutung des situativen Ansatzes für die Erfolgsfaktorenforschung**. Nur Untersuchungsobjektspezifische Erfolgsfaktoren sind abzuleiten. Für „alle und jeden" geltende Erfolgsfaktoren kann es nicht geben.

Die Basis der situativen Analyse bilden die Bestimmung und Systematisierung der Einflußfaktoren. Die externe Situation eines Unternehmens kann unterschieden werden in

- Bedingungen genereller Art, die mehr oder weniger alle Unternehmen betreffen, z.B. rechtliche Daten, und
- spezifische Bedingungen, die durch die Interaktionspartner entstehen.[224]

Die Kritik an den klassischen situativen Ansätzen läßt sich auf die Vernachlässigung der Gestaltungsparameter durch das Management verdichten.[225] Die wesentliche Erweiterung der verhaltenswissenschaftlich situativen Ansätze gegenüber der Kontingenztheorie ist die Einbeziehung von Spielräumen. *Montanari* spricht in diesem Zusammenhang vom Entscheidungsspielraum des Managements. Der Spielraum wird dabei u.a. durch in der Vergangenheit getroffene Entscheidungen begrenzt.[226] Die in der Kontingenztheorie vorherrschende Kongruenz-Effizienz-Hypothese (je besser die Übereinstimmung zwischen Organisation und Umwelt, desto effizienter die Unternehmung) wurde erstmals von *Khandwalla* in Frage gestellt. Seine Konsistenz-Effizienz-Hypothese geht davon aus, daß die interne Konsistenz zwischen Strukturvariablen positiv auf die Effizienz der Organisation wirkt.

Die Konsistenz-Ansätze beruhen auf der Typenbildung. *Mintzberg* beschäftigte sich als erster mit Strukturtypen, d.s. typische Konstellationen der strukturellen Variablen.[227] Nach dem Quantum View von *Miller/Friesen*, die auf den Strukturtypen von *Mintzberg* aufbauen, bildet eine relativ geringe Anzahl von Typen (Konfigurationen,

---

223 Vgl. Staehle, Wolfgang H.: Management, Eine verhaltenswissenschaftliche Perspektive, 7. Aufl., (Vahlen) München 1994, S. 48-49.

224 Vgl. Tomczak, Torsten: Situative Marketingstrategien, (de Gruyter) Berlin u.a. 1989, S. 11-12.

225 Vgl. Frese, Erich: Organisationstheorie, 2. Aufl., (Gabler) Wiesbaden 1992, S. 193.

226 Vgl. Staehle, Wolfgang H.: Management, Eine verhaltenswissenschaftliche Perspektive, 7. Aufl., (Vahlen) München 1994, S. 53-54.

227 Vgl. Kieser, Alfred: Der Situative Ansatz, in: Kieser, Alfred (Hrsg.): Organisationstheorien, (Kohlhammer) Stuttgart u.a. 1993, S. 161-191, S. 186.

Archetypen) die überwiegende Mehrzahl der in der Realität vorkommenden Kombinationen von Organisationselementen ab. Mit Hilfe der Clusteranalyse werden die Typen identifiziert.[228] Diese Überlegungen verdeutlichen die Relevanz des Konzeptes der **Strategischen Gruppen** von *Porter* auf das im Rahmen der Wettbewerbstheorie näher eingegangen wird.

Die situative Konkretisierung der vorliegenden Arbeit besteht in der Formulierung der Konstrukte und in deren Operationalisierung. Die Berücksichtigung mittelstandsspezifischer Fragestellungen im Rahmen der Theoriediskussion dient der weiteren situativen Spezifizierung.

IV. Ausgewählte Ansätze der Organisations- und Managementtheorie

1. Überblick

Aus den im Überblick genannten Organisations- und Managementtheorien werden näher betrachtet:

- Neue Institutionenökonomik,
- Entscheidungsprozeßorientierte Ansätze (Theorien mit Berücksichtigung begrenzter Rationalität), auch Entscheidungstheorie,
- Führungstheorien.

2. Neue Institutionenökonomik

a) Überblick

Die neoklassische Mikroökonomik wurde in den 60er Jahren von vielen Autoren aufgegeben, weil sie als zu realitätsfern galt. Dabei wurde das heuristische Potential dieser Ansätze übersehen. Weil die Mikroökonomik die in der Realität auftretende Unsicherheit nur unzutreffend erklären konnte, wurde die Verhaltenswissenschaft propa-

---

228 Vgl. Staehle, Wolfgang H.: Management, Eine verhaltenswissenschaftliche Perspektive, 7. Aufl., (Vahlen) München 1994, S. 60-62.

giert, die die Unsicherheit in ihre Modelle integrierte. In diesem Zuge wurde die Absatzwirtschaft zum Marketing.

Die Neue Institutionenökonomik betrachtet den Einzelnen nicht mehr als isoliert handelndes Individuum unter gegebenen Restriktionen, sondern in Interaktion mit anderen.[229] Sie beschäftigt sich mit den Organisationsformen wirtschaftlichen Handelns und bildet den übergeordneten Theorierahmen für die Transaktionskostentheorie, die Property-Rights-Theorie und die Principal-Agent-Theorie als deren Spezialfall (vgl. Übersicht E-1).

---

[229] Vgl. Aufderheide, Detlef; Backhaus, Klaus: Institutionenökonomische Fundierung des Marketing: Der Geschäftstypenansatz, in: Kaas, Klaus P. (Hrsg.): Kontrakte, Geschäftsbeziehungen, Netzwerke - Marketing und Neue Institutionenökonomik, Sonderheft Nr. 35 der ZfbF, (Verlagsgruppe Handelsblatt) Düsseldorf u.a. 1995, S. 43-60, S. 48-51.

Übersicht E-1: Neue Institutionenökonomik

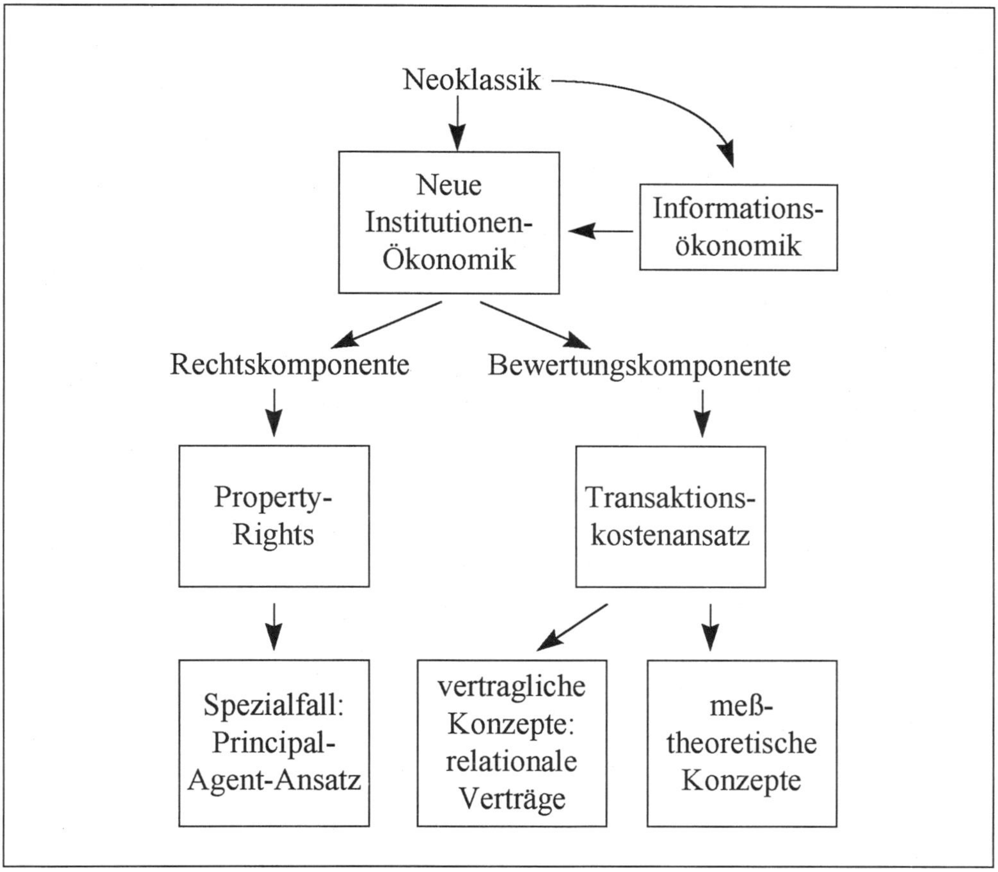

Quelle: Gümbel, Rudolf; Woratschek, Herbert: Institutionenökonomik, in: Tietz, Bruno; Köhler, Richard; Zentes, Joachim (Hrsg.): Handwörterbuch des Marketing, 2. Aufl., (Schäffer-Poeschel) Stuttgart 1995, Sp. 1008-1019, Sp. 1010.

Institutionen können als Regelsysteme oder als Handlungssysteme verstanden werden. Regelsysteme sind Ordnungsmechanismen, z.B. gesetzliche Regeln oder Geschäftsusancen. Institutionen als Handlungssysteme sind Einrichtungen, in denen Menschen zeitweise zusammenarbeiten, z.B. existierende Geschäftsbeziehungen.[230] Nach *Kaas*

[230] Vgl. Kleinaltenkamp, Michael; Marra, Andreas: Institutionenökonomische Aspekte der „Customer Integration“, in: Kaas, Klaus P. (Hrsg.): Kontrakte, Geschäftsbeziehungen, Netzwerke - Marketing und Neue Institutionenökonomik, Sonderheft Nr. 35 der ZfbF, (Verlagsgruppe Handelsblatt) Düsseldorf u.a. 1995, S. 101-118, S. 109.

beschäftigt sich die Neue Institutionenökonomik mit der Gestaltung effizienter Institutionen. Die instrumentelle Aufgabe lautet: Durch welche institutionellen Lösungen kann ein Koordinationsproblem am effizientesten gelöst werden? Die Aufgabe des Marketing ist in diesem Sinne die Förderung von Transaktionen durch die Senkung von Transaktionskosten.[231]

Die Property-Rights-Theorie untersucht die Einflüsse von Handlungs- und Verfügungsrechten (Property Rights) auf die Allokation und Nutzung von Gütern,[232] die vorgenommene Festlegung von Regeln bildet das theoretische Fundament der Institutionenökonomik.[233] Die Principal-Agent-Theorie (auch Agency-Theorie) beschäftigt sich mit der Wirkungsweise von Entscheidungen auf den eigenen Wohlstand und den Wohlstand einer anderen Person bei asymmetrischer Informationsverteilung innerhalb einer Prinzipal-Agent-Beziehung. Im engeren Sinn geht es um effiziente Delegation und Kooperation im Unternehmen.[234]

Nach der Neuen Institutionenökonomik kann die Koordination über

- Hierarchie (unilaterale Steuerung),
- Markt oder
- Kooperation (bilaterale Steuerung)

erfolgen.

Aufgrund der Bedeutung für die vorliegende Arbeit wird auf die Transaktionskostentheorie näher eingegangen.

---

231 Vgl. Kaas, Klaus P.: Marketing und Neue Institutionenökonomik, in: Kaas, Klaus P. (Hrsg.): Kontrakte, Geschäftsbeziehungen, Netzwerke - Marketing und Neue Institutionenökonomik, Sonderheft Nr. 35 der ZfbF, (Verlagsgruppe Handelsblatt) Düsseldorf u.a. 1995, S. 1-18, S. 3-4.

232 Vgl. Schenk, Karl-Ernst: Property Rights und Theorie der Institutionen, in: WISU, 17. Jg., 1988, Nr. 4, S. 226-231; vgl. Richter, Rudolf; Furubotn, Eirik G.: Neue Institutionenökonomik, (J.C.B. Mohr) Tübingen 1996.

233 Vgl. Kaas, Klaus P.: Marketing und Neue Institutionenökonomik, in: Kaas, Klaus P. (Hrsg.): Kontrakte, Geschäftsbeziehungen, Netzwerke - Marketing und Neue Institutionenökonomik, Sonderheft Nr. 35 der ZfbF, (Verlagsgruppe Handelsblatt) Düsseldorf u.a. 1995, S. 1-18, S. 3.

234 Vgl. Kaas, Klaus P.: Marketing und Neue Institutionenökonomik, in: Kaas, Klaus P. (Hrsg.): Kontrakte, Geschäftsbeziehungen, Netzwerke - Marketing und Neue Institutionenökonomik, Sonderheft Nr. 35 der ZfbF, (Verlagsgruppe Handelsblatt) Düsseldorf u.a. 1995, S. 1-18, S. 4.

b) Transaktionskostentheorie

Eine der ersten Veröffentlichungen zum Thema Transaktionskostentheorie lieferte *Coase* mit „The Nature of the Firm“ im Jahre 1937. Er argumentiert, daß aufgrund von Transaktionskosten die Existenz von Unternehmen teilweise eine effizientere Allokation von knappen Ressourcen ermöglicht als der Markt.[235] Allgemein gesprochen beschäftigen sich Transaktionskostentheoretiker mit der Frage der optimalen Organisation des wirtschaftlichen Leistungserstellungsprozesses.[236] Im Mittelpunkt der Transaktionskostentheorie, die von *Williamson*[237] weiterentwickelt wurde, stehen die mit einer Transaktion verbundenen Kosten in Form von Such-, Informations- und Verhandlungsaufwendungen. Transaktionsmerkmale sind die Spezifität der Leistungen, die mit einer Transaktion verbundene Unsicherheit sowie die Häufigkeit der Transaktionen.[238] Transaktionsrisiken entstehen durch opportunistisches Verhalten der Transaktionspartner und die begrenzte Informationsbearbeitung beim Menschen. Um die Einseitigkeit der konzentrierten Betrachtung der Transaktionskostentheorie auf Kosten zu korrigieren, erfolgt die Ergänzung um den Transaktionsnutzen.[239]

Der Transaktionskostenansatz ermöglicht einen weiten Interpretationsspielraum, schwierig bleiben Operationalisierung und Meßbarkeit der Konstrukte.[240] Es können drei Transaktionstypen unterschieden werden:[241]

---

235 Vgl. Coase, Ronald H.: The Nature of the Firm, in: Economica, 4. Jg., 1937, November, S. 386-405; zit. nach: Staudacher, Frank: Auswirkungen der Herstellerkonzentration auf das vertikale Marketing, in: Irrgang, Wolfgang (Hrsg.): Vertikales Marketing im Wandel, (Vahlen) München 1993, S. 25-48, S. 27.

236 Vgl. Bogaschewsky, Ronald: Vertikale Kooperation - Erklärungsansätze der Transaktionskostentheorie und des Beziehungsmarketing, in: Kaas, Klaus P. (Hrsg.): Kontrakte, Geschäftsbeziehungen, Netzwerke - Marketing und Neue Institutionenökonomik, Sonderheft Nr. 35 der ZfbF, (Verlagsgruppe Handelsblatt) Düsseldorf u.a. 1995, S. 159-178, S. 165-166, S. 174.

237 Vgl. Williamson, Oliver E.: The Economic Institutions of Capitalism - Firms, Markets, Relational Contracting, (Macmillan) New York u.a. 1985.

238 Vgl. Fischer, Marc: Die Theorie der Transaktionskosten, in: WiSt, 23. Jg., 1994, Nr. 11, S. 582-584, S. 582.

239 Vgl. Kleinaltenkamp, Michael: Institutionenökonomische Begründung der Geschäftsbeziehung, in: Backhaus, Klaus; Diller, Hermann (Hrsg.): Arbeitsgruppe „Beziehungsmanagement" der wissenschaftlichen Kommission für Marketing im Verband der Hochschulleiter für Betriebswirtschaftslehre, Dokumentation des 1. Workshops vom 27.-28.9.1993 in Frankfurt a.M., Münster-Nürnberg 1994, S. 8-39, S. 21-26, S. 20.

240 Vgl. Bogaschewsky, Ronald: Vertikale Kooperation - Erklärungsansätze der Transaktionskostentheorie und des Beziehungsmarketing, in: Kaas, Klaus P. (Hrsg.): Kontrakte, Geschäftsbeziehungen, Netzwerke - Marketing und Neue Institutionenökonomik, Sonderheft Nr. 35 der ZfbF, (Verlagsgruppe Handelsblatt) Düsseldorf u.a. 1995, S. 159-178, S. 165-166, S. 170.

- Austauschgüter: Fertige Produkte, die keine partnerspezifischen Investitionen erfordern, z.B. Autos oder Zigaretten.
- Kontraktgüter: Wenigstens einer der Partner hat spezifische Investitionen zu leisten, die Leistung wird auf den Abnehmer abgestimmt, z.B. Dienstleistungen.
- Geschäftsbeziehungen: Es handelt sich um eine Folge von Transaktionen, die in einem inneren Zusammenhang stehen, meist im Rahmen institutioneller Arrangements (nach *Williamson* „relational contracting").

In dem hier untersuchten Zusammenhang wird die Geschäftsbeziehung weiter untersucht. Sie führt zu spezifischen Ressourcen bei beiden Partnern, vor allem als Humankapital in Form von Wissen und Erfahrungen zum Partner. Die Analyse verlagert sich von der einzelnen Transaktion auf die Beziehung, dies führt zum **Beziehungsmanagement**. [242] Es soll transaktionskostensenkend wirken. Die nötigen Investitionen senken die Unsicherheit und erhöhen die Wechselkosten.[243] Das Beziehungsmanagement erweitert die Beziehung vom Einkäufer zum Verkäufer auf verschiedene Gruppen innerhalb und außerhalb der Unternehmung.[244] Beziehungen zwischen Unternehmen, ihren Lieferanten, Banken oder auch Kunden, werden als dyadische Beziehungen bezeichnet.[245]

241 Vgl. Kaas, Klaus P.: Marketing zwischen Markt und Hierarchie, in: Kaas, Klaus P. (Hrsg.): Kontrakte, Geschäftsbeziehungen, Netzwerke - Marketing und Neue Institutionenökonomik, Sonderheft Nr. 35 der ZfbF, (Verlagsgruppe Handelsblatt) Düsseldorf u.a. 1995, S. 19-42, S. 23-24.

242 Vgl. Kaas, Klaus P.: Marketing zwischen Markt und Hierarchie, in: Kaas, Klaus P. (Hrsg.): Kontrakte, Geschäftsbeziehungen, Netzwerke - Marketing und Neue Institutionenökonomik, Sonderheft Nr. 35 der ZfbF, (Verlagsgruppe Handelsblatt) Düsseldorf u.a. 1995, S. 19-42, S. 24; vgl. Wehrli, Hans P.; Wirtz, Bernd W.: Mass Customization und Kundenbeziehungsmanagement, Aspekte und Gestaltungsvarianten transaktionsspezifischer Marketingbeziehungen, in: Jahrbuch der Absatz- und Verbrauchsforschung, 43. Jg., 1997, Nr. 2, S. 116-138, S. 118.

243 Vgl. Bogaschewsky, Ronald: Vertikale Kooperation - Erklärungsansätze der Transaktionskostentheorie und des Beziehungsmarketing, in: Kaas, Klaus P. (Hrsg.): Kontrakte, Geschäftsbeziehungen, Netzwerke - Marketing und Neue Institutionenökonomik, Sonderheft Nr. 35 der ZfbF, (Verlagsgruppe Handelsblatt) Düsseldorf u.a. 1995, S. 159-178, S. 168, S. 173.

244 Vgl. Belz, Christian: Management von persönlichen Geschäftsbeziehungen, in Belz, Christian (Hrsg.): Kompetenz für Marketing-Innovationen, Bd. 2, Leistungs- und Kundensysteme, (Thexis) St. Gallen 1997, S. 120-132.

245 Vgl. Wolff, Rolf; Goldberg, Walter H.: Das mittelständische Unternehmen und seine Umwelt - Anmerkungen zu einer betriebswirtschaftlichen Theorie der Interorganisationsbeziehungen, in: Albach, Horst; Held, Thomas (Hrsg.): Betriebswirtschaftslehre mittelständischer Unternehmen, (Poeschel) Stuttgart 1984, S. 523-542, S. 532.

Die Beziehung zum Kunden wird als Relationship Marketing bezeichnet. Kernidee ist, die Gewinnung neuer Kunden als Zwischenstufe zu begreifen und darüber hinaus den Blickwinkel auf die existierenden Kunden zu richten, um dauerhafte Kundenbeziehungen zu entwickeln (loyale Kunden).[246]

Unter Beziehungsmanagement versteht *Diller* den Versuch „...durch sorgfältige Analyse der Beziehungsstrukturen, -profile und -perspektiven mit verschiedensten Partnern aus dem gesamten Umfeld eines Unternehmens eine strategisch orientierte, auf spezifische Beziehungsziele hin ausgerichtete „Außenpolitik“ zu entwerfen, die u.U. sogar spezifische Wettbewerbsvorteile durch größere Nähe zu diesen Partnern und Teilhabe am „Netzwerk“ aller Partner verschafft.“[247] Inhaltlich wird Beziehungsmanagement als aufeinander abgestimmte Gesamtheit der Grundsätze, Leitbilder und Einzelmaßnahmen zur langfristig zielgerichteten Anbahnung, Steuerung und Kontrolle von Geschäftsbeziehungen definiert. Wichtige Erklärungsansätze zum Beziehungsmanagement liefert der Resource-Dependence-Ansatz, aus dessen Sicht die Geschäftsbeziehungen in externen Koalitionen Voraussetzung für das Überleben der Unternehmung sind, weil sie die Kontrolle lebensnotwendiger externer Ressourcen sichern. Da nach dieser Auffassung nicht nur Kunden, sondern auch andere Marktpartner, z.B. Lieferanten oder Politiker, über Ressourcen verfügen, weitet sich das Beziehungsmanagement in diesem Sinne über das (Absatz-) Marketing zu einem allgemeinen Management-Ansatz aus.[248]

Stabile Beziehungen spielen insbesondere im Mittelstand eine Rolle, wo sowohl langjährige Kunden- als auch Lieferantenbeziehungen bestehen. Oft werden in kleinen Unternehmen die Beziehungen wesentlich intensiver gepflegt als in Großunternehmen, da die Unternehmer den persönlichen Kontakt bevorzugen.[249] Die Beziehungen kleinerer Unternehmen sind oft ausschließlich auf den Unternehmer fixiert. Es wäre jedoch

---

246 Vgl. Backhaus, Klaus: Relationship Marketing - Ein neues Paradigma im Marketing?, in: Bruhn, Manfred; Steffenhagen, Hartwig (Hrsg.): Marktorientierte Unternehmensführung, (Gabler) Wiesbaden 1997, S. 19-35, S. 22.

247 Diller, Hermann: Beziehungsmanagement, in: Diller, Hermann (Hrsg.): Vahlens großes Marketinglexikon, (Vahlen) München 1992, S. 215.

248 Vgl. Diller, Hermann: Beziehungsmanagement, in: Tietz, Bruno; Köhler, Richard; Zentes, Joachim (Hrsg.): Handwörterbuch des Marketing, 2. Aufl., (Schäffer-Poeschel) Stuttgart 1995, Sp. 285-300, Sp. 294-295.

249 Vgl. Belz, Christian: Erkenntnisse zum systematischen Beziehungsmanagement, in: Belz, Christian (Hrsg.): Management von Geschäftsbeziehungen, (Thexis) St. Gallen 1994, S. 24; vgl. Fueglistaller, Urs; Wick, Veronika: Beziehungsmanagement als Erfolgsfaktor in Klein- und Mittelbetrieben, in: Internationales Gewerbearchiv, 43. Jg., 1995, Nr. 2, S. 116-122.

vor allem bei mittleren Betrieben sinnvoll, die Beziehungspflege auf mehrere Personen zu delegieren, um die Nutzung eines breiten Beziehungsspektrums zu ermöglichen.

Ziele des Beziehungsmanagement sind neben der Senkung der Transaktionskosten die Kundenbindung und die Erhöhung der Beziehungssicherheit.[250] Stabile Geschäftsbeziehungen bilden sich als unsicherheitsreduzierende Institutionen heraus.[251] Die Geschäftsbeziehung bewirkt eine Bindung, die letztlich auf spezifischen Ressourcen des Partners beruht, dies geschieht teilweise geplant, teilweise unbewußt. Die Partner machen im Laufe der Zeit Erfahrungen miteinander, was Zeit, Mühe und Geld kostet. Diese Investitionen zahlen sich später durch größere Effizienz bei den Transaktionen aus.[252] Die Senkung der Kosten führt zu einer Quasi-Rente von der beide einen Teil erhalten. Die Quasi-Rente ist ex ante abzusichern durch Regeln und organisatorische Vorkehrungen (Institutionen ökonomischen Handelns).[253] Der Verkäufer bezieht daraus einen Wettbewerbsvorteil, der Käufer bezieht zu günstigeren Preisen als bei anderen Lieferanten. Die Aufteilung der Quasi-Rente muß immer wieder neu überdacht werden. Aufgaben einer langfristigen Kundenbindung sind die Minderung der Verteilungskonflikte und eine effiziente Konfliktregulierung.[254]

Die Kunden gehen Bindungen ein, wenn sie einen bestimmten Nutzen realisieren können (relationaler Nutzen). Beim Wechsel der Beziehung entstehen zudem Transaktionskosten (switching costs). Es entsteht somit eine gewisse Abhängigkeit, das Vertrau-

---

250 Vgl. Diller, Hermann: Beziehungsmanagement, in: Tietz, Bruno; Köhler, Richard; Zentes, Joachim (Hrsg.): Handwörterbuch des Marketing, 2. Aufl., (Schäffer-Poeschel) Stuttgart 1995, Sp. 285-300, Sp. 291-292.

251 Vgl. Wehrli, Hans P.; Wirtz, Bernd W.: Mass Customization und Kundenbeziehungsmanagement, Aspekte und Gestaltungsvarianten transaktionsspezifischer Marketingbeziehungen, in: Jahrbuch der Absatz- und Verbrauchsforschung, 43. Jg., 1997, Nr. 2, S. 116-138, S. 121.

252 Vgl. Kaas, Klaus P.: Marketing zwischen Markt und Hierarchie, in: Kaas, Klaus P. (Hrsg.): Kontrakte, Geschäftsbeziehungen, Netzwerke - Marketing und Neue Institutionenökonomik, Sonderheft Nr. 35 der ZfbF, (Verlagsgruppe Handelsblatt) Düsseldorf u.a. 1995, S. 19-42, S. 27, S. 35-36.

253 Vgl. Aufderheide, Detlef; Backhaus, Klaus: Institutionenökonomische Fundierung des Marketing: Der Geschäftstypenansatz, in: Kaas, Klaus P. (Hrsg.): Kontrakte, Geschäftsbeziehungen, Netzwerke - Marketing und Neue Institutionenökonomik, Sonderheft Nr. 35 der ZfbF, (Verlagsgruppe Handelsblatt) Düsseldorf u.a. 1995, S. 43-60, S. 52.

254 Vgl. Kaas, Klaus P.: Marketing zwischen Markt und Hierarchie, in: Kaas, Klaus P. (Hrsg.): Kontrakte, Geschäftsbeziehungen, Netzwerke - Marketing und Neue Institutionenökonomik, Sonderheft Nr. 35 der ZfbF, (Verlagsgruppe Handelsblatt) Düsseldorf u.a. 1995, S. 19-42, S. 36-38.

en ist dabei eine zentrale komplementäre Beziehungskomponente. Die Zufriedenheit eines Kunden mündet über einen Rückkoppelungseffekt in Vertrauen.[255]

Neben den Macht- und Fachpromotoren ist der Beziehungspromotor von Interesse. Er fördert interorganisationale Austauschprozesse.[256] Die Frage nach der Bedeutung des Promotors wurde erstmals in Zusammenhang mit der Durchsetzung von Innovationsprozessen gestellt. Aufgrund psychologischer Verhaltensmuster neigen einige Organisationsmitglieder dazu, Entscheidungsprozesse zu verzögern. Der Promotor soll als Katalysator wirken.[257]

In der vorliegenden Untersuchung wird der Beziehungspromotor nicht als internes Instrument zur Förderung von Abläufen verstanden, sondern der Beziehungsmanagement-Auffassung von *Diller* folgend[258] als derjenige, der Beziehungen zu externen Partnern fördert und pflegt. Es wird von Interesse sein, inwieweit die Führung der Unternehmen über Beziehungspromotorqualitäten verfügt und welchen Einfluß dieses Merkmal auf den Unternehmenserfolg ausübt.

„Unter einem **Beziehungspromotor** verstehen wir eine Person, die interorganisationale Austauschprozesse durch gute persönliche Beziehungen zu Schlüsselakteuren, die über kritische Ressourcen verfügen, aktiv und intensiv fördert."[259] Die Machtquellen des Beziehungspromotors sind entweder persönliche Eigenschaften oder seine Position. Persönliche Eigenschaften können Expertenwissen, persönliche Affinität, soziale Kompetenz oder Erfahrung sein. Macht aus der Position kann dann entstehen, wenn der Beziehungspromotor als Projektleiter kompetenter Ansprechpartner ist und über hierarchische Kompetenz oder über ein starkes Beziehungsnetzwerk verfügt.

---

[255] Vgl. Schäfer, Henry: Beziehungsmarketing durch Dialogmarketing, in: Kaas, Klaus P. (Hrsg.): Kontrakte, Geschäftsbeziehungen, Netzwerke - Marketing und Neue Institutionenökonomik, Sonderheft Nr. 35 der ZfbF, (Verlagsgruppe Handelsblatt) Düsseldorf u.a. 1995, S. 119-138, S. 123-125.

[256] Vgl. Gemünden Hans G.; Walter, Achim: Förderung des Technologietransfers durch Beziehungspromotoren, in: Zeitschrift für Führung und Organisation, 65. Jg., 1996, S. 237-245, S. 237.

[257] Vgl. Gemünden, Hans G.: Bedeutung von Promotoren für Innovationsprozesse im Unternehmen, in: Marketing- und Management-Transfer, 1997, April, hrsg. v. Institut für Handel und Internationales Marketing, S. 23-27, S. 23.

[258] Wie bereits erwähnt ist das Beziehungsmanagement eine strategische „Außenpolitik", die Wettbewerbsvorteile durch die Teilhabe am Netzwerk verschafft.

[259] Gemünden, Hans Georg; Walter, Achim: Der Beziehungspromotor - Schlüsselperson für interorganisationale Innovationsprozesse, Institut für angewandte Betriebswirtschaftslehre & Unternehmensführung, Universität Karlsruhe 1994, S. 7.

Beziehungspromotoren verschiedener Unternehmen arbeiten häufig zusammen, so daß ein Netzwerk entsteht.

Unternehmungsnetzwerke umfassen mehr als zwei rechtlich selbständige, wirtschaftlich jedoch mehr oder weniger abhängige Unternehmungen, die komplex reziproke, eher kooperative und relativ stabile Beziehungen unterhalten. Unternehmungsnetzwerke entstehen durch (Quasi-) Externalisierung oder (Quasi-) Internalisierung von Funktionen. Die Organisation der Beziehung beruht dabei weniger auf vertraglichen Regelungen als auf Praktiken der Zusammenarbeit. Erst eine soziale Organisiertheit der Beziehungen verdient die Bezeichnung Netzwerk.[260] Bei der interaktions- und netzwerkorientierten Betrachtung werden sämtliche Beziehungen eines Unternehmens zu anderen Marktpartnern bzw. zu Organisationen als Netzwerk angesehen.[261] Die Akteure des Netzwerkes sind die Schlüsselkomponenten. Damit sind deren Merkmale für die Ausgestaltung des Netzwerkes entscheidend. Bisher wurde das Unternehmen als Akteur in den Vordergrund gestellt.[262]

Die Austauschbeziehungen im Mittelstand sind oft durch langfristige Transaktionen gekennzeichnet. Diese Besonderheiten der Austauschbeziehungen sind Gegenstand der Überlegungen einer Forschungsrichtung, die auch als „Uppsala-Schule“ bezeichnet wird.[263] Die aufgebauten Beziehungen gelten als Ressourcen, die - je nach Position des Unternehmens im Netzwerk - wiederum investiv eingesetzt werden können.[264] Wichtiger Baustein einer Beziehung ist die gegenseitige Abhängigkeit. Diese wird nach *Williamson* verstärkt durch transaktionsspezifische Investitionen, die die Wechselkosten

---

260 Vgl. Sydow, Jörg: Finanzdienstleistungsnetzwerke: Zur Organisation einer ökonomischen Institution des Kontraktgütermarketings, in: Kaas, Klaus P. (Hrsg.): Kontrakte, Geschäftsbeziehungen, Netzwerke - Marketing und Neue Institutionenökonomik, Sonderheft Nr. 35 der ZfbF, (Verlagsgruppe Handelsblatt) Düsseldorf u.a. 1995, S. 139-158, S. 140-141.

261 Vgl. Meyer, Margit: Ökonomische Organisation der Industrie - Netzwerkarrangements zwischen Markt und Unternehmung, (Gabler) Wiesbaden 1995, S. 123 f.

262 Vgl. Easton, Geoff; Hakansson, Hakan: Market as networks, in: International Journal of Research in Marketing, 13. Jg., 1996, Nr. 5, S. 407-413, S. 411.

263 Ein wichtiger Vertreter ist z.B. Hakansson von der Universität Uppsala; vgl. Hakannson, Hakan: Corporate Technological Behaviour: Co-operation and Networks, (Routledge) London u.a. 1989.

264 Vgl. Mattson, Lars-Gunnar: Management of Strategic Change in a „Market to Networks“-Perspektive, in: Pettigrew, Andrew M. (Hrsg.): The Management of Strategic Change, (Basil Blackwell) Oxford 1987, S. 234-260, S. 235, S. 237.

erhöhen.[265] Das durch Beziehungsmanagement aufgebaute Netzwerk kann im Sinne von Markteintrittsbarrieren den Marktzugang neuer Konkurrenten erschweren.[266]

Häufig wiederkehrende Transaktionen rechtfertigen eine **Kooperation**. Durch das Vereinbaren relationaler Kontrakte sollen die ex-post Transaktionskosten gesenkt werden.[267] Die contractual relation gewinnt als Herrschafts- und Überwachungssystem gegenüber der Hierarchie und dem Markt an Bedeutung.[268] Aus neuerer Sicht stellen die Transaktionsformen Markt und Integration die Pole eines Kontinuums dar. Zwischen diesen Polen liegen vielfältige Formen kooperativer Transaktionen. Kooperative Transaktionen kommen zustande, wenn die (Kooperations-) Partner erwarten, sich dadurch besser zu stellen.[269] Die teilweise Aufgabe der Autonomie in einer Kooperation kann durch die zur Senkung der Transaktionskosten notwendige Institutionalisierung von Beziehungen erklärt werden.[270]

Der Ausschuß für Definitionen aus der Handels- und Absatzwirtschaft definiert als Kooperation „jede auf freiwilliger Basis beruhende, meist vertraglich geregelte Zusammenarbeit rechtlich und wirtschaftlich selbständig bleibender Unternehmungen zur Absicherung bzw. Verbesserung ihrer Leistungsfähigkeit."[271] Die Kooperation hat einen prozessualen und einen institutionellen Charakter und kann in einem weiten Sinne als Zusammenarbeit von am Wirtschaftsleben beteiligten Personen oder Institutionen

---

265 Vgl. Lewin, Jeffrey E.; Johnston, Wesley J.: Relationship Marketing Theory in Practice: A Case Study, in: Journal of Business Research, 39. Jg., 1997, Nr. 1, S. 23-31, S. 27.

266 Vgl. Diller, Hermann: Beziehungsmanagement, in: Tietz, Bruno; Köhler, Richard; Zentes, Joachim (Hrsg.): Handwörterbuch des Marketing, 2. Aufl., (Schäffer-Poeschel) Stuttgart 1995, Sp. 285-300, Sp. 293.

267 Vgl. Bogaschewsky, Ronald: Vertikale Kooperation - Erklärungsansätze der Transaktionskostentheorie und des Beziehungsmarketing, in: Kaas, Klaus P. (Hrsg.): Kontrakte, Geschäftsbeziehungen, Netzwerke - Marketing und Neue Institutionenökonomik, Sonderheft Nr. 35 der ZfbF, (Verlagsgruppe Handelsblatt) Düsseldorf u.a. 1995, S. 159-178, S. 168, S. 174.

268 Vgl. Arbeitskreis „Das Unternehmen im Markt": Vertikale Geschäftsbeziehungen zwischen Industrie und Handel, in: Kaas, Klaus P. (Hrsg.): Kontrakte, Geschäftsbeziehungen, Netzwerke - Marketing und Neue Institutionenökonomik, Sonderheft Nr. 35 der ZfbF, (Verlagsgruppe Handelsblatt) Düsseldorf u.a. 1995, S. 179-204, S. 201.

269 Vgl. Zentes, Joachim: Kooperative Wettbewerbsstrategien im internationalen Konsumgütermarketing, in: Zentes, Joachim (Hrsg.): Strategische Partnerschaften im Handel, (Poeschel) Stuttgart 1992, S. 3-31, S. 18-19.

270 Vgl. Diller, Hermann: Beziehungsmanagement, in: Tietz, Bruno; Köhler, Richard; Zentes, Joachim (Hrsg.): Handwörterbuch des Marketing, 2. Aufl., (Schäffer-Poeschel) Stuttgart 1995, Sp. 285-300, Sp. 295.

271 Ausschuß für Begriffsdefinitionen aus der Handels- und Absatzwirtschaft (Hrsg.): Katalog E, 4. Ausgabe, Köln 1995, S. 22.

definiert werden.[272] Die Kooperation im Handel kann u.a. absatz- oder beschaffungsorientiert ausgerichtet sein.[273] Absatzmarktseitige Kooperationen sind oft Gegenstand vertikaler Kooperation, die beschaffungsseitige Kooperation ist horizontal orientiert. Für mittelständische Unternehmen ist die Kooperation eine Grundlage der Existenzsicherung.[274] Durch die Kooperation lassen sich - zumindest dem Anspruch nach - die Wettbewerbsvorteile größerer Unternehmenseinheiten realisieren und gleichzeitig die Nachteile von Großunternehmen vermeiden.[275] Auf der anderen Seite verändert jede Kooperation den Autonomiegrad des Unternehmens. Freiheitsgrade müssen aufgegeben werden.[276]

Aus den Erklärungsansätzen für Kooperationen leitet *Laurent* zwei Kooperationsebenen ab:

1. die Transaktionsebene als Ebene von robusten Kooperationsfaktoren („hard facts") sowie
2. die Beziehungsebene als Ebene von sensiblen Kooperationsfaktoren („soft facts").

Erstgenannte sind Kooperationsfelder oder -instrumente, die die sachbezogene inhaltliche Zusammenarbeit zwischen den Kooperationspartnern ausmachen. Diese Ebene beruht primär auf der Harmonisierung und gemeinsamen Abstimmung von Aktivitäten und Verfahren sowie deren Institutionalisierung. Die Transaktionen sind eingebettet in die bereits bestehenden Geschäftsbeziehungen zwischen den Institutionen. Somit wird die Kooperation stark durch die Art und Intensität der bestehenden Beziehung geprägt.

---

272 Vgl. Olesch, Günter: Kooperation, in: Tietz, Bruno; Köhler, Richard; Zentes, Joachim (Hrsg.): Handwörterbuch des Marketing, 2. Aufl., (Schäffer-Poeschel) Stuttgart 1995, Sp. 1273-1284, Sp. 1273.

273 Vgl. Zentes, Joachim; Swoboda, Bernhard: Grundbegriffe des Internationalen Managements, (Schäffer-Poeschel) Stuttgart 1997, S. 175.

274 Vgl. Tietz, Bruno: Handbuch Franchising, 2. Aufl., (Moderne Industrie) Landsberg a.L. 1991, S. 3.

275 Vgl. Müller, Klaus: Kooperation bei Klein- und Mittelbetrieben - Gründe, Formen, Voraussetzungen und Hemmnisse, in: Pfohl, Hans-Christian (Hrsg.): Betriebswirtschaftslehre der Klein- und Mittelbetriebe, 2. Aufl., (Erich Schmidt) Berlin 1990, S. 349-374, S. 350.

276 Vgl. Zentes, Joachim; Swoboda, Bernhard: Grundbegriffe des Internationalen Managements, (Schäffer-Poeschel) Stuttgart 1997, S. 175.

Die Einflußfaktoren auf die Beziehung werden als sensible Kooperationsfaktoren bezeichnet.[277]

Strategische Partnerschaften liegen vor, wenn die Kooperation die Ergänzung individueller Stärken oder die Kompensation individueller Schwächen zum Ziel hat. Die wachsende Zahl strategischer Partnerschaften führt zunehmend zu Allianznetzwerken.[278]

Aus den dargestellten Überlegungen werden folgende Erklärungsbeiträge des Transaktionskostenansatzes abgeleitet:

- Der Aufbau von langfristigen Beziehungen mit Kunden und Lieferanten trägt zur Senkung der Transaktionskosten bei. Das System der Beziehungen mit diesen beiden Gruppen, aber auch mit Konkurrenten im Rahmen horizontaler Kooperation, kann als Netzwerk bezeichnet werden.
- Mit zunehmender Dauer münden die Beziehungen in institutionalisierte Kooperationen, die im mittelständischen Einzelhandel u.a. die Zugehörigkeit zur Verbundgruppe beinhalten.
- Strategische Allianzen tragen dazu bei, Durchsetzungsdefizite der mittelständischen Einzelhändler auszugleichen.

Die Einflüsse der genannten Merkmale auf den Erfolg der Unternehmen werden zu untersuchen sein.

3. Entscheidungsprozeßorientierte Ansätze

Unter Ansätzen mit Berücksichtigung der begrenzten Rationalität versteht *Frese* die Beschäftigung mit dem Verhalten von Individuen und Gruppen in Entscheidungssituationen bei begrenzter Informationsverarbeitungskapazität des Menschen. Der Ursprung dieser Theorien geht auf *Simon* zurück (Administrative Behavior 1947). Weiterentwicklungen stammen von *March/Simon* (Organizations 1958), *Cyert/March* (Behavioral Theory of the Firm 1963), *Newell/Simon* (Problem Solving 1972) und

---

[277] Vgl. Laurent, Monika: Vertikale Kooperationen zwischen Industrie und Handel, (Deutscher Fachverlag) Frankfurt a.M. 1996, S. 87, S. 99.

[278] Vgl. Zentes, Joachim: Kooperative Wettbewerbsstrategien im internationalen Konsumgütermarketing, in: Zentes, Joachim (Hrsg.): Strategische Partnerschaften im Handel, (Poeschel) Stuttgart 1992, S. 3-31, S. 20-21.

March (Decisions and Organizations).[279] Ausgehend von der Kritik am Homo Oeconomicus werden die kognitiven Grenzen der Rationalität verdeutlicht. An Stelle des Gewinnmaximum wird das Anspruchsniveau eingeführt.[280] *March/Simon* kritisieren die in der klassischen Organisationstheorie vorherrschende Sicht des Menschen als Maschine. Dort stehen die durch Arbeitsteilung entstandenen Assignment-Probleme (optimale Verteilung eines Aktivitätenbündels auf mehrere Personen) und Koordinations-Probleme im Vordergrund. In der Realität bestehen viele Vereinfachungen, da die Komplexität der Umwelt nicht mit der begrenzten menschlichen Auffassungsgabe zu erfassen ist.[281] *March/Simon* berücksichtigen bereits Umweltfaktoren. Die Kontrolle über die Organisation liegt nur teilweise in ihrem Verhalten (vor allem der Führung), teilweise auch in Konstrukten, die sie nicht beeinflussen kann.[282]

Die hier mit „Berücksichtigung begrenzter Rationalität" benannten Ansätze werden in der Literatur oft als Entscheidungstheorie, entscheidungstheoretischer Ansatz oder verhaltenswissenschaftliche Entscheidungstheorie bezeichnet. *Kieser/Kubicek* nennen *Barnard* (1938) als Begründer, weitere Vertreter sind die vorab genannten Autoren. „Organisationen werden von ihnen als Systeme definiert, in denen die Entscheidungen von Individuen zur Erreichung der Organisationsziele koordiniert werden müssen."[283] Die verhaltenswissenschaftliche Entscheidungstheorie beschäftigt sich mit den Beziehungen zwischen der Organisationsstruktur und den Organisationsmitgliedern.

Schulte-Zurhausen unterscheidet entscheidungslogische und entscheidungsprozeßorientierte Ansätze der Entscheidungstheorie. Die Entscheidungslogik versucht, organisatorische Gestaltungsprobleme mit Hilfe mathematischer Algorithmen zu lösen.[284] Die Vertreter der entscheidungsprozeßorientierten Ansätze sehen die Organisation als System, in dem Entscheidungen getroffen und koordiniert werden müssen. Das Entscheidungsverhalten wird dabei wesentlich durch die Organisationsstruktur beein-

---

279 Vgl. Frese, Erich: Organisationstheorie, in: Frese, Erich (Hrsg.): Handwörterbuch der Organisation, 3. Aufl., (Poeschel) Stuttgart 1992, Sp. 1706-1733, Sp. 1717-1719.

280 Vgl. Witte, Eberhard: Entscheidungsprozesse, in: Wittmann, Waldemar u.a. (Hrsg.): Handwörterbuch der Betriebswirtschaft, 5. Aufl., (Poeschel) Stuttgart 1993, Sp. 910-920, Sp. 914.

281 Vgl. March, James G.; Simon, Herbert A.: Organizations, (Wiley) New York u.a. 1958, S. 22, S. 169.

282 Vgl. March, James G.; Simon, Herbert A.: Organizations, (Wiley) New York u.a. 1958, S. 82.

283 Kieser, Alfred; Kubicek, Herbert: Organisation, 3. Aufl., (de Gruyter) Berlin u.a. 1992, S. 42.

284 Vgl. Dinkelbach, Werner: Entscheidungstheorie, in: Wittmann, Waldemar u.a. (Hrsg.): Handwörterbuch der Betriebswirtschaft, 5. Aufl., (Poeschel) Stuttgart 1993, Sp. 929-943.

flußt.[285] Die genannten Ansätze haben den Prozeßcharakter der Entscheidung freigelegt.[286] Da bei den vorgestellten Untersuchungen Entscheidungsprozesse der Organisationsmitglieder im Vordergrund stehen, kommen *Kieser/Kubicek* zu folgendem Fazit: Die verhaltensorientierte Entscheidungstheorie gibt „Hinweise darauf, welche Faktoren wir bei der Analyse der Auswirkungen zu beachten haben" und weiter: „erhalten wir von der verhaltensorientierten Entscheidungstheorie keine Aufschlüsse darüber, welche Faktoren Unterschiede in realen Organisationsstrukturen herbeiführen. Da sie Organisationsstrukturen in erster Linie als Umfeld für Individuen konzipiert, liefert sie nicht einmal eine für diese Fragestellung brauchbare Definition des Gesamtbildes der Organisationsstruktur."[287] Die Entscheidungstheorie postuliert einen Zusammenhang zwischen Organisationsstruktur und Verhalten, geht aber nicht näher auf konkrete Auswirkungen ein.

Der Erklärungsbeitrag der Entscheidungstheorie auf die zu untersuchende Fragestellung liegt insbesondere im Einfluß von Anreizen auf die Leistungsbereitschaft von Individuen, die letztendlich zum Unternehmenserfolg beiträgt. Die **Anreiz-Beitrags-Theorie** geht davon aus, daß die Individuen dazu veranlaßt werden müssen, ihre Entscheidungen und Aktivitäten so zu wählen, daß die Organisationsziele erreicht werden. Der Ansatz geht auf *March/Simon* zurück und impliziert, daß das Individuum die Anreize der Organisation und seine Beiträge subjektiv gleich bewerten muß.[288] Konkrete Anreize können durch Gehalt oder Prämien gegeben werden, aber auch nicht-monetäre Leistungen sind möglich.

4. Führungstheorien

Die Führungstheorien untersuchen die theoretischen Grundlagen von Führungsprozessen und Führungsstrukturen. Eine Führungstheorie im wissenschaftstheoretischen Sinne existiert nicht. Der Schwerpunkt der Führungsdiskussion liegt noch immer im Bereich deskriptiver Beschreibungen, Systematisierungen von Führungsphänomenen und in der Entwicklung allgemeiner Bezugsrahmen.[289]

---

285 Vgl. Schulte-Zurhausen, Manfred: Organisation, (Vahlen) München 1995, S. 18.

286 Vgl. Witte, Eberhard: Entscheidungsprozesse, in: Wittmann, Waldemar u.a. (Hrsg.): Handwörterbuch der Betriebswirtschaft, 5. Aufl., (Poeschel) Stuttgart 1993, Sp. 910-920, Sp. 914.

287 Kieser, Alfred; Kubicek, Herbert: Organisation, 3. Aufl., (de Gruyter) Berlin u.a. 1992, S. 43.

288 Vgl. Scholz, Christian: Personalmanagement, 4. Aufl., (Vahlen) München 1994, S. 413.

289 Vgl. Wunderer, Rolf: Führungsforschung und Betriebswirtschaftslehre, in: Kieser, Alfred: Handwörterbuch der Führung, (Poeschel) Stuttgart 1987, Sp. 411-422, Sp. 411.

Frese unterscheidet den **Mikroaspekt** der Führung, bei dem der Prozeß der Verhaltensbeeinflussung und die Forschung in Kleingruppen im Vordergrund stehen und die Makrosicht, die auch als Organisationskultur bezeichnet wird und deren erste Ansätze bereits bei *Selznick* zu finden sind.[290] Die Mikrosicht stellt den **Führungsstil** in den Mittelpunkt der Überlegungen. Die Führungsstilforschung geht weitgehend zurück auf *Lewin*, neuere Ansätze stammen von *Fiedler* und *Vroom/Yetton*.[291] Nach *Scholz* lassen sich die operative Ebene, die die Individualführung beinhaltet, die taktische Ebene, auf der kollektive Führungsansätze angesiedelt sind, und die strategische Ebene, die die Unternehmenskultur in den Vordergrund stellt, differenzieren.[292] *Staehle* unterscheidet im gleichen Zusammenhang Führungsforschung, Führungstheorien und Führungskonzepte.[293] Auf diese Unterscheidung wird näher eingegangen.

Die Führungsforschung beschäftigt sich mit den Führereigenschaften und den Führungsstilen. Im Mittelpunkt steht die Frage, welche Persönlichkeitsmerkmale erfolgreiche und nicht erfolgreiche Führer unterscheiden. Die Führungsstile werden in idealtypische und realtypische Ansätze eingeteilt.[294] Als idealtypische Ansätze werden meist genannt: patriarchalische, charismatische, autokratische, bürokratische und partizipativ/kooperative Führung. Die realtypischen Stile basieren auf empirischen Untersuchungen, z.B. die Iowa-, Michigan- oder Ohio-Studien.[295] Ein weiterer Untersuchungsbereich im Rahmen der Führungsforschung ist die Qualifikation der Führung, z.B. gemessen am Ausbildungsgrad.

Die Führungstheorien werden analog den Teilbereichen der Organisations- und Managementtheorie gegliedert. Situationstheorien, Erwartungstheorien, Austauschtheorien, Attributions- und Lerntheorien der Führung sind Komponenten.[296] Grundlegende An-

---

[290] Vgl. Frese, Erich: Organisationstheorie, in: Frese, Erich (Hrsg.): Handwörterbuch der Organisation, 3. Aufl., (Poeschel) Stuttgart 1992, Sp. 1706-1733, Sp. 1721-1723.

[291] Vgl. Frese, Erich: Organisationstheorie, 2. Aufl., (Gabler) Wiesbaden 1992, S. 322 f.

[292] Vgl. Scholz, Christian: Personalmanagement, 4. Aufl., (Vahlen) München 1994, S. 399.

[293] Vgl. Staehle, Wolfgang H.: Führungstheorien und -konzepte, in: Frese, Erich (Hrsg.): Handwörterbuch der Organisation, 3. Aufl., (Poeschel) Stuttgart 1992, Sp. 655-676.

[294] Vgl. Staehle, Wolfgang H.: Führungstheorien und -konzepte, in: Frese, Erich (Hrsg.): Handwörterbuch der Organisation, 3. Aufl., (Poeschel) Stuttgart 1992, Sp. 655-676, Sp. 655-656.

[295] Vgl. Staehle, Wolfgang H.: Management, Eine verhaltenswissenschaftliche Perspektive, 7. Aufl., (Vahlen) München 1994, S. 314-327.

[296] Vgl. Staehle, Wolfgang H.: Führungstheorien und -konzepte, in: Frese, Erich (Hrsg.): Handwörterbuch der Organisation, 3. Aufl., (Poeschel) Stuttgart 1992, Sp. 655-676, Sp. 659-663; vgl. Neuberger, Oswald: Führungstheorien, in: Kieser, Alfred; Reber, Gerhard; Wunderer, Rolf (Hrsg.): Handwörterbuch der Führung, (Poeschel) Stuttgart 1987, Sp. 867-880.

sätze der Organisations- und Managementtheorie wie der situative Ansatz oder die Transaktionskostentheorie bilden das Gerüst. Verhaltenstheoretische Grundlagen der Individualführung sind u.a. die Anreiz-Beitrags-Theorie von *March/Simon* oder die Theorie der kognitiven Dissonanz von *Festinger*. *Scholz* nennt darüber hinaus die Motivationstheorien.[297]

Die Führungskonzepte schließlich stellen Handlungssysteme, meist normativer Art, für Manager dar. Die bekanntesten stammen von *Blake/Mouton*, *Reddin* oder *Vroom/Yetton*.[298] *Blake/Mouton* bilden z.B. eine Matrix mit 81 Feldern, aus denen sie fünf Führungskonzepte hervorheben. *Vroom/Yetton* klassifizieren die Entscheidungsträger nach dem Partizipationsgrad ebenfalls in fünf Gruppen.[299] Die Führungskonzepte überschneiden sich teilweise mit den vorab erwähnten Führungsstilen und bieten Anhaltspunkte, den Einfluß solcher Konstrukte auf die Effizienz der Organisation zu untersuchen. Aus den Führungskonzepten lassen sich darüber hinaus Führungsgrundsätze ableiten. Substitute der Führung bezeichnen die Möglichkeiten der nichtpersonalen Führung, z.B. durch Technologieeinsatz.[300]

In dem hier untersuchten Zusammenhang steht die Frage nach den Auswirkungen des angewandten Führungsstiles im Vordergrund. Die Führungsstilforschung, die bis heute die Erforschung des Führerverhaltens dominiert, begann in den 30er Jahren mit den Arbeiten von *Lewin*. Bei der Abbildung des Führerverhaltens unterscheiden sich zwei Schwerpunkte:

- die Unterscheidung in Aufgaben- und Personenorientierung sowie
- die Untersuchung des Ausmaßes der Mitarbeiterbeteiligung.

Die erste Forschungsrichtung läßt sich unterteilen in „Consideration" (Vertrauen, Anteilnahme an den Bedürfnissen der Gruppenmitglieder) und „Initiating Structure" (die Maßnahmen sind auf die Erreichung des Gruppenzieles ausgerichtet). Beim zweiten Schwerpunkt hat die Kennzeichnung des Führerverhaltens in demokratisch, autoritär

---

297 Vgl. Scholz, Christian: Personalmanagement, 4. Aufl., (Vahlen) München 1994, S. 413-417, S. 418 f.

298 Vgl. Staehle, Wolfgang H.: Führungstheorien und -konzepte, in: Frese, Erich (Hrsg.): Handwörterbuch der Organisation, 3. Aufl., (Poeschel) Stuttgart 1992, Sp. 655-676, Sp. 664-670.

299 Vgl. Scholz, Christian: Personalmanagement, 4. Aufl., (Vahlen) München 1994, S. 445, S. 453.

300 Vgl. Staehle, Wolfgang H.: Management, Eine verhaltenswissenschaftliche Perspektive, 7. Aufl., (Vahlen) München 1994, S. 361 f.

und laissez-faire Bedeutung. Später wurde dieser Ansatz auf kooperativ und autoritär reduziert.[301]

Nach der Ohio-Schule prägen die Dimensionen Beziehungs- und Aufgabenorientierung das Führungsverhalten.[302] Die Ohio-Vertreter gehen im Gegensatz zum Kontinuumgedanken von der Unabhängigkeit der Beziehungs- und Aufgabenorientierung aus. Ein Vorgesetzter kann also gleichzeitig Aufgaben- und Beziehungsorientierung praktizieren.[303] Dagegen ermittelte eine Forschergruppe an der University of Michigan in den 50er Jahren das sogenannte Stilkontinuum:

- Mitarbeiterorientierung und
- Leistungsorientierung.

Bei der ersten Form wird der Mitarbeiter als Individuum ernst genommen, bei der zweiten Auffassung wird er als Mittel zur Zielerreichung gesehen.[304] Ein Vergleich der Ansätze der Führungsstilforschung zeigt, daß die Unterschiede insgesamt recht gering sind. Letztlich zieht sich die aufgezeigte **Dichotomie** durch die gesamte Führungsliteratur.[305]

Der **Makroaspekt** der Führung wird unter dem Begriff **Unternehmenskultur** diskutiert. Verwandte Begriffe sind Organisationskultur oder Unternehmensphilosophie. Der aus der Anthropologie stammende Kulturbegriff ist aus der international vergleichenden cross-cultural-management-Forschung bekannt und wird nun auch auf die Mikro-Ebene der Organisation angewandt.[306] Das Comparative Management umfaßt auch Vergleiche zwischen Organisationen eines Landes und sogar zwischen Abteilungen

---

301 Vgl. Frese, Erich: Organisationstheorie, 2. Aufl., (Gabler) Wiesbaden 1992, S. 234-235.

302 Vgl. Scholz, Christian: Personalmanagement, 4. Aufl., (Vahlen) München 1994, S. 452-455.

303 Vgl. Staehle, Wolfgang H.: Management, Eine verhaltenswissenschaftliche Perspektive, 7. Aufl., (Vahlen) München 1994, S. 322.

304 Vgl. Staehle, Wolfgang H.: Management, Eine verhaltenswissenschaftliche Perspektive, 7. Aufl., (Vahlen) München 1994, S. 324; vgl Staehle, Wolfgang; Sydow, Jörg: Führungsstiltheorien, in: Kieser, Alfred; Reber, Gerhard; Wunderer, Rolf (Hrsg.): Handwörterbuch der Führung, (Poeschel) Stuttgart 1987, Sp. 662-671, Sp. 666.

305 Vgl. Staehle, Wolfgang H.: Management, Eine verhaltenswissenschaftliche Perspektive, 7. Aufl., (Vahlen) München 1994, S. 326.

306 Vgl. Staehle, Wolfgang H.: Management, Eine verhaltenswissenschaftliche Perspektive, 7. Aufl., (Vahlen) München 1994, S. 471; vgl. weiter Schreyögg, Georg: Organisationskultur, in: Frese, Erich (Hrsg.): Handwörterbuch der Organisation, 3. Aufl., (Poeschel) Stuttgart 1992, Sp. 1525-1537, Sp. 1525.

einer Organisation.[307] Die Unternehmenskultur setzt sich immer aus funktions- und ebenenbezogenen Subkulturen zusammen. Auf der anderen Seite ist die Unternehmenskultur Teil eines übergeordneten Systems.[308]

Die Unternehmenskultur spiegelt solche Verhaltensweisen wider, die sich nach Ansicht der Unternehmensmitglieder in der Vergangenheit bewährt haben und an denen sie sich orientieren. Zum einen entsteht Unternehmenskultur aus dem laufenden Verhalten der Mitarbeiter, zum anderen wirkt die Unternehmenskultur als kollektive Programmierung.[309]

Eine sinnvoll ausgeprägte Unternehmenskultur wird nicht nur von der Wissenschaft gefordert, sondern auch von erfolgreichen Managern teilweise intuitiv praktiziert. Seit *Peters/Waterman* gilt die Unternehmenskultur als eine der wichtigsten Determinanten des Unternehmenserfolges.[310] Die Unternehmenskultur hat neben Vorteilen auch Nachteile, z.B. eine gewisse Erstarrungstendenz. Ein Kulturwandel entspringt meist tiefgreifenden Konflikten.[311] Einen weiteren Problembereich stellen Subkulturen dar, die z.B. zwischen Abteilungen auftreten.[312]

Die bedeutendsten Konstrukte zur Analyse einer Unternehmenskultur sind Art und Stärke der Unternehmenskultur. Zur Beurteilung der Stärke einer Kultur werden die Prägnanz, der Verbreitungsgrad und die Verankerungstiefe herangezogen. Die Prägnanz bezeichnet die klare Vorstellung der Organisationsmitglieder über die Unternehmenskultur. Der Verbreitungsgrad gibt an, wieviele Mitarbeiter sich nach der Kul-

---

307 Vgl. Staehle, Wolfgang H.: Management, Eine verhaltenswissenschaftliche Perspektive, 7. Aufl., (Vahlen) München 1994, S. 474.

308 Vgl. Scholz, Christian: Personalmanagement, 4. Aufl., (Vahlen) München 1994, S. 506; vgl. auch Staehle, Wolfgang H.: Management, Eine verhaltenswissenschaftliche Perspektive, 7. Aufl., (Vahlen) München 1994, S. 488; vgl. weiter Steinmann, Horst; Schreyögg, Georg: Management: Grundlagen der Unternehmensführung, 3. Aufl., (Gabler) Wiesbaden 1993, S. 596.

309 Vgl. Scholz, Christian: Personalmanagement, 4. Aufl., (Vahlen) München 1994, S. 494.

310 Vgl. Scholz, Christian: Personalmanagement, 4. Aufl., (Vahlen) München 1994, S. 489.

311 Vgl. Schreyögg, Georg: Organisationskultur, in: Frese, Erich (Hrsg.): Handwörterbuch der Organisation, 3. Aufl., (Poeschel) Stuttgart 1992, Sp. 1525-1537, Sp. 1531, Sp. 1533.

312 Vgl. Ulrich, Peter: Unternehmenskultur, in: Wittmann, Waldemar u.a. (Hrsg.): Handwörterbuch der Betriebswirtschaft, 5. Aufl., (Poeschel) Stuttgart 1993, Sp. 4351-4366, Sp. 4358; vgl. Schreyögg, Georg: Organisationskultur, in: Frese, Erich (Hrsg.): Handwörterbuch der Organisation, 3. Aufl., (Poeschel) Stuttgart 1992, Sp. 1525-1537, Sp. 1531.

tur verhalten. Die Verankerungstiefe untersucht, inwieweit die Kultur Bestandteil des täglichen Handelns ist.[313]

5. Exkurs: Strategische Planung

Die strategische Planung bildet keinen eigenen Theorieansatz. Der Begriff strategische Planung weist große inhaltliche Überschneidungen auf mit den Konzepten strategisches Management oder strategisches Marketing[314] und mit der strategischen Unternehmensführung.[315] „Strategisch“ bedeutet im weitesten Sinne die Entfaltung von Erfolgspotentialen.

Die Erfolgsfaktorenforschung weist enge Beziehungen zur strategischen Planung auf. Ziel der strategischen Planung ist es, den langfristigen Erfolg der Unternehmung zu sichern.[316] Die jüngere Entwicklung verläuft von der strategischen Planung hin zum strategischen Management. Unter strategischem Management wird ein Konzept verstanden, welches die extern orientierte strategische Planung und die intern gerichtete Organisationsstrukturierung als gleichberechtigte und voneinander abhängige Bereiche integriert.[317]

Erste Publikationen zur strategischen Planung erschienen in Deutschland Ende der 70er, Anfang der 80er Jahre. Die schwierigen Umfeldbedingungen in den 70er Jahren machten deutlich, daß nur die Unternehmen überleben konnten, die sich konsequent an Markt- und Unternehmenspotentialen ausrichten würden. Dies führte zur Frage nach strategischen Schlüsselfaktoren. Ein früher Ansatz war die bereits erwähnte PIMS-

---

313 Vgl. Schreyögg, Georg: Organisationskultur, in: Frese, Erich (Hrsg.): Handwörterbuch der Organisation, 3. Aufl., (Poeschel) Stuttgart 1992, Sp. 1525-1537, Sp. 1530; vgl. weiter Steinmann, Horst; Schreyögg, Georg: Management: Grundlagen der Unternehmensführung, 3. Aufl., (Gabler) Wiesbaden 1993, S. 594.

314 Vgl. Becker, Jochen: Strategisches Marketing, in: Tietz, Bruno; Köhler, Richard; Zentes, Joachim (Hrsg.): Handwörterbuch des Marketing, 2. Aufl., (Schäffer-Poeschel) Stuttgart 1995, Sp. 2411-2436, Sp. 2419.

315 Vgl. Kirsch, Werner: Strategische Unternehmensführung, in: Wittmann, Waldemar u.a. (Hrsg.): Handwörterbuch der Betriebswirtschaft, 5. Aufl., (Poeschel) Stuttgart 1993, Sp. 4094-4111, Sp. 4097-4098.

316 Vgl. Grant, Robert: Contemporary Strategy Analysis, (Blackwell Business) Cambridge 1995, S. 3-4.

317 Vgl. Herter, Roland: Unternehmenswertorientiertes Management, (Vahlen) 1991, S. 15.

Studie, deren Ergebnisse Anwendung in den Portfolio-Konzepten fanden.[318] Die Übertragung der Überlegungen strategischer Planung auf den Handel geht im deutschsprachigen Raum auf *Drexel* zurück. Er entwickelte die Betriebstypen- und Betriebs-Portfolio.[319] Diese Sichtweise impliziert die Berücksichtigung von Wettbewerbsaspekten, z.B. die Betrachtung von Wettbewerbsvorteilen bzw. -nachteilen. Aus den Wettbewerbsvor- und nachteilen eines Unternehmens läßt sich dessen Wettbewerbsposition ableiten. Eine gute Wettbewerbsposition dient der Erzielung langfristiger Erfolgspotentiale. Wettbewerbsvorteile sind auf Märkte ausgerichtet und betreffen ein für den Kunden wichtiges Leistungsmerkmal, werden vom Kundenkreis als Vorteil wahrgenommen, weisen eine gewisse Dauerhaftigkeit auf und können von der Konkurrenz nicht kopiert werden.[320] Das Konzept der Wettbewerbsvorteile stellt eine Verbindung zur Wettbewerbstheorie dar, die im nächsten Abschnitt diskutiert wird.

Die drei grundlegenden Strategieansätze von *Porter*[321] und ihre Eignung zur Messung der von Unternehmen verfolgten Strategie ist in mehreren Studien bestätigt worden. Die Einteilung dient als Grundlage der Operationalisierung von Wettbewerbsstrategien auch in kleinen und mittleren Unternehmen.[322] Die Strategie der Kostenführerschaft wird im Handel insbesondere von diskontorientierten Betriebstypen verfolgt.[323] Die Erfolgswirksamkeit der Preisführerschafts- und Differenzierungsstrategie im Einzelhandel wurde von *Gröppel* untersucht. Die Preisführerschaft ist im Handel nur unter bestimmten Voraussetzungen sinnvoll. Dazu gehört z.B. eine ausreichende Betriebsgröße, um eine gewisse Nachfragemacht auszuüben. Die von *Porter* vorgegebenen grundlegenden Strategien erweisen sich auch im Handel als nachweisbar, die Erfolgs-

---

318 Vgl. Becker, Jochen: Strategisches Marketing, in: Tietz, Bruno; Köhler, Richard; Zentes, Joachim (Hrsg.): Handwörterbuch des Marketing, 2. Aufl., (Schäffer-Poeschel) Stuttgart 1995, Sp. 2411-2436, Sp. 2411-2412.

319 Vgl. Drexel, Gerhard: Strategische Unternehmensführung im Handel, (de Gruyter) Berlin u.a. 1981.

320 Vgl. Porter, Michael E.: Wettbewerbsvorteile, 3. Aufl., (Campus) Frankfurt a.M. 1992, S. 21; vgl. Simon, Hermann: Wettbewerbsvorteile und Wettbewerbsfähigkeit, (Poeschel) Stuttgart 1988, S. 4.

321 Porter unterscheidet Kostenführerschaft, Differenzierung und Konzentration auf Schwerpunkte. Darauf wird noch eingegangen.

322 Vgl. Bamberger, Ingolf: Strategien von Klein- und Mittelunternehmen und ihre Messung, Arbeitspapier Nr. 3 des Lehrstuhl für Organisation und Planung, (Universität GH Essen) 1994, S. 10, S. 28; vgl. Bamberger, Ingolf; Wrona, Thomas: Umwelt, Wettbewerbsstrategien und Unternehmenserfolg, Arbeitspapier Nr. 2 des Lehrstuhl für Organisation und Planung, (Universität GH Essen) 1993, S. 14.

323 Vgl. Müller-Hagedorn, Lothar: Preisstrategien im Handel, in: Absatzwirtschaft, 40. Jg., 1996, Nr. 4, S. 40-44.

wirksamkeit ist bei konsequenter Verfolgung einer der Kernstrategien Preis oder Differenzierung größer als bei einer Kombination.[324] Eine der bedeutendsten Differenzierungsstrategien ist die Erlebnisstrategie, bei der die Einkaufsatmosphäre eine besondere Stellung einnimmt. Erlebnisstrategien dienen der Erzielung strategischer Wettbewerbsvorteile. Die Erlebnisvermittlung kann durch Produktgestaltung, Kommunikation und im Einzelhandel insbesondere durch erlebnisbetonte Einkaufsstätten erfolgen. Instrumente sind das Schaufenster, die Warenpräsentation und die Verkaufsraumgestaltung.[325]

Wettbewerbsvorteile und Marktstrategien hängen eng zusammen. Die Strategie soll auf die jeweilige Situation eingehen und nach Wegen für einen Vorsprung gegenüber den Konkurrenten suchen.[326]

---

324 Vgl. Gröppel, Andrea: Die Erfolgswirksamkeit der Preisführerschafts- und Differenzierungsstrategie im Einzelhandel, in: Trommsdorff, Volker (Hrsg.): Handelsforschung 1993/94, Forschungsstelle für den Handel Berlin (FfH) e.V., (Gabler) Wiesbaden 1993, S. 165-181, S. 167, S. 170, S. 180.

325 Vgl. Weinberg, Peter: Erlebnismarketing, (Vahlen) München 1992, S. 3, S. 7 f.; vgl. Weinberg, Peter: Erlebnismarketing, in: Tietz, Bruno; Köhler, Richard; Zentes, Joachim (Hrsg.): Handwörterbuch des Marketing, (Schäffer-Poeschel) Stuttgart 1995, Sp. 607-615, Sp. 614; vgl. Esch, Franz-Rudolf; Meyer, Susanne: Umsetzung erlebnisbetonter Positionierungskonzepte in der Ladengestaltung von Handelsunternehmen, in: Trommsdorff, Volker (Hrsg.): Handelsforschung 1994/95, Forschungsstelle für den Handel Berlin (FfH) e.V., (Gabler) Wiesbaden 1995, S. 287-312.

326 Vgl. Gabele, Eduard; Moraw, Dieter-Jürgen: Marktstrategien zur Erringung von Wettbewerbsvorteilen in mittelständischen Unternehmen, in: ZfB, 61. Jg., 1991, Nr. 9, S. 1007-1025, S. 1017.

In der empirischen Untersuchung werden folgende **Aspekte der strategischen Planung** betrachtet:

- Untersuchung der Unternehmen auf Vorliegen der Strategiearten nach *Porter*,
- Untersuchung der verfolgten Betriebstypenstrategie,
- Untersuchung der Wettbewerbsposition und deren Einfluß auf den Erfolg,
- Einfluß der Veränderungsrate von Läden und Sortiment als Ausdruck der Erlebnisstrategie.

6. Ansätze der Organisations- und Managementtheorie und ihr Beitrag zur Hypothesenbildung

a) Gegenstand

Aus der Diskussion der relevanten Organisations- und Managementtheorien werden folgende zu untersuchende Erfolgsfaktorenkomplexe abgeleitet:

- Beziehungsmanagement,
- Kooperation und Strategische Allianzen,
- Führungsstil und Qualifikation der Führung,
- Unternehmenskultur,
- Wettbewerbsposition und
- Dynamik (Veränderungsrate) im Laden.

Die theoretischen Grundlagen der Konzepte wurden bereits diskutiert. Im Fünften Kapitel werden die Konstrukte im Rahmen der Operationalisierung noch einmal aufgegriffen.

Weitere, bereits im Grundlagenkapitel aufgeworfene Untersuchungsbereiche sind:

- Unternehmensgröße,
- Personalpolitik und
- Flexibilität.

Sie weisen enge Beziehungen zur Organisations- und Managementpolitik auf. Auf Unternehmensgröße und Personalpolitik wird im folgenden näher eingegangen. Die Flexibilität wird aufgrund fehlender theoretischer Grundlagen im Fünften Kapitel lediglich operationalisiert.

b) Weitere Untersuchungsfelder

Unternehmensgröße

Die Betriebsgröße wird bei der Gründung fixiert und später durch Maßnahmen der Wachstumspolitik verändert.[327] Die Messung der Betriebsgröße kann im Handel anhand einer Vielzahl von Merkmalen erfolgen. Häufig verwendete Indikatoren sind beschäftigte Personen, Umsatz, Geschäftsfläche, Warenlager, Kapital, Anlagevermögen, Filialzahl oder Marktanteil.[328] Wichtig ist, daß bei der Beurteilung der Betriebsgröße jeweils das für das Problem relevante Merkmal herangezogen wird.[329] Die verschiedenen Indikatoren der Betriebsgröße korrelieren sehr stark. Damit ist jeder Indikator ein guter Näherungswert für jeden anderen und kann als Maß für den abstrakten Begriff Größe verwendet werden.[330]

In der Organisationstheorie wird insbesondere der Zusammenhang zwischen Organisationsgröße und Organisationsstruktur untersucht. Große Organisationen weisen meist höhere Spezialisierung, Formalisierung und Dezentralisierung auf als kleine Organisationen. Diese Zusammenhänge sind plausibel und werden in empirischen Untersuchungen weitgehend bestätigt.[331]

Die Betriebsgröße im Handel ist in hohem Maße betriebstypenabhängig. Im Textileinzelhandel werden Umsatzgrößen um 100 Mio. DM sowohl in einer Betriebsstätte als auch in 30 Filialen erzielt.[332] Die Raumfunktion, die Minimierung der Verkehrswege für die Konsumenten, wird von einer großen Anzahl kleiner Geschäfte am besten erfüllt. Allerdings bestehen hier große Distributionskosten. Die aus diesem Widerspruch

---

327 Vgl. Tietz, Bruno: Der Handelsbetrieb, 2. Aufl., (Vahlen) München 1993, S. 235.

328 Vgl. Wahle, Peter: Erfolgsdeterminanten im Einzelhandel, (Peter Lang) Frankfurt a.M. 1991, S. 126-127.

329 Vgl. Tietz, Bruno: Der Handelsbetrieb, 2. Aufl., (Vahlen) München 1993, S. 236.

330 Vgl. Kieser, Alfred; Kubicek, Herbert: Organisation, 3. Aufl., (de Gruyter) Berlin u.a. 1992, S. 292.

331 Vgl. Kieser, Alfred: Der Situative Ansatz, in: Kieser, Alfred (Hrsg.): Organisationstheorien, (Kohlhammer) Stuttgart u.a. 1993, S. 161-191, S. 169-171; vgl. weiter Kieser, Alfred; Kubicek, Herbert: Organisation, 3. Aufl., (de Gruyter) Berlin u.a. 1992, S. 293 f.

332 Vgl. Tietz, Bruno: Der Handelsbetrieb, 2. Aufl., (Vahlen) München 1993, S. 235.

resultierende Betriebsgrößenheterogenität führt auch zur Ungleichartigkeit der Filialen eines Filialsystems, der sogenannten Betriebstypenheterogenität.[333]

Im Handel lassen sich Auswirkungen der Betriebsgröße auf die Standortpolitik, auf die Sortimentspolitik und eine Reihe weiterer Bereiche unterscheiden. Die Betriebsgröße erhöht i.A. die Handlungsalternativen bei der Standortwahl.[334] Mit steigender Betriebsgröße nimmt weiter die Sortimentsbreite zu.[335]

Untersucht man die Erfolgsfaktoren in mittelständischen Unternehmen, geht man implizit davon aus, daß die Art und Kombination erfolgswirksamer Konstrukte und/oder die Stärke ihrer Wirkung unternehmensgrößenabhängig sind. Es erscheint durchaus plausibel, daß Art, Stärke und Zusammenwirken von Erfolgsfaktoren mit der Unternehmensgröße differieren.[336] Den vermuteten Zusammenhang zwischen Betriebsgröße und Leistung zeigt die verbreitete Definition der Betriebsgröße als Umfang der eingesetzten Leistungsfaktoren. „Der Begriff der Betriebsgröße zeigt damit die betriebliche Leistungsbereitschaft an."[337]

Im Rahmen der Metaanalyse und Operationalisierung im Fünften Kapitel wird auf weitere Aspekte der Unternehmensgröße und Filialisierung eingegangen.

Personal

Drei Anforderungen sind an Mitarbeiter des Einzelhandels zu stellen: fachliche Qualifikation, Kontaktfähigkeit und Aussehen.[338] Die Qualifikation des Personals ist eine wesentliche Voraussetzung zur Umsetzung der Marketingstrategie. Auf der anderen

---

333 Vgl. Oehme, Wolfgang: Handels-Marketing, 2. Aufl., (Vahlen) München 1992, S. 110-111, S. 114.

334 Vgl. Hörschgen, Hans; Kachel, Helmut: Größenbedingte Vor- und Nachteile mittelständischer Einzelhandelsunternehmen im Absatzbereich, in: Treis, Bartho (Hrsg.): Der mittelständische Einzelhandel im Wettbewerb, (Vahlen) München 1981, S. 77-125, S. 94.

335 Vgl. Hörschgen, Hans; Kachel, Helmut: Größenbedingte Vor- und Nachteile mittelständischer Einzelhandelsunternehmen im Absatzbereich, in: Treis, Bartho (Hrsg.): Der mittelständische Einzelhandel im Wettbewerb, (Vahlen) München 1981, S. 77-125, S. 100.

336 Vgl. Rehkugler, Heinz: Erfolgsfaktoren der mittelständischen Unternehmen, in: WISU, 18. Jg., 1989, Nr. 11, S. 626-632, S. 628.

337 Falk, Bernd; Wolf, Jakob: Handelsbetriebslehre, 11. Aufl., (Moderne Industrie) Landsberg a.L. 1992, S. 285.

338 Vgl. Hansen, Ursula: Absatz- und Beschaffungsmarketing des Einzelhandels, 2. Aufl., (Vandenhoeck & Rupprecht) Göttingen 1990, S. 375-376.

Seite stehen die Kosten der Qualifikation, z.B. durch Weiterbildung.[339] Die Weiterbildung fußt primär auf der Personalentwicklungspolitik. Darunter wird nicht nur der innerbetriebliche Aufstieg oder die Weiterbildung für höhere Positionen, sondern auch die Kenntniserweiterung zur besseren Aufgabenerfüllung in der gegenwärtigen Stellung verstanden.[340] Neben der Qualifikation des Personals hat die Qualifikation der leitenden Mitarbeiter Einfluß auf den Erfolg.

V. Ausgewählte Ansätze der Wettbewerbstheorie

1. Industrieökonomik

Unter marktwirtschaftlichem Wettbewerb versteht man „ein rivalisierendes Streben mehrerer Wirtschaftssubjekte, als Anbieter oder Nachfrager auf konkreten Märkten durch bestimmte Aktivitäten einen größeren Erfolg als die Rivalen zu erzielen."[341] Neben den traditionellen statischen Modellen der Wettbewerbstheorie, z.B. das Leitbild der vollständigen Konkurrenz von *Adam Smith*, existieren modernere dynamische Erklärungsansätze. Die dynamischen Ansätze befassen sich mit Modellen zum effektiven Wettbewerb und gehen auf *Clark* und *Bain* zurück (Harvard School), sie bilden den Beginn der Industrieökonomik.[342]

Als Gegenkonzept zur damals weit verbreiteten Kritik am Wettbewerb wurde Ende der 30er Jahre von *Clark* das Konzept des funktionsfähigen Wettbewerbs entwickelt. Der Wettbewerb wird dabei als geeignet angesehen, gesamtwirtschaftliche Ziele zu erreichen.[343] Anfang der 50er Jahre wurden von *Bain* erste empirische Untersuchungen zur Wirkung von Marktstrukturen und Wettbewerbsverhalten durchgeführt. Diese Wettbewerbstests lassen sich unterscheiden in Marktstruktur-, Marktverhaltens- und Marktergebnistests. Der Zusammenhang dieser drei Konstrukte postuliert eine direkte Wir-

---

339 Vgl. Kube, Christian: Erfolgsfaktoren in Filialsystemen, (Gabler) Wiesbaden 1991, S. 125.

340 Vgl. Tietz, Bruno: Der Handelsbetrieb, 2. Aufl., (Vahlen) München 1993, S. 618.

341 Olten, Rainer: Wettbewerbstheorie und Wettbewerbspolitik, (Oldenbourg) München u.a. 1995, S. 14.

342 Vgl. Moeller, Krischan von: Marktprozesse in der Distributionswirtschaft, (DUV) Wiesbaden 1995, S. 80.

343 Vgl. Kantzenbach, Erhard; Kallfass, Hermann H.: Das Konzept des funktionsfähigen Wettbewerbs - Workable competition, in: Cox, Helmut; Jens, Uwe; Markert, Kurt (Hrsg.): Handbuch des Wettbewerbs, (Vahlen) München 1981, S. 104-127, S. 105.

kungskette,[344] das „Structure-Conduct-Performance-Paradigma." Nach dieser Auffassung wird das strategische Marktverhalten (Conduct) von der Marktstruktur (Structure) beeinflußt. Das Marktverhalten bestimmt schließlich den Unternehmenserfolg (Performance). Das Paradigma der Industrieökonomik wird insbesondere von der Chicago School[345] kritisiert, die auf die Selbstregulierungskräfte des Marktes vertraut und die Existenz von Markteintrittsbarrieren bei freiem Zugang verneint. Die Chicago School[346] kann, trotz ihrer Kritik am Ansatz als Weiterentwicklung der Industrieökonomik angesehen werden.[347]

Während *Bain* den Zusammenhang zwischen Marktstruktur und Marktergebnis untersucht, bezieht *Scherer* auch das Marktverhalten mit ein. Er empfindet die Industriewelt als sehr viel komplexer als es die klassischen Struktur-Ergebnis-Regressionsanalysen vermuten lassen und postuliert entsprechend das Versagen des Struktur-Verhaltens-Ergebnis-Paradigmas.[348] Da der Strukturansatz von *Bain* einige Vorteile aufweist, hat er größere Verbreitung gefunden.[349]

Als neuer und teilweise zur Industrieökonomik komplementärer Ansatz gilt der Ressourcenansatz. Während die Industrieökonomik als extern orientiert bezeichnet werden kann, ist der Ressourcenansatz intern orientiert. Die fundamentale Annahme des Ressourcenansatzes ist, daß überdurchschnittliche Gewinne von Unternehmen ihre Quelle in Ressourcen haben, über die diese verfügen. Unternehmen können als Bündel, Vektoren oder Portfolios materieller und immaterieller Ressourcen angesehen werden. Unterschiede in der Faktorausstattung bilden, sofern sie sich auf Anforderungen der

---

344 Vgl. Kantzenbach, Erhard; Kallfass, Hermann H.: Das Konzept des funktionsfähigen Wettbewerbs - Workable competition, in: Cox, Helmut; Jens, Uwe; Markert, Kurt (Hrsg.): Handbuch des Wettbewerbs, (Vahlen) München 1981, S. 104-127, S. 111-113.

345 Vgl. Kantzenbach, Erhard; Kallfass, Hermann H.: Das Konzept des funktionsfähigen Wettbewerbs - Workable competition, in: Cox, Helmut; Jens, Uwe; Markert, Kurt (Hrsg.): Handbuch des Wettbewerbs, (Vahlen) München 1981, S. 104-127, S. 119.

346 Vgl. ausführlich zur Chicago School Tietz, Bruno: Neue Aspekte der Wettbewerbsforschung, in: Marketing ZFP, 8. Jg., 1986, Nr. 2, S. 115-122, S. 117.

347 Vgl. Moeller, Krischan von: Marktprozesse in der Distributionswirtschaft, (DUV) Wiesbaden 1995, S. 81.

348 Vgl. Scherer, Frederic M.: Stand und Perspektiven der Industrieökonomik, in: Bombach, Gottfried; Gahlen, Bernhard; Ott, Alfred E. (Hrsg.): Industrieökonomik: Theorie und Empirie, (J.C.B. Mohr) Tübingen 1985, S. 3-19, S. 4, S. 6.

349 Vgl. Kantzenbach, Erhard; Kallfass, Hermann H.: Das Konzept des funktionsfähigen Wettbewerbs - Workable competition, in: Cox, Helmut; Jens, Uwe; Markert, Kurt (Hrsg.): Handbuch des Wettbewerbs, (Vahlen) München 1981, S. 104-127, S. 115.

Branche beziehungsweise des Marktes beziehen, die Grundlage von Wettbewerbsvorteilen. Mechanismen, die die Unterschiede in wettbewerbsrelevanten Faktorausstattungen begründen, spielen im Ressourcenansatz eine zentrale Rolle. Dauerhafte Wettbewerbsvorteile und Gewinnpotentiale können sich nur ergeben, wenn Wettbewerber keinen oder keinen schnellen Zugang zu den wettbewerbsrelevanten Ressourcen besitzen.[350] Aus den Wettbewerbsvorteilen lassen sich allerdings nicht zwangsläufig überdurchschnittliche Ergebnisse ableiten. Der Ressourcenansatz untersucht, unter welchen Bedingungen bestimmte Ressourcen zu überdurchschnittlichen Gewinnen führen.[351]

Die Ressourcen können unterteilt werden in

- physische (materielle, tangible),
- intangible (immaterielle) und
- finanzielle Ressourcen.[352]

Diese drei Basisressourcen können um organisationale Ressourcen erweitert werden.

Physische Ressourcen sind z. B. die verfügbaren Anlagen oder Ausstattungen, der Zugang zu Rohmaterialien oder der geographische Standort. Intangible Ressourcen können in Vermögenswerte und in Fähigkeiten oder Kompetenzen unterschieden werden. Unter den organisationalen Ressourcen werden im wesentlichen die Managementsysteme eines Unternehmens oder auch die Unternehmenskultur verstanden.

Das Structure-Conduct-Performance-Paradigma weist auf die Notwendigkeit der Berücksichtigung von Wettbewerbsaspekten hin. Danach wirkt die Struktur des Marktes (Umwelt) auf das Verhalten (Unternehmenspolitik) und beeinflußt so das Ergebnis. Darüber hinaus führt die Kritik am Postulat einer direkten Wirkungskette zu neuen Entwicklungen der Wettbewerbstheorie, deren Erklärungsbeitrag im nächsten Abschnitt diskutiert wird. Der Ressourcenansatz bietet eine theoretische Grundlage für die Erklärung von Erfolgswirkungen der Unternehmensressourcen, z.B. Standort oder Unternehmenskultur. Ressourcen bilden zudem Markteintrittsbarrieren.

---

350 Vgl. Bamberger, Ingolf; Wrona, Thomas: Der Ressourcenansatz und seine Bedeutung für die Strategische Unternehmensführung, in: ZfbF, 48. Jg., 1996, Nr. 2, S. 130-153, S. 131-132.

351 Vgl. Bamberger, Ingolf; Wrona, Thomas: Der Ressourcenansatz im Rahmen des strategischen Managements, Arbeitspapier Nr. 8 des Lehrstuhls für Organisation und Planung, (Universität GH Essen) Essen 1995, S. 1, S. 3-4.

352 Vgl. Bamberger, Ingolf; Wrona, Thomas: Der Ressourcenansatz und seine Bedeutung für die Strategische Unternehmensführung, in: ZfbF, 48. Jg., 1996, Nr. 2, S. 130-153, S. 132.

2. Neuere Entwicklungen der Wettbewerbstheorie

Eine neuere Entwicklung der Wettbewerbstheorie ist das Konzept des strategischen Verhalten von *Porter*, das eine Annäherung der volkswirtschaftlichen an die betriebswirtschaftliche Betrachtungsebene darstellt.[353] Das Konzept zielt auf die Analyse von Unternehmensstrategien und deren Zusammenhänge mit der Marktstruktur und dem Marktergebnis.

Die Industrieökonomik geht davon aus, daß die preistheoretische Analyse ergänzt werden muß um eine Analyse der Organisation der Entscheidungsgewalt und -kompetenz innerhalb einer Firma. Der Markt muß dabei unter Berücksichtigung der Geschäftspolitik des Unternehmens festgelegt werden (relevanter Markt). *Mason* hofft, durch die Klassifikation firmenbezogener Marktstrukturen zu einer Klassifikation von unternehmerischen Verhaltensweisen zu kommen. *Bain* verbessert das Konzept im Hinblick auf die etwas diffuse Marktdefinition und geht von der Industrie als Markt aus.[354] Die ersten Ansätze zum Konzept der Strategischen Gruppen sind unübersehbar.

Porter greift das Structure-Conduct-Performance-Paradigma auf und entwickelt daraus seinen Ansatz zur Theorie erfolgsbeeinflussender Wettbewerbsstrategien. Seiner Auffassung nach ergeben sich Erfolgsunterschiede zwischen Unternehmen einer Branche aus unterschiedlichen strategischen Verhaltensweisen (**Strategische Gruppen**). Da die Marktstruktur wichtige Daten für die Strategiewahl liefert, schlägt *Porter* vor, der Wahl von geeigneten Strategien eine umfassende Branchenanalyse voranzustellen.[355] Er geht davon aus, daß der Kern der Unternehmensumwelt aus der Branche besteht.[356] Fünf **Determinanten des Wettbewerbs** werden unterschieden:

1. Gefahr des Markteintritts,
2. Grad der Rivalität unter den bestehenden Wettbewerbern,
3. Druck durch Substitutionsprodukte,
4. Verhandlungsstärke der Abnehmer,

---

353 Vgl. Fritz, Wolfgang: Marketing-Management und Unternehmenserfolg, 2. Aufl., (Schäffer-Poeschel) Stuttgart 1995, S. 90.

354 Vgl. Kaufer, Erich: Industrieökonomik, Eine Einführung in die Wettbewerbstheorie, (Vahlen) München 1980, S. 6-7.

355 Vgl. Gaitanides, Michael; Westphal, Jörg: Strategische Gruppen und Unternehmenserfolg, in: Zeitschrift für Planung, Bd. 2, 1991, S. 247-265, S. 249-251.

356 Vgl. Porter, Michael E.: Wettbewerbsstrategie, 7. Aufl., (Campus) Frankfurt a.M. u.a. 1992, S. 25.

5. Verhandlungsstärke der Lieferanten.

Die Gefahr des Markteintritts hängt von den Mobilitätsbarrieren ab. Die Rivalität wird u.a. bestimmt durch die Zahl der Konkurrenten und das Branchenwachstum. Als Substitutionsprodukte können im Handel neue Betriebstypen bezeichnet werden. Lieferantenmacht und Verhandlungsstärke der Abnehmer sind im Handel eher gering einzuschätzen. Das Konzept der fünf Wettbewerbsdeterminanten von *Porter* ist von mehreren Autoren auf die spezifischen Gegebenheiten des Handels übertragen worden.[357] Darauf wird im Rahmen der Operationalisierung der Wettbewerbsdeterminanten für die empirische Untersuchung noch näher eingegangen.

Der zentrale Begriff „Strategische Gruppe" geht auf *Hunt* zurück.[358] Im Gegensatz zur Industrieökonomik, bei der die Gesamtmarktbetrachtung im Vordergrund steht, betrachtet das Konzept der Strategischen Gruppen die einzelne Unternehmung. Das Denkmuster trägt zum Abbau des Theoriedefizits innerhalb der Konkurrenzforschung bei.[359] Wichtigstes Erkenntnisziel des Konzeptes ist die Erklärung längerfristiger Profitabilitätsunterschiede zwischen Unternehmen einer Branche durch die Zugehörigkeit zu verschiedenen Strategischen Gruppen. Eine Analyse von Strategischen Gruppen ermöglicht somit Rückschlüsse auf Erfolgspotentiale. Das Konzept stellt ein partielles Modell zur Erklärung des Erfolges von Unternehmen dar und ist der Erfolgsfaktorenforschung zuzurechnen.[360] *Fritz* weist auf den Zusammenhang zum PIMS-Programm hin und betont damit ebenfalls den Zusammenhang mit der Erfolgsfaktorenforschung, die nach dieser Auffassung wiederum der Wettbewerbstheorie zuzuordnen ist.[361]

Metatheoretisch zuzuordnen ist das Konzept der Strategischen Gruppen neben der Wettbewerbstheorie den Konsistenz- und Konfigurationstheorien[362] nach denen einige wenige Typen einen Großteil des Marktes abbilden. Der Konfigurationsansatz ist eng

---

[357] Vgl. z.B. Schenk, Hans-Otto: Marktwirtschaftslehre des Handels, (Gabler) Wiesbaden 1991, S. 532 f.

[358] Vgl. Hatten, Kenneth J.: Strategic groups, asymmetrical mobility barriers and contestability, in: Strategic Management Journal, 8. Jg., 1987, S. 329-342, S. 330.

[359] Vgl. Homburg, Christian; Sütterlin, Stefan: Strategische Gruppen: Ein Survey, in: ZfB, 62. Jg., 1992, Nr. 6, S. 635-662, S. 637.

[360] Vgl. Homburg, Christian; Sütterlin, Stefan: Strategische Gruppen: Ein Survey, in: ZfB, 62. Jg., 1992, Nr. 6, S. 635-662, S. 638, S. 652, S. 654.

[361] Vgl. Fritz, Wolfgang: Marketing-Management und Unternehmenserfolg, 2. Aufl., (Schäffer-Poeschel) Stuttgart 1995, S. 90.

[362] Vgl. dazu den Abschnitt Situativer Ansatz als übergreifendes Konzept.

mit dem Stimmigkeitsansatz verknüpft. Dabei liegt eine Mehrstufigkeit vor, da Übereinstimmung zwischen den Komponenten einer Strategie, zwischen der Strategie und Teilen des Systems und zwischen den Teilen des Systems gefordert wird. Eine mögliche Umsetzung ist die Mustererkennung.[363]

Die Strategischen Gruppen stellen relativ stabile Gebilde dar, in welche Konkurrenten nur unter großem finanziellem und zeitlichem Aufwand eindringen können.[364] Die sogenannten Mobilitätsbarrieren[365] erfüllen eine doppelte Funktion. Zum einen schützen sie die etablierten Unternehmen vor Marktzutritten außerhalb der Branche, zum anderen erschweren bzw. verhindern sie den Wechsel brancheninterner Konkurrenten von einer Strategischen Gruppe zu einer anderen. Die Mobilitätsbarrieren erschweren den Einstieg neuer Unternehmen in den Markt und bedingen hohe Kosten oder hohes Risiko des Markteintritts. Sie können entstehen aus[366]

- marktbezogenen Aspekten, z.B. Marke, Marktsegmentierung oder Sortimentsbreite;
- Rahmenbedingungen der Wertschöpfung in einer Branche, z.B. Kostendegressionsmöglichkeiten der Vertriebssysteme;
- Strukturmerkmalen des Unternehmens, z.B. Organisationsstruktur oder Unternehmensgröße.

Damit lassen sich die Mobilitäts-oder Eintrittsbarrieren als spezifische Transaktionskosten auffassen, die den Wechsel in andere Strategische Gruppen erschweren. Nach der Theorie der contestable markets, eine Verallgemeinerung der Theorie des vollständigen Wettbewerbs, werden Eintrittsbarrieren erklärt durch sogenannte „sunk costs." Sie stellen Kosten dar, die beim Markteintritt anfallen und beim Austritt nicht wiedergewonnen werden können (im Handel z.B. Einrichtungskosten einer neuen Filiale). Diese Kosten sind nur für neue Wettbewerber und nicht für am Markt befindliche Unter-

---

363 Vgl. Scholz, Christian: Strategisches Management, (de Gruyter) Berlin 1987, S. 66, S. 80 f.; vgl. Scholz, Christian: Strategische Branchenanalyse durch Mustererkennung, in: ZfB, 55. Jg., 1985, Nr. 2, S. 120-137, S. 120.

364 Vgl. McGee, Thomas; Thomas, Howard: Strategic Groups: Theory, Research and Taxonomy, in: Strategic Management Journal, 7. Jg., 1986, S. 141-150, S. 150.

365 Vgl. zum Begriff der Mobilitätsbarrieren: Caves, Richard E.; Porter, Michael E.: From entry barriers to mobility barriers, in: Quarterly Journal of Economics, May 1977, S. 241-262; vgl. Porter, Michael E.: Wettbewerbsstrategie, 7. Aufl., (Campus) Frankfurt a.M. 1992, S. 180 f.

366 Vgl. Homburg, Christian; Sütterlin, Stefan: Strategische Gruppen: Ein Survey, in: ZfB, 62. Jg., 1992, Nr. 6, S. 635-662, S. 639.

nehmen von Bedeutung. Ein contestable market ist nicht durch sunk costs geschützt. Damit ergibt sich eine theoretische Fundierung unterschiedlich hoher Gewinnpotentiale in den Strategischen Gruppen: je höher die Mobilitätsbarrieren, desto höhere sunk costs und desto höher die potentiellen Gewinne.[367]

Der Aussagegehalt der strategischen Gruppierung hängt wesentlich von den Gruppierungskriterien ab. Diese sollten auf Basis theoretischer Ansätze gewählt werden. Der Geschäftsfeldansatz wird von mehreren Autoren als geeignete theoretische Grundlage für strategische Gruppierungen angesehen.[368] Das strategische Geschäftsfeld definiert den Tätigkeitsbereich des Unternehmens und weist einen engen Zusammenhang zum Konstrukt des relevanten Marktes auf. Im Handel wird der relevante Markt neben der regionalen Ausdehnung vom Betriebstyp bestimmt. Damit wird der Betriebstyp zum strategischen Geschäftsfeld.

Strategische Gruppen wurden bisher vor allem in der Industrie untersucht. Das Konzept wurde erstmals von *Harrigan* auf den Handel übertragen.[369] Zur Identifikation Strategischer Gruppen wird die Clusteranalyse eingesetzt. Die Mobilitätsbarrieren werden mit Hilfe der Faktorenanalyse ermittelt. Dabei werden die clusterbildenden Merkmale meist theoretisch vorgegeben. Sie sollten den Mobilitätsbarrieren entsprechen.[370] Bekannte Untersuchungen im deutschen Handel stammen von *Heinemann* und *Wahle*. *Heinemann* wählt die Kriterien zur Clusterbildung nach dem Geschäftsfeldansatz, die diskriminatorische Bedeutung der clusterbildenden Variablen wird anschließend mit Hilfe der Diskriminanzanalyse untersucht. Insbesondere die Kundengruppen tragen nach dieser Untersuchung zur Gruppentrennung bei. Unterschiede in den Leistungsdimensionen bedingen die Unterschiede der Strategischen Gruppen und entspre-

---

367 Vgl. Homburg, Christian; Sütterlin, Stefan: Strategische Gruppen: Ein Survey, in: ZfB, 62. Jg., 1992, Nr. 6, S. 635-662, S. 657.

368 Vgl. Meffert, Heribert; Heinemann, Gerrit: Strategische Gruppen im Handel, Eine empirische Analyse am Beispiel des textilen Einzelhandels, in: Trommsdorff, Volker (Hrsg.): Handelsforschung 1989, Forschungsstelle für den Handel Berlin (FfH) e.V., (Gabler) Wiesbaden 1989, S. 119-133, S. 131; vgl. Effen, Ingrid: Erfolgsfaktoren strategischer Gruppen, (Pirrot) Saarbrükken 1995, S. 115.

369 Vgl. Harrigan, Kathryn R.: An Application of Clustering for Strategic Group Analysis, in: Strategic Magement Journal, 6. Jg., 1985, S. 55-73.

370 Vgl. Homburg, Christian; Sütterlin, Stefan: Strategische Gruppen: Ein Survey, in: ZfB, 62. Jg., 1992, Nr. 6, S. 635-662, S. 642; vgl. Meffert, Heribert; Heinemann, Gerrit: Strategische Gruppen im Handel, Eine empirische Analyse am Beispiel des textilen Einzelhandels, in: Trommsdorff, Volker (Hrsg.): Handelsforschung 1989, Forschungsstelle für den Handel Berlin (FfH) e.V., (Gabler) Wiesbaden 1989, S. 119-133, S. 128-130.

chen somit den Mobilitätsbarrieren.[371] Nicht berücksichtigt wird die Erfolgsrelevanz der Strategischen Gruppen, die Arbeit ist damit im engeren Sinne nicht der Erfolgsfaktorenforschung zuzurechnen. *Wahle* wählt ein ähnliches Vorgehen, intensiviert aber die Betrachtung der Erfolgswirksamkeit der Clusterzugehörigkeit. Die Erfolgsrelevanz der Cluster wird mit t-Test geprüft. Die Faktorenanalyse dient der Reduzierung der Variablen innerhalb der Cluster, die anschließende Regressionsanalyse bestimmt die Erfolgsrelevanz der Konstrukte innerhalb der Cluster.[372]

Für die vorliegende Untersuchung erscheint das Konzept der Strategischen Gruppen von *Porter* fruchtbar. Es ist für große und kleine Unternehmen gleichermaßen aussagefähig.[373] Darüber hinaus läßt sich das Konzept der Strategischen Gruppen auch branchenübergreifend einsetzen.[374]

Die Wettbewerbstheorie wird über die Strategische Gruppe hinaus in der vorliegenden Untersuchung mit Hilfe der Wettbewerbsdeterminanten von *Porter* zur Analyse von Wettbewerbsintensität und Marktattraktivität dienen. Dieser Aspekt wird zusammen mit der im Abschnitt „Strategische Planung“ hergeleiteten Wettbewerbsposition als Wettbewerbssituation bezeichnet.

VI. Ausgewählte Ansätze der Handelsforschung als weitere theoretische Grundlage

1. Begriff

Die Handelsforschung gehört im übergeordneten Sinn zur Handelsbetriebslehre, die eine Spezielle Betriebswirtschaftslehre darstellt. Problematisch ist die Begriffsvielfalt und damit die Abgrenzung der sich überschneidenden Konstrukte. Neben dem hier bevorzugt verwendeten Begriff der Handelsforschung sind Handelslehre, Handelsbe-

---

371 Vgl. Heinemann, Gerrit: Betriebstypenprofilierung und Erlebnishandel, (Gabler) Wiesbaden 1989; vgl. Meffert, Heribert; Heinemann, Gerrit: Strategische Gruppen im Handel, Eine empirische Analyse am Beispiel des textilen Einzelhandels, in: Trommsdorff, Volker (Hrsg.): Handelsforschung 1989, Forschungsstelle für den Handel Berlin (FfH) e.V., (Gabler) Wiesbaden 1989, S. 119-133, S. 128-132.

372 Vgl. Wahle, Peter: Erfolgsdeterminanten im Einzelhandel, (Peter Lang) Frankfurt a.M. 1991.

373 Vgl. Homburg, Christian; Sütterlin, Stefan: Strategische Gruppen: Ein Survey, in: ZfB, 62. Jg., 1992, Nr. 6, S. 635-662, S. 655.

374 Vgl. Bauer, Hans H.: Unternehmensstrategie und Strategische Gruppen, in: Kirstner, Klaus-Peter; Schmidt, Reinhard (Hrsg.): Unternehmensdynamik, (Gabler) Wiesbaden 1991, S. 389-416, S. 400.

triebslehre, Handelswissenschaft, Handlungslehre oder Handelstheorie verbreitet. Die Problematik der Abgrenzung zeigt sich in den verschiedenen Definitionen des Begriffs Handelsforschung.

Unter Handelsforschung versteht man die wissenschaftliche Analyse von Problemen, Erscheinungsformen und Entscheidungsprozessen von Betrieben und Verbundgruppen des Handels. Sie beinhaltet die Forschung über den Handel und die Forschung für den Handel.[375] Nach *Schenk* beschäftigt sich die Handelsforschung mit Problemen, die mit dem organisatorischen Güteraustausch zwischen den Wirtschaftsgliedern zu tun haben.[376] *Barth* definiert die Handelsforschung wie folgt: „Die Handelsforschung hat die Aufgabe, den Bereich ökonomischen Handelns wissenschaftlich zu analysieren, in dem durch organisierten Güteraustausch zwischen den Wirtschaftsgliedern der Spannungsausgleich zwischen Produktion und Konsumtion herbeigeführt wird."[377]

Die der Handelsforschung übergeordnete Handelswissenschaft wird als die älteste wirtschaftswissenschaftliche Disziplin bezeichnet. Der Handel wird einerseits gesamtwirtschaftlich verstanden, so von den Kameralisten, andererseits einzelwirtschaftlich und betriebswirtschaftlich.[378] Sowohl die Nationalökonomie wie auch die Betriebswirtschaftslehre wurden in ihren Anfängen als Handelswissenschaft bezeichnet.[379] *Tietz* sieht die Handelsforschung der Handelstheorie übergeordnet. Seiner Ansicht nach kann die Handelsforschung in Handelstheorie (marketing theory) und Marktforschung (marketing research theory) eingeteilt werden.[380] „Wie in anderen Sozialwissenschaften stehen in der Handelsforschung Theorien, die mit unterschiedlichen for-

---

375 Vgl. Tietz, Bruno: Grundlagen der Handelsforschung, (gdi) Rüschlikon 1969, S. V; vgl. auch Tietz, Bruno: Handelsforschung, in: Diller, Hermann (Hrsg.): Vahlens großes Marketinglexikon, (Vahlen) München 1992, S. 393; vgl. weiter Trommsdorff, Volker; Bienert, Michael: Handelsforschung, in: Gabler-Wirtschafts-Lexikon, Bd. 2, 13. Aufl., (Gabler) Wiesbaden 1992, S. 1461-1466, S. 1461.

376 Vgl. Schenk, Hans-Otto: Marktwirtschaftslehre des Handels, (Gabler) Wiesbaden 1991, S. 97.

377 Barth, Klaus: Ziele und Theoriesysteme der Handelsforschung, in: Tietz, Bruno: Handwörterbuch der Absatzwirtschaft, (Poeschel) Stuttgart 1974, Sp. 703-709, Sp. 703.

378 Vgl. Tietz, Bruno: Der Handelsbetrieb, 2. Aufl., (Vahlen) München 1993, S. 8; vgl. auch Schenk, Hans-Otto: Marktwirtschaftslehre des Handels, (Gabler) Wiesbaden 1991, S. 7; vgl. weiter Seyffert, Rudolf: Wirtschaftslehre des Handels, 5. Aufl., hrsg. v. Edmund Sundhoff, (Westdeutscher Verlag) Opladen 1972, S. 2.

379 Vgl. Trommsdorff, Volker; Bienert, Michael: Handelsforschung, in: Gabler-Wirtschafts-Lexikon, Bd. 2, 13. Aufl., (Gabler) Wiesbaden 1992, S. 1461-1466, S. 1461; vgl. Tietz, Bruno: Der Handelsbetrieb, 2. Aufl., (Vahlen) München 1993, S. 8.

380 Vgl. Tietz, Bruno: Grundlagen der Handelsforschung, (gdi) Rüschlikon 1969, S. 3 f.

malwissenschaftlichen Ansätzen bearbeitet werden, unverbunden nebeneinander."[381] Beiträge anderer Wissenschaften zur Handelsforschung leisten z.B. die Wissenschaftstheorie, die Formalwissenschaften, die Philosophie, die Wirtschaftswissenschaften und die Verhaltenswissenschaft.

Die Handelsforschung ist durch die Dominanz empirischer Analysen und durch die Vernachlässigung theoretischer Analysen geprägt. „Handelstheorie und empirische Handelsforschung sind in besonderem Maße durch einen praktisch-normativen Begründungszusammenhang geprägt."[382] Dies führt zu der Unterscheidung in objektbezogene Handelsforschung, die sich an empirisch relevanten Problemen orientiert, und methodenbezogene Handelsforschung, die sich an formalen Methoden anlehnt. [383]

Die am weitesten verbreitete Einteilung der Handelsforschung orientiert sich an ihren empirischen Elementen: den Institutionen, die Handel betreiben, den Tätigkeiten des Handels (Funktionen) und den Objekten des Handels (Waren und Dienste).[384]

Ausgangspunkt des institutionenorientierten Ansatzes sind die empirisch vorkommenden Organisationsformen des Handels. Neben der Beschreibung wird eine Klassifizierung mittels Betriebstypen und Betriebsformen vorgenommen. Ziel ist zum einen die Formulierung von Gesetzmäßigkeiten zur Betriebstypenentwicklung. Weiter sollen Ökonomisierungspotentiale aufgezeigt werden, z.B. durch einen Betriebsvergleich. Der funktionenorientierte Ansatz soll den Einblick in die betriebswirtschaftliche Leistung des Handels ermöglichen. Die Einteilung nach Warengruppen kann Anhaltspunkte zur Betrachtung handelsspezifischer Fragestellungen geben.[385]

2. Gesetzmäßigkeiten

Die Reife einer Wissenschaft kann u.a. an ihrem Bestand überprüfbarer Theorien gemessen werden. Obwohl die Bedeutung des Handels in der Wirtschaft ständig zunimmt, sind seine theoretischen Grundlagen wenig befriedigend. Trotz dieses Defizites gibt es eine Reihe von handelsspezifischen Gesetzen bzw. theoretischen Aussagen.

---

381 Tietz, Bruno: Grundlagen der Handelsforschung, (gdi) Rüschlikon 1969, S. 26.

382 Schenk, Hans-Otto: Marktwirtschaftslehre des Handels, (Gabler) Wiesbaden 1991, S. 515.

383 Vgl. Tietz, Bruno: Grundlagen der Handelsforschung, (gdi) Rüschlikon 1969, S. V.

384 Vgl. Tietz, Bruno: Grundlagen der Handelsforschung, (gdi) Rüschlikon 1969, S. 3.

385 Vgl. Barth, Klaus: Handelsforschung, in: Tietz, Bruno; Köhler, Richard; Zentes, Joachim (Hrsg.): Handwörterbuch des Marketing, (Schäffer-Poeschel) Stuttgart 1995, Sp. 864-875, Sp. 865-867.

Gesetzmäßigkeiten erklären Beziehungen zwischen mindestens zwei Merkmalen. Da sie sich ex definitione auf empirische Gegebenheiten beziehen, aber nicht alle zugrunde liegenden Einflußgrößen und deren Interdependenzen erfaßt werden können, kommt ihnen ein hypothetischer Charakter zu. Der empirische Gehalt von Gesetzmäßigkeiten kann durch Untersuchungen in der Praxis bestätigt oder verworfen werden. Sie bilden die Grundlage für zukunftsgerichtete, d.s. projektive Aussagen.[386]

Die wichtigsten Gesetzmäßigkeiten des Handels sind:[387]

1. Das Gesetz der steigenden Handelskosten (*Julius Hirsch*),
2. das Schwerkraftgesetz des Einzelhandels (*William J. Reilly*),
3. das Agglomerationsgesetz (*Richard L. Nelson*),
4. das Wheel of Retailing (*Malcolm P. Mc. Nair*).

Im Gegensatz zu vielen Gedankengängen, die aus der Industrie auf den Handel übertragen wurden, z.B. Portfolio-Konzepte, können die hier aufgeführten Gesetzmäßigkeiten als handelsinduziert bezeichnet werden. Die vier Ansätze werden im folgenden kurz vorgestellt und auf ihre Relevanz für die vorliegende Untersuchung geprüft.

Zum Gesetz der steigenden Handelskosten

Aus den Ergebnissen der ersten deutschen Handelsenquête (1928-1931) formulierte *Hirsch* 1929 das „Gesetz des steigenden Anteils der Verteilungskosten im Warenpreise." Die steigenden Kosten beruhen auf steigenden Preisen der Faktoren im Verhältnis zu den Warenpreisen und auf der Zunahme der eingesetzten Faktoren im Verhältnis zum umgesetzten Warenvolumen. Die empirisch beobachtbare Zunahme von Fläche, Sortimentsumfang und Personalkosten bestätigt das Gesetz. Kritisch anzumerken ist die Frage nach einem oberen Grenzwert, auch ist teilweise eine Abwälzung der Kosten auf andere Marktteilnehmer möglich. Darüber hinaus ist in der jüngsten Vergangenheit ein Rückgang der Logistikkosten zu beobachten.[388] Da das Gesetz eine volkswirtschaftlich geprägte Sichtweise verfolgt und demnach nur wenig zur Erklärung des Erfolgs einzelner Betriebe beitragen kann, wird es hier nicht weiter betrachtet.

---

[386] Vgl. Tietz, Bruno: Der Handelsbetrieb, 2. Aufl., (Vahlen) München 1993, S. 37-38.

[387] Vgl. Schenk, Hans-Otto: Marktwirtschaftslehre des Handels, (Gabler) Wiesbaden 1991, S. 519-523.

[388] Vgl. Schenk, Hans-Otto: Marktwirtschaftslehre des Handels, (Gabler) Wiesbaden 1991, S. 519-520.

Zum Schwerkraftgesetz des Einzelhandels

Der Einzelhandel in Gemeinden zieht Kaufkraft umliegender Gemeinden ab (Kaufkraftzufluß) und verliert Kaufkraft an diese Gemeinden (Kaufkraftabfluß). *Reilly* stellte 1931 erstmals empirische Erkenntnisse über Kaufkraftverteilungen als „law of retail gravitation“ dar.[389] Das Gesetz besagt, daß zwei zentrale Orte Einzelhandelsumsätze aus zwischen ihnen gelegenen Orten abhängig von der Entfernung und von der Einwohnerzahl abziehen. Dabei wird nur etwas über die Verteilung der abgezogenen Kaufkraft ausgesagt, nicht aber über die Höhe der Ausgaben. Darüber hinaus werden sonstige Einflüsse vernachlässigt. Weiterführende Arbeiten stammen von *Converse* und *Huff*. *Converse* entwickelte die Formel weiter, um die Grenzen des Einflußbereiches zwischen zwei zentralen Orten zu ermitteln. *Huff* nimmt das Verhalten der Konsumenten in die Modellstruktur auf und bestimmt so die zu erwartende Besucherzahl eines Einkaufszentrums.[390]

Die erläuterten Ansätze zeigen, daß die Gründe von Kaufkraftströmen weniger auf der Ebene der Unternehmen als auf der Makroebene gesucht werden. Aus diesem Grunde erscheinen die Überlegungen für den vorliegenden Untersuchungszweck wenig geeignet. Dennoch kann z.B. die Zentralität eines Ortes als externer (situativer) Faktor Einfluß auf den Unternehmenserfolg haben.

Zum Agglomerationsgesetz

Das Agglomerationsgesetz kann wie das Schwerkraftgesetz in den übergeordneten Rahmen der Standorttheorie des Handels eingeordnet werden. Vier Eckpfeiler der „retail location theory“ sind zu unterscheiden[391]

- central place theory (Konzept der zentralen Orte),
- spatial interaction theory (Kaufkraftflüsse),

---

389 Vgl. Schenk, Hans-Otto: Marktwirtschaftslehre des Handels, (Gabler) Wiesbaden 1991, S. 120; vgl. Treis, Bartho: Standortpolitik, in: Tietz, Bruno; Köhler, Richard; Zentes, Joachim (Hrsg.): Handwörterbuch des Marketing, 2. Aufl., (Schäffer-Poeschel) Stuttgart 1995, Sp. 2364-2379, Sp. 2370; vgl. Tietz, Bruno: Grundlagen der Handelsforschung, (gdi) Rüschlikon 1969, S. 662.

390 Vgl. Tietz, Bruno: Grundlagen der Handelsforschung, (gdi) Rüschlikon 1969, S. 663-665; vgl. Craig, Samuel S.; Gosh, Avigit; Mc Lafferty, Sara: Models of Retail Location and Site Selection: A Review, Working Paper 83-3, Institute of Retail Management, New York University, New York 1983, S. 16.

391 Vgl. Brown, Stephen: Retail location theory: evolution and evaluation, in: The International Review of Retail, Distribution and Consumer Research, 3. Jg., 1993, Nr. 2, S. 185-229, S. 185.

- bid rent theory (Einfluß von Gewinnerwartungen),
- principle of minimum differentiation (Einfluß der Entfernung).

Das Konzept der zentralen Orte[392] wurde von *Christaller* 1933 erstmals formuliert: Der Forderung nach der optimalen Versorgung der Bevölkerung soll durch Agglomeration von Versorgungseinrichtungen an zentralen Orten entsprochen werden. Aus diesem Ansatz wurde später die zentrenschädigende Wirkung von Großflächen abgeleitet.[393] *Haig* postulierte 1927 eine Theorie, nach der auf lange Sicht Standorte immer von Unternehmen besetzt werden, die aufgrund von Erwartungen (vorhandene Arbeitskräfte oder Konsumentenpotential) bereit sind, die höchsten Mieten zu zahlen. Dieser Mietwettbewerb führt langfristig zum optimalen Besatz. Das Gesetz wird auch mit „land value" oder „urban rent theory" bezeichnet.[394] Das „principle of minimum differentiation" von *Hotelling* (1929) geht von zwei idealtypischen Betrieben aus, die aufgrund modelltypischer Annahmen ihren Profit nicht durch Preisveränderungen erhöhen können. *Hotelling* postuliert für diesen Fall die Wahl des Standortes (bei freier Standortwahl) direkt neben dem Konkurrent, um das Einzugsgebiet zu vergrößern. Implizit steht dahinter die Idee von positiven Agglomerationseffekten. Empirische Studien belegen, daß Einzelhandelsgeschäfte mit ähnlichen Sortimenten häufig an bestimmten Standorten konzentriert sind. Der Standortverbund bzw. die Nähe konkurrierender Einzelhandelsbetriebe führt zur Erhöhung der Attraktivität des Standortes. Zwei benachbarte, der Deckung verbundener Bedarfe dienende Geschäfte, erzeugen Mehrumsatz.[395]

Das Modell wurde vielfach erweitert. Die Einbeziehung von risiko-reduzierendem Verhalten, z.B. Preisvergleiche, gelang *Nelson* in seinen umfangreichen Studien zum

---

392 Vgl. Craig, Samuel S.; Gosh, Avigit; Mc Lafferty, Sara: Models of Retail Location and Site Selection: A Review, Working Paper 83-3, Institute of Retail Management, New York University, New York 1983, S. 2; vgl. Brown, Stephen: Retail location theory: evolution and evaluation, in: The International Review of Retail, Distribution and Consumer Research, 3. Jg., 1993, Nr. 2, S. 185-229, S. 186.

393 Vgl. Treis, Bartho: Standortpolitik, in: Tietz, Bruno; Köhler, Richard; Zentes, Joachim (Hrsg.): Handwörterbuch des Marketing, 2. Aufl., (Schäffer-Poeschel) Stuttgart 1995, Sp. 2364-2379, Sp. 2368.

394 Vgl. Brown, Stephen: Retail location theory: evolution and evaluation, in: The International Review of Retail, Distribution and Consumer Research, 3. Jg., 1993, Nr. 2, S. 185-229, S. 195.

395 Vgl. Schenk, Hans-Otto: Marktwirtschaftslehre des Handels, (Gabler) Wiesbaden 1991, S. 521; vgl. Brown, Stephen: Retail location theory: evolution and evaluation, in: The International Review of Retail, Distribution and Consumer Research, 3. Jg., 1993, Nr. 2, S. 185-229, S. 199.

Konsumentenverhalten.[396] Er beobachtet den Geschäftswechsel (shopper interchange) von Konsumenten bei benachbarten Betrieben mit ähnlichem Sortiment. Der erzielte Mehrumsatz einer Agglomeration ist abhängig von Konsumtenwechseln und von der Umsatzgröße der Betriebe. Grundlage ist das Bedürfnis der Konsumenten zum Vergleich („Theory of Cumulative Attraction“).[397] Das Gesetz ist auch als „rule of retail compatibility“ bekannt, in Deutschland formulierte *Behrens* das „Gesetz der Agglomeration bei verbundenen Bedarfen.“[398] Implizit enthält das Gesetz die Regel, daß der Absatz eines Einzelhandelsunternehmens mit zunehmender Entfernung sinkt. Die Entfernung ist dabei nicht nur räumlich, sondern auch als Zeit-/Kostenkombination aufzufassen.[399]

Aus diesen Überlegungen wird auf die Bedeutung von **Agglomerationen** für den Erfolg im Einzelhandel geschlossen. Dies gilt insbesondere für mittelständische Unternehmen, deren Eigen-Anziehungskraft meist beschränkt ist.

Prinzipien der Standortwahl im Handel sind:[400]

- die Nähe zu Kundenwohnsitzen, verbunden mit einer hohen Zahl an Stammkunden,
- die Passantenorientierung, die Gelegenheitskunden fördert,
- die Ansiedlung im Einzugsgebiet bereits angesiedelter Mitanbieter,
- die Nähe zu Attraktionsträgern,
- die Orientierung an den Transportverhältnissen.

Damit läßt sich auf die Bedeutung der **Erreichbarkeit** für den Erfolg im Einzelhandel schließen.

---

396 Vgl. Nelson, Richard L.: The selection of Retail Locations, (Dodge) New York 1958.

397 Vgl. Brown, Stephen: Retail location theory: evolution and evaluation, in: The International Review of Retail, Distribution and Consumer Research, 3. Jg., 1993, Nr. 2, S. 185-229, S. 202.

398 Vgl. Schenk, Hans-Otto: Marktwirtschaftslehre des Handels, (Gabler) Wiesbaden 1991, S. 522.

399 Vgl. Hansen, Ursula: Absatz- und Beschaffungsmarketing des Einzelhandels, 2. Aufl., (Vandenhoeck & Rupprecht) Göttingen 1990, S. 174-175.

400 Vgl. Hansen, Ursula: Absatz- und Beschaffungsmarketing des Einzelhandels, 2. Aufl., (Vandenhoeck & Rupprecht) Göttingen 1990, S. 186-197.

Zum Wheel of Retailing

Das Wheel of Retailing dürfte die am meisten diskutierte Gesetzmäßigkeit der Handelsforschung sein. Die Grundidee ist, daß sich innovative Betriebsformen durch niedrige Preise den Marktzutritt verschaffen. Das dazu notwendige Preisniveau ergibt sich durch die Konzentration auf ein Sortiment mit hohem Umschlag, einfache Betriebsausstattung und den Verzicht auf Kundendienstleistungen. Der Markteintritt zieht Nachahmer und Reaktionen der bestehenden Betriebstypen nach sich, woraus verstärkter Wettbewerb resultiert. Der neue Betriebstyp beginnt seinerseits mit trading up, d.h. es vollzieht sich eine beiderseitige Anpassung. Das gestiegene Kostenniveau bietet dann wieder Chancen für Newcomer. Das Gesetz beruht auf der Beobachtung typischer Entwicklungsphasen und wurde erstmals 1931 von *McNair* formuliert.[401] In Deutschland publizierte *Nieschlag* seine Überlegungen 1954 unter dem Stichwort Dynamik der Betriebsformen.[402]

Mc Nair unterscheidet die vier Phasen Entstehung, Aufschwung, Annäherung und Integration bzw. Rückgang. *Nieschlag* unterscheidet drei Phasen (Entstehung, Aufstieg und Assimilation). Beide Ansätze haben starke Ähnlichkeit mit dem Lebenszykluskonzept. Eine interessante Weiterentwicklung des Konzeptes stammt von *Davidson/Bates/Bass*.[403] Sie heben hervor, daß der Marktzugang auch durch eine gegenüber vorhandenen Betriebstypen vorteilhafte Leistungsprogrammgestaltung erreicht werden kann. Die Vorteile können z.B. auf innovativen Sortimentsbündelungen oder Convenience-Aspekten beruhen.

Das Wheel of Retailing kann eingeordnet werden in die übergeordnete Theorie der Betriebstypenentwicklung. Die bekanntesten Theorien über die Veränderungen von Betriebstypen im Handel sind:[404]

---

401 Vgl. McNair, Malcolm P.: Trends in Large Scale Retailing, in: Harvard Business Review, 10. Jg., 1931, Nr. 10, S. 30-39.

402 Vgl. Nieschlag, Robert: Die Dynamik der Betriebsformen im Handel, (Rheinisch-Westfälisches Institut für Wirtschaftsforschung) Essen 1954.

403 Vgl. Davidson, William R.; Bates, Albert D.; Bass, Stephen J.: The retail life cycle, in: Harvard Business Review, 54. Jg., 1976, Nr. 6, S. 89-96.

404 Vgl. zu den folgenden Ausführungen Tietz, Bruno: Der Handelsbetrieb, 2. Aufl., (Vahlen) München 1993, S. 1314 f.; vgl. Müller-Hagedorn, Lothar: Betriebstypen im Einzelhandel, in: Tietz, Bruno; Köhler, Richard; Zentes, Joachim (Hrsg.): Handwörterbuch des Marketing, 2. Aufl., (Schäffer-Poeschel) Stuttgart 1995, Sp. 238-255, Sp. 251-253; vgl. Woratschek, Herbert: Betriebsform, Markt und Strategie, (Gabler) Wiesbaden 1992, S. 18.

- Evolutionstheorien,
- Anpassungstheorien,
- Verdrängungstheorien,
- Theorie einer Abfolge von Generalisierung und Spezialisierung,
- Marktlückentheorien,
- Marktstruktur- und Phasentheorien.

Nach der Evolutionstheorie baut jede Entwicklung auf einer früheren Entwicklung auf, jedoch auf höherer Ebene. Für den Handel bedeutet dies, daß sich die Elemente der am stärksten verwundbaren Institutionen umkehren und sich auf dieser Grundlage neue Betriebstypen entwickeln. Die Anpassungstheorien basieren auf biologischen Analogien. Der Erfolg oder Mißerfolg des Handelsbetriebes ist die Konsequenz aus der Anpassungsfähigkeit an die Umwelt. Die Theorie einer Abfolge von Generalisierung und Spezialisierung geht von einem Wechsel der Marktbedeutung von Einbranchen- und Mehrbranchengeschäften aus, sie wird auch als „Einzelhandelsakkordeon" (*Hollander*) bezeichnet.[405] Ähnliche Überlegungen liegen der Marktlückentheorie zugrunde, wonach neue Betriebstypen zur immer besseren Anpassung an Kunden entstehen. Folge ist eine immer größere Angebotsdifferenzierung, die Marktlückensuche führt zu größerer Spezialisierung. Nach der Marktstruktur- und Phasentheorie ist ein dynamisches Marktgleichgewicht nötig, alle Unternehmen durchlaufen Entwicklungsphasen.

Das Wheel of Retailing hat innerhalb der Betriebstypentheorie den höchsten Erklärungswert: Trading up-Tendenzen sind insbesondere im mittelständischen Einzelhandel (Fachgeschäfte) zu beobachten. Damit verbunden ist oft eine zunehmende Spezialisierung analog der Marktlückentheorie.

Das Wheel of Retailing hat zahlreiche Diskussionen entfacht. Die zentrale Kritik am Konzept betrifft die Grundannahme eines Betriebstypenzyklus, der die Möglichkeiten der Unternehmenspolitik unberücksichtigt läßt. Statt die Entwicklung von neuen Konzepten aufgrund eines fraglichen Zyklusses zu fördern, sollten die Entscheidungsträger ihre Kräfte dazu verwenden, effiziente Marketingmaßnahmen vorzubereiten und durchzusetzen, um die Leistungsfähigkeit der vorhandenen Konzepte zu stützen. Dar-

405 Vgl. Brown, Stephen: Postmodernism, the wheel of retailing and will to power, in: The International Review of Retail, Distribution and Consumer Research, 5. Jg., 1995, Nr. 3, S. 387-414, S. 396.

über hinaus werden steigende Anspruchsniveaus von Seiten der Konsumenten nicht berücksichtigt. Der Gesetzescharakter des Postulats wurde entsprechend häufig verneint. Dennoch entspricht die in der Theorie beschriebene Dynamik einer häufig gemachten Beobachtung.[406] In hochentwickelten Ländern wurde die Theorie meist bestätigt (z.B. *Nieschlag/Kuhn* in Deutschland, *Scott* in England oder *Knee/Walters* in Großbritannien).[407] *Brown* kommt zu dem Schluß, „that the wheel of retailing theory can never be definitively proved or disproved by empirical analysis."[408]

Die Theorien der Betriebstypenentwicklung können einen Beitrag zur Auffindung von Erfolgsfaktoren kleiner und mittelständischer Unternehmen des Einzelhandels leisten. Zum einen sind in Zusammenhang mit dem Wheel of Retailing trading up-Tendenzen und ihre Auswirkungen zu untersuchen. Trading up und Betriebstyp werden insbesondere über **Sortiments- und Servicepolitik** realisiert. Die Sortiments- und Zielgruppenstrategien prägen maßgeblich den Betriebstyp.[409] Weiter ist zu analysieren, inwieweit die Spezialisierung der Sortimente im Rahmen der Marktlückensuche Einfluß zeigt. Darüber hinaus bietet die Handelsforschung Anregungen zur Einteilung des Bezugsrahmens der Untersuchung.

Der Erklärungsbeitrag der Handelsforschung zum Erfolg kleiner und mittlerer Unternehmen wird in der folgenden Übersicht dargestellt (vgl. Übersicht E-2). Aus der Standorttheorie folgt die Bedeutung der Standortpolitik. Die Theorie der Betriebstypenentwicklung impliziert die Relevanz von Sortiment und Service. Auf diese beiden Aspekte und ihre Erfolgswirksamkeit wird abschließend kurz eingegangen.

---

406 Vgl. Woratschek, Herbert: Betriebsform, Markt und Strategie, (Gabler) Wiesbaden 1992, S. 21.

407 Vgl. Brown, Stephen: Postmodernism, the wheel of retailing and will to power, in: The International Review of Retail, Distribution and Consumer Research, 5. Jg., 1995, Nr. 3, S. 387-414, S. 394-395.

408 Brown, Stephen: Postmodernism, the wheel of retailing and will to power, in: The International Review of Retail, Distribution and Consumer Research, 5. Jg., 1995, Nr. 3, S. 387-414, S. 406.

409 Vgl. Patt, Paul-Josef: Strategische Erfolgsfaktoren im Einzelhandel, 2. Aufl., (Peter Lang) Frankfurt a.M. u.a. 1990, S. 144.

Übersicht E-2: Der Erklärungsbeitrag der Handelsforschung

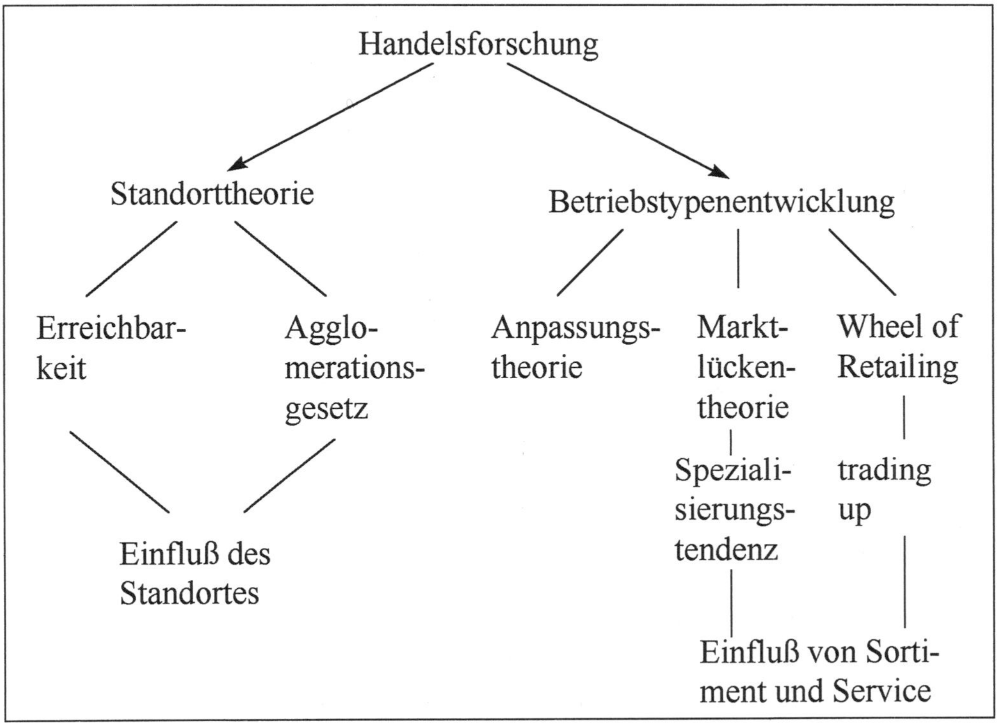

Sortiment und Service im Handel

„Unter dem Sortiment eines Handelsbetriebes wird die Gesamtheit aller beschafften oder selbst hergestellten Absatzgüter verstanden, die ein Handelsbetrieb zu einem Zeitpunkt oder in einem bestimmten Zeitraum seinen Kunden physisch oder auf andere Weise anbietet.“[410] Nach *Gümbel* ist das Sortiment die gedankliche Zusammenfassung verschiedenartiger Waren im Angebot von Einzelhandelsbetrieben.[411] *Möhlenbruch* erweitert den Sortimentsbegriff über die Sachleistungen hinaus auf Dienstleistungen, da jedes Sortiment Waren und Dienstleistungen umfaßt.[412] Die Sortimentspolitik ist

---

410 Ausschuß für Begriffsdefinitionen aus der Handels- und Absatzwirtschaft (Hrsg.): Katalog E, 4. Ausgabe, Köln 1995, S. 75.

411 Vgl. Gümbel, Rudolf: Die Sortimentspolitik in den Betrieben des Wareneinzelhandels, (Westdeutscher Verlag) Köln u.a. 1963, S. 56.

412 Vgl. Möhlenbruch, Dirk: Sortimentspolitik im Einzelhandel, (Gabler) Wiesbaden 1994, S. 9.

das bewußte Gestalten eines geplanten Sortiments.[413] Sie umfaßt alle Maßnahmen zur Planung, Realisation und Kontrolle des Sortiments.[414]

Fast alle bedeutenden Autoren sehen die Sortimentsfunktion als eine der wichtigsten und ureigensten Funktionen von Handelsbetrieben.[415] Die Sortimentspolitik nimmt im absatzpolitischen Instrumentarium eine besondere Stellung ein, sie wirkt primär auf die Absatzhöhe.[416] Die Sortimentspolitik kann als das dominierende Instrument des Handelsmarketing angesehen werden.[417] Sie bestimmt nicht nur die Gesamtheit der abzusetzenden Güter und Dienstleistungen, sondern definiert auch die zu bearbeitenden Märkte. Dennoch ist der Folgeschluß, daß die Sortimentspolitik den „primären Erfolgsfaktor im Handelsmarketing“ darstellt, bisher nicht in voller Konsequenz vollzogen worden. „Die langfristige Existenz und das Wachstum von Einzelhandelsunternehmen hängen entscheidend von einer erfolgreichen Sortimentspolitik ab.“[418] Das Sortiment kann nach dem Qualitätsniveau der geführten Waren und der Vielfalt der Waren gegliedert werden.[419] Es umfaßt eine Quantitäts- und eine Qualitätskomponente. Die Qualität wird bestimmt durch das Qualitätsniveau der Waren, die Quantität durch die Menge der zur Verfügung gestellten Ware.[420]

In Verbindung mit der überragenden Bedeutung der Sortimentspolitik im Handel kommt auch der Servicepolitik große Bedeutung zu.[421] Im Handel sind neben dem Servicebegriff die Bezeichnungen Dienstleistungen oder Kundendienst üblich. Der Service ermöglicht eine wirksame Profilierung, kann aber auch hohe Kosten verursachen.[422] Eines der wesentlichen Ziele des Serviceangebotes ist die Differenzierung des Unternehmens im Wettbewerb. Damit steht die Servicepolitik in engem Zusammen-

---

413 Vgl. Oehme, Wolfgang: Handels-Marketing, 2. Aufl., (Vahlen) München 1992, S. 196.

414 Vgl. Ausschuß für Begriffsdefinitionen aus der Handels- und Absatzwirtschaft (Hrsg.): Katalog E, 4. Ausgabe, Köln 1995, S. 76.

415 Vgl. Möhlenbruch, Dirk: Sortimentspolitik im Einzelhandel, (Gabler) Wiesbaden 1994, S. 23.

416 Vgl. Gümbel, Rudolf: Sortimentspolitik, in: Tietz, Bruno (Hrsg.): Handwörterbuch der Absatzwirtschaft, (Poeschel) Stuttgart 1974, Sp. 1884-1897, Sp. 1884.

417 Vgl. Barth, Klaus: Betriebswirtschaftslehre des Handels, 3. Aufl., (Gabler) Wiesbaden 1996, S. 159.

418 Möhlenbruch, Dirk: Sortimentspolitik im Einzelhandel, (Gabler) Wiesbaden 1994, S. 31-32.

419 Vgl. Tietz, Bruno: Der Handelsbetrieb, 2. Aufl., (Vahlen) München 1993, S. 324.

420 Vgl. Möhlenbruch, Dirk: Sortimentspolitik im Einzelhandel, (Gabler) Wiesbaden 1994, S. 9-10.

421 Vgl. dazu Hansen, Ursula: Absatz- und Beschaffungsmarketing des Einzelhandels, 2. Aufl., (Vandenhoeck & Rupprecht) Göttingen 1990, S. 203.

422 Vgl. Oehme, Wolfgang: Handels-Marketing, 2. Aufl., (Vahlen) München 1992, S. 378.

hang zur Betriebstypenstrategie. Entsprechend ist die Serviceintensität abhängig vom vorliegenden Betriebstyp zu sehen.[423] Im Wettbewerb ist eine Polarisierung zwischen serviceintensiven und servicereduzierten Betrieben zu beobachten.

Dabei entsteht auf der einen Seite der Servicewettbewerb, auf der anderen Seite die Zunahme der Selbstbedienung.[424]

423 Vgl. Kube, Christian: Erfolgsfaktoren in Filialsystemen, (Gabler) Wiesbaden 1991, S. 144-145; vgl. Falk, Bernd; Wolf, Jakob: Handelsbetriebslehre, 11. Aufl., (Moderne Industrie) Landsberg a.L. 1992, S. 352.

424 Vgl. Hansen, Ursula: Absatz- und Beschaffungsmarketing des Einzelhandels, 2. Aufl., (Vandenhoeck & Rupprecht) Göttingen 1990, S. 434-436; vgl. weiter Tietz, Bruno: Zukunftsstrategien für Handelsunternehmen, (Deutscher Fachverlag) Frankfurt a.M. 1993, S. 223-224.

F. Erfolg als resultierende Variable

I. Theoretische Grundlagen

Um den Einfluß von Variablen oder Konstrukten auf den Erfolg zu untersuchen, ist eine Definition des Erfolgs nötig. Je nach Blickwinkel sind dabei unterschiedliche Operationalisierungen möglich. Während in der Organisations- und Managementforschung der Ziel-Ansatz vorherrscht, wird in der Wettbewerbstheorie die Stellung gegenüber der Konkurrenz in den Vordergrund gestellt. Die Handelslehre stellt insbesondere auf handelsspezifische Kennzahlen ab.

Organisationen werden gegründet, um bestimmte Zwecke und Ziele zu erreichen.[425] Effektivität (= „doing the right things") ist als Maßgröße für die Zielerreichung der reinste Erfolgsindikator. Das Erreichen eines Zieles ist per se ein Erfolg. „Eigentliche Zielgröße der organisatorischen Gestaltung ist die organisatorische Effektivität."[426] Effektivität kann in diesem Sinne gemessen werden als Erreichung von monetären und/oder nicht-monetären Zielen. Ein Unterziel der Effektiviät ist nach dieser Auffassung die Effizienz, die die Input/Output-Relation angibt (Wirtschaftlichkeit = „doing the things right"). Die Unterscheidung von Effektivität und Effizienz stammt ursprünglich von *Barnard*. Danach ist eine Organisation effizient, wenn es ihr gelingt, die individuellen Kooperationsmotive der kooperierenden Individuen zu erfüllen. Sie ist effektiv, wenn der gemeinsame Organisationszweck erreicht wird. In der weiteren Entwicklung hat sich die Bedeutung der Begriffe gerade umgekehrt. Effizienz bezeichnet den Einsatz der richtigen Mittel, Effektivität bezieht sich auf die Zielerreichung und das Verfolgen der „richtigen" Ziele.[427]

Vorteile des **Ziel-Ansatzes** sind die Betonung der Zweckrationalität von Organisationen und die Einfachheit der Anwendung. Kritikpunkte betreffen die interorganisatio-

---

425 Vgl. Staehle, Wolfgang H.: Management, Eine verhaltenswissenschaftliche Perspektive, 7. Aufl., (Vahlen) München 1994, S. 411.

426 Scholz, Christian: Organisatorische Effektivität und Effizienz, in: Frese, Erich (Hrsg.): Handwörterbuch der Organisation, 2. Aufl., (Schäffer-Poeschel) Stuttgart 1992, Sp. 533-552, Sp. 536.

427 Vgl. Steinmann, Horst; Schreyögg, Georg: Management: Grundlagen der Unternehmensführung, 3. Aufl., (Gabler) Wiesbaden 1993, S. 52-53.

nale Vergleichbarkeit und die Änderung von Zielen im Zeitablauf.[428] Die gleiche Zielerreichung, z.B. 10 %-iges Umsatzwachstum, kann völlig unterschiedlich bewertet werden.

Der Erfolg von Unternehmen wird bisher vorwiegend anhand betriebswirtschaftlicher Kennzahlen gemessen. Diese Maßgrößen eignen sich aus folgenden Gründen nur bedingt als alleinige Indikatoren:[429]

- Der Analysegegenstand kann in seiner Gesamtheit nicht anhand einiger Kennzahlen erfaßt werden.
- Die zeitpunktbezogene Gegenüberstellung berücksichtigt keine time-lag-Effekte, so können Gründe für den heutigen Erfolg in der Vergangenheit liegen, heutige Defizite sich erst in Zukunft auswirken.
- Unterschiedliche Bewertungsverfahren, Rechnungslegungsvorschriften usw. erschweren die Vergleichbarkeit.

Die organisatorische Gesamteffektivität (Effektivität im institutionellen Sinne) setzt sich zusammen aus Teileffektivitäten. Die Effektivität als Zielerreichungsgrad der gesamten Organisation ist einfacher zu ermitteln als die Effektivität im instrumentellen Sinne, da dabei der Beitrag des Zieles zum Oberziel schwierig zu bestimmen ist.[430] Der Human-Relations-Bewegung kommt das Verdienst zu, die bis dahin vorherrschende ökonomische Perspektive um die soziale Dimension erweitert zu haben.[431] Die Frage, welche Zielinhalte überhaupt sinnvoll in Betracht zu ziehen sind, richtet sich nach der jeweiligen Problemsituation.[432] Aus dieser Überlegung ergibt sich die Notwendigkeit, bei der Frage nach der Zielerreichung die spezifischen Ziele mittelständischer Einzelhandelsunternehmen zu betrachten.

---

428 Vgl. Staehle, Wolfgang H.: Management, Eine verhaltenswissenschaftliche Perspektive, 7. Aufl., (Vahlen) München 1994, S. 419.

429 Vgl. Eickhoff, Markus: Erfolgsfaktorenforschung im Bekleidungseinzelhandel, (Peter Lang) Frankfurt a.M. u.a. 1997, S. 61-62.

430 Vgl. Scholz, Christian: Deutsch-britische Zusammenarbeit: Organisation und Erfolg von Auslandsniederlassungen, (Hampp) München u.a. 1993, S. 212.

431 Vgl. Frese, Erich: Grundlagen der Organisation, 5. Aufl., (Gabler) Wiesbaden 1995, S. 263.

432 Vgl. Frese, Erich: Grundlagen der Organisation, 5. Aufl., (Gabler) Wiesbaden 1995, S. 269; vgl. auch Scholz, Christian: Deutsch-britische Zusammenarbeit: Organisation und Erfolg von Auslandsniederlassungen, (Hampp) München u.a. 1993, S. 211.

In einer empirischen Untersuchung von Unternehmerzielen im Facheinzelhandel wurden Umsatz und Gewinn als wichtigste Ziele für das kommende Jahr genannt. Bei der anschließenden gestützten Frage nach der Bedeutung verschiedener vorgegebener Ziele ergaben sich als erste fünf Ziele:[433]

1. Gewinn,
2. Sicherung des Bestehenden,
3. Wachstum,
4. Umsatz,
5. Unabhängigkeit.

Dabei wird das Gewinnziel nicht wesentlich öfter genannt als die anderen Ziele. Insgesamt wird ein Zielsystem verfolgt, das aus mehreren ineinander verwobenen Zielen besteht. *Eickhoff* ermittelt als zentrale Ziele erfolgreicher Solitäre im Bekleidungseinzelhandel das Erreichen eines „gesunden" Umsatz- und Ertragsniveaus und die Sicherung der Existenz.[434] Neuere Resultate der empirischen Zielforschung weisen darauf hin, daß klassische ökonomische Zielvorstellungen wie Umsatz, Marktanteil, Wachstum und insbesondere Gewinn keine dominanten Zielsetzungen mehr darstellen. Statt dessen treten Ziele wie Sicherung des Unternehmensbestandes, Wettbewerbsfähigkeit und Qualität des Angebots in den Vordergrund.[435] Die Unternehmen verfolgen ein **pluralistisches Zielsystem**, in das Interessen aller Anspruchsgruppen eingehen.[436]

Effektivität ist ein an sich unscharfes Konstrukt, das nie generell, sondern nur in einer bestimmten Situation definiert werden kann. Effektivitätsindikatoren oder -kriterien entsprechen den in der Erfolgsfaktorenforschung als Erfolgsindikatoren bezeichneten Konstrukten. Sie resultieren aus der Frage, wie man Effektivität mißt. Eine Auflistung möglicher Effektivitätskriterien findet sich bei *Scholz*.[437] Die Effektivität

---

433 Vgl. Klein-Blenkers, Fritz: Unternehmerziele im Facheinzelhandel, in: Mitteilungen des Instituts für Handelsforschung an der Universität zu Köln, 24. Jg., 1972, Nr. 7, S. 69-75, S. 71, S. 72.

434 Vgl. Eickhoff, Markus: Erfolgsfaktorenforschung im Bekleidungseinzelhandel, (Peter Lang) Frankfurt a.M. u.a. 1997, S. 94.

435 Vgl. Fritz, Wolfgang u.a.: Unternehmensziele und strategische Unternehmensführung, in: DBW, 48. Jg., 1988, Nr. 5, S. 567-586, S. 571.

436 Vgl. Fritz, Wolfgang: Marketing-Management und Unternehmenserfolg, 2. Aufl., (Schäffer-Poeschel) Stuttgart 1995, S. 220.

437 Vgl. Scholz, Christian: Strategische Organisation, (Moderne Industrie) Landsberg a.L. 1997, S. 70.

kann konkret gemessen werden durch die Einschätzung der Erreichung der Unternehmensziele durch die Manager und die Wahrnehmung des Unternehmenserfolges im Vergleich zum Hauptkonkurrenten.[438] Die Manager werden als die kompetentesten Beurteiler der Gesamteffektivität aufgefaßt.[439]

Einen absolut gültigen **Maßstab für die Leistung eines Handelsbetriebes** gibt es nicht. Die Bestimmung der Leistung kann nur über Hilfsgrößen erfolgen. Die wichtigsten Hilfsgrößen sind für den Handelsbetrieb das betriebswirtschaftliche Betriebsergebnis, der Umsatz, der Umsatz je beschäftigte Person und je qm Geschäftsraum, die Lagerumschlagsgeschwindigkeit und die Kapitalumschlagsgeschwindigkeit.[440]

Die Kennzahl Umsatz je beschäftigte Person mißt in erster Linie die Leistung der beschäftigten Personen, ist aber auch ein Indikator für eine funktionsfähige Organisation.[441] Die Lagerumschlagsgeschwindigkeit weist neben dem bereichsbezogenen Aussagegehalt eine allgemeine Aussage für die betriebliche Leistung auf: „Je schneller der Umschlag, desto kleiner der Zuschlag, desto wirtschaftlicher das Funktionieren des Handels."[442]

Neben Zielansatz und Handelsforschung ist die Wettbewerbstheorie bei der Wahl der Erfolgsgrößen zu berücksichtigen. Sie impliziert die **Relativierung der absoluten Größen an der Konkurrenz**. Nicht das absolute Umsatzwachstum, sondern das Wachstum im Vergleich zu ähnlichen Betrieben ist aussagekräftig.

In der vorliegenden Untersuchung soll der Erfolg mehrdimensional und unter Zugrundelegung der relevanten Theorien operationalisiert werden (vgl. Übersicht F-1). Alle drei Theoriebereiche tragen zur Auswahl der Erfolgsindikatoren bei. Die konkret zugrundegelegten Indikatoren werden im folgenden vorgestellt.

---

[438] Vgl. Scholz, Christian: Deutsch-britische Zusammenarbeit: Organisation und Erfolg von Auslandsniederlassungen, (Hampp) München u.a. 1993, S. 212 f.

[439] Vgl. Scholz, Christian: Deutsch-britische Zusammenarbeit: Organisation und Erfolg von Auslandsniederlassungen, (Hampp) München u.a. 1993, S. 214.

[440] Vgl. Zopp, Hans: Differenzierungsgründe der Leistung bei gleichgearteten Einzelhandelsbetrieben, (Westdeutscher Verlag) Köln u.a. 1965, S. 4.

[441] Vgl. Zopp, Hans: Differenzierungsgründe der Leistung bei gleichgearteten Einzelhandelsbetrieben, (Westdeutscher Verlag) Köln u.a. 1965, S. 8.

[442] Schär, Johann F.: Allgemeine Handelsbetriebslehre, Leipzig 1911, S. 122, zit. nach Zopp, Hans: Differenzierungsgründe der Leistung bei gleichgearteten Einzelhandelsbetrieben, (Westdeutscher Verlag) Köln u.a. 1965, S. 9.

Übersicht F-1: Zusammenhang zwischen Theorie und Erfolgsgröße

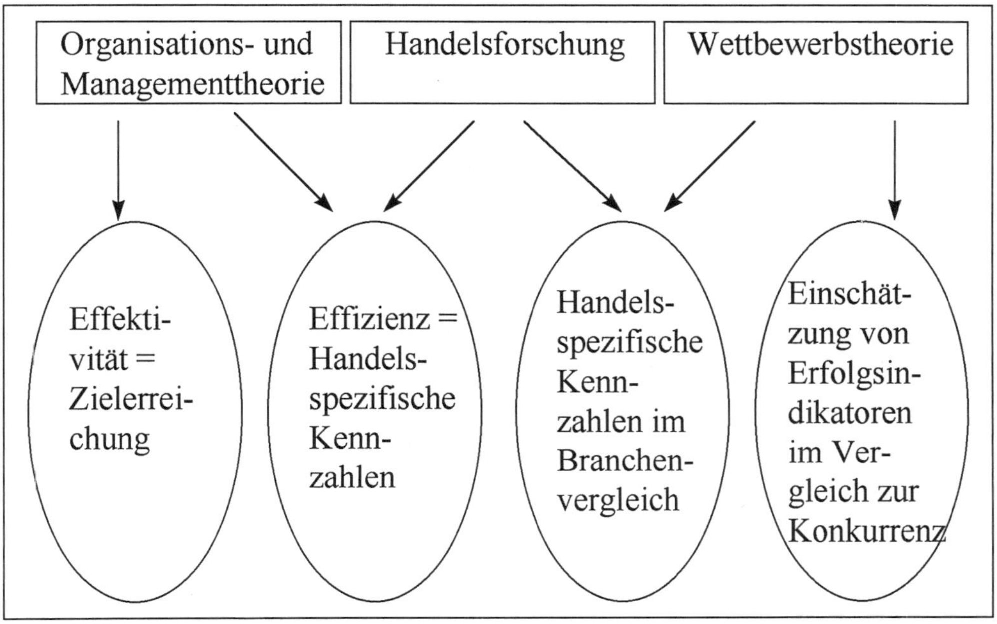

II. Messung des Erfolgs in der empirischen Untersuchung

Die im Fragebogen erhobenen Erfolgsindikatoren[443] umfassen „objektive" und „subjektive" Angaben:

- Wachstumsrate des Gewinns über die letzten drei Jahre in Prozent und in Relation zu vergleichbaren Unternehmen;
- Wachstumsrate des Umsatzes über die letzten drei Jahre in Prozent und in Relation zu vergleichbaren Unternehmen;
- Umsatz je Mitarbeiter im Durchschnitt der letzten drei Jahre in DM und in Relation zu vergleichbaren Unternehmen;
- Zielerreichungsgrade und Zielbewertung von vier vorgegebenen Unternehmenszielen;
- subjektive Einschätzung der Marktführerschaft.

[443] Die Fragen zum Erfolg des Unternehmens finden sich im Fragebogen im Anhang A auf Seite 344.

Die Angabe der Wachstumsraten von Gewinn und Umsatz über die letzten drei Jahre soll den oft kritisierten Querschnittscharakter von Erfolgsfaktorenstudien vermeiden helfen.[444] Das Wachstum wird in vielen Studien als Erfolgsgröße verwendet.[445] Die Indikatoren Gewinnwachstum und Umsatzwachstum werden in einem ersten Schritt als Steigerungsraten erhoben.[446] Die Mitarbeiterproduktivität wird im Mittel der drei Jahre erfragt. Die Aussagefähigkeit dieser Werte ist durch den Charakter der branchenübergreifenden Untersuchung beschränkt. Eine Stagnation des Umsatzes kann in einer Branche bereits überdurchschnittlich sein, in der anderen Branche dagegen ein vergleichsweise schlechtes Ergebnis. Aus diesem Grunde werden die Werte darüber hinaus in Relation gesetzt zu vergleichbaren Unternehmen. Dabei haben die Manager zu beurteilen, ob sich die Indikatoren besser oder schlechter entwickelt haben als bei vergleichbaren Unternehmen.[447] Zwischen den erhobenen „objektiven“ und „subjektiven“ Angaben zu Gewinnwachstum, Umsatzwachstum und Produktivität ergeben sich hohe Korrelationen. In der Auswertung werden deshalb die Einschätzungen im Vergleich zur Konkurrenz als Erfolgsindikatoren genutzt, da diese die spezifische Branchensituation berücksichtigen und somit helfen, Fehleinschätzungen zu vermeiden.[448]

Nach dem interessenpluralistischen Ansatz liegt der Zielsetzung von Unternehmen ein Zielbündel zugrunde.[449] Abgeleitet aus Ergebnissen der empirischen Zielforschung werden vier Unternehmensziele zur Bewertung vorgegeben:

- Umsatzwachstum,
- Gewinn,
- Sicherung des Unternehmensbestandes und

---

444 Vgl. Kube, Christian: Erfolgsfaktoren in Filialsystemen, (Gabler) Wiesbaden 1991, S. 40.

445 Vgl. Hall, Graham; Adams, Gail: Influences on the growth of SMES, in: Bamberger, Ingolf (Hrsg.): Product/Market Strategies of Small and Medium-sized Enterprises, (Avebury) Aldershot 1994, S. 364-386, S. 382, S. 365.

446 Ein Wert von 110 repräsentiert z.B. ein Gewinnwachstum von 10 Prozent in drei Jahren (gefragt wurde nach dem Wert Umsatz 1996/Umsatz 1993).

447 Die relative Entwicklung wird abgefragt mit Hilfe einer 5er-Skala: -2 = stark unterdurchschnittliche Entwicklung, +2 = stark überdurchschnittliche Entwicklung (gefragt wurde, wie der Manager die Wachstumsrate bzw. die Produktivität einschätzt gegenüber vergleichbaren Unternehmen).

448 Ein Vergleich der absoluten Werte der Erfolgsindikatoren nach Branchen zeigt wie erwartet große Abweichungen. Da der Lagerumschlag nicht relativ erhoben wurde, scheidet er als Erfolgsgröße aus.

449 Vgl. Fritz, Wolfgang u.a.: Unternehmensziele in Industrie und Handel, in: DBW, 45. Jg., 1985, Nr. 4, S. 375-394, S. 380 f.; vgl. Fritz, Wolfgang: Marktorientierte Unternehmensführung und Unternehmenserfolg, (Schäffer-Poeschel) Stuttgart 1992, S. 222.

- Sicherung der Unabhängigkeit.[450]

Nachdem in einem ersten Schritt die Bedeutung dieser Ziele anhand von 5er-Skalen abgefragt wird (5=sehr hohe Bedeutung), ist von den Unternehmensleitern in einem späteren Teil des Fragebogens die Zielerreichung als Grad der Zufriedenheit, ebenfalls anhand von 5er-Skalen, anzugeben. Dieses Vorgehen entspricht dem Ziel-Ansatz, der die Effektivität einer Unternehmung als gewichteten Grad der Zielerreichung mißt. Die Manager der Unternehmen gelten - wie bereits erwähnt - als kompetente Beurteiler der Unternehmenseffektivität.[451]

Neben der Bedeutung der Ziele wurde deren Rangfolge abgefragt. Am wichtigsten erscheint den befragten Unternehmen die Sicherung des Unternehmensbestandes, gefolgt vom Gewinnstreben. Die Unabhängigkeit belegt den dritten Rang und verdrängt das Umsatzstreben auf den letzten Platz. Dieses Ergebnis bestätigt die Notwendigkeit der Aufnahme nichtökonomischer Zielgrößen.[452]

Die Berechnung des Zielerreichungskonstruktes orientiert sich formal in vielen bisherigen Studien an Modellen der Einstellungsmessung.[453] Sowohl das Fishbein-Modell als auch das Trommsdorff-Modell ermitteln die Einstellung als subjektive Wahrnehmung von Eigenschaften und ihrer Bewertung. Die Gesamteinstellung ergibt sich als additive Verknüpfung von Eindruckswerten. Die in dieser Untersuchung vorgegebenen Statements („für wie bedeutend halten Sie die verschiedenen Ziele?, wie zufrieden sind Sie mit der jeweiligen Zielerreichung?“) orientieren sich am Vorgehen von *Rosenberg*.[454]

Insbesondere die Additivitätshypothese der vorgestellten Modelle stößt auf Kritik.[455] Deshalb wurde versucht, diese mit Hilfe der Faktorenanalyse zu umgehen. Dazu wurde

---

450 Diese Vorgaben entsprechen weitgehend den von Klein-Blenkers ermittelten spezifischen Fachhandelszielen; vgl. Klein-Blenkers, Fritz: Unternehmerziele im Facheinzelhandel, in: Mitteilungen des Instituts für Handelsforschung an der Universität zu Köln, 24. Jg., 1972, Nr. 7, S. 69-75, S. 72.

451 Vgl. Scholz, Christian: Deutsch-britische Zusammenarbeit: Organisation und Erfolg von Auslandsniederlassungen, (Hampp) München u.a. 1993, S. 214.

452 Für diese Auswertung wurden die einfachen Mittelwerte in eine Rangfolge gebracht.

453 Vgl. Zentes, Joachim: Grundbegriffe des Marketing, 4. Aufl., (Schäffer-Poeschel) Stuttgart 1996, S. 97 f.

454 Vgl. Trommsdorff, Volker: Die Messung von Produktimages für das Marketing. Grundlagen und Operationalisierung, (Carl Heymanns) Köln u.a. 1975, S. 55.

455 Vgl. Kroeber-Riel, Werner; Weinberg, Peter: Konsumentenverhalten, 6. Aufl., (Vahlen) München 1996, S. 199.

die von den Befragten eingeschätzte Zielerreichung, z.B. Umsatzentwicklung, multipliziert mit der jeweiligen Bedeutung dieses Teilzieles. Es ergeben sich vier unternehmensspezifische Werte, die als gewichtete Zielerreichung von Umsatz, Gewinn, Sicherung des Unternehmensbestandes und Sicherung der Unabhängigkeit interpretiert werden können.[456] Diese neugebildeten Variablen werden mit Hilfe der Faktorenanalyse zu einem Wert verdichtet. Es ergibt sich ein Faktor mit einem Eigenwert von 2,4, der über 60 % der Varianz erklärt. Der für jedes Unternehmen zu errechnende Faktorwert wird als Indikator der jeweiligen Zielerreichung genutzt.

Als weiterer Indikator wurde die Marktführerschaft betrachtet. Die Frage beruht auf dem von *Simon* entwickelten Konzept der psychologischen Marktführerschaft.[457] Das Konstrukt[458] zeigt in der vorliegenden Untersuchung nur geringe Korrelationen zu den anderen Indikatoren. Offensichtlich orientiert sich die diesbezügliche Einschätzung stärker an „weichen" Merkmalen wie Tradition oder Image und weniger an den betriebswirtschaftlichen Realitäten. Die Variable wird aufgrunddessen nicht als Erfolgsindikator genutzt.

Zusammenfassend werden in der empirischen Untersuchung folgende Erfolgsindikatoren eingesetzt:[459]

1. Gewinnwachstum
2. Umsatzwachstum
3. Produktivität
4. Zielerreichung

---

456 War ein Befragter z.B. mit seiner Umsatzentwicklung sehr zufrieden (=5) und hat dieses Ziel für ihn eine durchschnittliche Bedeutung (=3), ergibt sich eine gewichtete Umsatz-Zielerreichung von 15 Punkten bei maximal zu vergebenden 25 Punkten.

457 Vgl. Simon, Hermann: Die heimlichen Gewinner (Hidden Champions). Die Erfolgsstrategien unbekannter Weltmarktführer, (Campus) Frankfurt a.M. u.a. 1996, S. 28.

458 Gemessen als dichotome Ausprägung auf die Frage „Halten Sie ihr Unternehmen für einen der Marktführer in Ihrem relevanten Markt?"

459 Die ersten drei Merkmale werden als 5er-Skalen erhoben. Die Variable Zielerreichung ist als Faktorwert z-standardisiert mit einem Mittelwert von 0 und einer Varianz von 1. Alle Variablen weisen eine hinreichend gute Normalverteilung auf, werden als intervallskaliert interpretiert und erfüllen somit die für viele multivariaten Verfahren nötigen Voraussetzungen.

G. Der Bezugsrahmen der empirischen Untersuchung

I. Gegenstand

Aufgabe eines theoretischen Bezugsrahmens ist es, Vorstellungen über die komplexe Umwelt zu strukturieren, explorative Beobachtungen zu leiten, sowie die Generierung und Integration von Untersuchungshypothesen zu unterstützen. Der Bezugsrahmen ist dem konfirmatorisch-explikativen Forschungsdesign vorgelagert.[460] Er bildet einen Suchraum, eine Systematisierung möglicher Erfolgsindikatoren. In der vorliegenden Untersuchung dient der Bezugsrahmen insbesondere der Gliederung von Operationalisierung und Auswertung.

Die Elemente können den ausgewählten Theorien entnommen werden:

- die Unternehmenskultur,
- die Unternehmenspolitik,
- die Wettbewerbssituation.

Im folgenden wird auf die Teilbereiche kurz eingegangen.

II. Unternehmenskultur

Frese versteht unter der Unternehmenskultur die Makrosicht der Führung.[461] Sie ist die grundlegende Leitvorstellung der sozialen Ordnung.[462] Verwandte Begriffe sind Organisationskultur[463] oder Unternehmensphilosophie. Letztgenannte ist die Grundlage unternehmenspolitischer Entscheidungen.[464] Entsprechend der Notwendigkeit des Fit

---

460 Vgl. Fritz, Wolfgang: Marktorientierte Unternehmensführung und Unternehmenserfolg (Schäffer-Poeschel) Stuttgart 1992, S. 74-75.

461 Vgl. Frese, Erich: Organisationstheorie, in: Frese, Erich (Hrsg.): Handwörterbuch der Organisation, 3. Aufl., (Poeschel) Stuttgart 1992, Sp. 1706-1733, Sp. 1722.

462 Vgl. Ulrich, Peter: Unternehmenskultur, in: Wittmann, Waldemar u.a. (Hrsg.): Handwörterbuch der Betriebswirtschaft, 5. Aufl., (Poeschel) Stuttgart 1993, Sp. 4351-4366, Sp. 4353.

463 Vgl. Schreyögg, Georg: Organisationskultur, in: Frese, Erich (Hrsg.): Handwörterbuch der Organisation, 3. Aufl., (Poeschel) Stuttgart 1992, Sp. 1525-1537.

464 Vgl. Tietz, Bruno: Der Handelsbetrieb, 2. Aufl., (Vahlen) München 1993, S. 53.

zwischen den Modellelementen unterscheidet *Schein* zwei Grundfunktionen der Unternehmenskultur:

- Anpassung an die Bedingungen nach außen (external adaption) und
- Anpassung an die Bedingungen nach innen (internal integration).

III. Unternehmenspolitik

Gegenstand der vorliegenden Untersuchung sind KMU des Einzelhandels. Es bietet sich daher an, die Systematisierung der Leistungserstellung als originären Kern des Unternehmens mit Hilfe der Erkenntnisse der Handelsbetriebslehre vorzunehmen. Einen sehr umfassenden Ansatz bietet das Konzept der Unternehmenspolitik nach *Tietz*. Der Ansatz beruht auf einer entscheidungs- und aktionsorientierten Betrachtungsweise des Handelsbetriebs.[465] Die Grundbereiche der Unternehmenspolitik sind danach:

- Leistungsprogrammpolitik: Was will ein Unternehmen am Markt leisten, und welche materiellen und finanziellen Ressourcen sind dazu erforderlich?
- Managementpolitik, immaterielle Voraussetzungen zur Erfüllung der Aufgaben der Leistungsprogrammpolitik;
- Realisationstechnologiepolitik, Techniken, z.B. Verhandlungs- oder Entscheidungstechniken.

Der Gesamtzusammenhang wird anhand der Übersicht G-1 verdeutlicht. Das Modell hat große Ähnlichkeit mit dem hier verwendeten Bezugsrahmen. Der externe Datenrahmen läßt sich als Umwelt, der interne Datenrahmen (stark) vereinfacht als Unternehmenskultur interpretieren. Die Realisationstechnologiepolitik wird in der vorliegenden Untersuchung vernachlässigt.

---

[465] Vgl. Tietz, Bruno: Der Handelsbetrieb, 2. Aufl., (Vahlen) München 1993, S. 47.

Übersicht G-1: Bereiche der Unternehmenspolitik

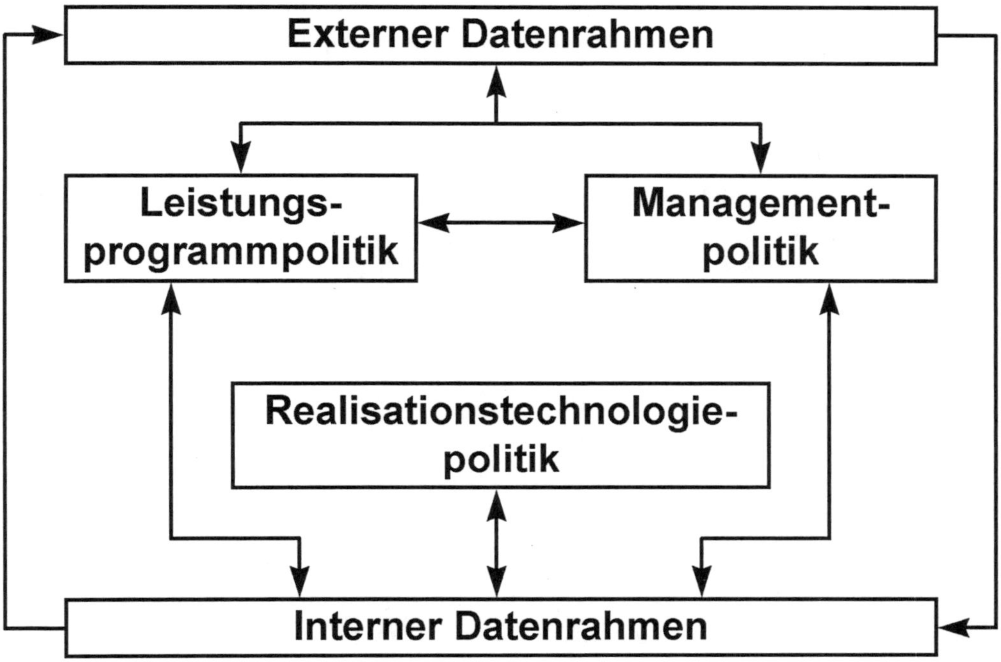

Quelle: Tietz, Bruno: Der Handelsbetrieb, 2. Aufl., (Vahlen) München 1993, S. 52.

Die Einteilung in die Management- und die Leistungsprogrammpolitik kann als Differenzierung in strategische Unternehmenspolitik und operative Unternehmenspolitik aufgefaßt werden. Dabei muß die isolierte Betrachtung der Bereiche um eine gesamtheitliche Sichtweise erweitert werden. *Tietz* weist auf Unternehmens-Mix-Probleme hin, die „weitaus größere Bedeutung"[466] haben als Probleme, die sich auf ein bzw. wenige Instrumente beziehen.

Die Leistungsprogramm- oder Handelsprogrammpolitik kann nach Problemgewicht oder nach Hauptsachbereichen gegliedert werden.[467] Nach der ersten Auffassung ist eine Differenzierung in Grundstruktur-, Folgestruktur- und Ablaufpolitik zweckmäßig. Aufgrund der eindeutigeren Systematisierung wird in der vorliegenden Untersuchung die Betrachtung nach Hauptsachbereichen bevorzugt. Die Leistungsprogrammpolitik kann danach in Grundstruktur-, Markt-, Faktorkombinations- und Finanzierungspolitik

---

466 Tietz, Bruno: Der Handelsbetrieb, 2. Aufl., (Vahlen) München 1993, S. 50.

467 Vgl. Tietz, Bruno: Der Handelsbetrieb, 2. Aufl., (Vahlen) München 1993, S. 66.

gegliedert werden.[468] Die Managementpolitik wird unterteilt in Planung, Organisation, Führung und Kontrolle. Eine übergreifende Sonderstellung nimmt die Information ein. Vereinfacht lassen sich die Dominanz der Managementpolitik über die Leistungsprogrammpolitik und die Dominanz der Handelsprogrammpolitik über die Managementpolitik unterscheiden.[469]

Im empirischen Teil der Arbeit werden nur ausgewählte Instrumentalbereiche betrachtet. Die Auswahl orientiert sich an den in den vorigen Kapiteln gewonnenen Erkenntnissen zur Erfolgsrelevanz einzelner Teilbereiche. Es werden nur Konstrukte einbezogen, deren Einfluß auf den Erfolg theoretisch begründbar ist.

IV. Umwelt

Eine Einteilung umweltrelevanter Einflüsse kann sehr unterschiedlichen Bereichen entnommen werden. Mit dem Einfluß der Umwelt beschäftigen sich z.B. der situative Ansatz, die Organisations- und Managementtheorie und die Wettbewerbstheorie, dort insbesondere unter dem Aspekt der Konkurrenz. Auch die Handelsforschung hat sich mit den Auswirkungen divergierender Umweltbedingungen für Handelsbetriebe auseinandergesetzt. Um den Handelsbezug der Arbeit zu betonen, wird die Umwelt aus der Sicht der Handelsforschung betrachtet. Eine übergreifende und handelsspezifische Sicht bietet die Einteilung in

- Mikroumwelt (Aufgabenumwelt) und
- Makroumwelt.[470]

Arnold/Capella/Smith berücksichtigen unter dem Stichwort „Organization Environment" Struktur- und Leistungsmerkmale als Umweltfaktoren. Diese Aspekte werden im vorliegenden Bezugsrahmen der Unternehmenspolitik zugeordnet.

Die Makroumwelt[471] umfaßt demographische und sozioökonomische Merkmale, soziokulturelle Einflüsse, z.B. Werte, technologische Rahmenbedingungen, z.B. Innovatio-

---

468 Eine Übersicht findet sich bei Tietz, Bruno: Der Handelsbetrieb, 2. Aufl., (Vahlen) München 1993, S. 77.

469 Vgl. Tietz, Bruno: Der Handelsbetrieb, 2. Aufl., (Vahlen) München 1993, S. 78-79.

470 Vgl. Arnold, Danny R.; Capella, Louis M.; Smith, Garry D.: Strategic Retail Management, (Addison-Wesley) Reading/Massachusetts u.a. 1983, S. 103; vgl. Hansen, Ursula: Absatz- und Beschaffungsmarketing des Einzelhandels, 2. Aufl., (Vandenhoeck & Rupprecht) Göttingen 1990, S. 55 f.

nen, ökologische Faktoren, z.B. staatliche Verordnungen und die Sensibilisierung der Verbraucher und die politisch-rechtliche Umwelt, z.B. die Wettbewerbsordnung. Einige der genannten Aspekte, so demographische Faktoren, sind lokalspezifisch und aufgrund der Heterogenität der Standorte der zu untersuchenden Unternehmen aus forschungsökonomischen Gründen nicht berücksichtigt. Andere gelten, z.B. die politisch-rechtliche Umwelt, für alle gleich.

Die Aufgabenumwelt wird eingeteilt in Konsumenten, Lieferanten (channel members) und Beziehungen zwischen den Einzelhandelsunternehmen (competition).[472] Einige Untersuchungsaspekte aus diesem Bereich, so Kundenorientierung und Kooperation, werden in der vorliegenden Untersuchung der Unternehmenspolitik zugeordnet.

Die meisten Anregungen bietet die Wettbewerbssicht. Zu unterscheiden sind der Wettbewerb auf den Absatzmärkten und der Wettbewerb auf den Beschaffungsmärkten. Der Wettbewerb auf dem Absatzmarkt spielt sich auf Produktmärkten (Branchen) und Unternehmungsmärkten (Betriebstypen) ab. Der Wettbewerb auf der Beschaffungsseite besteht in dem Streben nach günstiger Belieferung. Der Beschaffungswettbewerb ist im Einzelhandel zum Teil aufgehoben, da der Regalplatz knapp ist.[473] Damit beschränkt sich die Berücksichtigung der Umwelt in der vorliegenden Studie auf Aspekte der für die Unternehmen gültigen Wettbewerbssituation.

---

471 Vgl. Hansen, Ursula: Absatz- und Beschaffungsmarketing des Einzelhandels, 2. Aufl., (Vandenhoeck & Rupprecht) Göttingen 1990, S. 55-69.

472 Vgl. Hansen, Ursula: Absatz- und Beschaffungsmarketing des Einzelhandels, 2. Aufl., (Vandenhoeck & Rupprecht) Göttingen 1990, S. 70 f.; vgl. Arnold, Danny R.; Capella, Louis M.; Smith, Garry D.: Strategic Retail Management, (Addison-Wesley) Reading/Massachusetts u.a. 1983, S. 103.

473 Vgl. Hansen, Ursula: Absatz- und Beschaffungsmarketing des Einzelhandels, 2. Aufl., (Vandenhoeck & Rupprecht) Göttingen 1990, S. 137, S. 143-144.

H. Erklärungsmodell

Die bisherigen Erkenntnisse werden in der Übersicht H-1 zusammenfassend dargestellt. Die erklärungsrelevanten Theorien bieten Ansätze zur Auswahl potentieller Erfolgsfaktoren. Weitere Anregungen bzw. eine Bestätigung der Bedeutung der ausgewählten Konstrukte bieten die Ergebnisse bisheriger empirischer Untersuchungen, auf die noch eingegangen wird. Die Erkenntnisse fließen ein in das Erklärungsmodell, das davon ausgeht, daß Einflüsse aus Umwelt, der Unternehmenskultur und der Unternehmenspolitik auf den Erfolg wirken.

Übersicht H-1: Die Untersuchungselemente

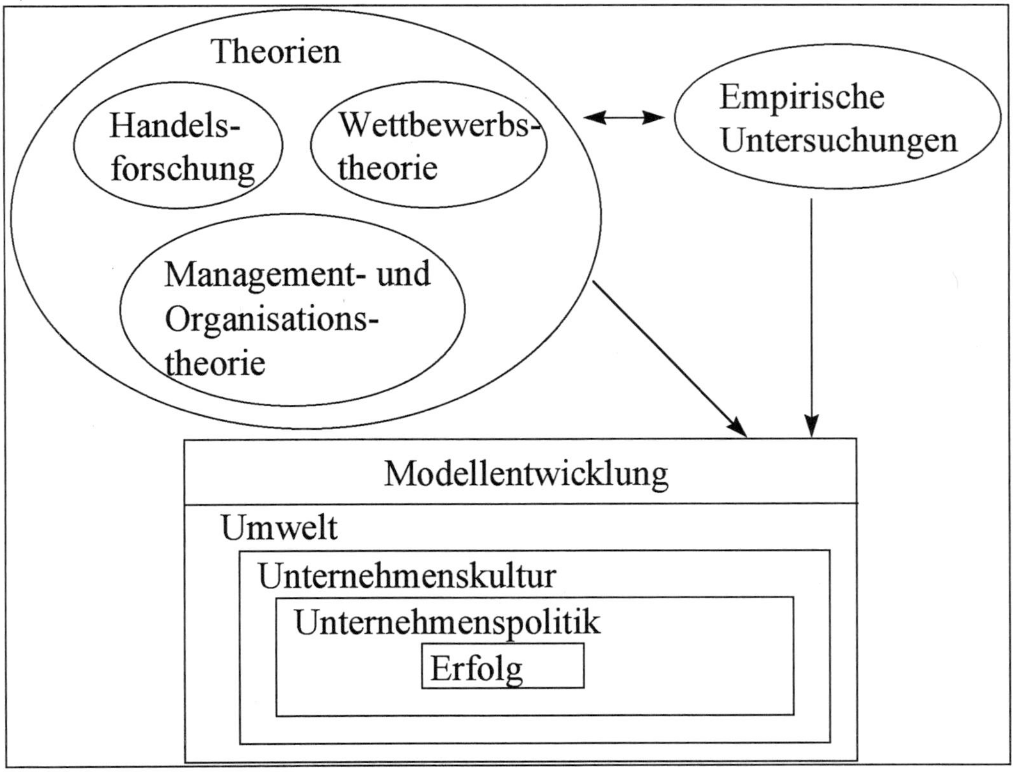

Die Diskussion der Grundlagen und die Forschungsziele führen zu den forschungsleitenden Hypothesen. Erstes Forschungsziel ist die Identifikation von generellen, für mittelständische Handelsunternehmen gültige, Erfolgsfaktoren. Als Erfolgsfaktor wurden Konstrukte definiert, die signifikanten Einfluß auf die Erfolgsindikatoren aufweisen.

H1: *Im mittelständischen Einzelhandel lassen sich generelle Erfolgsfaktoren identifizieren.*

Neben der Identifikation der Erfolgsfaktoren ist der Vergleich von erfolgreichen und weniger erfolgreichen Unternehmen ein Forschungsziel.

H2: *Je erfolgreicher ein Unternehmen, desto stärker ausgeprägt sind dessen generelle Erfolgsfaktoren.*

Diese Hypothese soll untersuchen, inwieweit die ermittelten Erfolgsfaktoren bei den erfolgreichen Unternehmen der Stichprobe vorliegen. Es wird davon ausgegangen, daß die Erfolgsfaktoren bei den erfolgreichen Unternehmen stärker, bei den weniger erfolgreichen Unternehmen schwächer ausgeprägt sind.

Im Erklärungsmodell sind die Einflüsse der Situation zu beachten. Eine mögliche Spezifizierung der Situation ist die Strategische Gruppe. Konstrukte der Unternehmenskultur, der Unternehmenspolitik und Determinanten des Wettbewerbs wirken auf den Erfolg des Unternehmens (vgl. Übersicht H-2). Die zu beachtenden Einflüsse werden aufgrund der hohen Komplexität nicht zu einem Gesamtmodell des Unternehmenserfolgs verdichtet, sondern in einzelnen Teilmodellen im Fünften Kapitel betrachtet.

Übersicht H-2: Vereinfachtes Erklärungsmodell

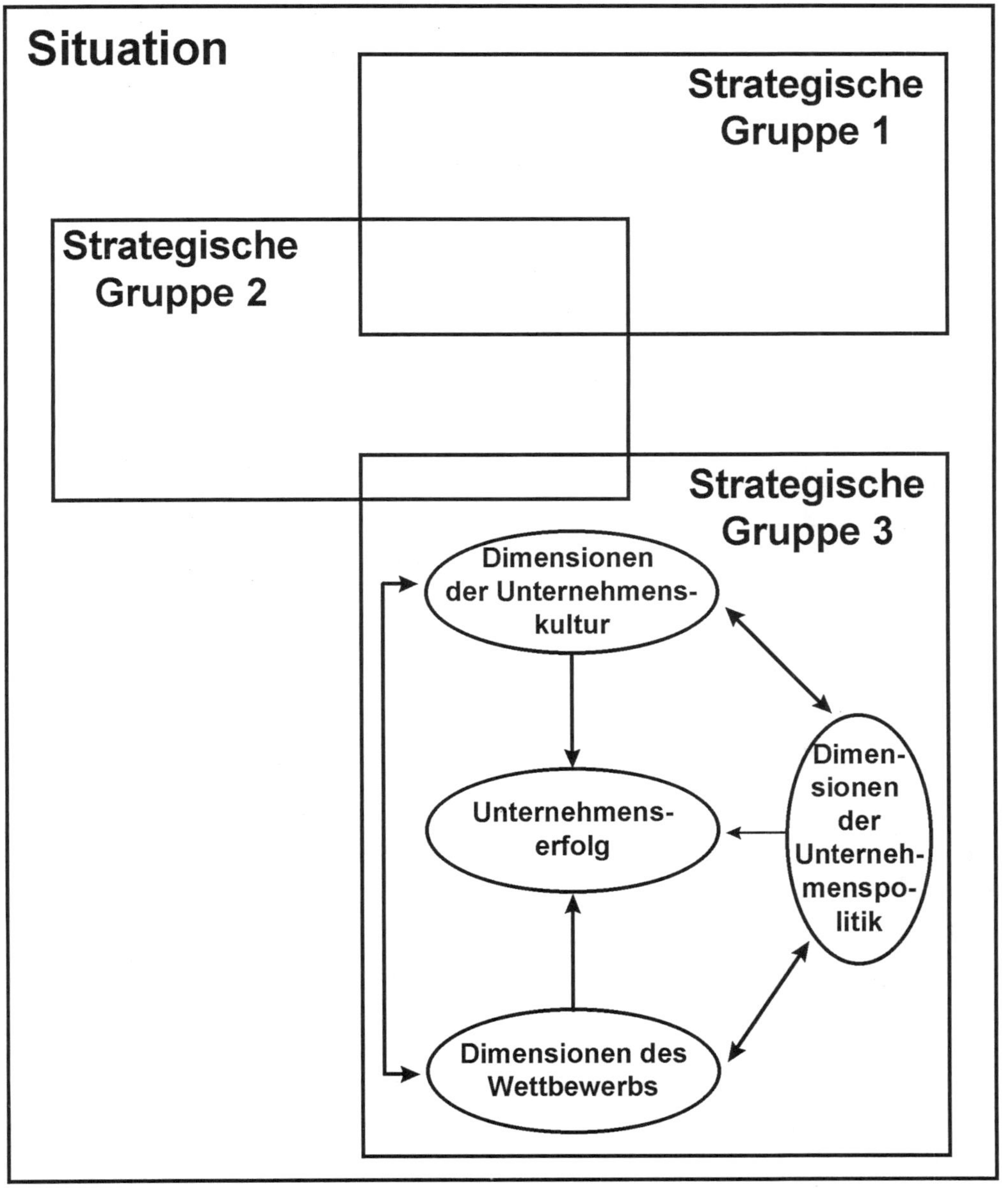

Folgende weiteren forschungsleitenden Hypothesen werden aus der Wettbewerbstheorie und der Zielsetzung der Untersuchung abgeleitet:

H3: *Im mittelständischen Einzelhandel lassen sich hinsichtlich bestimmter Merkmale signifikant unterschiedliche Strategische Gruppen identifizieren.*

Die Ermittlung der Strategischen Gruppen soll anhand von theoriegeleitet festgelegten Struktur- und Leistungsmerkmalen erfolgen. Die Strategischen Gruppen werden demnach gebildet durch Unternehmen mit ähnlichen Strategien. Auf die Erfolgsrelevanz der Gruppenzugehörigkeit wird in der Hypothese H4 gesondert eingegangen.

H4: *Es gibt Strategische Gruppen, die erfolgreicher sind als andere.*

Die theoriegeleitet ermittelten Gruppen werden daraufhin untersucht, ob sie sich hinsichtlich der gewählten Erfolgsindikatoren signifikant unterscheiden.

Die Hypothesen H1 und H2 beruhen weitgehend auf den Grundlagen. Die Hypothesen H3 und H4 werden aus den neueren Ansätzen der Wettbewerbstheorie abgeleitet. Sie beruhen auch auf Überlegungen der Erfolgsfaktorenforschung und des situativen Ansatzes. Als Verknüpfung der beiden Aspeke Erfolgsfaktoren und Strategische Gruppen wird eine weitere Hypothese eingeführt.

H5: *Je erfolgreicher ein Unternehmen, desto eher gehört es zu einer erfolgreichen Strategischen Gruppe.*

Die Hypothesen H1 und H2 sagen in der vorliegenden Form nichts aus über die eigentlichen Erfolgsfaktoren. Deshalb werden spezifische Hypothesen aufgestellt, die potentielle Erfolgsfaktoren untersuchen. Deren Herleitung und Operationalisierung wird im Fünften Kapitel vorgenommen. Auf die zu untersuchenden Dimensionen, z.B. Standort- oder Führungspolitik, wurde in den entsprechenden Abschnitten im theoretischen Teil hingewiesen.

Der Test der forschungsleitenden und spezifischen Hypothesen wird im Fünften Kapitel vorgenommen. Dort wird auch die methodische Vorgehensweise erläutert. Im Vierten Kapitel wird das Vorgehen bei der zur Prüfung der Hypothesen durchgeführten empirischen Untersuchung erläutert. Weiter werden ausgewählte empirische Studien vorgestellt, die die Herleitung und Operationalisierung der spezifischen Hypothesen unterstützen.

Viertes Kapitel: Grundlagen der empirischen Untersuchung

I. Metaanalyse zur Herleitung und Operationalisierung der spezifischen Hypothesen

Ziel einer Metaanalyse ist die Integration der Ergebnisse von Einzeluntersuchungen eines Forschungsgebietes zur Entwicklung, Beurteilung oder Weiterentwicklung von Theorieansätzen.[474] In der vorliegenden Arbeit wird unter der Metaanalyse die Einbeziehung von theoretischen Grundlagen und von bisherigen empirischen Ergebnissen aus ausgewählten Studien zur Herleitung und Operationalisierung von Hypothesen zu potentiellen Erfolgsfaktoren verstanden. Wenn auch im theoretischen Teil die grundsätzliche Erfolgswirksamkeit von Konstrukten nachgewiesen werden konnte, so ist häufig die positive oder negative Wirkungsrichtung aus der Theorie nicht eindeutig zu klären. Darüber hinaus bietet die Theorie nur wenig Anhaltspunkte zur Operationalisierung der Konstrukte.

Die Schritte der Metaanalyse sind:

1. Auswahl der theoretisch relevanten Grundlagen,
2. Auswahl der zu berücksichtigenden Erfolgsfaktorenstudien,
3. Darstellung und Auswertung der Ergebnisse.[475]

Zur Auswahl der analysierten Erfolgsfaktorenstudien

Die Auswahl der Studien beruht auf den vier Kriterien

- Untersuchungsgegenstand,
- Berücksichtigung mehrerer Einflußgrößen,
- empirische Basis und

---

474 Vgl. Kube, Christian: Erfolgsfaktoren in Filialsystemen, (Gabler) Wiesbaden 1991, S. 15.

475 Vgl. Kube, Christian: Erfolgsfaktoren in Filialsystemen, (Gabler) Wiesbaden 1991, S. 22.

- statistische Datenanalyseverfahren.

Untersuchungsgegenstand der vorliegenden Arbeit ist der mittelständische Einzelhandel in der Bundesrepublik Deutschland. Da die Zahl der ausschließlich auf diesen Teilbereich eingehenden Studien sehr gering ist, müssen angrenzende Gebiete mit einbezogen werden. Gute Anregungen bieten Untersuchungen im deutschen Handel, die nicht auf mittelständische Unternehmen beschränkt sind, aber handelsspezifische Anregungen bieten. Weiter werden Erfolgsfaktorenstudien einbezogen, die den mittelständischen Handel in ausländischen Märkten untersuchen. Dabei sind die unterschiedlichen Umfeldbedingungen zu berücksichtigen. Ausgeschlossen werden ausländische Erhebungen, die Großformen des Handels untersuchen, da in diesem Fall sowohl die Umfeldbedingungen als auch der Untersuchungsgegenstand abweichen.

Die einbezogenen Untersuchungen müssen mehrere Einflußgrößen einbeziehen und zudem aus nicht nur einem Faktorbereich (z.B. Personal) stammen.[476] Dieses Vorgehen resultiert aus der grundlegenden Idee der Erfolgsfaktorenforschung, daß der Erfolg eines Unternehmens auf einige zentrale Faktoren zurückzuführen ist. Um diese zu identifizieren, kann die Betrachtung eines einzelnen Faktorbereiches oder eine sehr enge Auswahl nicht genügen. Analog gehen sowohl *Hildebrandt* als auch *Patt* davon aus, daß Untersuchungen, die sich auf einen Teilbereich der Leistungsfaktoren beschränken, nicht der Erfolgsfaktorenforschung zuzurechnen sind.[477] Monokausale, d.h. nur einzelne Erfolgsfaktoren betonende Ansätze, werden nicht berücksichtigt.[478]

Studien, die keine empirische Basis aufweisen bzw. auf qualitativen Einzelfallstudien beruhen,[479] werden ebenfalls nicht betrachtet. Die Auswertung der Daten muß mit Hil-

---

476 Vgl. zu dieser Vorgehensweise Kube, Christian: Erfolgsfaktoren in Filialsystemen, (Gabler) Wiesbaden 1991, S. 29; vgl. ebenso Fritz, Wolfgang: Marketing - ein Schlüsselfaktor des Unternehmenserfolges?, in: Marketing-ZFP, 12. Jg., 1990, Nr. 2, S. 91-110, S. 92.

477 Vgl. Hildebrandt, Lutz: Erfolgsfaktorenforschung im Handel, in: Trommsdorff, Volker (Hrsg.): Handelsforschung 1986, Forschungsstelle für den Handel Berlin (FfH) e.V., (Gabler) Wiesbaden 1986, S. 37-52, S. 43; vgl. Patt, Paul-Josef: Strategische Erfolgsfaktoren im Einzelhandel, 2. Aufl., (Peter Lang) Frankfurt a.M. u.a. 1990, S. 21-22.

478 Vgl. z.B. Müller-Hagedorn, Lothar; Heidel, Bernd: Die Sortimentstiefe als absatzpolitisches Instrument, in: ZfbF, 38. Jg., 1986, Nr. 1, S. 39-63; vgl. weiter Meyer, Gerhard: Die Faktorkombination als strategischer Erfolgsfaktor im Einzelhandel, in: Trommsdorff, Volker (Hrsg.): Handelsforschung 1991, Forschungsstelle für den Handel Berlin (FfH) e.V., (Gabler) Wiesbaden 1992, S. 65-88.

479 Vgl. z.B. Meffert, Heribert: Erfolgsfaktoren im Handel, Einführung in die Problemstellung, in: Meffert, Heribert; Wagner, Helmut (Hrsg.): Dokumentationspapier der Wissenschaftlichen Gesell-

fe von multivariaten statistischen Verfahren erfolgt sein.[480]

Die Übersicht I-1 gibt die wichtigsten Merkmale der nach diesen Kriterien ausgewählten Studien im Überblick wieder. Insgesamt **21 empirische Untersuchungen** aus dem In- und Ausland werden analysiert. Die Erhebungs- und Auswertungsverfahren der Studien werden im Anhang wiedergegeben (vgl. Anhang F). Die Übersicht bestätigt durch die dargestellten Ergebnisse noch einmal die Bedeutung der für die vorliegende Untersuchung ausgewählten potentiellen Erfolgsfaktoren.

schaft für Marketing und Unternehmensführung, Nr. 45, Universität Münster, Münster 1988, S. 1-13.

480 Vgl. zur analogen Eingrenzung Kube, Christian: Erfolgsfaktoren in Filialsystemen, (Gabler) Wiesbaden 1991, S. 29; vgl. auch Fritz, Wolfgang: Marketing - ein Schlüsselfaktor des Unternehmenserfolges?, in: Marketing-ZFP, 12. Jg., 1990, Nr. 2, S. 91-110, S. 92.

Übersicht I-1: Erfolgsindikatoren und wichtige Erfolgsfaktoren der analysierten Studien

Autor, Jahr	*Untersuchungsgegenstand*	*Land*	*Erfolgsindikatoren*	*Wichtige Erfolgsfaktoren*
Bierbaum, Harald 1979	24 Betriebe des Textileinzelhandels	Bundesrepublik Deutschland	• Mitarbeiter- und Verkaufsflächenproduktivität • Netto-Wertschöpfung	• Zahl der Beschäftigten • Schwerpunktbildung und Spannenbetonung im Sortiment
Burmann, Christoph 1995	70 Warenhausfilialen, 5842 Konsumenten	Bundesrepublik Deutschland	Umsatz- und deckungsbeitragsorientierte Flächenproduktivität	• Größe des Marktpotentials • Betriebsgröße • Standortqualität • Service- und Erlebnisorientierung • Konzentration auf die Zielgruppe obere Mittel- und Oberschicht • Intensität der leistungsorientierten Werbung • Qualität des persönlichen Verkaufs • Personalmotivation • Personalintensität
Conant, Jeffrey S.; Smart, Denise T.; Solano-Mendez, Roberto 1993	601 Bekleidungsfachgeschäfte	USA	Subjektive Einschätzung von 7 Größen, z.B. • Produktivität, • Erfolg, • Umsatzwachstum	Sehr erfolgreich sind die strategischen Gruppen • „Merchants“, gekennzeichnet durch Service, Sortimentstiefe, Präsentation, Verkaufsförderung, Convenience und • „Specialists“, gekennzeichnet durch Service, Präsentation, Convenience
Falter, Hartmut 1992	24 Experten, 90 Filialbetriebe Nonfood	Bundesrepublik Deutschland	Subjektive Einteilung in erfolgreiche und nicht erfolgreiche Betriebe	• Unternehmenskultur • Standort • Größe • Sortimentsniveau • Service • Beschränkung auf Stärken
Gaskill, Frank J. 1993	137 kleine und mittelständische Handelsbetriebe verschiedener Branchen	USA	• Umsatz • Produktivität • Subjektiver Erfolg	Operative und strategische Planung
Good, W. S. 1984	96 Lebensmittelhändler	Kanada	Wertschöpfung je Arbeitsstunde (Produktivität)	• Verkaufsfläche • Zugehörigkeit zu Filialkette
Gripsrud, Geir; Horverak, Øyvind 1986	24 Lebensmittelgeschäfte	Norwegen	Prozentuale Veränderung des Umsatzes zwischen 1984 und 1983	• Ladengröße • Öffnungszeiten • Agglomerationslage

Autor, Jahr	*Untersu-chungs-gegenstand*	*Land*	*Erfolgsindikatoren*	*Wichtige Erfolgsfaktoren*
Hilde-brandt, Lutz; Tromms-dorff, Volker 1989	2 Handels-ketten, Sample von Spezialge-schäften	Schweiz	Marktanteil (operationalisiert als pro-zentualer Anteil des Haus-haltsbudgets)	Personaleinsatz und Ladengröße wirken positiv über Preis- und Qualitätsimage
Kube, Christian 1990	77 Gastrono-miebetriebe	Bundesre-publik Deutsch-land	• Ergebnisbeitrag • jährliche Absatzmenge	• Standortqualität • Betriebsgröße • Zielgruppenstrategie • Kenntnisse des Wirts • Wettbewerbsintensität • Stammgästeanteil
Lord, J. Dennis; Lynds, Charles D. 1982	16 Spirituo-sengeschäfte	USA	Umsatz	• Bevölkerung • Haushaltseinkommen • Entfernung zu Wettbewerbern
Lusch, Robert F.; Moon Soo Young 1984	751 Eisenwa-renhändler	USA	Mitarbeiterproduktivität (Wertschöpfung je Mitar-beiter)	• Standort • Hohe Löhne • Optimale Betriebsgröße • Hohes Preisniveau
Olbrich, Rainer 1994	54 System-zentralen des Lebensmittel-handels	Bundesre-publik Deutsch-land	• Subjektive Einschät-zung • Umsatzveränderung • Änderung des Be-triebsergebnisses	• Filialorganisation • Geschäftsfläche
Patt, Paul-Josef 1990	55 textile Bekleidungs-fachgeschäfte	Bundesre-publik Deutsch-land	• Umsatzwachstum • Gesamtgewinn	• Wettbewerbsstärke • Erlebnisorientierung • Nutzung von Systemen • Überschaubarkeit • Leistungs- und Öffentlichkeitsori-entierung

Autor, Jahr	*Untersu-chungs-gegenstand*	*Land*	*Erfolgsindikatoren*	*Wichtige Erfolgsfaktoren*
Sineath, William P. 1974	139 Fachgeschäfte in 11 Shopping-Center	USA	Flächenproduktivität	je nach Branche • Standort (Nähe, Parkplätze) • Marketing (Werbekosten, Öffnungszeiten) • Finanzkauf (Umsatz, auch Durchschnittsbon) • Management (vor allem Erfahrung) • Service • Convenience • Spezialisierung • Qualität • Preis-Leistung • Atmosphäre/Image in den Augen der Konsumenten • Ladengröße • Mitarbeiterzahl
Sulek, Joanne M.; Lind, Mary R.; Maruchek, Ann S. 1995	46 Filialen eines regionalen Lebensmittelhändlers; 1537 Konsumetenbefragungen	USA	Umsatz je Arbeitsstunde	• Implementation von Kundenservicemaßnahmen (z.B. Beschwerdemanagement) • Informationstechnologie • Ladenlayout • Kundenzufriedenheit
Thurik, Aadrian R. 1984	811 Supermärkte	Niederlande und Frankreich	Flächenproduktivität	• Sortimentstiefe • Attraktionsträger • Shopgröße • Raumkosten
Thurik, Aadrian R. 1984	946 Fachgeschäfte	Niederlande	Flächenproduktivität	• Shopgröße • Stadtgröße • Raumkosten
Thurik, Aadrian R. 1984	451 Lebensmittel- und Bekleidungsgeschäfte	Niederlande	Flächenproduktivität	kein Einfluß von Umweltvariablen

Autor, Jahr	*Untersuchungsgegenstand*	*Land*	*Erfolgsindikatoren*	*Wichtige Erfolgsfaktoren*
Wahle, Peter 1991	127 Fachgeschäfte des Radio- und Fernseheinzelhandels sowie 6 Unternehmen und 434 Konsumenten in Siegen	Bundesrepublik Deutschland	• Betriebsergebnis • Betriebshandelsspanne • Betriebshandelsspannenentwicklung • Umsatz • Umsatzentwicklung • Lagerumschlagsgeschwindigkeit • Lagerumschlagsgeschwindigkeitsentwicklung • Gesamtkosten • Gesamtkostenentwicklung • Entwicklung der Wettbewerbsposition • Wettbewerbsposition • Marktanteil • Relativer Marktanteil • Einkaufsstättenbesuch • Kauf • Image	• Niedrige Wettbewerbsintensität • Image • Qualitätsorientierung verbunden mit Sortimentstiefe • Preisaggressivität verbunden mit Sortimentsbreite • Der Erfolg ist abhängig von der Wettbewerbssituation und dem Betriebstyp
Wöllenstein, Stephan 1996	345 Vertragshändler eines Automobilherstellers	Bundesrepublik Deutschland	• Kundenzufriedenheit (Index und Veränderung) • Absatzwachstum • Wachstum Marktanteil • Veränderung relativer Marktanteil	• Differenzierungsstrategie • Persönlicher Verkauf • Händlerindividuelles Kommunikationskonzept • Kundendienst • Marktpotential • Marktvolumen • Marktorientierung der Geschäftsführung • Zielgruppenorientierung • Mitarbeiterorientierung
Zopp, Hans 1965	180 Facheinzelhandelsbetriebe aus sechs verschiedenen Branchen in Nordrhein-Westfalen	Bundesrepublik Deutschland	• Betriebswirtschaftliches Betriebsergebnis • Absatz je beschäftigte Person • Absatz je qm Geschäftsraum • Lagerumschlagsgeschwindigkeit • Kapitalumschlagsgeschwindigkeit	• Qualität Personal • Qualität Führung • Qualität Standort • Qualität Ware • Qualität Lagerwesen • Wertigkeit Sortiment • Qualität Sortimentspolitik • Betriebsgröße

J. Erhebungsdesign

I. Gegenstand

Ziel des empirischen Teils der vorliegenden Arbeit ist die Ermittlung branchenübergreifender Erfolgsfaktoren mittelständischer Einzelhändler. Zu diesem Zweck wurden vier bedeutende klassische Facheinzelhandelsbranchen ausgewählt:[481]

- Möbel,
- Schuhe,
- Textil/Bekleidung,
- Unterhaltungselektronik.

Die empirische Untersuchung zur Ermittlung von Erfolgsfaktoren mittelständischer Einzelhandelsunternehmen gliederte sich in **vier Phasen**:

1. Expertengespräche,
2. Pretest,
3. persönliche Befragung von 31 überdurchschnittlich erfolgreichen Unternehmen aus den vier ausgewählten Branchen,[482]
4. schriftliche Befragung von mindestens je 100 Unternehmen der vier ausgewählten Branchen.

Auf die einzelnen Schritte wird im folgenden eingegangen.

---

[481] Weitere wichtige Branchen des Einzelhandels, so Nahrungs- und Genußmittel oder der Do-it-yourself-Bereich, wurden aufgrund ihrer Spezifika, z.B. Verderblichkeit der Ware (Food) und große Bedeutung diskontorientierter Großflächen, nicht untersucht.

[482] Die erfolgreichen Unternehmen wurden ausgewählt, da davon ausgegangen wurde, daß die nötige Kontrollgruppe weniger erfolgreicher Unternehmen durch die schriftliche Befragung „automatisch“ erreicht wird.

II. Expertengespräche

1. Gegenstand

Zur Vorbereitung der eigentlichen Untersuchung bei mittelständischen Handelsunternehmen wurden Experten der vier ausgewählten Branchen Textil/Bekleidung, Schuhe, Möbel/Einrichtung und Unterhaltungselektronik befragt. Die Gespräche wurden im Januar 1997 geführt. Einige wichtige Punkte werden im folgenden diskutiert. Darüber hinaus werden die untersuchungsrelevanten Branchen kurz vorgestellt. Als Experten, sowohl für mittelständische Einzelhändler als auch für die Branchen, boten sich die Geschäftsführer von Einkaufsgemeinschaften an.

Ziele der Zusammenarbeit mit den Einkaufsgemeinschaften waren:

- Einblick in die Branchen zu gewinnen,
- qualitative Anregungen zu möglichen Erfolgsfaktoren mittelständischer Einzelhändler zu erhalten,
- Diskussion über Spezifika, Chancen, Risiken und auch Definition des Mittelstandes,
- Nennung von sehr erfolgreichen Unternehmen der jeweiligen Branche durch die Geschäftsführer der Einkaufsgemeinschaften,
- Adressen und Ansprechpartner für die schriftliche Befragung zu erhalten und
- Unterstützung der Teilnahmebereitschaft der Unternehmen durch persönliche Ansprache oder Begleitschreiben.

Folgende Einkaufsgemeinschaften konnten für das Projekt gewonnen werden:

- Ariston Schuh-Einkaufsvereinigung, Ulm;
- KATAG Textileinkaufsverbund, Bielefeld;
- Musterring International, Rheda-Wiedenbrück;[483]
- Ruefach, Ulm.

[483] Musterring ist keine „klassische Einkaufsgemeinschaft“ sondern ein Modellverbund, der hochwertige Möbel entwirft und diese über Produktions- und Vertriebslizenzen vermarktet.

2. Zum mittelständischen Einzelhandel

Alle Experten wurden gebeten, die für sie relevante Definition mittelständischer Unternehmen anzugeben. Übereinstimmend wurde eine konkrete Definition abgelehnt. Der Mittelstand wird vielmehr qualitativ bestimmt. Die Ariston nimmt z.B. laut Satzung nur mittelständische Unternehmen in ihren Verbund auf, einen vorgegebenen quantitativen Richtwert gibt es dafür nicht. Eine oft geäußerte Meinung war die, „daß Mittelstand ist, wer sich als Mittelstand versteht." Dennoch ergab die Frage nach Umsatzgrenzen Anhaltspunkte:

- Unternehmen mit 10 bis 20 Mio. DM Umsatz sind im Textilhandel bereits die Ausnahme, der Großteil der Unternehmen realisiert Umsatzwerte unter zwei Mio. DM. Dennoch sind solitäre Textilhäuser mit Umsatzgrößen über 100 Mio. DM dem Mittelstand zuzurechnen, ebenso wie kleinere Filialketten.
- Der Schwerpunkt der Umsatzgrößenklassen im Einzelhandel mit Schuhen liegt unter 5 Mio. DM. Mittelständische Ketten erzielen bis zu 25 Mio. DM Umsatz.
- Die Dimensionen der Möbelbranche sind analog der Größe der Häuser höher anzusetzen. Einzelne Unternehmen, z.B. Kraft in Bad Segeberg oder Mann Mobilia in Karlsruhe, erwirtschaften Umsatzgrößen von bis zu einer Mrd. DM und sind seit Generationen familiengeführt.
- In der Unterhaltungselektronik sind Umsatzgrößen über 50 Mio. DM selten, dennoch werden auch Unternehmen mit bis zu 100 Mio. DM Umsatz dem Mittelstand zugerechnet.

Den Experten wurden mehrere offene Fragen zum Erfolg bzw. Mißerfolg mittelständischer Einzelhändler gestellt. Als die wichtigsten Erfolgsfaktoren mittelständischer KMU nannten die Experten folgende Bereiche:

- Kundenorientierung,
- Sortiment,
- Standort,
- Profilierung,
- Allianzen,
- Qualität der Führung, Eigentümerführung,
- Mindestgröße.

Vorteile der KMU gegenüber Großunternehmen sind:

- Kundenorientierung, größere Marktnähe, Kundenbindung ,
- Flexibilität,
- Individualität,
- Mitarbeiterbindung,
- Sortimentsbegrenzung, Zielgruppenorientierung,
- Fachkompetenz.

Flopfaktoren mittelständischer Einzelhändler sind nach Meinung der Experten:

- Nachfolgeproblematik,
- Unterkapitalisierung,
- Sandwichstrategie, z.B. nicht billig, nicht teuer; Mittelmäßigkeit; Versuch, auf kleiner Fläche alles anzubieten,
- Wettbewerb mit Großbetreibern,
- mangelnde Standortqualität,
- Standortverschiebungen an den Stadtrand,
- Beharrung, mangelnde Beweglichkeit,
- mangelnde Effizienz der Warenwirtschaft.

3. Zu den untersuchungsrelevanten Branchen und den kooperierenden Einkaufsgemeinschaften

a) Gegenstand

Die Branchenfragen orientierten sich an der bekannten Analysetechnik SWOT, die Stärken/Schwächen und Chancen/Risiken abfragt. Die Wettbewerbsintensität wurde in Anlehnung an die fünf Wettbewerbsdeterminanten von *Porter* diskutiert.

b) Einzelhandel mit Textilien/Bekleidung

Im Einzelhandel mit Textilien, Bekleidung und Schuhen (einschließlich Lederwaren) wurden im Jahre 1995 in Deutschland 141,9 Mrd. DM inklusive Mehrwertsteuer umgesetzt. Dies entspricht einem Anteil am gesamten Einzelhandelsumsatz (915,5 Mrd. DM) von 15,5 %. Damit ist dieser Warenbereich nach den Nahrungs- und Genußmitteln der wichtigste Einzelhandelszweig. Die Umsatzentwicklung im Einzelhandel mit Textilien, Bekleidung und Schuhen ist in Westdeutschland seit Jahren stagnierend bis rückläufig. Zuletzt wurden reale Rückgänge von 5,1 % ermittelt.[484]

Die Absatzwege im Einzelhandel mit Textilien und Bekleidung können wie folgt systematisiert werden:

- Textil- und Bekleidungsfacheinzelhandel,
- Filialisten, Fachmärkte, Ketten,
- Franchising,
- Versandhandel,
- Kauf- und Warenhäuser und
- branchenfremder Einzelhandel.

Der Umsatz der Branche wird zu etwa 60 % im Einzelhandel mit textilem Schwerpunkt und zu 40 % im Einzelhandel mit nicht-textilem Schwerpunkt erzielt. Die Bedeutung bestimmter Absatzkanäle oder Betriebstypen für den Absatz von Textilien und Bekleidung muß differenziert gesehen werden. Je nach modischem Anspruch oder Preisniveau der Warengruppe sind unterschiedliche Absatzmittler von Bedeutung. Im Jahre 1995 wurde der Großteil der Waren über den Textilfacheinzelhandel abgesetzt. 58 % des Umsatzes wurden dort erzielt. Es folgen die Waren- und Kaufhäuser vor den Versendern.[485] Wichtige Anbieter sind die Filialketten C&A und Peek & Cloppenburg. Bedeutende Mittelständler in ihrer Region sind z.B. Garhammer in Waldkirchen, Hagemeyer in Minden oder Engelhorn & Sturm in Mannheim.

Eine fortgeschrittene Konzentration zeigt sich bei der Spitze der Branche. Karstadt, Metro und C&A erzielen bereits ein Fünftel des Textilumsatzes. Die 15 Größten konnten ihren Marktanteil in einem Jahr von 37,6 % auf 39,1 % ausbauen.[486]

Die KATAG ist neben Kaufring der bedeutendste Einkaufsverband für Textilien. Bundesweit sind etwa 300 Anschlußhäuser mit über 450 Standorten Mitglied. Der ange-

---

484 Vgl. BAG (Hrsg.): Vademecum des Einzelhandels 1996, Köln 1996, S. 57.

485 Vgl. o.V.: Textilfachhandel bleibt führend, in: TW, 51. Jg., 1996, Nr. 44, S. 10.

486 Vgl. o.V.: Wer geht als nächstes baden?, TW-Rangliste der Größten, in: TW, 50. Jg., 1995, Nr. 45, S. 38-43, S. 38.

schlossene Textilumsatz beträgt über 3 Mrd. DM, davon werden etwa 500 Mio. DM zentralreguliert.

c) Schuheinzelhandel

Der Einzelhandelsumsatz mit Schuhen lag 1995 bei etwa 13,6 Mrd. DM. Die Großzahl der Unternehmen sind Solitärunternehmen mit einem Standort. Gemessen an der Zahl der Arbeitsstätten sind 83 % Solitäre, nur etwa 1 % der Unternehmen hat mehr als 10 Filialen. Bekannte Filialketten sind Reno und Deichmann. Mittelständische Filialketten betreiben z.B. Klauser in Wuppertal und Palm in Langenfeld. Die Konzentration ist auch im Schuheinzelhandel bemerkenswert. Die 17 größten Unternehmen (d.s. 0,2 % der Gesamtzahl der Unternehmen) erzielen etwa 26 % des Gesamtumsatzes.[487]

Die derzeit schwache Konjunktur bietet den guten Unternehmen die Möglichkeit, Ihren Vorsprung auf die Verfolger auszubauen. Weitere Chancen bieten sich durch die schnelle Anpassung an Modewechsel. Als ein großes Problem der Schuhbranche insgesamt gilt das geringe Bewußtsein für Schuhe in Deutschland, im Gegensatz beispielsweise zu Italien. Dieser Mangel stellt auf der anderen Seite eine große Chance für die Zukunft dar. Die größten Risiken der letzten Jahre ergaben sich durch die schwache Konjunktur und den schnellen Preisverfall innerhalb einer Saison. Der Wettbewerb hat in der Schuhbranche zugenommen, ein bekanntes Phänomen in stagnierenden Märkten. Der Kooperationsgrad der Branche liegt bei fast 100 %. Nur einzelne Unternehmen disponieren noch frei. Beispiele sind Görtz und Deichmann. Gefahren entstehen für den mittelständischen Einzelhandel durch den Ausbau der Schuhkompetenz bei den Textiliten und die zunehmende Vertikalisierung. Der Direktabsatz nimmt ständig zu, insbesondere durch Franchising.

Die Ariston Schuh-Einkaufsvereinigung vereint etwa 650 Mitglieder mit insgesamt 1 400 Verkaufsstellen. Der Zentralregulierungsumsatz beträgt ca. 550 Mio. DM.

d) Möbeleinzelhandel

Der Einzelhandelsumsatz mit Möbeln liegt bei ca. 40 Mrd. DM. Die Einbetriebsunternehmen stellen 86 % der Unternehmen und erzielen 49 % des Umsatzes. Die Mitnah-

---

[487] Vgl. Statistisches Bundesamt (Hrsg.): Fachserie 6, Handel, Gastgewerbe, Reiseverkehr, Handels- und Gaststättenzählung 1993, Einzelhandel, Heft 1: Unternehmen des Einzelhandels (Metzler-Poeschel) Stuttgart 1995, S. 42.

me-Möbelmärkte erwirtschaften inzwischen größere Umsatzanteile als der klassische Möbelfachhandel. Bedeutende Vertriebswege sind darüber hinaus die SB-Märkte und die Möbeldiscounter.[488]

Der Möbeleinzelhandel in Deutschland kann als einzigartig in der Welt bezeichnet werden. In keinem anderen Land gibt es eine solch große Anzahl an Großflächen und bedeutenden Einzelhäusern. In Deutschland existieren z.Z. etwa 42 Möbelhändler mit einem Umsatz über 100 Mio. DM.[489] Die Möbelhäuser haben sich immer mehr zu Einrichtungshäusern entwickelt. Solche Generalisten haben eine Mindestverkaufsfläche von über 20 000 qm. Etwa 40 Unternehmen verfügen über Möbelhäuser mit einer Verkaufsfläche über 25 000 qm. Die Möbelsortimente werden abgerundet durch Fachsortimente und Mitnahmeabteilungen, die heute 30 bis 40 % des Umsatzes ausmachen.

Die Konkurrenzsituation ist geprägt durch einen Flächenüberbesatz, der zu Verdrängungswettbewerb und Ausdünnung führen wird, insbesondere in Ostdeutschland. Diese Situation wird zu einer Chance für Spezialisten, die z.B. auf 1 500 qm nur Küchen anbieten. Die Zahl der mittelständischen Einzelhändler liegt seit Jahren konstant bei etwa 40 000, der Kooperationsgrad beträgt nahezu 100 %. Vertikale Kooperationen wie Musterring gibt es dagegen eher selten.

Im Möbelhandel existiert eine recht große Anzahl mittelständischer Familienunternehmen unter den Top 20. Sie haben regionale Marktanteile von 30 bis 40 % und Einzugsgebiete von bis zu 200 km. Da der Möbelkauf ein geplanter Kauf ist, sind die Standorte wenig frequenzabhängig, was die oft ländlichen Ansiedlungen erklärt.

Musterring ist ein Modellverbund, der eigene Modelle in Lizenz entwerfen läßt und diese über Vertriebslizenzen vertreibt. 286 Partner in Deutschland und 150 in Europa erzielen einen Umsatz von etwa 750 Mio. DM. Auf Herstellerseite wird mit rund 85 Partnern zusammengearbeitet.

e) Einzelhandel mit Unterhaltungselektronik (Radio- und Fernsehfachhandel)

Der Endverbraucherumsatz mit Unterhaltungselektronik sank in den vergangenen Jahren konstant von 25,1 Mrd. DM im Jahre 1992 auf 19,2 Mrd. DM im Jahre 1995. Dies bedeutet den Verlust eines Viertels des (wertmäßigen) Marktes. Die Entwicklung ist

488 Vgl. Möbel Zahlen Daten 1996/97, (Holzmann) Hamburg 1996, S. 20.

489 Vgl. o.V.: Spezialisierung oder Generalisierung, in: LZ, 48. Jg., 1996, Nr. 28, S. 52.

vor allem auf den Preisrückgang zurückzuführen. Der Preisindex sank von 1986 bis 1994 um rund 14 %. In der Folge fielen die durchschnittlichen Ausgaben der Haushalte für Unterhaltungselektronik von 733 DM im Jahre 1990 auf 619 DM im Jahre 1994.[490]

Der Fachhandel (einschließlich filialisierte Fachmärkte) ist im Markt für Unterhaltungselektronik der dominante Vertriebsweg. Innerhalb dieser Gruppe erzielen die mittelständischen, inhabergeführten Geschäfte einen Anteil von rund 60 %, der zugunsten der Filialisten leicht zurückging. Die nachfolgend dargestellten Anteile der Vertriebsformen sind seit 1993 weitgehend stabil (vgl. Übersicht J-1).

---

490 Alle Angaben beziehen sich, soweit nicht anders angegeben, auf folgende Quelle: Bundesverband des Unterhaltungs- und Kommunikationselektronik-Einzelhandels e.V. (BVU) (Hrsg.): Geschäftsbericht 1995/96, Köln 1996.

Übersicht J-1: Marktanteile der Vertriebsformen im Unterhaltungselektronik markt im Jahre 1995

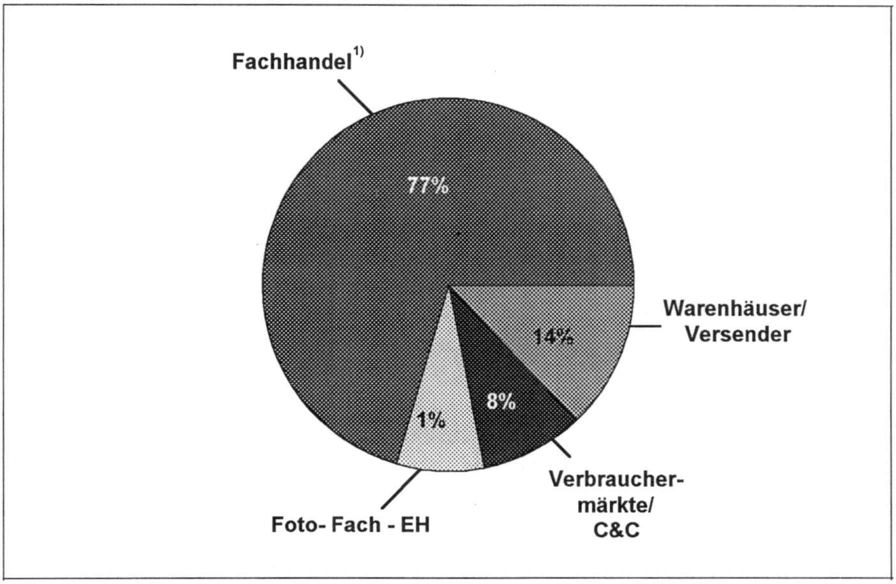

1) Auch Fachmärkte.

Die Konzentration im gesamten Absatzmarkt zeigt sich beim Vergleich von Unternehmensanzahl und Umsatzanteil nach Größenklassen. Im Jahr 1995 erzielten 4 % der Betriebe (mit Umsätzen über 10 Mio. DM) 37 % der Umsätze (vgl. Tabelle J-1).

Tabelle J-1: Umsatzverteilung und Anzahl der Betriebe nach Umsatzgrößenklassen im Jahre 1995

Umsatz von ... bis unter ... DM	*Anteil der Betriebe in %*	*Umsatzanteil in %*
unter 1 Mio.	57	16
1 bis 2 Mio.	22	15
2 bis 5 Mio.	14	21
5 bis 10 Mio.	3	11
über 10 Mio.	4	37
insgesamt	100,0	100,0

Quelle: Bundesverband des Unterhaltungs- und Kommunikationselektronik-Einzelhandels e.V. (BVU) (Hrsg.): Geschäftsbericht 1995/96, Köln 1996, S. 14.

Der mittelständische Fachhandel ist fast vollständig in Kooperationen organisiert. Die Zahl der Ruefach-Gesellschafter liegt derzeit bei 2 200 Unternehmen mit über 2 700 Geschäften. Diese Unternehmen erzielen einen Umsatz von etwa 3 Mrd. DM, wovon ca. 1,6 Mrd. DM über die Ruefach abgerechnet werden.

III. Persönliche Gespräche mit Unternehmen

Die kooperierenden Einkaufsgemeinschaften wurden gebeten, eine Anzahl von etwa 20 sehr erfolgreichen Unternehmen ihres Verbandes zu nennen. Diese wurden anschließend vom Verfasser telefonisch kontaktiert, um einen Gesprächstermin zu vereinbaren. Teilweise wurden die Unternehmen von den Einkaufsgemeinschaften vorkontaktiert, was die Terminvereinbarung wesentlich erleichterte. In einem ersten Schritt wurden als Pretest vier Gespräche mit je einem Unternehmen jeder Branche geführt. Anschließend wurde der Fragebogen überarbeitet.

Insgesamt **31 persönliche Gespräche** mit Geschäftsführern bzw. Inhabern wurden vom Verfasser durchgeführt. In jeder Branche wurden sieben bis acht Gespräche geführt. Die Dauer variierte von einer Stunde bis zu dreieinhalb Stunden. Vor oder nach den Gesprächen wurde eine Betriebsbesichtigung durchgeführt, die wichtige Anhaltspunkte zur Validierung der Gesprächsergebnisse brachte. Geographisch gesehen wurde innerhalb Westdeutschlands keine Eingrenzung vorgenommen.

Die persönlichen Gespräche basierten weitgehend auf dem für die schriftliche Befragung vorgesehenen Fragebogen, der angeregt durch die gewonnenen Erfahrungen leicht modifiziert wurde. Darüber hinaus wurden einige offene Fragen gestellt, die das Verständis der Angaben unterstützen sollten. Die Gespräche wurden im Zeitraum Februar bis April 1997 durchgeführt und brachten wesentliche Erkenntnisse zur Interpretation der noch vorzustellenden Ergebnisse.

IV. Schriftliche Befragung und Stichprobe

Über die persönliche Befragung hinaus wurde eine schriftliche Befragung durchgeführt. Der Versand der Fragebögen fand parallel zu den persönlichen Gesprächen im Zeitraum zwischen März und April 1997 statt.

In den Branchen Möbel, Unterhaltungselektronik und Schuhe wurden je 100 Fragebögen an eine Zufallsstichprobe der Mitglieder der Einkaufsgemeinschaften versandt. Abweichend davon versandte die KATAG (Bekleidung) die Bögen über die hauseigene Post an alle (etwa 300) Mitglieder.

Von den insgesamt rund 600 versandten Bögen wurden 151 ausgefüllt zurückgesendet.[491] Zusammen mit den 31 persönlich erhobenen Fragebögen ergab sich demnach eine Gesamtstichprobe von 182 Datensätzen.

Aufgrund des überproportionalen Anteils der KATAG-Bögen an der Stichprobe[492] und aufgrund der Zielsetzung, branchenübergreifende Aussagen zu gewinnen, wurden nicht alle Bögen dieser Branche in die Auswertung aufgenommen. **110 Fragebögen** wurden schließlich in die Untersuchung einbezogen.

Die folgende Tabelle J-2 zeigt die Verteilung der Fragebögen nach Branchen. Die Textil- und Bekleidungsbranche ist am häufigsten vertreten. Die zweitstärkste Gruppierung stellen die Möbelhändler.

---

[491] Was einem guten Response von etwa 25 % entspricht.

[492] Dies ist wenig überraschend, da an die KATAG-Mitglieder dreimal so viele Bögen verschickt wurden wie an die Unternehmen der anderen Branchen.

Tabelle J-2: Die Stichprobe nach Branchen

Einzelhandel mit ...	*Unternehmen*	*Anteil in %*
Textilien/Bekleidung	42	38,2
Schuhen	19	17,3
Möbeln	27	24,5
Unterhaltungselektronik	21	19,1
Sonstiges	1	0,9
Summe	110	100,0

Weitere deskriptive Angaben zu den untersuchten Unternehmen, so Verteilung der Umsatzklassen, Filialzahl oder Betriebstyp finden sich im Auswertungskapitel. Dort kann die explikative Aussage in Beziehung gesetzt werden zu den deskriptiven Ausprägungen. Die Stichprobe kann aufgrund der Beschränkung der Untersuchungsobjekte auf die Mitgliedsunternehmen von vier ausgewählten Einkaufsgemeinschaften nicht als repräsentativ bezeichnet werden in bezug auf den mittelständischen Einzelhandel. Der hohe Kooperationsgrad im mittelständischen Einzelhandel spricht aber dafür, daß die untersuchten Unternehmen die Mehrzahl mittelständischer Einzelhändler repräsentieren. Eine ähnlich umfassende Datensammlung liegt für den mittelständischen Einzelhandel bisher nicht vor.

Fünftes Kapitel: Ergebnisse der empirischen Untersuchung und theoretische Herleitung und Operationalisierung der spezifischen Hypothesen

K. Gegenstand

Die forschungsleitenden Hypothesen werden im folgenden anhand der erhobenen Daten getestet. Darüber hinaus werden zur Präzisierung möglicher Erfolgsfaktoren weitere spezifische Hypothesen abgeleitet und geprüft.

Der Ablauf des Auswertungsteils stellt sich wie folgt dar:

Im Abschnitt „Generelle Erfolgsfaktoren im mittelständischen Einzelhandel" wird die Hypothese H1 geprüft. Dazu werden mit Hilfe einer Metaanalyse, die theoretische Überlegungen und die Ergebnisse anderer Untersuchungen berücksichtigt, spezifische Hypothesen gebildet, die anschließend vorläufig bestätigt oder abgelehnt werden.[493] Die Ausführungen zu den potentiellen Erfolgsfaktoren werden wie folgt unterteilt:

1. Metaanalyse und Operationalisierung
- Theoretische Grundlagen;
- Empirische Ergebnisse der einbezogenen Studien;
- Hypothesen und Operationalisierung.
2. Ergebnisse der empirischen Untersuchung
- Teilweise deskriptive Auswertungen;
- Hypothesentest.

Wie bereits erläutert, ist es nicht Ziel der Erfolgsfaktorenforschung, einen möglichst umfassenden Katalog möglicher Einflüsse zu ermitteln. Ziel ist es vielmehr, die auf-

[493] Die Auffassung der Metaanalyse in der vorliegenden Studie wurde im Vierten Kapitel erläutert.

grund theoretischer Vorüberlegungen als relevant ermittelten Bereiche auf ihre Erfolgswirksamkeit zu untersuchen. Besonderer Wert wird auf den Mittelstandsbezug gelegt. In diesem Zusammenhang sind z.B. die Konstrukte Flexibilität, Führungsstil oder Beziehungspromotorenkonzept zu nennen.

Folgende Dimensionen werden (nach der Reihenfolge ihrer Einordnung in den Bezugsrahmen) aufgenommen:

- Unternehmenskultur
- Standortpolitik
- Unternehmensgröße
- Kooperation und Strategische Allianz
- Beziehungspromotorenkonzept
- Sortimentspolitik
- Servicepolitik
- Flexibilität
- Personalpolitik
- Führungspolitik
- Wettbewerbssituation

Der Abschnitt „Mustervergleich von erfolgreichen und nicht erfolgreichen Unternehmen" hat die Hypothese H2 zum Inhalt, wonach die Erfolgsfaktoren umso ausgeprägter sind, je erfolgreicher das Unternehmen. Im Teil „Strategische Gruppen im mittelständischen Einzelhandel" werden die Hypothesen H3 und H4 getestet. Danach gibt es Strategische Gruppen, die unterschiedlich erfolgreich sind.

Abschließend wird eine Verbindung der beiden Auswertungsteile vorgenommen, indem untersucht wird, inwieweit ein Zusammenhang zwischen dem Erfolg der Unternehmen und der Zugehörigkeit zur Strategischen Gruppe besteht.

L. Generelle Erfolgsfaktoren im mittelständischen Einzelhandel

I. Vorgehen

Die erste Hypothese fußt primär auf der Erfolgsfaktorenforschung, die davon ausgeht, daß zentrale Einflußgrößen im Unternehmen existieren.[494] Dies entspricht den Ergebnissen der PIMS-Studie, wonach aus einem Pool von 200 Variablen letztlich sieben Erfolgsfaktoren ermittelt wurden.[495]

Die Prüfung der Hypothese erfolgt mit der Faktorenanalyse und der Regressionsanalyse. Die Faktorenanalyse reduziert eine Vielzahl von Variablen aufgrund von Korrelationen zwischen den Variablen auf eine kleinere Zahl von Einflußfaktoren. Im Mittelpunkt stehen die Fragen, auf wieviele Faktoren die Variablen zurückzuführen sind, und welchen Einfluß die Faktoren auf die einzelnen Variablen haben. Der Einfluß wird gemessen in der Höhe der Faktorladungen.[496] Die Faktoren sind hypothetische, nicht beobachtbare Größen, die der Vielzahl von beobachtbaren Merkmalsvariablen zugrundeliegen.

Zentrale Kritik an der Faktorenanalyse ist die Tatsache, daß sich die Faktoren generell ergeben, die Interpretation aber immer subjektiv bleibt.[497] Bei einer großen Zahl erfaßter Variablen ist es dennoch sinnvoll, die Einzelvariablen zu höher aggregierten Konstrukten zu verdichten.[498] Prämisse der Faktorenanalyse ist die Unabhängigkeit der Faktoren untereinander.[499] Die Bündelung der Variablen zu Faktoren beruht allein auf empirischen Korrelationen, grundsätzlich können alle Variablen auf Faktoren laden.

---

494 Vgl. Leidecker, Joel K.; Bruno, Albert V.: Identifying and Using Critical Success Factors, in: Long Range Planning, 17. Jg., 1984, Nr. 1, S. 23-32, S. 24.

495 Vgl. Buzzell, Robert D.; Gale, Bradley T.: Das PIMS-Programm. Strategien und Unternehmenserfolg, (Gabler) Wiesbaden 1989.

496 Vgl. Backhaus, Klaus u.a.: Multivariate Analysemethoden, 8. Aufl., (Springer) Berlin u.a. 1996, S. 202.

497 Vgl. Hammann, Peter; Erichson, Bernd: Marktforschung, 3. Aufl., (Gustav Fischer) Stuttgart u.a. 1994, S. 213.

498 Vgl. Wöllenstein, Stephan: Betriebstypenprofilierung in vertraglichen Vertriebssystemen, (Peter Lang) Frankfurt a.M. u.a. 1996, S. 156.

499 Vgl. Backhaus, Klaus u.a.: Multivariate Analysemethoden, 8. Aufl., (Springer) Berlin u.a. 1996, S. 208.

Die gefundenen Faktoren werden anschließend interpretiert. Dazu werden alle Variablen, die auf einen Faktor hoch laden, herangezogen. Nach *Backhaus u.a.* werden Ladungen über 0,5 als „hoch" bezeichnet.[500] Die Faktorladung kann als Zusammenhang zwischen Variable und Faktor, als Korrelation zwischen beiden, interpretiert werden.[501]

Als Verfahren zur Faktorbildung wird in der vorliegenden Untersuchung die Hauptkomponentenmethode gewählt. Die Hauptkomponentenmethode unterstellt, daß sich die gesamte Varianz der Merkmalsvariablen auf eine Menge gemeinsamer Faktoren zurückführen läßt.[502] Die Methode reduziert die Variablen auf möglichst wenige Faktoren und ermöglicht darüber hinaus die Berechnung exakter Faktorwerte.[503] Die Zahl der Faktoren wird üblicherweise über die Eigenwerte bestimmt. Danach werden soviele Faktoren extrahiert, wie Eigenwerte größer als 1 vorliegen. Der Eigenwert ist der Erklärungsanteil eines Faktors im Hinblick auf alle Variablen.[504] Eine eindeutige Lösung ergibt sich erst durch die Faktorrotation, die meist mit der Varimax-Methode erfolgt.[505]

Anschließend an die Faktorenanalyse werden die ermittelten Konstrukte in Beziehung gesetzt zu den ausgewählten Erfolgsindikatoren. Damit wird dem eigentlichen Ziel der Untersuchung Rechnung getragen, nach dem zu prüfen ist, inwieweit die Konstrukte

---

500 Vgl. Backhaus, Klaus u.a.: Multivariate Analysemethoden, 8. Aufl., (Springer) Berlin u.a. 1996, S. 228.

501 Vgl. Backhaus, Klaus u.a.: Multivariate Analysemethoden, 8. Aufl., (Springer) Berlin u.a. 1996, S. 208.

502 Vgl. Hammann, Peter; Erichson, Bernd: Marktforschung, 3. Aufl., (Gustav Fischer) Stuttgart u.a. 1994, S. 208.

503 Vgl. Backhaus, Klaus u.a.: Multivariate Analysemethoden, 8. Aufl., (Springer) Berlin u.a. 1996, S. 221 f.; vgl. Bühl, Achim; Zöfel, Peter: SPSS für Windows Version 6, (Addison-Wesley) Bonn u.a. 1994, S. 304 f.

504 Vgl. Backhaus, Klaus u.a.: Multivariate Analysemethoden, 8. Aufl., (Springer) Berlin u.a. 1996, S. 225.

505 Vgl. Bühl, Achim; Zöfel, Peter: SPSS für Windows Version 6, (Addison-Wesley) Bonn u.a. 1994, S. 303; Faktorenanalysen können mit Koeffizienten, die formal als metrische Maße anzusehen sind, durchgeführt werden, vgl. Hüttner, Manfred: Grundzüge der Marktforschung, 4. Aufl., (de Gruyter) Berlin u.a. 1989, S. 228; Bei ordinalem Skalenniveau ist es streng genommen nicht zulässig, Mittelwerte zu bilden. Es kann allerdings davon ausgegangen werden, daß die Abstände der einzelnen Skalenwerte als gleich interpretiert werden und somit intervallskaliertes Niveau gegeben ist, vgl. Zentes, Joachim: Grundbegriffe des Marketing, 4. Aufl., (Schäffer-Poeschel) Stuttgart 1996, S. 351, S. 371; vgl. Backhaus, Klaus u.a.: Multivariate Analysemethoden, 8. Aufl., (Springer) Berlin u.a. 1996, S. XIV.

Einfluß auf den Erfolg des Unternehmens haben. Aufgrund des metrischen Skalenniveaus der abhängigen Variablen und der Tatsache, daß mehrere unabhängige Variablen simultan zu berücksichtigen sind, ist die Regressionsanalyse anzuwenden. Die Regressionsanalyse hat zum Ziel, einen (linearen) Zusammenhang zu finden, mit dem sich die Änderung der abhängigen Variablen möglichst gut erklären bzw. prognostizieren läßt.

Die Erfolgsfaktorenforschung impliziert eine Auffassung der Erfolgsfaktoren als theoretische Konstrukte, die jeweils durch mehrere Indikatoren gemessen werden. Die **Idee der Konstrukte wird in der Faktorenanalyse umgesetzt**. Damit bietet es sich an, **das Verfahren der Faktorenanalyse mit dem der Regressionsanalyse zu verknüpfen.**[506]

Die Regressionsanalyse verlangt voneinander unabhängige Variablen. Wird ein Konstrukt durch mehrere Indikatoren beschrieben, ist dagegen davon auszugehen, daß diese nicht unabhängig sind. Bei Studien, die den Einfluß direkt gemessener Variablen auf den Erfolg untersuchen, besteht eine hohe Wahrscheinlichkeit für das Auftreten von Multikollinearität.[507] Die Verwendung von Faktoren kann zur Vermeidung von Multikollinearität beitragen[508] und gewährleistet damit gleichzeitig, daß in der anschließenden Regressionsanalyse keine miteinander korrelierenden Variablen eingehen, was zu einer falschen Regressionsfunktion führen würde.[509]

Ziel der Erfolgsfaktorenforschung ist es, nicht alle Einflußgrößen aufzuzeigen, sondern eine Konzentration auf die wichtigsten vorzunehmen.[510] Deshalb ist es in dieser Untersuchung lediglich möglich, eine Anzahl von Einflußgrößen zu identifizieren, die möglicherweise einen Einfluß auf den Erfolg haben. Die Berücksichtigung aller denkbaren

---

506 Vgl. zum gleichen Vorgehen Wöllenstein, Stephan: Betriebstypenprofilierung in vertraglichen Vertriebssystemen, (Peter Lang) Frankfurt a.M. u.a. 1996, S. 262 f.; vgl. auch Patt, Paul-Josef: Strategische Erfolgsfaktoren im Einzelhandel, 2. Aufl., (Peter Lang) Frankfurt a.M. 1990, S. 202 f.

507 Vgl. zum Problem der Multikollinearität Backhaus, Klaus u.a.: Multivariate Analysemethoden, 8. Aufl., (Springer) Berlin u.a. 1996, S. 33 f.

508 Vgl. Backhaus, Klaus u.a.: Multivariate Analysemethoden, 8. Aufl., (Springer) Berlin u.a. 1996, S. 34.

509 Vgl. Schuchard-Ficher, Christiane: Multivariate Analysemethoden, 2. Aufl., (Springer) Berlin u.a. 1982, S. 96; Als Variablen der Regression sind die Faktorwerte zu verwenden, die vom Anwendungsprogramm SPSS berechnet werden können. Sie können als Ausprägung der Faktoren bei den Objekten interpretiert werden. Die Faktorwerte sind standardisiert, d.h. sie haben einen Mittelwert von 0 und eine Varianz von 1, vgl. Backhaus, Klaus u.a.: Multivariate Analysemethoden, 8. Aufl., (Springer) Berlin u.a. 1996, S. 231, S. 246; der Faktorwert gibt darüber Auskunft, wie stark die in einem Faktor zusammengefaßten Merkmale beim Objekt ausgeprägt sind, vgl. Bortz, Jürgen: Statistik für Sozialwissenschaftler, 4. Aufl., (Springer) Berlin u.a. 1993, S. 480.

510 Vgl. Kube, Christian: Erfolgsfaktoren in Filialsystemen, (Gabler) Wiesbaden 1991, S. 186.

Einflußfaktoren ist darüber hinaus nicht mit dem Prinzip des theoriegeleiteten Vorgehen vereinbar.

Als abhängige Variablen der Regression dienen die festgelegten vier Erfolgsindikatoren. Dabei wird die Regression zwischen den Konstrukten und jedem der Erfolgsindikatoren getrennt durchgeführt, da nur eine abhängige Variable im Regressionsmodell berücksichtigt werden kann. Darüber hinaus ist zu vermuten, daß der Einfluß der Konstrukte auf verschiedene Erfolgsgrößen unterschiedlich ist. So dürften zur Erhöhung der Produktivität teilweise andere Einflußgrößen hilfreich sein als zur Steigerung des Umsatzes.[511]

Die exploratorische Faktorenanalyse bietet die Möglichkeit der Faktorwertgenerierung. Allerdings bietet das rein exploratorische Vorgehen die Gefahr, schwer interpretierbare und wenig valide Faktoren zu erzeugen. Eine Möglichkeit, diese Probleme zu umgehen, bietet die **restringierte Faktorenanalyse.**[512] Dabei werden die Items unter inhaltlichen Gesichtspunkten gegliedert. Für die so gebildeten Gruppierungen werden jeweils Faktorenanalysen durchgeführt. Es werden demnach nicht alle Variablen simultan verarbeitet, sondern stets eine begrenzte (restringierte) Zahl. Die restringierte Faktorenanalyse hat große Ähnlichkeit mit der konfirmatorischen Faktorenanalyse, bei der a priori Hypothesen über die den Indikatoren zugrunde liegende Faktorenstruktur formuliert werden.[513] Die hier angewandte theoriegeleitete Ableitung von Konstrukten orientiert sich am, für die Untersuchung aufgestellten, Bezugsrahmen. Im Prinzip werden dabei die im Fragebogen enthaltenen Items den Konstrukten als deren Indikatoren zugeordnet. So wird beispielsweise das Konstrukt Erreichbarkeit aus den Variablen gute Erreichbarkeit und ausreichend Parkplätze gebildet. Für jede der Variablengruppen wird eine Faktorenanalyse nach der Hauptkomponentenmethode durchgeführt. Diese Vorgehensweise schließt eine Korrelation der ermittelten Erfolgsfaktoren nicht aus, was akzeptiert wird, da eine solche Korrelation oft inhaltlich zu begründen ist.[514]

---

511 Die Indikatoren sind statistisch korreliert. Da sie in die Regressionsmodelle einzeln als abhängige Variablen eingehen, ist die Unabhängigkeit keine notwendige Voraussetzung.

512 Vgl. zu dieser Vorgehensweise Wöllenstein, Stephan: Betriebstypenprofilierung in vertraglichen Vertriebssystemen, (Peter Lang) Frankfurt a.M. u.a. 1996, S. 158; vgl. weiter Kube, Christian: Erfolgsfaktoren in Filialsystemen, (Gabler) Wiesbaden 1991, S. 188 f.

513 Vgl. Homburg, Christian; Giering, Annette: Konzeptualisierung und Operationalisierung komplexer Konstrukte, Ein Leitfaden für die Marketingforschung, in: Marketing ZFP, 18. Jg., 1996, Nr. 1, S. 5-24, S. 9.

514 Vgl. Kube, Christian: Erfolgsfaktoren in Filialsystemen, (Gabler) Wiesbaden 1991, S. 189.

Das Vorgehen innerhalb der folgenden Untersuchungsschritte wird noch einmal zusammenfassend dargestellt:

1. Restringierte Faktorenanalyse zur Ermittlung relevanter Konstrukte. Die in die Faktorenanalyse einbezogenen Variablen werden anhand des Bezugsrahmens theoretisch geleitet ausgewählt.
2. Interpretation der ermittelten Konstrukte als mögliche Einflußgrößen.
3. Berechnung der Regressionsfunktionen mit den ermittelten Konstrukten als unabhängige Variablen und den Erfolgsindikatoren als abhängige Variablen.[515]

In den folgenden Betrachtungsschritten werden Unterhypothesen formuliert, die die Einflußgrößen und ihre Erfolgswirkungen postulieren. Nach den theoretischen Vorüberlegungen werden bisherige empirische Ergebnisse vorgestellt. Die Ergebnisse entstammen zum größten Teil den im Vierten Kapitel vorgestellten Studien zur Erfolgsfaktorenforschung im Handel.

---

[515] Die Korrelation kann keine Kausalzusammenhänge aufdecken. Dies führt zu der Folgerung, daß sich nur Wahrscheinlichkeiten ableiten lassen. Die Kausalität kann demnach nicht bewiesen werden, mit zunehmender Zahl mißlungener Falsifikationsversuche kann die Hypothese als bewährt gelten, vgl. Bortz, Jürgen: Statistik für Sozialwissenschaftler, 4. Aufl., (Springer) Berlin u.a. 1993, S. 217; vgl. Kube, Christian: Erfolgsfaktoren in Filialsystemen, (Gabler) Wiesbaden 1991, S. 46-47. Demnach können die Hypothesen auch nur vorläufig bestätigt werden. Trotz dieser Restriktionen werden die im folgenden ermittelten Beziehungen zwischen unabhängigen und abhängigen Variablen als kausale Einflüsse interpretiert. Die theoriegeleitete Auswahl der Untersuchungsbereiche und die als kausal unterstellten Zusammenhänge erlauben eine solche Interpretation. Bei der Regression wird eine einseitige Abhängigkeit unterstellt, vgl. Berekoven, Ludwig; Eckert, Werner; Ellenrieder, Peter: Marktforschung. Methodische Grundlagen und praktische Anwendung, 7. Aufl., (Gabler) Wiesbaden 1996, S. 203; vgl. Backhaus, Klaus u.a.: Multivariate Analysemethoden, 8. Aufl., (Springer) Berlin u.a. 1996, S. 3. Dennoch läßt sich Kausalität „korrelationsstatistisch nur widerlegen, aber nicht eindeutig bestätigen", Bortz, Jürgen: Statistik für Sozialwissenschaftler, 4. Aufl., (Springer) Berlin u.a. 1993, S. 217.

II. Unternehmenskultur

1. Metaanalyse und Operationalisierung

Die Unternehmenskultur ist nach funktional-objektivistischer Auffassung eine von mehreren (unternehmens-) internen Variablen, während sie nach der interpretativ-subjektivistischen Auffassung die allumfassende organisatorische Erklärungsvariable ist.[516] Ein erfolgreiches Kulturmanagement muß beide Ansichten verbinden.[517] Die Idee vom strategischen Kulturmanagement hat inzwischen der realistischeren Auffassung vom kulturbewußten Management Platz gemacht.[518]

Zur Systematisierung der Kulturart verwendet *Scholz* fünf zentrale Kulturdimensionen, die alle als Nominalskalen aufgefaßt werden können:[519]

- zeitinduzierte Dimension,
- extern induzierte Dimension,
- intern induzierte Dimension,
- werteorientierte Dimension,
- pathologiebezogene Dimension.

Die werteorientierte Dimension stellt auf diverse betriebswirtschaftliche Kerngrößen ab:[520]

- Kundenorientierung,
- Mitarbeiterorientierung,

---

516 Vgl. Scholz, Christian: Personalmanagement, 4. Aufl., (Vahlen) München 1994, S. 509; vgl. dazu auch Staehle, Wolfgang H.: Management, Eine verhaltenswissenschaftliche Perspektive, 7. Aufl., (Vahlen) München 1994, S. 472; vgl. weiter Ulrich, Peter: Unternehmenskultur, in: Wittmann, Waldemar u.a. (Hrsg.): Handwörterbuch der Betriebswirtschaft, 5. Aufl., (Poeschel) Stuttgart 1993, Sp. 4351-4366, Sp. 4355; vgl. weiter Schreyögg, Georg: Organisationskultur, in: Frese, Erich (Hrsg.): Handwörterbuch der Organisation, 3. Aufl., (Poeschel) Stuttgart 1992, Sp. 1525-1537, Sp. 1525.

517 Vgl. Scholz, Christian: Personalmanagement, 4. Aufl., (Vahlen) München 1994, S. 513.

518 Vgl. Ulrich, Peter: Unternehmenskultur, in: Wittmann, Waldemar u.a. (Hrsg.): Handwörterbuch der Betriebswirtschaft, 5. Aufl., (Poeschel) Stuttgart 1993, Sp. 4351-4366, Sp. 4360 f.

519 Vgl. Scholz, Christian: Personalmanagement, 4. Aufl., (Vahlen) München 1994, S. 497.

520 Vgl. Scholz, Christian: Personalmanagement, 4. Aufl., (Vahlen) München 1994, S. 489.

- Resultats- und Leistungsorientierung,
- Innovationsorientierung,
- Kostenorientierung,
- Unternehmensorientierung,
- Technologieorientierung.

Die wertorientierte Sicht bildet die Grundlage zur Messung der Unternehmenskultur in einer Untersuchung zur deutsch-britischen Zusammenarbeit, deren Ziel es war, internationale Unterschiede in der Unternehmenskultur zu analysieren.[521] Die Kulturstärke ist neben der Kulturart ein weiterer wichtiger Aspekt der Unternehmenskultur. Je stärker die Kultur ist, desto eher prägt sie das Verhalten.[522] Der positive Einfluß der Unternehmenskultur auf herausragende Organisationsleistungen wird vor allem durch starke Kulturen vermutet.[523]

Die Unternehmenskultur erfüllt im günstigsten Fall vier Funktionen:[524]

- Koordinationsfunktion,
- Motivationsfunktion,
- Identifikationsfunktion,
- Profilierungsfunktion gegenüber anderen Unternehmen.

Neben positiven Effekten der Unternehmenskultur, z.B. Handlungsorientierung oder Stabilität, sind auch negative Effekte zu beobachten, z.B. Tendenz zur Abschließung.[525]

---

521 Vgl. Scholz, Christian: Deutsch-britische Zusammenarbeit: Organisation und Erfolg von Auslandsniederlassungen, (Hampp) München u.a. 1993, S. 2, S. 166-167.

522 Vgl. Scholz, Christian: Personalmanagement, 4. Aufl., (Vahlen) München 1994, S. 498.

523 Vgl. Steinmann, Horst; Schreyögg, Georg: Management: Grundlagen der Unternehmensführung, 3. Aufl., (Gabler) Wiesbaden 1993, S. 594; vgl. weiter Scholz, Christian: Personalmanagement, 4. Aufl., (Vahlen) München 1994, S. 499; vgl. auch Schreyögg, Georg: Organisationskultur, in: Frese, Erich (Hrsg.): Handwörterbuch der Organisation, 3. Aufl., (Poeschel) Stuttgart 1992, Sp. 1525-1537, Sp. 1530.

524 Vgl. Scholz, Christian: Personalmanagement, 4. Aufl., (Vahlen) München 1994, S. 490; vgl. zu einer etwas abweichenden Einteilung, wonach statt der Profilierungsfunktion die Integrationsfunktion angegeben wird, Staehle, Wolfgang H.: Management, Eine verhaltenswissenschaftliche Perspektive, 7. Aufl., (Vahlen) München 1994, S. 486.

525 Vgl. Steinmann, Horst; Schreyögg, Georg: Management: Grundlagen der Unternehmensführung, 3. Aufl., (Gabler) Wiesbaden 1993, S. 597-600; vgl. weiter Schreyögg, Georg: Organisationskul-

Die Ergebnisse von *Ouchi*, nach denen erfolgreiche Firmen eine als Theorie Z bezeichnete Unternehmenskultur aufweisen, und die Tatsache, daß japanische Tochtergesellschaften in den USA in kürzester Zeit hohe Produktivitätsvorteile verzeichnen konnten, führen zu der Überlegung, daß die Unternehmenskultur eine zumindest teilweise gestaltbare Instrumentvariable des Management darstellt.[526] Die funktionale Kulturnutzung impliziert, daß die Unternehmenskultur gezielt zur Erhöhung der Effizienz einer Organisation eingesetzt werden kann, wovon z.B. *Peters/Waterman* ausgehen. Objektiv erfaßt wird die Kultur in der klassischen Sozialforschung und den daran ansetzenden statistischen Auswertungsmethoden. Damit läßt sich in ausreichendem Maße von objektiven Erkenntnissen sprechen.[527]

Empirische Ergebnisse bisheriger Studien

Die Unternehmenskultur war in den ausgewählten Studien nur selten Untersuchungsgegenstand. Nach *Falter* legen wettbewerbsstarke Unternehmen größeren Wert auf Kultursymbole als die Vergleichsbetriebe.[528] Die Mitarbeiterorientierung wirkt als Erfolgsfaktor sowohl auf psychographische als auch ökonomische Erfolgsgrößen.[529]

Die bereits erwähnte Studie von *Scholz* und ihre Operationalisierung der Unternehmenskultur soll hier als Vorbild der Messung dienen, da sie im Gegensatz zu den Kulturdimensionen von *Patt*[530] oder *Wölk*[531] theoretisch fundierte und mehrdimensional gemessene Konstrukte bietet.[532] Die Unternehmenskultur wird als doppelt skalierte Variable aufgefaßt, und zwar als zumindest ordinalskalierte Variable für die Stärke der Unternehmenskultur und als nominalskalierte Variable für die Art der Unternehmens-

---

tur, in: Frese, Erich (Hrsg.): Handwörterbuch der Organisation, 3. Aufl., (Poeschel) Stuttgart 1992, Sp. 1525-1537, Sp. 1531-1533.

526 Vgl. Ulrich, Peter: Unternehmenskultur, in: Wittmann, Waldemar u.a. (Hrsg.): Handwörterbuch der Betriebswirtschaft, 5. Aufl., (Poeschel) Stuttgart 1993, Sp. 4351-4366, Sp. 4353.

527 Vgl. Scholz, Christian: Personalmanagement, 4. Aufl., (Vahlen) München 1994, S. 509-511.

528 Vgl. Falter, Hartmut: Wettbewerbsvorteile von Filialbetrieben, (DUV) Wiesbaden 1992, S. 183.

529 Vgl. Wöllenstein, Stephan: Betriebstypenprofilierung in vertraglichen Vertriebssystemen, (Peter Lang) Frankfurt a.M. u.a. 1996, S. 269.

530 Vgl. Patt, Paul-Josef: Strategische Erfolgsfaktoren im Einzelhandel, 2. Aufl., (Peter Lang) Frankfurt a.M. u.a. 1990, S. 118.

531 Vgl. Wölk, Andrea: Zukunftschancen kleiner und mittlerer Unternehmen im Einzelhandel, hrsg. v. Forschungsstelle für den Handel Berlin, Berlin 1991, S. 383.

532 Auf die Ergebnisse der genannten Studien hinsichtlich dieser Aspekte wird noch eingegangen.

kultur.[533] Bei der objektiven Erforschung der Unternehmenskultur, die auf dem funktionalen Prinzip beruht, werden kulturelle Phänomene mit Hilfe von Fragebögen und Interviews ausschließlich beobachtet und beschrieben. Die interpretative Methode ist nur qualitativ möglich, die Ergebnisse sind nicht generalisierbar und damit nicht vergleichbar. Der objektivistische Ansatz hat den entscheidenden Vorteil, aussagekräftige und vergleichbare Ergebnisse zu liefern.[534]

Die Variablen der Unternehmenskultur werden in der erwähnten Studie basierend auf den zentralen Kulturdimensionen durch Mittelwertbildung verdichtet. Mit der multiplen Regression werden die Wirkungszusammenhänge zwischen mehreren unabhängigen Struktur- und Kulturvariablen und der abhängigen Variable Gesamteffektivität ermittelt.[535] Bei der Messung der Kulturdimensionen wird deduktiv vorgegangen, danach setzt sich die Kulturdimension X aus den Ausprägungen der Variablen X1, X2 und X3 additiv zusammen. Aus den 16 von *Scholz* verwendeten Kulturdimensionen[536] werden für die vorliegende Untersuchung acht als relevant erachtete extrahiert:

- Bindung an das Unternehmen,
- Bürokratie- und Systemorientierung,
- Ergebnis- und Leistungsorientierung,
- Geschwindigkeitsorientierung,
- Qualitätsorientierung,
- Kundenorientierung,
- Kommunikationsorientierung und
- Mitarbeiterorientierung.

533 Vgl. Scholz, Christian: Deutsch-britische Zusammenarbeit: Organisation und Erfolg von Auslandsniederlassungen, (Hampp) München u.a. 1993, S. 164.

534 Vgl. Scholz, Christian: Deutsch-britische Zusammenarbeit: Organisation und Erfolg von Auslandsniederlassungen, (Hampp) München u.a. 1993, S. 170, S. 180.

535 Vgl. Scholz, Christian: Deutsch-britische Zusammenarbeit: Organisation und Erfolg von Auslandsniederlassungen, (Hampp) München u.a. 1993, S. 15-16.

536 Vgl. Scholz, Christian: Deutsch-britische Zusammenarbeit: Organisation und Erfolg von Auslandsniederlassungen, (Hampp) München u.a. 1993, S. 180 f.

Die Statements werden zum größten Teil übernommen, teilweise den spezifischen Anforderungen angepaßt. Jede Dimension wird durch zwei Variablen operationalisiert.[537]

Die durchgeführte Faktorenanalyse mit sechzehn Variablen weist sechs Faktoren aus, die insgesamt 67,4 % der Varianz[538] erklären (vgl. Tabelle L-1). Die Faktorladungen, es werden nur Ladungen ≥ 0,5 ausgewiesen, sind als durchweg hoch zu bezeichnen. Das Kaiser-Meyer-Olkin-Kriterium (KMO) zeigt an, in welchem Umfang die Ausgangsvariablen zusammengehören und dient als Indikator, ob eine Faktorenanalyse sinnvoll erscheint. Das KMO weist mit 0,7 einen Wert auf, der nach *Kaiser* und *Rice* „ziemlich gut" ist.[539] Im folgenden wird auf die Gütekriterien der Faktorenanalyse nur noch hinsichtlich der erklärten Varianz eingegangen. Auf die weiteren Kriterien wird im Fall von Abweichungen von der Norm hingewiesen. Die Faktorenanalyse wird abgelehnt, wenn das KMO-Kriterium den Wert 0,5 unterschreitet.

Die Reduktion der ursprünglich vorgesehenen acht Dimensionen auf sechs Konstrukte ist vor allem auf das Einfließen mehrerer Variablen, so Bindung an das Unternehmen, Mitarbeiterorientierung, Kommunikationsorientierung und Qualitätsorientierung, in die übergeordnete Dimension Kunden- und Mitarbeiterorientierung zurückzuführen. Die Verbindung dieser beiden Konstrukte ist in der Theorie weitgehend anerkannt. Die Mitarbeiterorientierung läßt sich solange mit anderen Zielsetzungen konfliktfrei verbinden, wie den Mitarbeiterinteressen keine vorrangige Stellung zugeordnet wird.[540] Nach *Bruhn* kann nur durch konsequente und gleichzeitige Kunden- und Mitarbeiter-

---

537 Im Anhang findet sich ein Operationalisierungsplan (Anhang B), aus dem die zur Operationalisierung verwendeten Variablen ersichtlich werden. Dies gilt auch für die weiteren zu untersuchenden potentiellen Erfolgsfaktoren. Dort wird nicht mehr explizit darauf hingewiesen. Darüber hinaus wird eine Kurzform der Variablenformulierung in den Tabellen der Faktorenanalyse wiedergegeben. Die Mehrzahl der Variablen wird mit 5er-Skalen gemessen. Bei der Unternehmenskultur werden z.B. Statements vorgegeben, die von 1 = stimme nicht zu bis 5 = stimme voll zu bewertet werden können. Werden Angaben in Relation mit vergleichbaren Unternehmen erhoben, z.B. das Serviceniveau, werden Skalen von -2 = stark unterdurchschnittlich bis +2 = stark überdurchschnittlich verwendet. Die genaue Formulierung der Variablen findet sich im Fragebogen im Anhang A.

538 Die Varianz ist die Summe der quadrierten Abweichungen aller Meßwerte vom arithmetischen Mittel, dividiert durch die Anzahl aller Meßwerte; vgl. Bortz, Jürgen: Statistik für Sozialwissenschaftler, 4. Aufl., (Springer) Berlin u.a. 1993, S. 41.

539 Vgl. zum Kaiser-Meyer-Olkin-Kriterium Backhaus, Klaus u.a.: Multivariate Analysemethoden, 8. Aufl., (Springer) Berlin u.a. 1996, S. 205.

540 Vgl. Wagner, Helmut: Marktorientierte Unternehmensführung versus Orientierung an Mitarbeiterinteressen, Shareholder-Value und Gemeinwohlverpflichtung, in: Bruhn, Manfred; Steffenhagen, Hartwig (Hrsg.): Marktorientierte Unternehmensführung, (Gabler) Wiesbaden 1997, S. 88-102, S. 94.

orientierung das Marketing als interne Denkhaltung durchgesetzt werden.[541] Die Kongruenz von Mitarbeiter- und Kundenorientierung führt zur Kundenzufriedenheit.[542] Die Orientierung an Kunden- und Mitarbeiterbedürfnissen nimmt nach einer empirischen Untersuchung von vorwiegend industriellen Markt- und Weltmarktführern oberste Priorität in deren Wertesystem ein.[543]

541 Vgl. Bruhn, Manfred: Internes Marketing als Forschungsgebiet der Marketingwissenschaft, in: Bruhn, Manfred (Hrsg.): Internes Marketing, (Gabler) Wiesbaden 1995, S. 13-61, S. 22.

542 Vgl. Kricsfalussy, Andreas: Kundenorientierung = Mitarbeiterorientierung?!, in: Zeitschrift für Führung und Organisation, 1997, Nr. 2, S. 99-103.

543 Vgl. Adamer, Manfred M.; Hinterhuber, Hans H.; Kaindl, Günter: Markt- und Weltmarktführer, was zeichnet diese Unternehmen aus? Eine Analyse vor dem Hintergrund der Erfolgsfaktorenforschung, in: der markt, 32. Jg., 1993, Nr. 124, S. 6-11, S. 10-11.

Tabelle L-1: Dimensionen der Unternehmenskultur

Faktor	*Varianz*	*Eigenwert*	*Variablen*	*Faktorladung*
Kunden- und Mitarbeiterorientierung	27,2 %	4,89	Viel Zeit für Kundenprobleme - Geschäftsführung	0,79055
			Viel Zeit für Kundenprobleme - Abteilungsleitung	0,74444
			Offenes Vertrauensverhältnis	0,72019
			Stolz auf das Unternehmen	0,67337
			Hohe Qualifikationsanforderungen	0,61570
Bürokratieorientierung	10,2 %	1,83	Entscheidungsspielraum Führungskräfte genau festgelegt	0,76443
			Große Anzahl detaillierter Regeln	0,64426
			Abteilungen wissen, was in anderen Abteilungen passiert	0,52816
			Karrieremechanismen durchschaubar	0,51423
Systemorientierung	9,7 %	1,75	Detaillierte Pläne für Sortiment	0,83438
			Detaillierte Pläne für Personal	0,80032
Ergebnis- und Leistungsorientierung	7,6 %	1,36	Ergebnis zählt	0,75749
			Überstunden sind normal	0,74435
Geschwindigkeitsorientierung	6,8 %	1,22	Auch im Beisein von Kunden zu Mitarbeitern halten	0,71811
			Schnelle Entscheidungen	0,58431
			Kurze Besprechungen	0,55065
Mitarbeiterkontakte	5,9 %	1,07	Ausgeprägte private Kontakte zwischen den Mitarbeitern	0,78589

Unter Berücksichtigung der ermittelten Dimensionen und der Theorie, daß die Wirkungen der Unternehmenskultur umso stärker sind, je stärker die Kultur ist, wird die Hypothese **H1.1** formuliert:

Je stärker die Dimensionen der Unternehmenskultur ausgeprägt sind, desto erfolgreicher sind die mittelständischen Einzelhändler.

2. Ergebnisse der empirischen Untersuchung

Nach der Ermittlung der relevanten Dimensionen wird auf deren Einfluß auf den Erfolg eingegangen. Dazu wird eine Regressionsanalyse mit den vorher errechneten und gespeicherten Faktorwerten als unabhängige Variablen durchgeführt. Insgesamt werden vier Regressionsrechnungen mit den vier Erfolgsindikatoren als jeweils abhängige Variable durchgeführt.[544]

Zur Erläuterung der Vorgehensweise wird die Regressionsfunktion diskutiert, die sich ergibt bei Vorgabe der sechs ermittelten Dimensionen als unabhängige Variablen und dem Konstrukt Zielerreichung als abhängige Variable (vgl. Tabelle L-2).

Die Interpretation der Regressionsfunktion gliedert sich in zwei Teile. Zum einen ist die Güte der Gesamtlösung zu prüfen. Zum anderen ist der Beitrag der einzelnen Variablen interessant.[545] Die Güte des Regressionsmodells kann am Bestimmtheitsmaß abgelesen werden. Dieses Maß gibt den Anteil der erklärten Streuung an der gesamten Streuung und damit die Güte der Anpassung der Regression an die empirischen Werte der abhängigen Variablen wieder. Im Beispiel ergibt sich ein Wert von 0,162. Damit werden 16,2 % der Varianz erklärt, für Sozialwissenschaften ein guter Wert.[546] Da immer nur ein Teil der Realität abgebildet werden kann, ist eine vollständige Erklärung des Erfolges nicht zu erwarten. Der F-Test, der im Rahmen einer Varianzanalyse durchgeführt wird, untersucht die Nullhypothese, nach welcher der ermittelte Zusammenhang zufällig ist. Bei der hier ermittelten Signifikanz von $p = 0{,}005$ muß die Nullhypothese abgelehnt werden. Es besteht mit hochsignifikanter Wahrscheinlichkeit ein Einfluß der unabhängigen Variablen auf die abhängige Variable.

Die Analyse der Einflüsse der einzelnen einbezogenen Konstrukte zeigt, daß signifikante Einflüsse der Kunden- und Mitarbeiterorientierung und Ergebnis- und Leistungsorientierung auf die Zielerreichung bestehen. Diese beiden stellen, basierend auf der Arbeitsdefinition, Erfolgsfaktoren dar. Für das Vorhandensein von Einflüssen der

---

544 Die Einbeziehung der unabhängigen Variablen in die Funktion kann bei SPSS auf unterschiedliche Art erfolgen. Während bei der Methode Enter alle vorgegebenen Variablen simultan in die Funktion einbezogen werden, erfolgt die Auswahl der Variablen durch die Anweisung Stepwise automatisch. Dabei werden jeweils Variablen ausgewählt, die bestimmte Gütekriterien maximieren. Da hierbei sachlogische Überlegungen in den Hintergrund treten können und die Auswahl der Variablen teilweise der EDV überlassen wird, wird im folgenden die Methode Enter bevorzugt, vgl. Brosius, Gerhard; Brosius, Felix: SPSS. Base System und Professional Statistics, (Thomson) Bonn 1995, S. 479; vgl. Backhaus, Klaus u.a.: Multivariate Analysemethoden, 8. Aufl., (Springer) Berlin u.a. 1996, S. 37.

545 Vgl. zur Interpretation der Ergebnisse der Regressionsanalyse Brosius, Gerhard; Brosius, Felix: SPSS. Base System und Professional Statistics, (Thomson) Bonn 1995, S. 478 f.; vgl. Backhaus, Klaus u.a.: Multivariate Analysemethoden, 8. Aufl., (Springer) Berlin u.a. 1996, S. 39 f.

546 Vgl. Balderjahn, Ingo: Einstellungen und Einstellungsmessungen, in: Tietz, Bruno; Köhler, Richard; Zentes, Joachim (Hrsg.): Handwörterbuch des Marketing, 2. Aufl., (Schäffer-Poeschel) Stuttgart 1995, Sp. 542-554, Sp. 552.

weiteren Konstrukte kann keine hohe Wahrscheinlichkeit angegeben werden. Damit liefern nur die ersten beiden Dimensionen mit hoher Wahrscheinlichkeit einen Erklärungsbeitrag. Die Regressionskoeffizienten Beta geben den Erklärungsbeitrag der unabhängigen Variablen für die Regressionsschätzung an. Bei den standardisierten Koeffizienten erfolgt eine Umrechnung in z-Werte, wodurch unterschiedliche Dimensionen vergleichbar werden. Diese Werte sind bei multipler Regression aussagekräftiger.[547] In der vorliegenden Tabelle zeigt sich, daß die Kunden- und Mitarbeiterorientierung einen etwas größeren Einfluß auf die Zielerreichung hat, als die Ergebnis- und Leistungsorientierung.

Tabelle L-2: Einfluß von Dimensionen der Unternehmenskultur auf die Zielerreichung der untersuchten Unternehmen

Konstrukt	*Standardisierter Regressionskoeffizient Beta*	*Signifikanzniveau*
Kunden- und Mitarbeiterorientierung	0,281	0,002
Ergebnis- und Leistungsorientierung	0,250	0,007
Bürokratieorientierung	0,029	0,748
Systemorientierung	0,078	0,386
Geschwindigkeitsorientierung	0,112	0,216
Mitarbeiterkontakte	0,038	0,674
	Bestimmtheitsmaß $r^2 = 0,162$	
	Ergebnisse der Varianzanalyse df = 6 F = 3,330 p = 0,005	

Die in der Tabelle aufgezeigten Zusammenhänge lassen sich vereinfacht in einer Übersicht darstellen (vgl. Übersicht L-1).

[547] Vgl. Brosius, Gerhard; Brosius, Felix: SPSS. Base System und Professional Statistics, (Thomson) Bonn 1995, S. 478.

Übersicht L-1: Einfluß von Dimensionen der Unternehmenskultur auf die Zielerreichung - nur signifikante Beziehungen

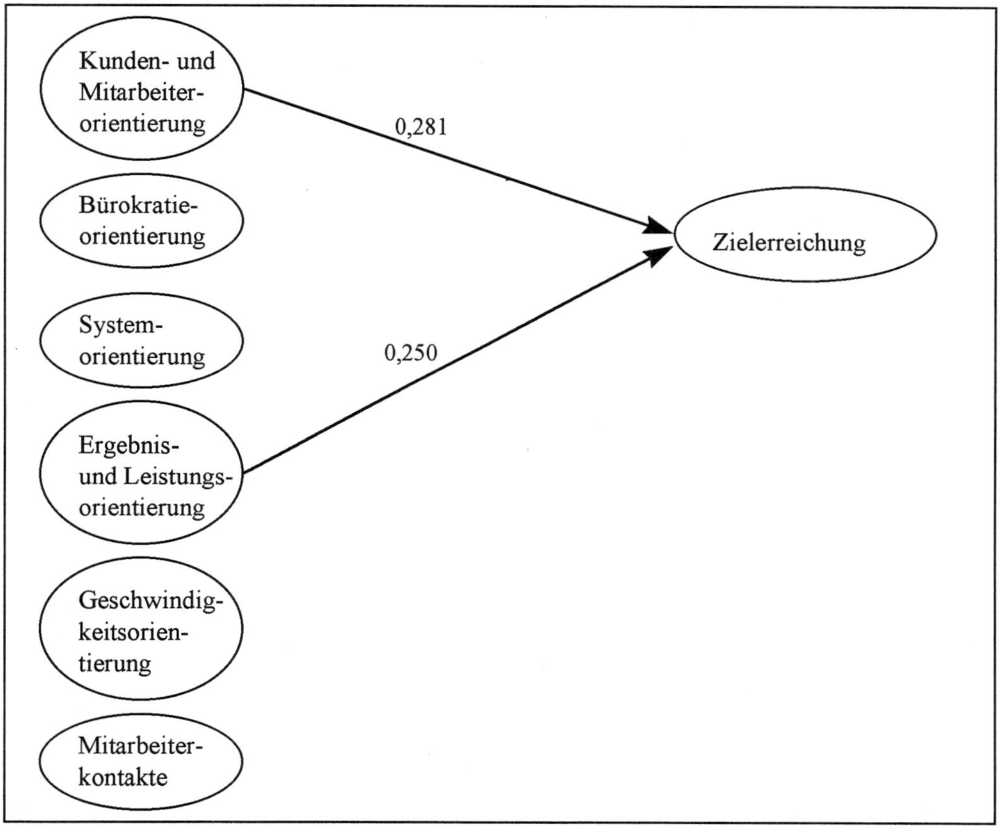

Da in den kommenden Kapiteln der Einfluß einer Vielzahl von Konstrukten auf jeweils vier Erfolgsindikatoren untersucht wird, erscheint die Angabe der statistischen Werte analog der vorab dargestellten Tabelle im Textteil nicht als sinnvoll.[548] Die Darstellung der Ergebnisse erfolgt vielmehr anhand von Übersichten, in denen simultan der Einfluß auf die verschiedenen Erfolgsgrößen dargestellt werden kann. Dabei werden nur Beziehungen aufgenommen, wenn zwei Voraussetzungen erfüllt sind: Zum einen muß die Regressionsfunktion in ihrer Gesamtheit bestätigt werden, d.h. der F-

548 Die relevanten Tabellen für alle folgenden Erfolgsfaktoren werden im Anhang wiedergegeben; vgl. Anhang C.

Test muß die Signifikanz bestätigen, zum anderen werden nur die Einflußgrößen aufgeführt, die für sich genommen signifikante Beziehungen zur abhängigen Variable aufweisen.[549] Diese Vorgehensweise soll dazu beitragen, die inhaltliche und nicht die methodische Diskussion in den Vordergrund zu stellen.

Im Rahmen der Unternehmenskultur ergibt sich mit den drei weiteren Regressionen (die sechs unabhängigen Variablen werden mit jedem der drei weiteren Indikatoren regressiert) lediglich ein weiterer signifikanter Einfluß von der Ergebnis- und Leistungsorientierung auf das Umsatzwachstum (vgl. Übersicht L-2). Die Regressionsmodelle mit den abhängigen Variablen Gewinnwachstum und Produktivität werden aufgrund des F-Testes abgelehnt. Die Regressionskoeffizienten in der Übersicht lassen sich wegen den nach Indikator getrennt ermittelten Regressionen nicht problemlos als Stärke des Einflusses interpretieren. Die Koeffizienten sind lediglich bezogen auf jeweils einen Indikator vergleichbar.

Mit den Konstrukten Kunden- und Mitarbeiterorientierung und Ergebnis- und Leistungsorientierung werden zwei Erfolgsfaktoren ermittelt, die als gegensätzliche Ausprägungen der Führung aufgefaßt werden können. Während die Mitarbeiterorientierung aus einem kooperativen Führungsstil resultiert, ist die Ergebnis- und Leistungsorientierung Ausdruck eher autoritärer Führung. Damit wird der Führungsaspekt der Unternehmenskultur (Makrosicht) bestätigt. Die Kundenorientierung wird insbesondere in qualitativen Untersuchungen als Erfolgsfaktor ausgewiesen.[550] Die Relevanz dieses Konstruktes gerade für mittelständische Einzelhändler, deren Kundennähe durch Lokalität und Tradition gefördert wird, ist einleuchtend. Der ermittelte Zusammenhang zwischen Kunden- und Mitarbeiterorientierung ist ebenfalls schlüssig. Nur mit motivierten und kompetenten Mitarbeitern ist eine ausreichende Kundenorientierung zu gewährleisten.

Die fehlenden Einflüsse von Bürokratie-, Systemorientierung und Mitarbeiterkontakten, sind inhaltlich zu begründen. Die Vorgabe von Regeln, detaillierten Plänen und die Intensität privater Kontakte muß nicht zwangsläufig positiv wirken. Alle Regeln und Pläne schränken die Flexibilität des Unternehmens ein. Eine solche Einschränkung geht einher mit mangelnder Reaktionsfähigkeit, die z.B. im modischen Bereich große

---

549 Das erforderliche Signifikanzniveau wird nach üblichen Konventionen auf $p <= 0,05$ festgelegt.

550 Peters/Waterman bezeichnen diesen Erfolgsfaktor als Nähe zum Kunden; vgl. Peters, Thomas J.; Waterman, Robert H.: Auf der Suche nach Spitzenleistungen, 15. Aufl., (Moderne Industrie) Landsberg a.L. 1993.

Risiken birgt.[551] Nicht unmittelbar einsichtig ist der fehlende Einfluß der Geschwindigkeitsorientierung. Offensichtlich wirkt die durch die Faktorenanalyse gebildete Dimension, die die (unpassende) Variable „auch im Beisein von Kunden zu Mitarbeitern halten“ einschließt, uneinheitlich.

Übersicht L-2: Einfluß von Dimensionen der Unternehmenskultur auf den Erfolg - nur signifikante Beziehungen

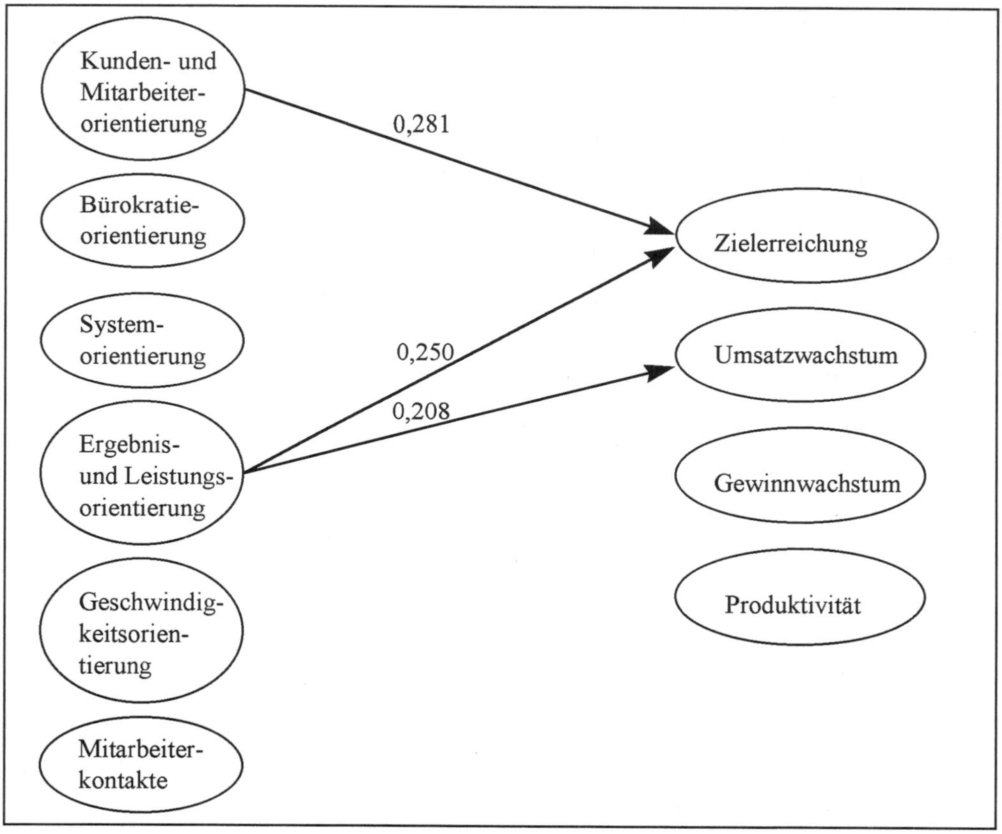

Die Ergebnisse der Regressionsfunktion zwischen Dimensionen der Unternehmenskultur und den Erfolgsindikatoren sind sowohl statistisch-methodisch als auch inhaltlich als gute Annäherung zu werten. Die Konstrukte Kunden- und Mitarbeiterorientie-

551 Dennoch gibt es Untersuchungen, die positive Einflüsse von Planungsaktivitäten ermitteln; vgl. z.B. Gaskill, Frank J.: Small Business Retail Success, Diss., Portsmouth 1993, S. 257-259.

rung und Ergebnis- und Leistungsorientierung weisen signifikant positive Beziehungen zur abhängigen Variable Zielerreichung auf.

Damit kann die Hypothese H1.1, je stärker die Dimensionen der Unternehmenskultur, desto erfolgreicher die mittelständischen Einzelhändler, vorläufig teilweise bestätigt werden.[552]

Aufgrund der Bedeutung des Konstruktes soll noch einmal auf die Kundenorientierung eingegangen werden. Die Kundenorientierung rückte im Rahmen der qualitativen Erfolgsfaktorenforschung in den Blickpunkt.[553] Sie beschreibt die Ausrichtung des gesamten Unternehmens auf den Kunden und propagiert eine marktorientierte Auffassung der Unternehmensführung. Der positive Effekt der Kundenorientierung läßt sich zusammenfassen als größere Kundenbindung, die sich ausdrückt durch höhere Wiederkaufraten und damit indirekt auch höheren Rentabilitäten. Der Begriff Kundenorientierung wird als grundsätzlich positive Einstellung der Mitarbeiter oder auch als Determinante der Unternehmenskultur verstanden.[554] Andere Autoren verstehen unter diesem Terminus schwerpunktmäßig Flexibilität in der Anpassung an Kundenbedürfnisse,[555] das Image des Betriebes in den Augen der Konsumenten[556] oder das Serviceniveau.[557] Indikatoren der Kundenorientierung sind dezentrale Organisation, Beschwerdemanagement oder die Ausgabe von Kundenkarten.

---

552 Die Bestätigung bzw. Ablehnung einer Hypothese wird davon abhängig gemacht, ob signifikante Einflüsse auf den Indikator Zielerreichung identifiziert werden. Dieser Indikator bezieht mehrere Unternehmensziele mit ein und kann demnach als bester Indikator zur Operationalisierung des Gesamtunternehmenserfolges aufgefaßt werden. Da nur zwei der sechs Dimensionen Einfluß ausüben, wird die Hypothese nur „teilweise" bestätigt. Diese Auffassung gilt auch für die folgenden Hypothesen.

553 Vgl. z.B. Peters, Thomas J.; Waterman, Robert H.: Auf der Suche nach Spitzenleistungen, 15. Aufl., (Moderne Industrie) Landsberg a.L 1993; vgl. auch Simon, Hermann: Die heimlichen Gewinner (Hidden Champions). Die Erfolgsstrategien unbekannter Weltmarktführer, (Campus) Frankfurt a.M. u.a. 1996.

554 Vgl. Kühn, Richard: Methodische Überlegungen zum Umgang mit der Kundenorientierung im Marketing-Management, in: Marketing ZFP, 13. Jg., 1991, Nr. 2, S. 97-107, S. 99; vgl. Bullinger, Jörg; Stanke, Alexander: Erfolgsfaktor Kunden/Management, Kundenorientierung muß konsequent gestaltet werden, in: Office Management, 1997, Nr. 2, S. 10-14.

555 Vgl. Albers, Sönke; Bauer, Hans H.; Eggert, Karin: Kundennähe, Arbeitspapier, Wissenschaftliche Hochschule für Unternehmensführung, Koblenz 1987, S. 39.

556 Vgl. Lenzen, W.; Reisner, H.: Kundenorientierung im Handel, in: FfH Mitteilungen, 21. Jg., 1980, Nr. 7, S. 1-7, S. 3.

557 Vgl. Göttgens, Olaf: Erfolgsfaktoren in stagnierenden und schrumpfenden Märkten, Diss., Saarbrücken 1995, S. 220 f.

In der vorliegenden Arbeit wird die Kundenorientierung als theoretisches Konstrukt aufgefaßt, das insbesondere auf Aspekten der Unternehmenskultur, der Zielgruppenorientierung, der Personal- und Servicequalität sowie der Flexibilität beruht. Darüber hinaus wurde die Frage gestellt, ob Kundendaten systematisch genutzt werden.

Empirische Ergebnisse bisheriger Studien

Das Konstrukt Kundenorientierung wird bisher vorwiegend in qualitativen Studien betrachtet, so bezeichnet z.B. *Simon* eine große Kundennähe als wichtigen Erfolgsfaktor.[558] Das Konstrukt Kundenorientierung wird in den in die Metaanalyse einbezogenen Erfolgsfaktorenstudien nicht explizit untersucht. *Wölk* nennt verwandte Bereiche wie Flexibilität, Aufbau eines Kundenstamms, Dienstleistungen und Personal als zentrale Erfolgsfaktoren.[559] *Patt* identifiziert als Dimension die Kundendimension, welche Kunden-, Service- und Erlebnisorientierung beinhaltet, und einen großen Anteil der Gesamtvarianz aller Variablen erklärt.[560] Im Rahmen der Beschwerdepolitik werden die sofortige Beschwerdebearbeitung und bezüglich der Servicepolitik die Zahl der angebotenen Serviceleistungen als Erfolgsfaktoren genannt.[561] *Kube* kommt zu dem Ergebnis, daß Fachwissen und Kompetenz des Personals den Erfolg signifikant beeinflussen.[562] Beide stimmen überein, daß eine klare Zielgruppenstrategie den Erfolg von Handelsbetrieben positiv beeinflußt.[563]

Die „convenience" eines Ladens in den Augen der Konsumenten ist nach der Untersuchung von *Sineath*, bei der 139 Einzelhandelsfachgeschäfte in 11 Shopping-Centern einbezogen wurden, einer der wichtigsten Erfolgsfaktoren. Signifikante Beziehungen zum Erfolg ergeben sich z.B. in den Branchen Schuhe und Damenbekleidung.[564]

558 Vgl. Simon, Hermann: Die heimlichen Gewinner (Hidden Champions). Die Erfolgsstrategien unbekannter Weltmarktführer, (Campus) Frankfurt a.M. u.a. 1996, S. 223.

559 Vgl. Wölk, Andrea: Zukunftschancen kleiner und mittlerer Unternehmen im Einzelhandel, hrsg. v. Forschungsstelle für den Handel Berlin, Berlin 1991, S. 225 f.

560 Vgl. Patt, Paul-Josef: Strategische Erfolgsfaktoren im Einzelhandel, 2. Aufl., (Peter Lang) Frankfurt a.M. u.a. 1990, S. 116.

561 Vgl. Patt, Paul-Josef: Strategische Erfolgsfaktoren im Einzelhandel, 2. Aufl., (Peter Lang) Frankfurt a.M. u.a. 1990, S. 158-161.

562 Vgl. Kube, Christian: Erfolgsfaktoren in Filialsystemen, (Gabler) Wiesbaden 1991, S. 119 f.

563 Vgl. Kube, Christian: Erfolgsfaktoren in Filialsystemen, (Gabler) Wiesbaden 1991, S. 112; vgl. Patt, Paul-Josef: Strategische Erfolgsfaktoren im Einzelhandel, 2. Aufl., (Peter Lang) Frankfurt a.M. u.a. 1990, S. 135-139.

564 Vgl. Sineath, Palmer W.: An Empirical Investigation into the Relationship between Strategic Management and the Retail Sector, Diss., Wilmington 1975, S. 115, S. 120.

Burmann kommt zu dem Ergebnis, daß von der Kundenorientierung kein signifikanter Einfluß auf die Flächenproduktivität ausgeht. Der fehlende Zusammenhang dürfte auf mangelhafte Operationalisierung und heterogene Vorstellungen über Kundenorientierung zurückzuführen sein.[565]

In der hier vorliegenden Untersuchung werden positive Einflüsse der Kundenorientierung als Teil der Unternehmenskultur nachgewiesen. Weitere Aspekte der Kundenorientierung werden im Rahmen der Servicepolitik (Serviceniveau) und der Personalpolitik (Personalqualität) betrachtet. Ein weiterer Indikator ist die Intensität der Nutzung von Kundeninformationen, z.B. mit Kundenkarten oder regelmäßigen Befragungen. Eine Vielzahl der befragten Einzelhändler gibt an, Datenbanken ihrer Kunden zu pflegen, die z.B. im Rahmen von Preisausschreiben aufgebaut werden. Die Regression der Variable mit den Erfolgsgrößen ergibt einen Einfluß auf die Produktivität, d.h. auf den Umsatz je Mitarbeiter.[566] Das Wissen um die Kunden, scheint den Mitarbeitern die Abwicklung von Transaktionen zu erleichtern. Bereits die Kenntnis des Kundennamens, gerade in kleinen Einzelhandelsunternehmen verbreitet, kann Kaufentscheidungen erleichtern. Weitere für die Kundenorientierung vorgesehene Indikatoren wurden aus der Analyse ausgeschlossen. Der Anteil der Verkaufsmitarbeiter ist stark branchenabhängig. Die Zahl der Hierarchieebenen oder die Frage nach der Änderung der Ladenöffnungszeiten aufgrund der Flexibilisierung diskrimieren zu wenig.

---

565 Vgl. Burmann, Christoph: Fläche und Personalintensität als Erfolgsfaktoren im Einzelhandel, (Gabler) Wiesbaden 1995, S. 123.

566 Der standardisierte Regressionskoeffizient beträgt 0,220.

III. Unternehmenspolitik

1. Handelsprogrammpolitik

a) Grundstrukturpolitik

i. Standortpolitik

(a) Metaanalyse und Operationalisierung

Ein betrieblicher Standort ist ein geographischer Ort, an dem ein Unternehmen Produktionsfaktoren einsetzt, um Leistungen zu erstellen.[567] Die Standortpolitik wird als konstitutive Unternehmensentscheidung begriffen und hat strukturgebenden Charakter für das Unternehmen.[568] *Wölk* kommt in ihrer Studie zu dem Ergebnis, daß „der richtige oder falsche Standort über Erfolg oder Mißerfolg eines Handelsunternehmens“[569] entscheidet. Die Frage, wo sich der günstigste Standort befindet, ist ihrer Meinung nach branchenspezifisch zu entscheiden.[570]

Die Erreichbarkeit mit Kraftfahrzeugen spielt heute eine wichtige Rolle. Wesentliche Kriterien sind die ausreichende Zahl an Parkplätzen und deren akzeptable Nähe.[571] Das Umsatzpotential innerhalb eines Einzugsgebietes hängt in besonderem Maße vom Standortfaktor Verkehr ab.[572] Dieses Konstrukt wird bestimmt durch[573]

---

567 Vgl. Tietz, Bruno: Der Handelsbetrieb, 2. Aufl., (Vahlen) München 1993, S. 200; vgl. auch Müller-Hagedorn, Lothar: Handelsmarketing, 2. Aufl., (Kohlhammer) Stuttgart u.a. 1993, S. 110; vgl. weiter Treis, Bartho: Standortpolitik, in: Tietz, Bruno; Köhler, Richard; Zentes, Joachim (Hrsg.): Handwörterbuch des Marketing, 2. Aufl., (Schäffer-Poeschel) Stuttgart 1995, Sp. 2364-2379, Sp. 2365.

568 Vgl. Hansen, Ursula: Absatz- und Beschaffungsmarketing des Einzelhandels, 2. Aufl., (Vandenhoeck & Rupprecht) Göttingen 1990, S. 173; vgl. Barth, Klaus: Betriebswirtschaftslehre des Handels, 3. Aufl., (Gabler) Wiesbaden 1996, S. 50.

569 Wölk, Andrea: Zukunftschancen kleiner und mittlerer Unternehmen im Einzelhandel, hrsg. v. Forschungsstelle für den Handel Berlin, Berlin 1991, S. 225.

570 Vgl. Wölk, Andrea: Zukunftschancen kleiner und mittlerer Unternehmen im Einzelhandel, hrsg. v. Forschungsstelle für den Handel Berlin, Berlin 1991, S. 227.

571 Vgl. Kube, Christian: Erfolgsfaktoren in Filialsystemen, (Gabler) Wiesbaden 1991, S. 102.

572 Vgl. Hansen, Ursula: Absatz- und Beschaffungsmarketing des Einzelhandels, 2. Aufl., (Vandenhoeck & Rupprecht) Göttingen 1990, S. 197.

- Anbindung an den Individualverkehr,
- ausreichende Zahl von Parkplätzen und
- Passantenverkehr.

Bei einem Einzelhandelsunternehmen in einer isolierten Lage ist die Absatzreichweite von der eigenen Attraktionskraft abhängig. Unternehmen in Agglomerationslage partizipieren an der Anziehungskraft des Zentrums.[574] Die Konkurrenz kann sowohl positive als auch negative Effekte auf das Umsatzpotential eines Handelsbetriebes entfalten. Aus der räumlichen Position von branchenungleichen Betrieben entsteht ein kundenanziehender Effekt, der das Gruppenumsatzpotential erhöht (Gesetz der Agglomeration bei verbundenen Bedarfen von Nelson).[575] Das Prinzip branchenungleicher Agglomerationen, z.B. in einem Shopping Center, ist vor allem für Geschäfte mit engem und tiefem Sortiment wichtig.[576] Bei identischen Sortimenten geht der Umsatz eines zusätzlichen Anbieters zu Lasten des bereits bestehenden Anbieters. Hierbei wird ein standortlich erreichbares Marktvolumen aufgeteilt. Eine Erweiterung des gemeinsamen Absatzpotentials durch das Hinzutreten von Mitanbietern wird als Agglomerationseffekt bezeichnet. Branchengleiche Konkurrenten mit unterschiedlichen Sorten vertiefen das am Standort angebotene Sortiment und bieten damit größere Auswahl.[577]

Empirische Ergebnisse bisheriger Studien

In der Untersuchung von *Wahle* wird die Geschäftslagenstrategie durch den Standort in Innenstadt, Cityrand oder Vorort operationalisiert.[578] *Kube* kommt in seiner Untersuchung zu dem Ergebnis, daß die Standortqualität, operationalisiert durch Wohnbevöl-

---

573 Vgl. Falk, Bernd; Wolf, Jakob: Handelsbetriebslehre, 11. Aufl., (Moderne Industrie) Landsberg a.L. 1992, S. 303-304.

574 Vgl. Hansen, Ursula: Absatz- und Beschaffungsmarketing des Einzelhandels, 2. Aufl., (Vandenhoeck & Rupprecht) Göttingen 1990, S. 174, S. 176.

575 Vgl. Falk, Bernd; Wolf, Jakob: Handelsbetriebslehre, 11. Aufl., (Moderne Industrie) Landsberg a.L. 1992, S. 300-301.

576 Vgl. Hansen, Ursula: Absatz- und Beschaffungsmarketing des Einzelhandels, 2. Aufl., (Vandenhoeck & Rupprecht) Göttingen 1990, S. 192.

577 Vgl. Hansen, Ursula: Absatz- und Beschaffungsmarketing des Einzelhandels, 2. Aufl., (Vandenhoeck & Rupprecht) Göttingen 1990, S. 190-191.

578 Vgl. Wahle, Peter: Erfolgsdeterminanten im Einzelhandel, (Peter Lang) Frankfurt a.M. 1991, S. 124, S. 187.

kerung, attraktive Lage und Lauffrequenz, positiv auf den Absatz wirkt.[579] In der unterschiedlichen Standortqualität, operationalisiert durch Kaufkraftpotential und Lage des Betriebes, liegt eine wesentliche Ursache der betrieblichen Leistungsdifferenzen, allerdings hat eine gute Standortqualität nicht zwangsläufig eine überdurchschnittliche Leistung zur Folge.[580] Der Zusammenhang zwischen Geschäftslage und Produktivität ist nach *Bierbaum* nur branchenspezifisch zu bestimmen. Eine für alle Branchen günstige Geschäftslage ist nicht zu identifizieren.[581]

Die Nähe zu anderen Handelsgeschäften, in diesem Fall Lebensmittelgeschäfte, entfaltet einen signifikant positiven Einfluß auf den Umsatz.[582] *Lord/Lynds* kommen in ihrer Untersuchung amerikanischer Spirituosengeschäfte zu dem gleichen Ergebnis.[583] Nach *Sineath* sind die Nähe zum Wohnort der Konsumenten und die Erreichbarkeit Erfolgsfaktoren mittelständischer Einzelhändler.[584] Nach *Burmann* weist die Standortqualität, gemessen als subjektive Einschätzung der Filialleitung, signifikant positive Beziehungen zur Flächenproduktivität der Filiale auf.[585]

Die dargestellten Ergebnisse, das Agglomerationsgesetz und die Auffassung der Handelswissenschaft, die Erreichbarkeit spielt eine zunehmende Rolle, führen zu der Überlegung, daß insbesondere die Dimensionen

- Agglomeration und
- Erreichbarkeit des Standortes

Einfluß auf den Unternehmenserfolg mittelständischer Handelsunternehmen haben.

---

579 Vgl. Kube, Christian: Erfolgsfaktoren in Filialsystemen, (Gabler) Wiesbaden 1991, S. 214.

580 Vgl. Zopp, Hans: Differenzierungsgründe der Leistung bei gleichgearteten Einzelhandelsbetrieben, (Westdeutscher Verlag) Köln u.a. 1965, S. 42-43.

581 Vgl. Bierbaum, Harald: Leistung und Leistungsbedingungen im Einzelhandel, Rationalisierungs-Gemeinschaft des Handels beim RKW e.V. Köln, Köln 1979, S. 17.

582 Vgl. Gripsrud, Geir; Horverak, Oyvind: Determinants of retail patronage, A natural experiment, in: International Journal of Research in Marketing, 3. Jg., 1986, S. 263-272, S. 270.

583 Vgl. Lord, J. Dennis; Lynds, Charles D.: The Use of Regression Models in Store Location Research: A Review and Case Study, in: Akron Business and Economic Review, 10. Jg., 1981, Sommer, S. 13-19, S. 18.

584 Vgl. Sineath, Palmer W.: An Empirical Investigation into the Relationship between Strategic Management and the Retail Sector, Diss., Wilmington 1975, S. 115, S. 118.

585 Vgl. Burmann, Christoph: Fläche und Personalintensität als Erfolgsfaktoren im Einzelhandel, (Gabler) Wiesbaden 1995, S. 115.

Die Hypothese **H1.2** lautet:

Je besser die Erreichbarkeit und je eher der Standort in einer Agglomeration, desto erfolgreicher sind die mittelständischen Einzelhändler.

Die Erreichbarkeit des Standortes wird operationalisiert durch eine hinreichende Anzahl an Parkplätzen und die Frage nach der guten Erreichbarkeit für die Kunden, die die Passanten- oder Autoorientierung impliziert. Die Agglomeration wird durch eine direkte Frage gemessen.

(b) Ergebnisse der empirischen Untersuchung

Während die beiden Variablen ausreichend Parkmöglichkeiten und gute Erreichbarkeit einen Faktor bilden, der als Erreichbarkeit umschrieben wird, wird die Frage, ob das Unternehmen in einer Agglomeration oder eher in Einzellage angesiedelt ist, als eigenes Merkmal aufgefaßt. Der Faktor Erreichbarkeit erklärt 77,2 % der Varianz (vgl. Tabelle L-3).

Tabelle L-3: Dimensionen der Standortpolitik

Faktor bzw. Variable	*Varianz*	*Eigenwert*	*Variablen*	*Faktorladung*
Erreichbarkeit	77,2 %	1,544	Gute Erreichbarkeit	0,87864
			Ausreichend Parkplätze	0,87864
Agglomeration	/	/	Agglomeration ja/nein	/

Die vier Regressionsfunktionen werden sämtlich bestätigt. Signifikante Einflüsse auf die Zielerreichung gehen von beiden Konstrukten aus. Die Erreichbarkeit weist positive Einflüsse auf Umsatz- und Gewinnwachstum aus. Die Produktivität je Mitarbeiter profitiert dagegen von einem Standort innerhalb einer Agglomeration (vgl. Übersicht L-3).

Es ist unmittelbar einsichtig, daß die Erreichbarkeit den Umsatz positiv beeinflußt. Offensichtlich ist dieser Effekt stärker als die entstehenden Kosten, da der Gewinn ebenfalls positiv beeinflußt wird. Der fehlende Einfluß auf die Produktivität läßt sich dadurch begründen, daß aufgrund der höheren Frequenz mehr Personal nötig ist. Diese Ergebnisse bestätigen die Bedeutung der Erreichbarkeit des Standortes für den Erfolg mittelständischer Einzelhändler. Daß die Notwendigkeit des „richtigen“ Standortes auch in den Unternehmen erkannt worden ist, zeigen die von vielen erfolgreichen mittelständischen Einzelhändlern vollzogenen Standortwechsel. Meist im Zuge der Expansion wurde ein Umzug, oft innerhalb der gleichen Stadt, durchgeführt.

Von den befragten 110 Unternehmen geben nur 58,2 % an, daß ihr Unternehmen in einer Agglomeration liegt. Der nachgewiesene Zusammenhang mit den Erfolgsindikatoren bestätigt allerdings die These, daß mittelständische Händler von Agglomerationen profitieren. Der positive Einfluß auf die Produktivität könnte darauf zurückzuführen sein, daß aufgrund höherer Miete weniger Personal beschäftigt wird.

Übersicht L-3: Einfluß von Dimensionen der Standortpolitik auf den Erfolg - nur signifikante Beziehungen

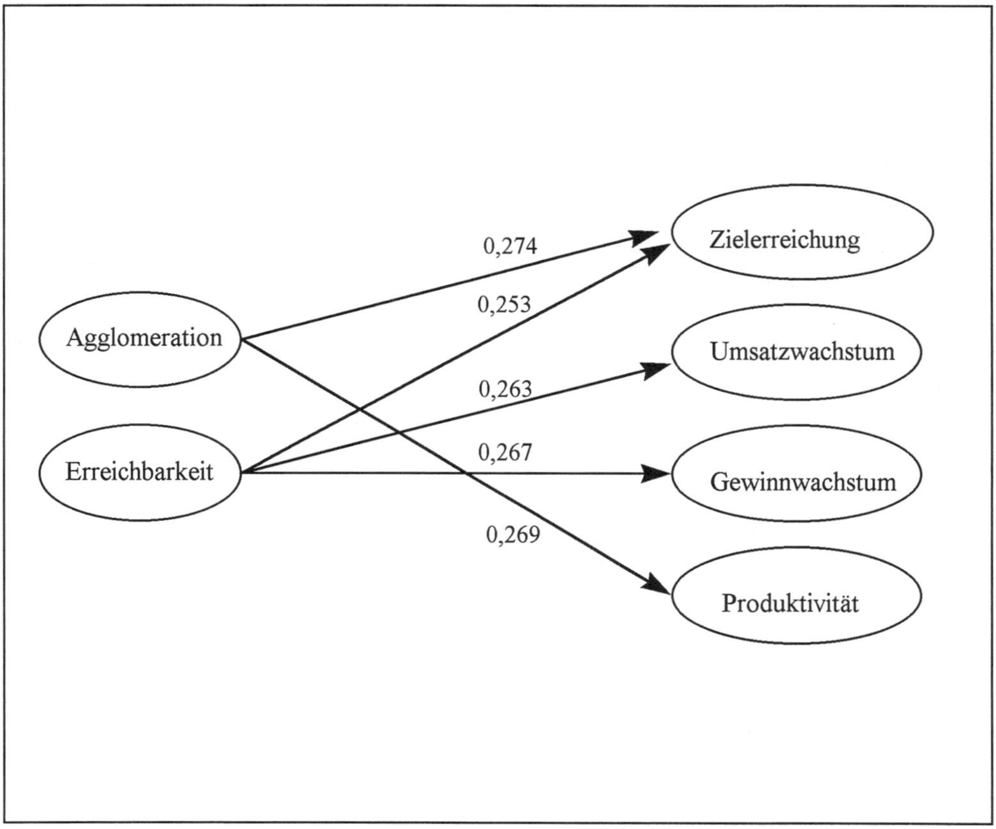

Die Hypothese H1.2, wonach Erreichbarkeit und Agglomeration positive Einflüsse auf den Erfolg ausüben, kann vorläufig bestätigt werden.

ii. Unternehmensgröße

(a) Metaanalyse und Operationalisierung

Die am leichtesten meßbaren Indikatoren der Unternehmensgröße sind Umsatz, Zahl der Mitarbeiter, Verkaufsfläche und Kapitaleinsatz.[586] Die Unternehmensgröße ist demnach keineswegs eindeutig. Im Handel sind die Maßgrößen

- Umsatzerlös und
- Beschäftigtenzahl

sehr gebräuchlich. Die Zweckmäßigkeit der Maßgröße richtet sich nach dem Untersuchungszweck.[587] Die gewählten Kriterien müssen sich auf die Leistungsbereitschaft beziehen. Im Selbstbedienungshandel ist z.B. der Leistungsfaktor Raum von großer Bedeutung, während im Geschäft mit Fremdbedienung die Zahl der beschäftigten Personen die größte Anwendung findet.[588] Der Umsatz ist als Indikator problematisch, da er von der Kombination aller übrigen Einflußgrößen abhängt.[589]

Ein spezifisches Problem der vorliegenden Untersuchung ist die Einbeziehung von Solitär- und Filialunternehmen. Während bei Einzelunternehmen bestimmte Größenmerkmale relativ eindeutig festzulegen sind, z.B. die Verkaufsfläche, gilt dies für Filialunternehmen nicht. Darüber hinaus verlieren Produktivitätskennzahlen aus Größenangaben von Filialunternehmen an Informationsgehalt, da sie immer Durchschnittswerte darstellen. Die Unternehmensgröße im Handel kann als Betriebsgröße i.e.S. und als Gesamtunternehmensgröße aufgefaßt werden. Im Falle eines Filialsystems kann die

---

586 Vgl. Hörschgen, Hans; Kachel, Helmut: Größenbedingte Vor- und Nachteile mittelständischer Einzelhandelsunternehmen im Absatzbereich, in: Treis, Bartho (Hrsg.): Der mittelständische Einzelhandel im Wettbewerb, (Vahlen) München 1981, S. 77-125, S. 79-80.

587 Vgl. Theisen, Paul: Betriebsgröße im Handel, in: Tietz, Bruno (Hrsg.): Handwörterbuch der Absatzwirtschaft, (C. E. Poeschel) Stuttgart 1974, Sp. 376-384, Sp. 377.

588 Vgl. Falk, Bernd; Wolf, Jakob: Handelsbetriebslehre, 11. Aufl., (Moderne Industrie) Landsberg a.L. 1992, S. 285-286.

589 Vgl. Kube, Christian: Erfolgsfaktoren in Filialsystemen, (Gabler) Wiesbaden 1991, S. 114-115; vgl. auch Falk, Bernd; Wolf, Jakob: Handelsbetriebslehre, 11. Aufl., (Moderne Industrie) Landsberg a.L. 1992, S. 285.

Anzahl der Läden sinnvoller sein als die raumübliche Einheit Betrieb.[590] Im Rahmen dieser Untersuchung steht der Erfolg des Unternehmens und nicht der einzelner Filialen im Vordergrund. Konsequenterweise müssen die Größenmerkmale aus Sicht des Gesamtunternehmens erhoben werden. Bei allen Unternehmen, die nicht aus einem einzelnen Betriebstyp bestehen, tritt die Frage nach der Optimalität der einzelnen betrieblichen Einheit hinter die Gesamtbeurteilung des Unternehmens zurück.[591]

In der Literatur wird insbesondere die Frage der optimalen Größe diskutiert, die nur indirekt mit der Erfolgswirksamkeit gekoppelt ist. Nach dem Transaktionskostenansatz wird die optimale Größe erreicht, wenn die internen Kosten die Kosten, die bei Koordination über einen Markt entstehen, überschreiten. Nach der Industrieökonomik hängt die Größe eines Unternehmens von der Leistungsfähigkeit ab. Danach sind Unternehmen, die nicht wachsen, wenig leistungsfähig.[592] Eine weit verbreitete Auffassung geht davon aus, daß bestimmte Größenklassen existieren, die für ein Unternehmen vorteilhaft sind. Es handelt sich um kritische Wachstumsschwellen, bei deren Überschreitung oft Probleme auftreten.[593] Die optimale Betriebsgröße ist kundenabhängig als Optimalitätszone aufzufassen. Für jeden Betriebstyp gibt es solche Zonen, deren Überschreiten negative Auswirkungen hat.[594] Die Betriebsgröße im Handel schwankt zwischen einer Mindest- und einer in den meisten Branchen vorhandenen Maximalgröße.[595] Die Verkaufsflächengröße kann nur in Abhängigkeit von Betriebsform und Branche sinnvoll beurteilt werden. „Während bei Großbetriebsformen die Größe der Verkaufsfläche als zentraler Erfolgsfaktor gelten kann, ist der Erfolg bei anderen Betriebsformen offenbar in weitaus geringerem Maße von der Größe der Verkaufsfläche abhängig."[596]

Empirische Ergebnisse bisheriger Studien

In einer Untersuchung zum Zusammenhang von Betriebsgröße (Summe Wareneinsatz plus Handlungskosten) und Wirtschaftlichkeit (Handlungskosten in Prozent vom Um-

590 Vgl. Tietz, Bruno: Der Handelsbetrieb, 2. Aufl., (Vahlen) München 1993, S. 236.

591 Vgl. Tietz, Bruno: Der Handelsbetrieb, 2. Aufl., (Vahlen) München 1993, S. 241.

592 Vgl. Mugler, Josef: Betriebswirtschaftslehre der Klein- und Mittelbetriebe, 2. Aufl., (Springer) Wien u.a. 1995, S. 36.

593 Vgl. Albach, Horst; Beck, Kurt; Warnke, Thomas: Kritische Wachstumsschwellen in der Unternehmensentwicklung, (Poeschel) Stuttgart 1985.

594 Vgl. Tietz, Bruno: Der Handelsbetrieb, 2. Aufl., (Vahlen) München 1993, S. 238-239.

595 Vgl. Oehme, Wolfgang: Handels-Marketing, 2. Aufl., (Vahlen) München 1992, S. 111.

596 Burmann, Christoph: Fläche und Personalintensität als Erfolgsfaktoren im Einzelhandel, (Gabler) Wiesbaden 1995, S. 138.

satz) ergibt sich eine Erhöhung der Wirtschaftlichkeit mit zunehmender Größe, ohne daß eine Grenze zu erkennen ist. In der untersuchten Stichprobe sind die größten Betriebe auch die wirtschaftlichsten.[597] Dieses Ergebnis überrascht nicht, da durch die Wahl des Erfolgsmaßstabs primär auf Kostendegressionseffekte abgestellt wird. Bei einer Untersuchung von 54 Systemzentralen im Jahre 1994 wird intensiv auf die Größenkriterien eingegangen. Entgegen der Erwartung hat der Gesamtumsatz bei Handelssystemen keine Wirkung auf die Maßgrößen des Erfolgs. Das gleiche gilt für die Anzahl der Mitarbeiter in der Systemzentrale und die Zahl angeschlossener Geschäftsstätten.[598]

In der Forschung wird überwiegend davon ausgegangen, daß größere Verkaufsflächen größere Attraktionskraft entfalten,[599] z.B. aufgrund des größeren Sortiments. In diesem Zusammenhang sind auch Agglomerationseffekte zu sehen. Das zentrale Argument zur positiven Wirkung der Größe ist die Kostendegression. Dafür verantwortlich sind u.a. Erfahrungskurveneffekte und die Möglichkeit der Spezialisierung der Mitarbeiter, die zu einer höheren Produktivität führt. Ein weiterer Einflußfaktor sind bessere Beschaffungskonditionen.[600] Auch in neueren Untersuchungen können Kostendegressionseffekte des Unternehmenswachstums nachgewiesen werden. Mit Hilfe der Regressionsanalyse ergibt sich bei einer Untersuchung von 78 Großunternehmen des Konsumgüterhandels, daß um so eher Kostensenkungen realisiert werden, je größer das Umsatzwachstum (1983-1993) ist.[601] Ein Zusammenhang zwischen Verkaufsfläche und hoher Flächenproduktivität wird dagegen verneint.[602]

Bei der Untersuchung von Gaststätten ergeben sich bei *Kube* positive Einflüsse der Größe auf den Umsatz. Indirekt ergeben sich leicht negative Effekte durch das Sinken

---

[597] Vgl. Theisen, Paul; Dürr, Klaus: Statistische Untersuchung des Einflusses der Betriebsgröße auf die Wirtschaftlichkeit im Einzelhandel, in: Mitteilungsblatt des Handelsinstituts an der Universität des Saarlandes, 1961, Nr. 18, S. 1-11, S. 11.

[598] Vgl. Olbrich, Rainer: Erfolgspositionen im Lebensmittelhandel, Ergebnisse und Konsequenzen einer repräsentativen Befragung, in: ZfB, 64. Jg., 1994, Nr. 4, S. 425-442, S. 431-432.

[599] Vgl. Tietz, Bruno: Der Handelsbetrieb, 2. Aufl., (Vahlen) München 1993, S. 240.

[600] Vgl. Kube, Christian: Erfolgsfaktoren in Filialsystemen, (Gabler) Wiesbaden 1991, S. 113-114.

[601] Vgl. Olbrich, Rainer; Reinke, Bodo: Unternehmenswachstum im deutschen Konsumgüterhandel, Institut für Handelsmanagement, Westfälische Wilhelms-Universität Münster, Münster 1995, S. 4, S. 38.

[602] Vgl. Olbrich, Rainer; Reinke, Bodo: Aldi ist nicht mehr unangreifbar, in: LZ, 48. Jg., 1996, Nr. 13, S. 72-74, S. 74.

des Stammkundenanteils bei zunehmender Größe.[603] *Patt* vermutet, daß die Unternehmensgröße ein zentraler Bestimmungsfaktor des Unternehmenserfolges ist.[604] Er operationalisiert die Größe des Unternehmens u.a. durch die Anzahl der Betriebsstätten. Die erfolgreichen Unternehmen haben signifikant weniger Läden als die weniger erfolgreichen. Er interpretiert den größeren Erfolg damit, daß sich Inhaber und Geschäftsleitung besser auf wenige Geschäftsstätten konzentrieren können. Für die weiteren Merkmale Größe, Umsatz und Verkaufsfläche können keine signifikanten Beziehungen auf den Erfolg festgestellt werden.[605]

Bierbaum betrachtet in seiner Untersuchung den Zusammenhang zwischen Produktivitätsentwicklung und Betriebsgröße. Lediglich in der Branche Eisenwaren/Hausrat kann ein eindeutiger Zusammenhang zwischen Größe und Mitarbeiterproduktivität festgestellt werden. Je größer der Betrieb, desto größer die Produktivität. Dagegen wird der Zusammenhang zwischen Verkaufsflächenproduktivität und Größe über alle Branchen bestätigt.[606] Die Ladengröße wirkt über Preis- und Qualitätsimage positiv auf den Marktanteil von Handelsunternehmen.[607] Eine Zunahme der Flächenproduktivität kann üblicherweise durch eine Erhöhung der Verkaufsfläche erreicht werden.[608] In einer Zusatzuntersuchung kommt *Falter* zu dem Schluß, daß Wettbewerbsvorteile von Großfilialisten auf Rationalisierungsvorteilen und schlagkräftigeren Strategien beruhen.[609]

Bei einer empirischen Untersuchung von Lebensmitteleinzelhändlern in Kanada zeigt sich, daß die nicht organisierten Händler wesentlich geringere Produktivitäten aufweisen als die Filialisten. Dies gilt insbesondere für die völlig unabhängigen Unternehmen, während der Produktivitätsnachteil der in Kooperationen organisierten Händler geringer ausfällt. Dieser Zusammenhang ist aller Wahrscheinlichkeit nach darauf zu-

---

603 Vgl. Kube, Christian: Erfolgsfaktoren in Filialsystemen, (Gabler) Wiesbaden 1991, S. 214, S. 222.

604 Vgl. Patt, Paul-Josef: Strategische Erfolgsfaktoren im Einzelhandel, 2. Aufl., (Peter Lang) Frankfurt a.M. u.a. 1990, S. 48.

605 Vgl. Patt, Paul-Josef: Strategische Erfolgsfaktoren im Einzelhandel, 2. Aufl., (Peter Lang) Frankfurt a.M. u.a. 1990, S. 94-96.

606 Vgl. Bierbaum, Harald: Leistung und Leistungsbedingungen im Einzelhandel, Rationalisierungs-Gemeinschaft des Handels beim RKW e.V. Köln, Köln 1979, S. 15-16.

607 Vgl. Hildebrandt, Lutz; Trommsdorff, Volker: Anwendungen der Erfolgsfaktorenanalyse im Handel, in: Trommsdorff, Volker (Hrsg.): Handelsforschung 1989, Forschungsstelle für den Handel Berlin (FfH) e.V., (Gabler) Wiesbaden 1989, S. 15-26, S. 23.

608 Vgl. Falter, Hartmut: Wettbewerbsvorteile von Filialbetrieben, (DUV) Wiesbaden 1992, S. 150.

609 Vgl. Falter, Hartmut: Wettbewerbsvorteile von Filialbetrieben, (DUV) Wiesbaden 1992, S. 237-238.

rückzuführen, daß die Filialketten durchschnittlich größere Verkaufsflächen betreiben.[610] *Good* kommt zu dem Ergebnis, daß der größte Einfluß auf die Produktivität von Lebensmitteleinzelhändlern von der Verkaufsfläche ausgeht. Dieser Effekt ist bezogen auf die untersuchten Geschäfte nicht linear, sondern eine Funktion mit abnehmenden Grenzerträgen. Die optimale Verkaufsfläche im Lebensmittelhandel liegt demnach bei 22 000 qm Verkaufsfläche.[611] Die Vergrößerung der Verkaufsfläche norwegischer Supermärkte zeigt in der Untersuchung von *Gripsrud/Horverak* signifikanten Einfluß auf das Umsatzwachstum.[612] Einen positiven Effekt der Ladengröße auf die Flächenproduktivität ermittelt auch *Thurik* bei niederländischen Supermärkten.[613] Bei einer erweiterten Untersuchung von Fachgeschäften ergibt sich für die Nichtlebensmittelgeschäfte ein negativer Zusammenhang zu der Shopping-Center-Größe.[614] Die zunehmende Größe der Verkaufsfläche von Warenhausfilialen hat dagegen ebenfalls positive Auswirkungen auf die Flächenproduktivität.[615]

Der Zusammenhang zwischen Größe und Produktivität läßt sich im Handel auf zwei Aspekte zurückführen. Auf der einen Seite stehen die „echten" Größenvorteile, z.B. der höhere Spezialisierungsgrad, auf der anderen Seite werden durch die zunehmende Marktmacht bessere Konditionen erzielt. Allerdings sind mit zunehmender Größe auch Nachteile zu beobachten, z.B. aufgrund höheren Kontrollaufwandes.[616] Eine intensive Auseinandersetzung mit dem Einfluß von Größenmerkmalen auf den Erfolg findet sich bei *Olbrich*. Während der absolute Umsatz, die Mitarbeiteranzahl und die Gesamtzahl der angeschlossenen Geschäftsstätten keine Auswirkungen auf die Erfolgsgrößen zeigen, erweist sich die Geschäftsfläche als signifikant positiv korreliert mit der Veränderung des Betriebsergebnisses. Die beiden Effekte Kosten- und Umsatzdegression füh-

---

610 Vgl. Good, W. S.: Productivity in the Retail Grocery Trade, in: Journal of Retailing, 60. Jg., 1984, Nr. 3, S. 81-97, S. 87-88, S. 95.

611 Vgl. Good, W. S.: Productivity in the Retail Grocery Trade, in: Journal of Retailing, 60. Jg., 1984, Nr. 3, S. 81-97, S. 89, S. 93.

612 Vgl. Gripsrud, Geir; Horverak, Oyvind: Determinants of retail patronage, A natural experiment, in: International Journal of Research in Marketing, 3. Jg., 1986, S. 263-272, S. 270.

613 Vgl. Thurik, Adriaan R.: Quantitative Analysis of Retail Productivity, (W.D. Meinema B.V.) Delft 1984, S. 59.

614 Vgl. Thurik, Adriaan R.: Quantitative Analysis of Retail Productivity, (W.D. Meinema B.V.) Delft 1984, S. 106.

615 Vgl. Burmann, Christoph: Fläche und Personalintensität als Erfolgsfaktoren im Einzelhandel, (Gabler) Wiesbaden 1995, S. 115.

616 Vgl. Good, W. S.: Productivity in the Retail Grocery Trade, in: Journal of Retailing, 60. Jg., 1984, Nr. 3, S. 81-97, S. 89-92.

ren zu einer optimalen Verkaufsfläche über die hinaus das Betriebsergebnis wieder abnimmt.[617] *Olbrich* kommt durch diese Ergebnisse zu dem Schluß, daß die Größe an sich keinen Erfolgsfaktor darstellt, die Verkaufsfläche dagegen einen der zentralen Schlüsselfaktoren. Als Konsequenz empfiehlt er die Vergrößerung bereits bestehender Standorte im Rahmen der Auflagen und unter Berücksichtigung der kritischen Verkaufsfläche, die standortspezifisch festgelegt werden muß.[618]

Eine kleinere Betriebsgröße kann nicht generell als Nachteil angesehen werden.[619] In der Zukunft, in der Informationen zum Kapital werden und diese immer leichter und kostengünstiger zu erhalten sind, wird der Mittelstand verlorenes Terrain zurückgewinnen können: „Wo der wichtigste Vermögenswert die Intelligenz ist, braucht man nicht groß oder reich zu sein, um mitzuspielen."[620] Nach den Zeiten stetigen Wachstums, bei denen Großunternehmen durch economies of scale bessere Voraussetzungen hatten, werden in Zeiten der gesättigten Märkte flexible Unternehmen, die Nischen- und Differenzierungsstrategien verfolgen, wichtiger. Dies zeigt sich auch in dem Versuch der Großunternehmen, den Apparat in kleine selbständige Einheiten aufzuteilen.

Trotz dieser Einschränkung und den widersprüchlichen Ergebnissen der anderen Studien wird hier davon ausgegangen, daß eine gewisse Mindestgröße für den Erfolg förderlich ist. Darüber hinaus spricht die These von der Erfolgsträchtigkeit der Kleinen Riesen für positive Einflüsse auf den Erfolg.

Im folgenden wird die Stichprobe anhand der Kriterien Umsatz, Mitarbeiter und Filialzahl beschrieben. Diese Informationen sind bei der Interpretation der Ergebnisse zu beachten. Die Mehrzahl der Unternehmen realisiert Umsätze zwischen zwei und zehn Mio. DM, über 45 % der Unternehmen gehören zu diesen Umsatzklassen (vgl. Übersicht L-4). Im Schnitt werden fast 70 Mitarbeiter beschäftigt. Das ist im Vergleich mit dem Durchschnitt sehr groß. 1993 bzw. 1992 realisierten nur 15,0 % der Unternehmen

---

617 Vgl. Olbrich, Rainer: Erfolgspositionen im Lebensmittelhandel, Ergebnisse und Konsequenzen einer repräsentativen Befragung, in: ZfB, 64. Jg., 1994, Nr. 4, S. 425-442, S. 430-433.

618 Vgl. Olbrich, Rainer: Erfolgspositionen im Lebensmittelhandel, Ergebnisse und Konsequenzen einer repräsentativen Befragung, in: ZfB, 64. Jg., 1994, Nr. 4, S. 425-442, S. 435-436.

619 Vgl. Hörschgen, Hans; Kachel, Helmut: Größenbedingte Vor- und Nachteile mittelständischer Einzelhandelsunternehmen im Absatzbereich, in: Treis, Bartho (Hrsg.): Der mittelständische Einzelhandel im Wettbewerb, (Vahlen) München 1981, S. 77-125, S. 120.

620 Handy, Charles: Die Fortschrittsfalle. Der Zukunft neuen Sinn geben, (Gabler) Wiesbaden 1994, S. 31.

des Einzelhandels Umsätze zwischen einer und zehn Mio. DM. Nur 9,6 % der Unternehmen beschäftigten mehr als 99 Mitarbeiter (vgl. Zweites Kapitel).

Übersicht L-4: Stichprobe der untersuchten Unternehmen nach Umsatzklassen

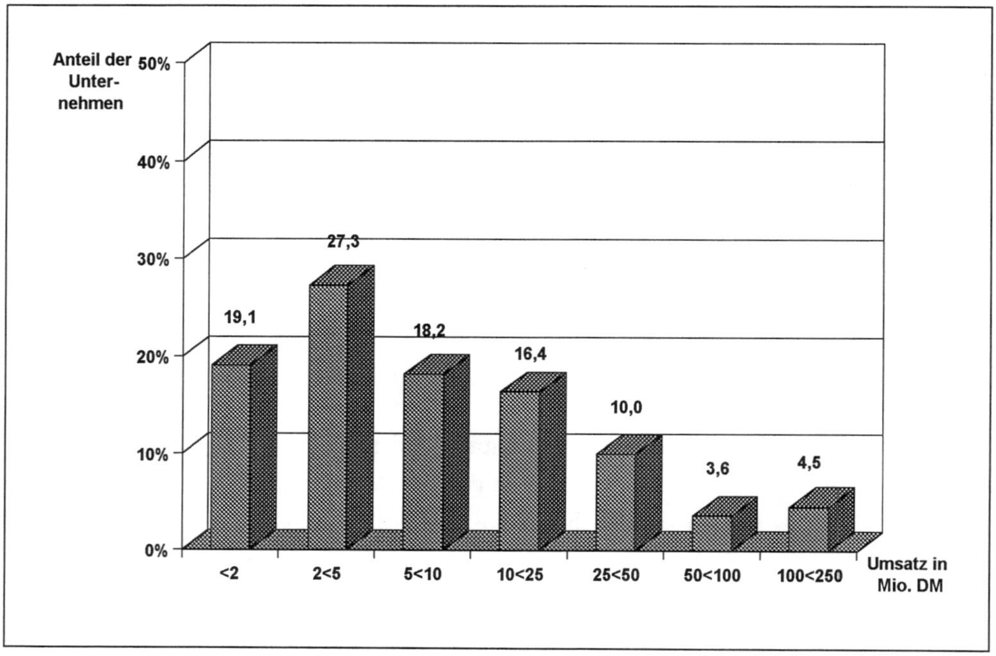

Die Mehrzahl der untersuchten Unternehmen sind Solitärunternehmen mit nur einer Betriebsstätte, dies trifft für 56,4 % der befragten Einzelhändler zu. 38,1 % besitzen zwei bis neun Betriebsstätten, nur 0,5 %, das sind sechs Unternehmen, haben größere Filialsysteme.

In dieser Untersuchung wird die Größe mit mehreren Merkmalen operationalisiert, was dem Konstruktgedanken Rechnung trägt. Zum anderen wäre bei einer eindimensionalen Einteilung, z.B. nach den Mitarbeitern, die Regression auf die betriebswirtschaftlichen Kriterien als fraglich einzuschätzen. Als qualitative Größe wird die Inhaber- oder Managerführung einbezogen. Daneben wird der Filialisierungsaspekt betrachtet. Dazu werden ebenfalls quantitative Indikatoren, hier die Zahl der Filialen, und qualitative Indikatoren, hier der Plan, weitere Filialen zu eröffnen, und die regionale Verteilung der Filialen (lokal oder regional) gemessen. Damit werden fünf Variablen zur Operationalisierung der Größe verwendet.[621]

Die Faktorenanalyse mit den fünf Variablen identifiziert zwei Faktoren, die zusammen 73,8 % der Varianz erklären. Die Filialstrategie wird überraschenderweise stärker durch die Ausdehnung und den Wunsch, weitere Filialen zu eröffnen, geprägt, als durch die Zahl bereits realisierter Standorte. Die Unternehmensgröße wird, neben der Zahl der Mitarbeiter, durch die Variable Zusammensetzung der Führung gebildet. Die positive Ladung ist dabei so zu interpretieren, daß bei zunehmender Größe eher Manager eingesetzt werden (vgl. Tabelle L-4).

Tabelle L-4: Dimensionen der Unternehmensgröße

Faktor	*Varianz*	*Eigenwert*	*Variablen*	*Faktorladung*
Filialstrategie	49,9 %	2,495	Filialen regional	0,85649
			Weitere Filialisierung geplant	0,82423
			Anzahl Filialen	0,72207
Unternehmensgröße	23,9 %	1,194	Managerführung	0,88133
			Mitarbeiter	0,73372

Die Überlegungen führen zur Hypothese **H1.3**:

Je intensiver die Filialstrategie verfolgt wird und je größer das Unternehmen, desto erfolgreicher sind die mittelständischen Einzelhändler.

(b) Ergebnisse der empirischen Untersuchung

Die mit den ermittelten Faktorwerten durchgeführten Regressionen auf die Erfolgsindikatoren können keine signifikanten Beziehungen nachweisen. Dieses Ergebnis läßt den Schluß zu, daß Größe oder Filialisierung allein keine Garanten für den Erfolg mittelständischer Einzelhändler sind.[622] Die Ablehnung der Hypothese kann darauf

621 Die Umsatzklasse wird als Merkmal vernachlässigt, da die später vorgesehene Regression auf die Indikatoren Umsatzwachstum und Produktivität als fraglich eingeschätzt wird.

622 „Größe und Marktstellung um jeden Preis sind keine Garanten für den Erfolg."; vgl. Olbrich, Rainer: Erfolgspositionen im Lebensmittelhandel, Ergebnisse und Konsequenzen einer repräsentativen Befragung, in: ZfB, 64. Jg., 1994, Nr. 4, S. 425-442, S. 432.

zurückzuführen sein, daß die Stichprobe hinsichtlich der Größenmerkmale nicht genug streut. Durch die Beschränkung auf mittelständische Einzelhändler werden keine wirklich großen Unternehmen aufgenommen. So haben nur 17 der untersuchten Unternehmen mehr als 100 Mitarbeiter. Auf der anderen Seite zeigt ja gerade die Tatsache, daß es erfolgreiche Mittelständler gibt, daß die Größe keinen isolierten Erfolgsfaktor darstellt. Dies schließt nicht aus, daß indirekte Effekte existieren, z.B. über eine mit Größe oft verbundene gute Wettbewerbsposition. Weiter ist nicht ausgeschlossen, daß einzelne Variablen mit den Erfolgsindikatoren korrelieren. Eine aus diesem Grunde durchgeführte Korrelationsanalyse zeigt, daß die Mitarbeiterzahl mit den Erfolgsindikatoren positiv korreliert. Die Filialzahl ist positiv korreliert mit Produktivität und Umsatzentwicklung.

Die Hypothese H1.3, nach der die Dimensionen Unternehmensgröße und Filialisierung Einfluß auf den Erfolg haben, kann nicht bestätigt werden.

An dieser Stelle wird auf den Zusammenhang zwischen Filialzahl und Erfolg gesondert eingegangen. Als Untersuchungsgruppen dienen die nach Filialzahl in drei Gruppen eingeteilten Unternehmen. Unterschieden werden Solitäre, Kleinfilialisten (zwischen zwei und neun Filialen) und Filialsysteme. Es zeigt sich, daß die Unternehmen mit mehr als 9 Filialen generell besser abschneiden (vgl. Übersicht L-5). Ein Wert von 3,0 repräsentiert z.B. eine zu vergleichbaren Unternehmen durchschnittliche Gewinnentwicklung, der Maximalwert von 5,0 weist auf wesentlich bessere Werte hin. Damit wird die Vorteilhaftigkeit von Filialsystemen bestätigt. Auf die an anderer Stelle erwähnten Kleinen Riesen (Filialunternehmen und große Solitäre) wird im Abschnitt Strategische Gruppen näher eingegangen.

Übersicht L-5: Zusammenhang zwischen Filialzahl und Erfolg

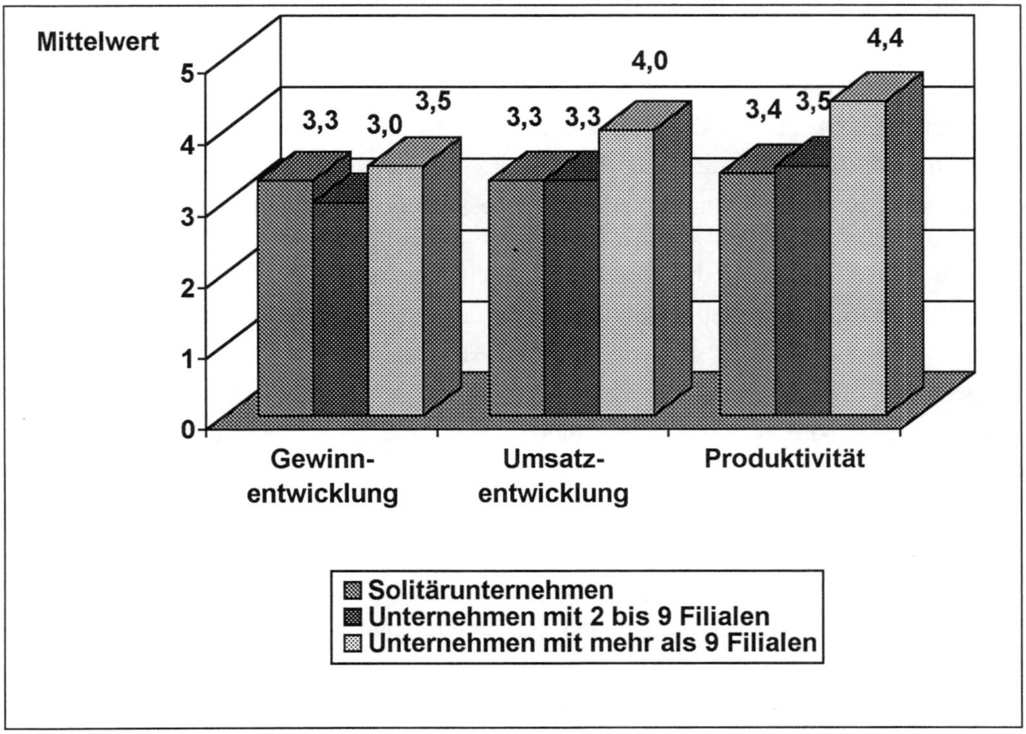

iii. Kooperation und Strategische Allianz

(a) Metaanalyse und Operationalisierung

Folgende Tendenzen der horizontalen Kooperation lassen sich nennen:[623]

- Obwohl der Fachhandel bereits seit Jahrzehnten beschaffungsseitig international ausgerichtet ist, dürfte diese Wettbewerbsdimension noch an Bedeutung gewinnen.
- Gegenwärtig werden alle Aktivitäten der betrieblichen Wertkette hinsichtlich ihrer Auslagerung oder einer kooperativen Durchführung überprüft, neben der

---

623 Vgl. Zentes, Joachim: Strategische Allianzen: Neuorientierung der kooperativen Wettbewerbsstrategien im Handel, in: Trommsdorff, Volker (Hrsg.): Handelsforschung 1994/95, Forschungsstelle für den Handel Berlin (FfH) e.V., (Gabler) Wiesbaden 1994, S. 73-85, S. 77-78.

Outsourcing-Tendenz zeichnet sich ein Bedeutungsanstieg kooperativer Wettbewerbsstrategien ab.

Der Kooperationsgrad gibt an, ob ein Unternehmen isoliert tätig ist, partiell kooperativ arbeitet oder totale Kooperation mit anderen Unternehmen aufweist.[624] Die Koordination als Dimension der Wettbewerbsstrategie bezieht sich in erster Linie auf die Kooperationsintensität. In enger Beziehung hierzu steht der Umfang der kooperativ durchgeführten Aktivitäten, d.h. die Zahl der Kooperationsfelder.[625] Die Kooperation wird stark durch die Art und Intensität der bestehenden Beziehung geprägt.[626]

Nach *Falter* ist kein eindeutiger Zusammenhang zwischen der Mitgliedschaft in Kooperationen und der Wettbewerbsstärke festzustellen. Die Mitgliedschaft ist vielmehr verbunden mit einer oft ausgeprägten Kostenorientierung.[627] Die Frage, ob die Mitgliedschaft in Kooperationen einen Einfluß auf den Unternehmenserfolg hat, wird kontrovers diskutiert. Für kleine Händler scheint die Mitgliedschaft wichtiger als für größere Unternehmen. Während der Kaufring als „Verbund der Platzhirsche" bezeichnet wird, sind andere erfolgreiche mittelständische Einzelhändler, z.B. Engelhorn & Sturm in Mannheim, dafür bekannt, die Mitgliedschaft in Einkaufsgemeinschaften abzulehnen. Ein anderes Argument sieht die Notwendigkeit einer Kooperation eher bei Vollsortimentern als bei Spezialisten, da das Unternehmen nicht in allen Randsortimenten gleich kompetent sein kann. Mittelständische Händler verfolgen mit dem Beitritt in Einkaufs- und Marketinggemeinschaften vor allem die Erzielung von Degressions- und Bündelungseffekten.[628] Die Kooperation kann in diesem Sinne zu einem Element der wettbewerbsstrategischen Konzeption von Einzelhandelsunternehmungen werden.[629]

---

624 Vgl. Tietz, Bruno: Der Handelsbetrieb, 2. Aufl., (Vahlen) München 1993, S. 254.

625 Vgl. Zentes, Joachim: Strategische Allianzen: Neuorientierung der kooperativen Wettbewerbsstrategien im Handel, in: Trommsdorff, Volker (Hrsg.): Handelsforschung 1994/95, Forschungsstelle für den Handel (FfH) Berlin e.V., (Gabler) Wiesbaden 1994, S. 73-85, S 79.

626 Vgl. Laurent, Monika: Vertikale Kooperation zwischen Industrie und Handel, (Deutscher Fachverlag) Frankfurt a.M. 1996, S. 99.

627 Vgl. Falter, Hartmut: Wettbewerbsvorteile von Filialbetrieben, (DUV) Wiesbaden 1992, S. 212.

628 Vgl. Zentes, Joachim: Strategische Allianzen: Neuorientierung der kooperativen Wettbewerbsstrategien im Handel, in: Trommsdorff, Volker (Hrsg.): Handelsforschung 1994/95, Forschungsstelle für den Handel Berlin (FfH) e.V., (Gabler) Wiesbaden 1994, S. 73-85, S. 77-78.

629 Vgl. dazu Möhlenbruch, Dirk; Nickel, Sylvia: Kooperationsstrategien als Element der wettbewerbsstrategischen Konzeption von Einzelhandelsunternehmungen, in: Trommsdorff, Volker (Hrsg.): Handelsforschung 1994/95, Forschungsstelle für den Handel (FfH) Berlin e.V., (Gabler) Wiesbaden 1994, S. 3-22.

Ziel einer strategischen Partnerschaft ist der Ausbau individueller Stärken oder die Kompensation individueller Schwächen.[630] Weitere mögliche Vorteile sind der Zugang zu Ressourcen oder die Beeinflussung der Wettbewerbsposition. Der Erfolg der Strategischen Allianz hängt vom Fit der kooperierenden Unternehmen bezüglich Unternehmenskultur und Unternehmenspolitik ab.[631] Basisziel für das Eingehen Strategischer Allianzen ist die Erzielung eines „Joint Competitive Advantage."[632]

Der Begriff Strategische Allianz ist in der Erfolgsfaktorenforschung bisher wenig verbreitet. Mit der Erreichung quantitativer Ziele durch Strategische Allianzen sind in einer neueren mittelstandsspezifischen Untersuchung 57,4 % der Unternehmen zufrieden bis sehr zufrieden.[633] Nahezu alle in einer weiteren Untersuchung befragten erfolgreichen Solitäre bestätigen die zunehmende Bedeutung strategischer Allianzen mit Lieferanten.[634]

Insbesondere mittelständische Unternehmen können durch Kooperation z.Z. nicht zugängliche Ressourcen beziehen. Ein Beispiel ist die Internationalisierung mit Hilfe eines ausländischen Partners. In der vorliegenden Untersuchung ist von Interesse, ob die erfolgreichen mittelständischen Einzelhändler solche Kooperationen eingehen, oder ob sie die Einzelkämpferrolle bevorzugen. Nach *Simon* lehnen die Hidden Champions sowohl Outsourcing als auch Strategische Allianzen meist ab. Sie bevorzugen die „Wagenburg"-Mentalität.[635]

Zur Messung der Strategischen Allianzen wurde gefragt, ob mit den Gruppen Industrie, Großhandel oder Wettbewerbern langfristige Kooperationen bestehen und wie intensiv diese Kooperationen sind.

---

630 Vgl. Zentes, Joachim: Kooperative Wettbewerbsstrategien im internationalen Konsumgütermarketing, in: Zentes, Joachim (Hrsg.): Strategische Partnerschaften im Handel, (Poeschel) Stuttgart 1992, S. 3-31, S. 20-21.

631 Vgl. Zentes, Joachim; Swoboda, Bernhard: Grundbegriffe des Internationalen Managements, (Schäffer-Poeschel) Stuttgart 1997, S. 300.

632 Vgl. Lubritz, Stefan: Internationale Strategische Allianzen mittelständischer Unternehmen - Eine theoretische und empirische Analyse, Diss., Saarbrücken 1996, S. 36.

633 Vgl. Lubritz, Stefan: Internationale Strategische Allianzen mittelständischer Unternehmen - Eine theoretische und empirische Analyse, Diss., Saarbrücken 1996, S. 247.

634 Vgl. Eickhoff, Markus: Erfolgsforschung im Bekleidungseinzelhandel, (Peter Lang) Frankfurt a.M. u.a. 1997, S. 109, S. 111.

635 Vgl. Simon, Hermann: Die heimlichen Gewinner (Hidden Champions). Die Erfolgsstrategien unbekannter Weltmarktführer, (Campus) Frankfurt a.M. u.a. 1996, S. 153.

Wegen der Stichprobe, bei der bis auf eine Ausnahme alle Unternehmen Kooperationen angehören, ist die Mitgliedschaft in der Einkaufsgemeinschaft als unabhängige Variable ungeeignet. In diesem Abschnitt werden deshalb Auswirkungen der Kooperationsintensität und das Vorhandensein Strategischer Allianzen getestet. Die Indikatoren der Kooperationsintensität sind die Bezugsquote und die Bedeutung der Kooperation für den Unternehmensbestand.

Als Hypothese **H1.4** wird formuliert:

Je intensiver die Kooperation mit der Verbundgruppe und je eher Strategische Allianzen verfolgt werden, desto erfolgreicher sind die mittelständischen Einzelhändler.

(b) Ergebnisse der empirischen Untersuchung

Aus den drei eingehenden Variablen bilden sich erwartungsgemäß zwei Faktoren, die 76,2 % der Varianz erklären. Während die Kooperationsintensität durch die Bezugsquote über die Kooperation und die Bedeutung der Kooperation für den Unternehmensbestand operationalisiert wird, bildet die Variable Strategische Allianz, die angibt, ob über die klassische Einkaufsgemeinschaft hinaus langfristige Kooperationen bestehen, ein eigenes Konstrukt (vgl. Tabelle L-5).

Tabelle L-5: Dimensionen der Kooperation

Faktor	*Varianz*	*Eigenwert*	*Variablen*	*Faktorladung*
Kooperationsintensität	42,8 %	1,284	Bezugsquote Kooperation	0,82479
			Bedeutung der Kooperation für den Unternehmensbestand	0,75691
Strategische Allianz	33,4 %	1,003	Kooperation über klassische Einkaufskooperation hinaus	0,96461

Aus der Regressionsanalyse ergeben sich keine signifikanten Zusammenhänge. Demnach sind intensiv kooperierende mittelständische Einzelhandelsunternehmen weder signifikant erfolgreicher, noch weniger erfolgreich als nicht intensiv kooperierende Unternehmen. Das gleiche gilt für die Strategische Allianz. Dieses Ergebnis ist unter Berücksichtigung der Tatsache, daß sehr erfolgreiche Unternehmen Kooperationen oft ablehnen, nicht überraschend. Es ist davon auszugehen, daß die Zugehörigkeit zu einer klassischen Verbundgruppe für die Mehrzahl der mittelständischen Einzelhändler eine notwendige Bedingung für das Überleben darstellt. Eine Differenzierung vom Wettbewerb kann durch die Kooperation nicht ausreichend erfolgen.

54,5 % der Unternehmen geben an, Strategische Allianzen zu pflegen. Der fehlende positive Einfluß der Strategischen Allianz kann auf eine unzureichende Operationalisierung zurückzuführen sein, da weder die Art der Kooperation noch der Fit zwischen den Unternehmen Untersuchungsgegenstand war. Darüber hinaus ist es möglich, daß die erfolgreichen Unternehmen keine Partner benötigen, analog der „Wagenburg"-Mentalität nach *Simon.*

Die Hypothese H1.4, nach der Kooperationsintensität und Strategische Allianzen positiven Einfluß auf den Erfolg des Unternehmens haben, kann nicht bestätigt werden.

iv. Beziehungspromotorenkonzept

(a) Metaanalyse und Operationalisierung

Die Umwelt des Handelsbetriebes kann in Mikro- und Makroumwelt eingeteilt werden.[636] Diese Systematisierung entspricht im Rahmen des Beziehungsmanagements der Unterscheidung in interne Beziehungen und externe Beziehungen. Die externen Beziehungen betreffen insbesondere Lieferanten, Staat, Kapitalgeber, Konkurrenten und Kunden.[637] Die Kunden sollen im Rahmen des Beziehungsmanagements nicht betrachtet werden. Mittelständische Einzelhändler verfügen, vor allem in ländlichen Standorten, oft über ein Netzwerk von Beziehungen. Das Beziehungsmanagement kann als strategisch orientierte Außenpolitik aufgefaßt werden.[638] Gerade in mittelständischen Unternehmen werden Beziehungen oft intensiv gepflegt, da persönliche Kontakte bevorzugt werden.[639] Stabile Beziehungen bedeuten Sicherheit.[640]

---

636 Vgl. Arnold, Danny R.; Capella, Louis M.; Smith, Garry D.: Strategic Retail Management, (Addison-Wesley) Reading/Massachusetts u.a. 1983, S. 103; vgl. Hansen, Ursula: Absatz- und Beschaffungsmarketing des Einzelhandels, 2. Aufl., (Vandenhoeck & Rupprecht) Göttingen 1990, S. 55 f.

637 Vgl. Drexel, Gerhard: Strategische Unternehmensführung im Handel, (de Gruyter) Berlin u.a. 1981, S. 46.

638 Vgl. Diller, Hermann: Beziehungsmanagement, in: Diller, Hermann (Hrsg.): Vahlens großes Marketinglexikon, (Vahlen) München 1992, S. 215 f.

639 Vgl. Belz, Christian: Erkenntnisse zum systematischen Beziehungsmanagement, in: Belz, Christian (Hrsg.): Management von Geschäftsbeziehungen, (Thexis) St. Gallen 1994, S. 24.

In diesem Sinne ist der mittelständische Einzelhändler als Beziehungspromotor zu verstehen. Er fördert Austauschprozesse durch gute persönliche Beziehungen zu Schlüsselakteuren.[641] Die aufgebauten Beziehungen können als Ressourcen aufgefaßt werden,[642] die als Marktzutrittsbarrieren wirken.[643] Die Unternehmung steht mehreren Anspruchsgruppen gegenüber:

- Kapitalgeber,
- Lieferanten und
- regulatorische Gruppen.

Neben Fremdkapitalgebern sind Eigenkapitalgeber zu sehen. Diese werden hier als interne Beziehung aufgefaßt (wie die Beziehung zu Lieferanten eine Input-Beziehung). Die regulatorischen Gruppen können in Kommunalbehörden, Staat, Gewerkschaften und weitere Gruppen, so Parteien, Verbände usw. gegliedert werden.[644] Ziele, die mit Hilfe der ausgewählten Gruppen erreicht werden sollen, sind u.a.:

- günstige Verzinsung und problemlose Kreditgewährung durch Fremdkapitalgeber,
- günstige Konditionen, Lieferpünktlichkeit und Lieferbereitschaft von Lieferanten sowie
- kulante Genehmigungspraxis und kurze Entscheidungswege bei Kommunalbehörden.

---

640 Vgl. Kaas, Klaus P.: Marketing zwischen Markt und Hierarchie, in: Kaas, Klaus P. (Hrsg.): Kontrakte, Geschäftsbeziehungen, Netzwerke - Marketing und neue Institutionenökonomik, Sonderheft Nr. 35 der ZfbF, (Verlagsgruppe Handelsblatt) Düsseldorf u.a. 1995, S. 19-42, S. 27.

641 Vgl. Gemünden, Hans Georg; Walter, Achim: Der Beziehungspromotor - Schlüsselperson für interorganisationale Innovationsprozesse, Institut für angewandte Betriebswirtschaftslehre und Unternehmensführung, Universität Karlsruhe 1994, S. 7; vgl. Gemünden, Hans Georg; Walter, Achim: Der Beziehungspromotor: Schlüsselperson für inter-organisationale Austauschprozesse, in: ZfB, 65. Jg., 1995, S. 971-986.

642 Vgl. Mattson, Lars-Gunnar: Management of Strategic Change in a „Market to Networks" - Perspective, in: Pettigrew, Andrew M. (Hrsg.): The Management of Strategic Change, (Basil Blackwell) Oxford 1987, S. 234-260, S. 237.

643 Vgl. Drexel, Gerhard: Strategische Unternehmensführung im Handel, (de Gruyter) Berlin u.a. 1981, S. 67, S. 108.

644 Vgl. Drexel, Gerhard: Strategische Unternehmensführung im Handel, (de Gruyter) Berlin u.a. 1981, S. 67, S. 108.

Dabei stehen persönliche Beziehungen gegenüber Fachbeziehungen im Vordergrund. Die Messung der Beziehungspflege kann durch die direkte Frage nach guten persönlichen Beziehungen zu den verschiedenen Gruppen abgefragt werden sowie durch die Frage, für wie wichtig solche Beziehungen gehalten werden.[645] Die bisherigen Erfolgsfaktorenstudien berücksichtigen das Promotorenkonzept nicht explizit. *Eickhoff* kommt zu dem Ergebnis, daß erfolgreiche Solitäre des Bekleidungseinzelhandels die persönliche Verbundenheit und Vertrautheit des Einkäufers mit den Lieferanten als wichtiges Mittel zur Erlangung guter Lieferkonditionen erachten. Darüber hinaus zeigen viele der untersuchten Unternehmen hohes Engagement für regionale Vereine und Veranstaltungen.[646]

Als Operationalisierung des Beziehungspromotorenkonzeptes wurde kein statistischer Faktor gebildet, sondern eine Variable, die nach *Fishbein* oder *Rosenberg* als Multiplikation zwischen subjektiv empfundener Bedeutung von Beziehungen für das Unternehmen und der Einschätzung über vorhandene Beziehungen gebildet wurde. Es ergibt sich ein Wert, der als Wert des Beziehungspromotors bezeichnet wird. Je größer dieser Wert ist, desto eher wird der befragte Unternehmensleiter als Beziehungspromotor eingeschätzt. Die erwartete Erfolgswirkung beruht auf der Annahme, daß gerade mittelständische Unternehmen auf gute persönliche Beziehungen setzen, um Nachteile auszugleichen. Dies ist z.B. zu erwarten bei guten persönlichen Beziehungen zu Lieferanten oder deren Einkäufern, die u.U. gute Konditionen ermöglichen ohne entsprechend hohe Liefermengen. Weiter sind die Beziehungen zu lokalen Persönlichkeiten, z.B. aus der Politik, zu erwähnen, die gerade ein mittelständisches Unternehmen aufgrund seiner Lokalität besser zu pflegen imstande sein dürfte. Die Aspekte zur Senkung von Transaktionskosten sind bereits erläutert worden. Ziel des Beziehungsmanagement ist die Erringung spezifischer Wettbewerbsvorteile.[647]

---

645 Anerkannt valide Statements zur Identifikation eines Beziehungspromotors sind bisher nicht veröffentlicht. Die im Fragebogen verwendeten Items wurden in Zusammenarbeit mit Herrn Achim Walter, Institut für Angewandte Betriebswirtschaftslehre & Unternehmensführung, Universität Karlsruhe, entwickelt.

646 Vgl. Eickhoff, Markus: Erfolgsforschung im Bekleidungseinzelhandel, (Peter Lang) Frankfurt a.M. u.a. 1997, S. 106, S. 125.

647 Vgl. Diller, Hermann: Beziehungsmanagement, in: Diller, Hermann (Hrsg.): Vahlens großes Marketinglexikon, (Vahlen) München 1992, S. 215 f.

Die Hypothese **H1.5** lautet demnach:

Je größer die Eignung der Geschäftsführung als Beziehungspromotor, desto erfolgreicher sind die mittelständischen Einzelhändler.

(b) Ergebnisse der empirischen Untersuchung

Die befragten Einzelhändler, die durchweg überdurchschnittlich erfolgreich sind, stimmten in den persönlichen Gesprächen der großen Bedeutung von Beziehungen voll und ganz bei. Das Vorhandensein guter Beziehungen wurde u.a. wie folgt verbalisiert: „Ich kenne jeden in der Branche und jeder kennt mich.“

Die statistisch ermittelten Einflüsse auf die Erfolgsindikatoren Zielerreichung und Umsatzentwicklung (vgl. Übersicht L-6) sind als hochsignifikant zu bezeichnen. Inbesondere hinsichtlich der Zielerreichung wird bei einem Signifikanzniveau von 0,000 und einem Beta-Regressionskoeffizienten von 0,352 ein starker Zusammenhang ausgewiesen. Dieses Ergebnis erscheint schlüssig, da die Zielerreichung auch qualitative Ziele, so Sicherung des Unternehmensbestandes enthält, die durch Beziehungen eher erreicht werden dürften als rein betriebswirtschaftliche Ziele. Darüber hinaus enthält das Konstrukt Zielerreichung langfristige Ziele, die über stabile Beziehungen gesichert werden können.

Der fehlende direkte Einfluß auf die Produktivität ist nachvollziehbar. Durch gute Beziehungen zu externen Partnern wird der Umsatz nicht direkt beeinflußt. Diese Überlegung weist darauf hin, daß auch die positive Wirkung auf den Umsatz nicht vollständig erklärt werden kann. Der Umsatzeffekt muß über eine Drittgröße verursacht werden, die im vorliegenden Modell nicht berücksichtigt wird. Vorstellbar ist, daß die guten Beziehungen zu lokalen Persönlichkeiten, z.B. Bürgermeister, dazu führen, daß die Kundenfrequenz und die Kundenbindung erhöht werden.[648]

Diese Ergebnisse bestätigen die Anwendbarkeit des Beziehungspromotorenkonzeptes im Sinne der Pflege externer Beziehungen als Instrument des Beziehungsmanagements auf den mittelständischen Einzelhandel.

---

[648] Die Konsumenten verhalten sich nach dem Motto „wo der Bürgermeister einkauft, gehe ich auch hin.“ Man will gesehen werden.

Übersicht L-6: Einfluß von Beziehungspromotoren auf den Erfolg - nur signifikante Beziehungen

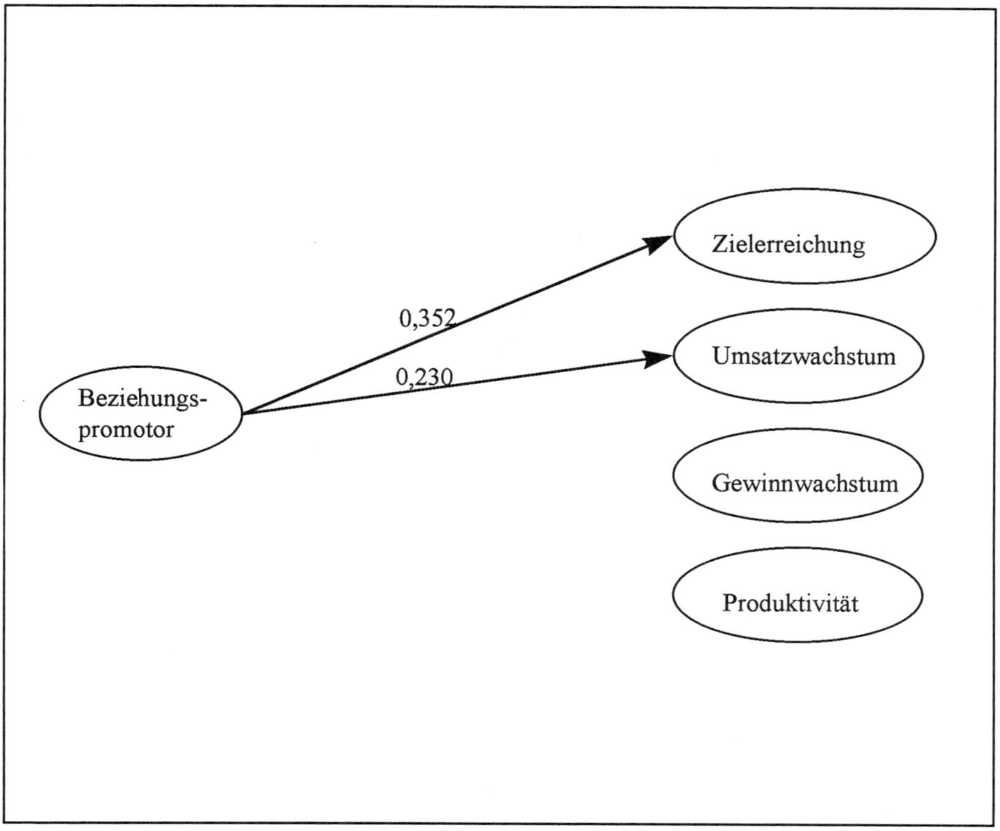

Die Hypothese H1.5, wonach das Vorhandensein eines Beziehungspromotors positiven Effekt auf den Unternehmenserfolg mittelständischer Einzelhändler hat, wird vorläufig bestätigt.

b) Marktpolitik

i. Sortimentspolitik

(a) Metaanalyse und Operationalisierung

Die grundlegende Kennzeichnung der Sortimentsstruktur erfolgt durch die Unterscheidung in Sortimentstiefe und Sortimentsbreite.[649] Die Sortimentstiefe wird durch die Anzahl der Artikel, die Sortimentsbreite durch die Anzahl der Artikelgruppen gemessen. Ein tiefes Sortiment bietet stärker alternative, das breite Sortiment eher additive Kaufmöglichkeiten. Die Abgrenzung beider Begriffe ist schwierig, da die Auswahlmöglichkeit eines Sortiments stark von der Konkretisierungsstufe des Kaufwunsches des Käufers abhängt.[650] Je spezifischer der Kaufwunsch, desto geringer dürfte der Konsument die Auswahl empfinden. Die Sortimentsbreite ist immer relativ zu betrachten, je nachdem von welcher Basis aus man das Sortiment betrachtet.[651] So hat ein Fachgeschäft für Unterhaltungselektronik ein auf alle Warengruppen bezogen schmales Sortiment, bezogen auf die eigene Warengruppe ein u.U. sehr breites Sortiment. Die Sortimentsbreite kann auch als Vollständigkeit der geführten Waren einer Warengruppe, die Sortimentstiefe als Vielfalt der geführten Waren in einer Warengruppe gemessen werden. Die Sortimentstiefe bedingt eine große Auswahl, die Sortimentsbreite differiert in allgemeine oder spezielle Sortimente.[652]

Die Sortimentsdynamik kann nach weit verbreiteter Auffassung in Sortimentskontraktion, Sortimentsexpansion und Sortimentsvariation unterschieden werden.[653] Bei der Sortimentsvariation tritt eine Veränderung der Sortimentspyramide ein, die sich auf eine Breiten-, Tiefen- oder Niveauvariation bezieht. Die Tiefenvariation im Sinne einer

---

[649] Vgl. Kube, Christian: Erfolgsfaktoren in Filialsystemen, (Gabler) Wiesbaden 1991, S. 139.

[650] Vgl. Gümbel, Rudolf: Die Sortimentspolitik in den Betrieben des Wareneinzelhandels, (Westdeutscher Verlag) Köln u.a. 1963, S. 62.

[651] Vgl. Möhlenbruch, Dirk: Sortimentspolitik im Einzelhandel, (Gabler) Wiesbaden 1994, S. 16.

[652] Vgl. Tietz, Bruno: Der Handelsbetrieb, 2. Aufl., (Vahlen) München 1993, S. 324.

[653] Vgl. zu dieser Einteilung Oehme, Wolfgang: Handels-Marketing, 2. Aufl., (Vahlen) München 1992, S. 210; vgl. Müller-Hagedorn, Lothar: Handelsmarketing, 2. Aufl., (Kohlhammer) Stuttgart u.a. 1993, S. 162; vgl. Barth, Klaus: Betriebswirtschaftslehre des Handels, 3. Aufl., (Gabler) Wiesbaden 1996, S. 161 f.

Spezialisierung bedeutet die Reduzierung anderer Warengruppen und impliziert damit häufig eine Niveauanhebung im Sinne von trading up.[654]

Die Sortimentstiefe wird erhöht, wenn zu einem Artikel weitere Varianten hinzugenommen werden. Die Sortimentsbreite wird erhöht, wenn neue Warengruppen aufgenommen werden.[655] Sortimentstiefe und Sortimentsbreite müssen sowohl unter Umsatz- als auch Kostengesichtspunkten gesehen werden.[656] Aufgrund der zunehmenden Bedarfsorientierung der Sortimente kommt es zu branchenübergreifenden Bündelungen, welche die Beurteilung der Sortimentsbreite bzw. -tiefe fast unmöglich werden lassen.[657] Die Sortimentstiefe kann

- absolut, d.h. durch die Zahl der geführten Artikel und
- relativ, d.h. in bezug zu anderen Größen

gemessen werden. Die relative Messung enthält mehr Informationen, da sie die Sortimentstiefe anderer Handelsbetriebe mit einbezieht. Die Sortimentstiefe kann dabei in Beziehung gesetzt werden zur durchschnittlichen Sortimentstiefe aller untersuchten Betriebe einer Branche oder zur größten Sortimentstiefe, die von einem der Konkurrenzbetriebe angeboten wird.[658]

Empirische Ergebnisse bisheriger Studien

In einer Studie, die nach der hier zugrundegelegten Auffassung nicht der Erfolgsfaktorenforschung zuzurechnen ist, wird der Zusammenhang der Sortimentstiefe einzelner Warengruppen im Lebensmittelhandel auf den Absatz (Zahl der abgesetzten Packungseinheiten) untersucht. Nach der Analyse einiger theoretischer Arbeiten zum Zusammenhang zwischen Artikelzahl und Kaufverhalten der Konsumenten kommen *Müller-Hagedorn/Seidel* zu dem Schluß, daß es aufgrund dieser Beiträge nicht möglich ist,

---

654 Vgl. Möhlenbruch, Dirk: Sortimentspolitik im Einzelhandel, (Gabler) Wiesbaden 1994, S. 171-177.

655 Vgl. Müller-Hagedorn, Lothar: Handelsmarketing, 2. Aufl., (Kohlhammer) Stuttgart u.a. 1993, S. 162.

656 Vgl. Falk, Bernd; Wolf, Jakob: Handelsbetriebslehre, 11. Aufl., (Moderne Industrie) Landsberg a.L. 1992, S. 227.

657 Vgl. Kube, Christian: Erfolgsfaktoren in Filialsystemen, (Gabler) Wiesbaden 1991, S. 140.

658 Vgl. Müller-Hagedorn, Lothar; Heidel, Bernd: Die Sortimentstiefe als absatzpolitisches Instrument, in: ZfbF, 38. Jg., 1986, Nr. 1, S. 39-63, S. 52.

„eine Funktion zum Zusammenhang von Sortimentstiefe und Absatz abzuleiten."[659] Die eigenen Panel-Daten führen zu dem Ergebnis, daß der Absatz mit zunehmender Sortimentstiefe ständig zunimmt, ohne daß eine Sättigungsgrenze zu erkennen ist. Tiefere Sortimente führen zu einem überproportional hohen Absatz im Vergleich zu anderen Betrieben. Ein gleichgerichteter Zusammenhang ergibt sich bei der Untersuchung der Sortimentsexpansion bzw. -reduktion: tiefere Sortimente führen zu einer Erhöhung des Absatzes, verringerte Sortimente führen zu einem Absatzrückgang.[660] Die dargestellten Ergebnisse sind kritisch zu sehen, da nicht der Handelsbetrieb als Ganzes, sondern einzelne Produktgruppen, z.B. Zahnpasta, untersucht werden. Eine Erhöhung der Artikelzahl in einer Produktgruppe führt fast zwangsläufig zu einer Absatzsteigerung innerhalb dieser Produktgruppe und vice versa. In der Praxis geht die Ausweitung eines Teilsortimentes aufgrund von Flächenbegrenzungen zu Lasten anderer Bereiche, was im Saldo sogar zu einem Absatzrückgang führen kann.

Patt betrachtet den Sortimentsaspekt im Rahmen der Marketing-Strategie und des Marketing-Mix. Bei der Sortimentsstrategie wird untersucht, welche Sortimentsbereiche die Fachgeschäfte führen. Die Segmentierungsstrategie wird operationalisiert durch die angesprochenen Zielgruppen und deren Umsatzanteil. Diese Aspekte sind sehr spezifisch auf die untersuchten Fachgeschäfte ausgerichtet. Die Zielgruppenkonzentration wird gemessen durch die Division der beiden größten Zielgruppenanteile durch die beiden geringsten. Als Ergebnis ergibt sich die Vorteilhaftigkeit der Zielgruppenkonzentration für kleinere Einheiten, während größere Geschäftseinheiten mit der Differenzierungsstrategie bessere Ergebnisse erzielen.[661] Die Sortimentstiefe wird als Teilbereich des Marketing-Mix diskutiert. Sie wird operationalisiert durch eine Kennzahl aus den Konfektionsgrößenintervallen. Weitere mögliche Indikatoren sind die Anzahl verschiedener Marken oder die Artikelanzahl. Die Sortimentstiefe ist nach *Patt* ein positiver Wachstums- jedoch negativer Ertragsfaktor.[662]

In der Untersuchung von *Wölk* werden Sortimentstiefe, Sortimentsbreite und Sortimentswertigkeit mit Hilfe von Rating-Skalen abgefragt. Darüber hinaus wird analy-

---

659 Müller-Hagedorn, Lothar; Heidel, Bernd: Die Sortimentstiefe als absatzpolitisches Instrument, in: ZfbF, 38. Jg., 1986, Nr. 1, S. 39-63, S. 44.

660 Vgl. Müller-Hagedorn, Lothar; Heidel, Bernd: Die Sortimentstiefe als absatzpolitisches Instrument, in: ZfbF, 38. Jg., 1986, Nr. 1, S. 39-63, S. 60-62.

661 Vgl. Patt, Paul-Josef: Strategische Erfolgsfaktoren im Einzelhandel, 2. Aufl., (Peter Lang) Frankfurt a.M. u.a. 1990, S. 136-144.

662 Vgl. Patt, Paul-Josef: Strategische Erfolgsfaktoren im Einzelhandel, 2. Aufl., (Peter Lang) Frankfurt a.M. u.a. 1990, S. 155-156.

siert, inwieweit das Sortiment auf Zielgruppen ausgerichtet ist (Zielgruppenausrichtung) und ob das Unternehmen auf bestimmte Sortimentsbereiche spezialisiert ist (Sortimentsspezialisierung).[663] Branchenübergreifend kommt die Autorin zu dem Schluß, daß das Sortiment in Branchen mit identischen Erzeugnissen (z.B. Unterhaltungselektronik) nur für kleine Betriebe ein wichtiger Erfolgsfaktor ist. Sie können sich durch Spezialisierung profilieren. In Branchen mit überwiegend nicht vergleichbaren Erzeugnissen (z.B. Textilien) ist das Sortiment wichtigster Bestimmungsfaktor des Erfolgs. Eine individuelle Sortimentskombination oder Spezialisierung dienen dem Aufbau einer starken Marktstellung.[664]

Gesetzmäßigkeiten des Handels und Sortiment

Bei der Untersuchung zu Sortimentsfragen sind seit den grundlegenden Arbeiten von *Seyffert* oder *Gümbel* keine wesentlichen Fortschritte zu erkennen.[665] Die Handelswissenschaft beschäftigt sich insbesondere unter dem Aspekt der Betriebstypentheorie mit dem Sortiment. Nach der Marktlückentheorie entstehen neue Betriebstypen durch eine immer bessere Anpassung an die Kunden. Sie impliziert eine zunehmende Spezialisierung.[666] Die Gesetzmäßigkeit des Wheel of Retailing (Dynamik der Betriebsformen)[667] geht davon aus, daß etablierte Betriebstypen trading up betreiben.[668] Neue Betriebsformen im Einzelhandel beginnen meist mit einer geringen Artikelzahl, sind aber bald gezwungen, weitere Artikel aufzunehmen.[669] Das trading up eines Handelsbetriebes dokumentiert sich u.a. durch die Ausweitung des Sortiments in Tiefe und Breite sowie durch Preiserhöhung.[670] In Zusammenhang mit der Sortimentspolitik muß die Preislagenpolitik gesehen werden, die durch das Preisniveau sowohl Betriebstyp als auch trading-up-Tendenzen mitbestimmt. Die Festlegung bestimmter Preislagen steht in engem

---

663 Vgl. Wölk, Andrea: Zukunftschancen kleiner und mittlerer Unternehmen im Einzelhandel, hrsg. v. Forschungsstelle für den Handel Berlin, Berlin 1991, S. 75-76.

664 Vgl. Wölk, Andrea: Zukunftschancen kleiner und mittlerer Unternehmen im Einzelhandel, hrsg. v. Forschungsstelle für den Handel Berlin, Berlin 1991, S. 227-228.

665 Vgl. Oehme, Wolfgang: Handels-Marketing, 2. Aufl., (Vahlen) München 1992, S. 130.

666 Vgl. Tietz, Bruno: Der Handelsbetrieb, 2. Aufl., (Vahlen) München 1993, S. 1318.

667 Vgl. Nieschlag, Robert: Die Dynamik der Betriebsformen im Handel, (Rheinisch-Westfälisches Institut für Wirtschaftsforschung) Essen 1954.

668 Vgl. Tietz, Bruno: Der Handelsbetrieb, 2. Aufl., (Vahlen) München 1993, S. 1315.

669 Vgl. Seyffert, Rudolf: Sortimentspolitik, in: Seyffert, Rudolf (Hrsg.): Sonderhefte der Mitteilungen des Instituts für Handelsforschung an der Universität zu Köln, Nr. 15, (Westdeutscher Verlag) Köln u.a. 1962, S. 5-12, S. 9.

670 Vgl. Tietz, Bruno: Der Handelsbetrieb, 2. Aufl., (Vahlen) München 1993, S. 540.

Zusammenhang zu sortiments- und zielgruppenstrategischen Überlegungen.[671] Preislagen sind unterschiedliche Preise für Waren gleicher Art und Zweckbestimmung, aber unterschiedlicher Qualität: Die Preislagen haben sich zu Preisniveaus weiterentwikkelt.[672] Nach der Höhe des Preisniveaus im Vergleich zur Konkurrenz lassen sich Niedrig- und Hochpreispolitik unterscheiden.[673] Im Rahmen der Untersuchung von Erfolgsfaktoren stehen strategische Aspekte der Preispolitik im Vordergrund. Die Überlegungen beziehen sich daher in erster Linie auf das Sortiment und weniger auf einzelne Artikel.[674]

Empirische Ergebnisse bisheriger Studien

Kube kommt in seiner Analyse bisheriger Studien zu dem Schluß, daß hohe Spannen und ein hohes Preisniveau einen positiven Einfluß auf den Ertrag haben. Bei den untersuchten Gastronomiebetrieben stellt er einen nur unwesentlichen Einfluß des Preisniveaus fest.[675] *Patt* kann keinen Einfluß des Preisniveaus auf Erfolg oder Ertrag feststellen. Ein hohes Preisniveau erweist sich jedoch als Wachstumsfaktor.[676]

Hildebrandt/Trommsdorff untersuchen mit Hilfe eines Haushaltspanels den Einfluß von verschiedenen Imagewerten auf den Marktanteil von Handelsunternehmen. Eine der untersuchten Gruppen besteht aus nicht organisierten Spezialgeschäften. Bei dieser Gruppe wirkt ein niedriges Preisimage negativ auf den Marktanteil. Bei wahrgenommenen hohen Preisen wird in solchen Geschäften eher mehr Geld ausgegeben.[677] Die Preisorientierung ist nach *Wölk* kein Erfolgsrezept für den mittelständischen Einzelhändler. Die Profilierung geschieht vielmehr über Sortiment und Service.[678] In diesem Zusammenhang wird ein großer Nachteil der Vernachlässigung von Kundenurteilen

---

671 Vgl. Hansen, Ursula: Absatz- und Beschaffungsmarketing des Einzelhandels, 2. Aufl., (Vandenhoeck & Rupprecht) Göttingen 1990, S. 342.

672 Vgl. Oehme, Wolfgang: Handels-Marketing, 2. Aufl., (Vahlen) München 1992, S. 305.

673 Vgl. Müller-Hagedorn, Lothar: Handelsmarketing, 2. Aufl., (Kohlhammer) Stuttgart u.a. 1993, S. 197.

674 Vgl. Kube, Christian: Erfolgsfaktoren in Filialsystemen, (Gabler) Wiesbaden 1991, S. 147.

675 Vgl. Kube, Christian: Erfolgsfaktoren in Filialsystemen, (Gabler) Wiesbaden 1991, S. 214.

676 Vgl. Patt, Paul-Josef: Strategische Erfolgsfaktoren im Einzelhandel, 2. Aufl., (Peter Lang) Frankfurt a.M. u.a. 1990, S. 138-139.

677 Vgl. Hildebrandt, Lutz; Trommsdorff, Volker: Anwendungen der Erfolgsfaktorenanalyse im Handel, in: Trommsdorff, Volker (Hrsg.): Handelsforschung 1989, Forschungsstelle für den Handel Berlin (FfH) e.V., (Gabler) Wiesbaden 1989, S. 15-26, S. 22.

678 Vgl. Wölk, Andrea: Zukunftschancen kleiner und mittlerer Unternehmen im Einzelhandel, hrsg. v. Forschungsstelle für den Handel Berlin, Berlin 1991, S. 229.

deutlich: Nicht das objektiv gegebene oder vom Management eingeschätzte, sondern das von den Kunden empfundene Preisimage bestimmt das Preisniveau.[679]

Die Qualität der Sortimentspolitik (vom Erheber subjektiv eingeschätzt) zeigt eine hohe Korrelation zur betrieblichen Leistung. Mit rückläufiger Qualität sinkt das betriebswirtschaftliche Betriebsergebnis ebenso wie die Produktivitätskennzahlen.[680] Das Sortimentsniveau im Sinne einer Qualitätsorientierung, z.B. in Verbindung mit trading up, kann Wettbewerbsvorteile induzieren. Dies gilt auch für ein enges und tiefes Sortiment.[681] *Bierbaum* kommt durch die Untersuchung von 24 Betrieben des Textileinzelhandels zu dem Ergebnis, daß von der Schwerpunktbildung und der Spannenbetonung innerhalb der Sortimentspolitik ein signifikant positiver Einfluß auf den Erfolg des Unternehmens ausgeht.[682]

Nach einer Untersuchung von 139 amerikanischen Fachgeschäften ist der Spezialisierungsgrad in den Augen der Konsumenten ein Erfolgsfaktor in der Mehrzahl der Branchen, z.B. im Schuheinzelhandel und im Bekleidungseinzelhandel.[683] Bei der Analyse von 811 niederländischen Supermärkten kommt *Thurik* zu dem Ergebnis, daß die Flächenproduktivität mit zunehmender Sortimentstiefe ansteigt.[684] Eine differenzierte Zielgruppenstrategie erhöht die Flächenproduktivität von Warenhausfilialen.[685] Die Zielgruppenorientierung wirkt sich positiv auf den marktlichen Erfolg aus.[686]

---

679 Vgl. Zopp, Hans: Differenzierungsgründe der Leistung bei gleichgearteten Einzelhandelsbetrieben, (Westdeutscher Verlag) Köln u.a. 1965, S. 157, S. 161.

680 Vgl. Zopp, Hans: Differenzierungsgründe der Leistung bei gleichgearteten Einzelhandelsbetrieben, (Westdeutscher Verlag) Köln u.a. 1965, S. 163.

681 Vgl. Falter, Hartmut: Wettbewerbsvorteile von Filialbetrieben, (DUV) Wiesbaden 1992, S. 151-153.

682 Vgl. Bierbaum, Harald: Leistung und Leistungsbedingungen im Einzelhandel, Rationalisierungs-Gemeinschaft des Handels beim RKW e.V. Köln, Köln 1979, S. 29.

683 Vgl. Sineath, Palmer W.: An Empirical Investigation into the Relationship between Strategic Management and the Retail Sector, Diss., Wilmington 1975, S. 115, S. 118, S. 120.

684 Vgl. Thurik, Adriaan R.: Quantitative Analysis of Retail Productivity, (W.D. Meinema B.V.) Delft 1984, S. 58.

685 Vgl. Burmann, Christoph: Fläche und Personalintensität als Erfolgsfaktoren im Einzelhandel, (Gabler) Wiesbaden 1995, S. 125, S. 128.

686 Vgl. Wöllenstein, Stephan: Betriebstypenprofilierung in vertraglichen Vertriebssystemen, (Peter Lang) Frankfurt a.M. u.a. 1996, S. 268.

Für die vorliegende Untersuchung erscheinen folgende Aspekte relevant:

- Haben Spezialisierungs- oder trading-up-Tendenzen stattgefunden und wenn ja, welchen Einfluß haben diese Entwicklungen?
- Welchen Einfluß hat die Kombination von Sortimentsbreite bzw. -spezialisierung und hohem bzw. niedrigem Preisniveau?

Die Spezialisierung wird dabei definiert als Zunahme der Sortimentstiefe (Anzahl der Artikel) und Abnahme der Sortimentsbreite (Anzahl der Warengruppen). Trading-up-Tendenzen können sich durch Zunahme von Sortimentstiefe und Sortimentsbreite ausdrücken[687] oder durch Erhöhung des Preisniveaus.

In die Faktorenanalyse werden fünf Variablen einbezogen. Die ersten beiden dokumentieren mit Preislage und Sortimentsbreite den Betriebstyp. Hohe Skalenwerte signalisieren hohe Preise und ein enges, segmentspezifisches Sortiment verglichen mit ähnlichen Betrieben. Der aus diesen Variablen gebildete Faktor gibt bei überdurchschnittlicher Ausprägung im engeren Sinne die Fachgeschäftsstrategie wieder (hohe Preise, schmales Sortiment).

Die drei weiteren Variablen, die einen eigenen Faktor bilden, dokumentieren die Rate der Sortimentsveränderung hinsichtlich Breite, Tiefe und Preisniveau. Da die ersten beiden Variablen eine Erhöhung der Kompetenz und die dritte Variable eine Erhöhung der Preise wiedergeben, kann dieses Konstrukt auch als trading up interpretiert werden. Eine intensive Ausweitung des Sortiments in Tiefe und Breite und die Veränderung des Preisniveaus wird hier als Sortimentsdynamik interpretiert. Die Sortimentsdynamik kann als Reaktion auf veränderte Konsumentenanforderungen oder Umfeldbedingungen aufgefaßt werden. Die trading up-Strategie wird im mittelständischen Einzelhandel als Abwehrreaktion gegenüber neuen Betriebstypen empfohlen. Dem entspricht eine Betriebstypenstrategie, die Fach- oder Spezialgeschäftscharakter verfolgt.

Als Hypothese **H1.6** wird formuliert:

Je größer die Sortimentsdynamik und je intensiver die Fachgeschäftsstrategie verfolgt wird, desto erfolgreicher sind die mittelständischen Einzelhändler.

687 Vgl. Tietz, Bruno: Der Handelsbetrieb, 2. Aufl., (Vahlen) München 1993, S. 328, S. 540.

Beide Faktoren erklären zusammen 60,5 % der Varianz (vgl. Tabelle L-6). Zu beachten ist, daß die Variable Preisveränderung mit Korrelationswerten um 0,5 sowohl dem einen als auch dem anderen Konstrukt zugerechnet werden kann.

Tabelle L-6: Dimensionen der Sortimentspolitik

Faktor	*Varianz*	*Eigenwert*	*Variablen*	*Faktorladung*
Fachgeschäftsstrategie	32,5 %	1,623	Hohe Preislage	0,86798
			Schmales Sortiment	0,73269
			Zunahme Preisniveau	0,55815
Sortimentsdynamik	28,0 %	1,399	Zunahme Sortimentsbreite	0,79421
			Zunahme Sortimentstiefe	0,67902
			Zunahme Preisniveau	0,51111

(b) Ergebnisse der empirischen Untersuchung

Mit der Regressionsanalyse lassen sich keine Auswirkungen des Betriebstyps, d.h. der Fachgeschäftsstrategie mit hohen Preisen und schmalem Sortiment nachweisen. Die Sortimentsdynamik wirkt signifikant auf Umsatzwachstum, Zielerreichung und Produktivität (vgl. Übersicht L-7). Der stärkste Einfluß wird auf die Produktivität nachgewiesen, was konsistent ist, da das Konstrukt auch als Erhöhung der Sortimentskompetenz interpretiert werden kann. Zum Gewinnwachstum besteht kein direkter Zusammenhang.

Der fehlende Einfluß der Fachgeschäftsstrategie könnte auf das Vorhandensein von situativen Faktoren zurückzuführen sein. So ist ein Nahversorger in einer Kleinstadt, z.B. ein Kaufhaus, gezwungen, ein Vollsortiment anzubieten. Damit ist die Strategie des zielgruppengerechten, segmentspezifischen Sortiments nicht durchführbar. Dennoch kann ein solches Unternehmen sehr erfolgreich sein. Diese Argumentation führt zu dem Schluß, daß hohe Preise und enge Sortimente nicht zwangsläufig sinnvoll und erfolgreich sind. Je nach Situation kann eine abweichende Strategie besser sein. Dieser Zusammenhang konnte bei der persönlichen Befragung beobachtet werden. Die erfolgreichen Unternehmen haben aufgrund ihrer Marktstellung oftmals Vollversorgerfunktion und sind somit gezwungen, auch unrentable Sortimentsbereiche weiterzuführen. Die kleineren Unternehmen können spezifischere Sortimente anbieten. Sie verfügen aber nicht über eine entsprechende Marktmacht.

Übersicht L-7: Einfluß von Dimensionen der Sortimentspolitik auf den Erfolg - nur signifikante Beziehungen

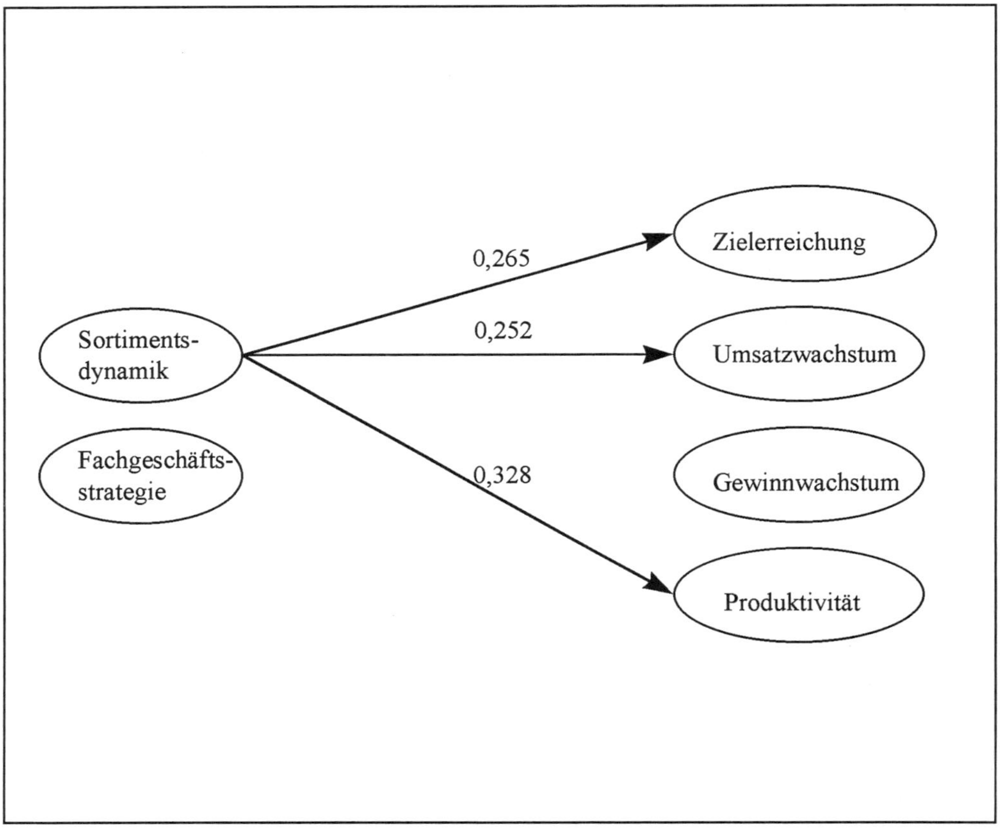

Der Hypothese H1.6, wonach Sortimentsdynamik und Fachgeschäftsstrategie positiven Einfluß auf den Unternehmenserfolg haben, wird vorläufig teilweise bestätigt.

ii. Servicepolitik

(a) Metaanalyse und Operationalisierung

Als Service kann man alle Dienstleistungen eines Handelsunternehmens bezeichnen, die zusätzlich zum Verkauf der Ware erbracht werden.[688] Serviceleistungen sind

688 Vgl. Oehme, Wolfgang: Handels-Marketing, 2. Aufl., (Vahlen) München 1992, S. 378.

Dienstleistungen, die den Absatz eines Handelsunternehmens fördern sollen.[689] Die Zufriedenheit der Kunden mit der wahrgenommenen Servicequalität hängt stark vom jeweiligen Anspruchsniveau und den Erwartungen ab.[690]

Die Serviceleistungen wirken positiv auf die Kundenbindung, können durch die entstehenden Kosten allerdings negative Ertragswirkungen nach sich ziehen. Weiter kann das Image hinsichtlich der Preisgünstigkeit negativ beeinflußt werden.[691] Im Zuge der aufkommenden Selbstbedienung wurde der Fokus der Servicepolitik erstmals auf die Reduzierung von Service und Beratung gerichtet, um die Produktivität zu erhöhen.[692]

In der wissenschaftlichen Praxis wird die Servicequalität insbesondere durch Befragung der Kunden gemessen. Dies entspricht der Auffassung, daß nicht die objektive Dienstleistung, sondern die subjektive Wahrnehmung durch die Konsumenten entscheidend ist.[693] Bei der Servicepolitik sind die Kombination der Serviceleistungen und das qualitative Niveau der Leistungen festzulegen. Demnach sind Substitutionsbeziehungen ebenso zu beachten wie die Qualifikation der Mitarbeiter, welche die Qualität des Service bestimmt.[694] Die Bedeutung der Servicequalität entspringt dem hohen Differenzierungspotential gegenüber anderen Unternehmen.[695] Weiter läßt sich die Erfolgswirksamkeit der Servicestrategie aus den Gesetzmäßigkeiten des Wheel of Retailing ableiten.

Empirische Ergebnisse bisheriger Studien

Bei einer empirischen Untersuchung, welche Informationen zur Beurteilung der Servicequalität herangezogen werden, ergeben sich als meistgenutzte Merkmale die Zahl

---

689 Vgl. Falk, Bernd; Wolf, Jakob: Handelsbetriebslehre, 11. Aufl., (Moderne Industrie) Landsberg a.L. 1992, S. 352.

690 Vgl. Spreng, Richard A.; Mackoy, Robert D.: An Empirical Examination of a Model of Perceived Service Quality and Satisfaction, in: Journal of Retailing, 72. Jg., 1996, Nr. 2, S. 201-214, S. 210.

691 Vgl. Kube, Christian: Erfolgsfaktoren in Filialsystemen, (Gabler) Wiesbaden 1991, S. 145.

692 Vgl. Conz, Bernd: Mehr Mut zu weniger Beratung, Rationalisierungs-Gemeinschaft des Handels, Köln 1976.

693 Vgl. Lapierre, Jozée; Filiatrault, Pierre; Perrien, Jean: Research on service quality evaluation: evolution and methodological issues, in: Journal of Retailing and Consumer Services, 3. Jg., 1996, Nr. 2, S. 91-98.

694 Vgl. dazu Hansen, Ursula: Absatz- und Beschaffungsmarketing des Einzelhandels, 2. Aufl., (Vandenhoeck & Rupprecht) Göttingen 1990, S. 440-442.

695 Vgl. Lapierre, Jozée; Filiatrault, Pierre; Perrien, Jean: Research on service quality evaluation: evolution and methodological issues, in: Journal of Retailing and Consumer Services, 3. Jg., 1996, Nr. 2, S. 91-98, S. 91.

der Mitarbeiter je Abteilung, die Zahl der Kassen je Abteilung, die Umtauschkulanz, die Zahl der Umkleidekabinen und die Akzeptanz von Kreditkarten.[696] Der Großteil dieser Kriterien ist nur auf Filialebene anwendbar.

Als eine seiner zentralen Hypothesen, die bestätigt werden können, postuliert *Kube* einen positiven Einfluß der Servicequalität auf den Absatz.[697] Die Serviceorientierung mißt *Patt* durch die Bedeutung umfangreicher Serviceangebote. Die Mittelwertabweichung zwischen erfolgreichen und nicht erfolgreichen Unternehmen ist signifikant.[698] Die erfolgreichen Betriebe bieten ein tendenziell größeres Dienstleistungsangebot. Bezüglich einer Reihe von Services, die sich auf die Merkmale Kulanz und Entgegenkommen reduzieren lassen, finden sich signifikante Abweichungen. Dies läßt den Autor darauf schließen, daß es sich um zentrale Erfolgsfaktoren handelt.[699]

Wölk fragt einen Katalog von Dienstleistungen ab, der Aufschluß gibt über die Art des Service. Der Serviceumfang ergibt sich durch die angegebene Zahl.[700] Die Bedeutung wird übergreifend abgefragt. Im Ergebnis werden die Dienstleistungen als notwendige Ergänzung der Sortimentspolitik aufgefaßt. Der Service kann Mittel zur Abgrenzung sein, muß dafür jedoch auf die Bedürfnisse der Kunden abgestimmt werden. Von existenzieller Bedeutung ist der Kundenservice bei technischen Erzeugnissen, z.B. Unterhaltungselektronik, da dort eine Profilierung über das Sortiment sehr schwierig ist.[701] Wettbewerbsstarke Unternehmen bieten nach *Falter* mehr Service als die wettbewerbsschwachen.[702]

Ein Quasi-Experiment zum Einfluß des Service auf den Erfolg von Lebensmittelfilialen einer regionalen Supermarktkette realisierten *Sulek/Lind/Maruchek*. Eine Konsumentenbefragung wurde sowohl vor als auch nach der Einführung mehrerer Service-

---

696 Vgl. Mazursky, David; Jakoby, Jacob: Forming Impressions of Merchandise and Service Quality, Working Paper Nr. 83-6, Institute of Retail Management, New York University 1983, Anhang 2.

697 Vgl. Kube, Christian: Erfolgsfaktoren in Filialsystemen, (Gabler) Wiesbaden 1991, S. 214.

698 Vgl. Patt, Paul-Josef: Strategische Erfolgsfaktoren im Einzelhandel, 2. Aufl., (Peter Lang) Frankfurt a.M. u.a. 1990, S. 112.

699 Vgl. Patt, Paul-Josef: Strategische Erfolgsfaktoren im Einzelhandel, 2. Aufl., (Peter Lang) Frankfurt a.M. u.a. 1990, S. 158-160.

700 Die gleiche Operationalisierung verwendet Wahle; vgl. Wahle, Peter: Erfolgsdeterminanten im Einzelhandel, (Peter Lang) Frankfurt a.M. 1991, S. 122.

701 Vgl. Wölk, Andrea: Zukunftschancen kleiner und mittlerer Unternehmen im Einzelhandel, hrsg. v. Forschungsstelle für den Handel Berlin, Berlin 1991, S. 228-229.

702 Vgl. Falter, Hartmut: Wettbewerbsvorteile von Filialbetrieben, (DUV) Wiesbaden 1992, S. 156.

maßnahmen durchgeführt. Die Maßnahmen bestanden in der Vorgabe von Servicestandards und der Einführung von Beschwerdemanagement. Es ergibt sich ein positiver Effekt sowohl direkt als auch indirekt über zunehmende Kundenzufriedenheit auf den in Umsatz je Arbeitsstunde gemessenen Erfolg.[703] Nach *Burmann* geht von der Serviceorientierung, die durch Statements wie „das Personal ist serviceorientiert" operationalisiert wird, ein signifikant positiver Einfluß auf die Flächenproduktivität aus. Das Gegenteil ergibt sich für die Preisorientierung.[704]

In engem Zusammenhang mit der Servicepolitik steht die Beschwerdepolitik, die als aktiver Umgang mit Konsumentenbeschwerden verstanden werden kann.[705] Aktionspolitischer Kern ist neben der Gestaltung des Beschwerdeinputs und der Informationsgewinnung durch Beschwerden, die Beschwerdebearbeitung. Neben der Fallprüfung von Beschwerden ist die generelle Anerkennung zu sehen. Diese wird auch als Kundenorientierung interpretiert.[706]

Die vorliegende Untersuchung muß sich auf den Aspekt beschränken, ob ein Erfolgseinfluß von Serviceleistungen besteht, kann aber nicht klären, welche Leistungen entscheidend sind.[707] Die Qualität kann immer nur relativ beurteilt werden.[708] Die Stellung des Service im Handelsbetrieb kann unterschieden werden in hohe Serviceintensität, durchschnittliche, konkurrenzähnliche Serviceintensität und niedrige Serviceintensität.[709] Die Servicequalität (das Serviceniveau) wird aus diesem Grunde als relative Größe gegenüber vergleichbaren Unternehmen gemessen. Die Abfrage von Dienstleistungen wird abgelehnt, da das reine Vorhandensein bestimmter Leistungen nichts über die Intensität und den Beitrag einzelner Leistungen aussagen kann.

---

703 Vgl. Sulek, Joanne M.; Lind, Mary R.; Maruchek, Ann S.: The Impact of a Customer Service Intervention and Facility Design on Firm Performance, in: Management Science, 41. Jg., 1995, Nr. 11, S. 1763-1773, S. 1765, S. 1770.

704 Vgl. Burmann, Christoph: Fläche und Personalintensität als Erfolgsfaktoren im Einzelhandel, (Gabler) Wiesbaden 1995, S. 120.

705 Vgl. Hansen, Ursula: Absatz- und Beschaffungsmarketing des Einzelhandels, 2. Aufl., (Vandenhoeck & Rupprecht) Göttingen 1990, S. 449.

706 Vgl. Hansen, Ursula: Absatz- und Beschaffungsmarketing des Einzelhandels, 2. Aufl., (Vandenhoeck & Rupprecht) Göttingen 1990, S. 460.

707 Vgl. zur gleichen Auffassung Kube, Christian: Erfolgsfaktoren in Filialsystemen, (Gabler) Wiesbaden 1991, S. 145.

708 Vgl. Hansen, Ursula: Absatz- und Beschaffungsmarketing des Einzelhandels, 2. Aufl., (Vandenhoeck & Rupprecht) Göttingen 1990, S. 442.

709 Vgl. Tietz, Bruno: Zukunftsstrategien für Handelsunternehmen, (Deutscher Fachverlag) Frankfurt a.M. 1993, S. 212.

Die Bedeutung der Servicepolitik ist allgemein anerkannt. Insbesondere dem mittelständischen Einzelhandel wird der Service als Gegenstrategie zur Preisstrategie von Filialisten und Discountern empfohlen. Die dazugehörige Hypothese **H1.7** lautet wie folgt:

Je höher das Serviceniveau, desto erfolgreicher sind die mittelständischen Einzelhändler.

(b) Ergebnisse der empirischen Untersuchung

Zur Messung werden vier Statements vorgegeben, bei denen das generelle Serviceniveau, das Beratungsniveau, die Kulanz und Zustellungs- bzw. Reservierungsleistungen gegenüber vergleichbaren Unternehmen eingeschätzt werden sollen. Es ergibt sich der Faktor Serviceniveau, der 52,9 % der Varianz erklärt und am stärksten vom generellen Serviceniveau geladen wird (vgl. Tabelle L-7).

Tabelle L-7: Serviceniveau

Faktor	*Varianz*	*Eigenwert*	*Variablen*	*Faktorladung*
Serviceniveau	52,9 %	2,117	Generelles Serviceniveau	0,76677
			Beratung	0,72959
			Kulanz	0,72123
			Lieferbereitschaft und Zustellung	0,69058

Die Regressionsanalyse kann keine signifikanten Beziehungen zwischen dem Serviceniveau und den Erfolgsindikatoren nachweisen. Dieses überraschende Ergebnis läßt sich zum Teil mit den zur Verfügung stehenden Daten begründen. Bei Analyse der Antworten zeigt sich, daß die Daten nicht normalverteilt sind.[710] Bei Ansicht des Histogramms wird deutlich, daß das Niveau der abgefragten Serviceleistungen praktisch immer mit mindestens durchschnittlich (Skalenwert 3) und meist mit überdurchschnittlich bis stark überdurchschnittlich angegeben wird. Offensichtlich werden bei dieser Frage sozial erwünschte Antworten gegeben. Damit diskriminieren die Antworten zu wenig, um signifikante Unterschiede aufzuweisen.

710 Der Kolmogorov-Smirnov-Test führt zur Ablehnung der Nullhypothese, daß die Daten normalverteilt sind; vgl. zum Vorgehen beim Kolmogorov-Smirnov-Test Bühl, Achim; Zöfel, Peter: SPSS für Windows Version 6, (Addison-Wesley) Bonn u.a. 1994, S. 236.

Inhaltlich läßt sich die Nichtbestätigung der Hypothese mit der Ambiguität des Services begründen. Ein hoher Servicestandard verursacht Kosten, die den Gewinn schmälern können. Weiter bedeutet ein hoher Servicegrad, z.B. bei ausführlicher Beratung, oft hohen Zeitaufwand, durch den der zu erzielende Umsatz bei gegebener Zeit geschmälert wird. Dies hat Auswirkungen auf die Produktivität. Eine weitere Möglichkeit zur Begründung der Ablehnung der Hypothese ist das Vorhandensein nicht berücksichtigter Drittfaktoren, über die das Serviceniveau indirekte Einflüsse bewirken kann. So kann das Serviceniveau die Kundentreue verbessern und damit langfristig zum Erfolg beitragen. Weiter läßt sich argumentieren, daß der Kunde im Fachhandel Service erwartet. Das Anspruchsniveau ist infolgedessen so hoch, daß der Service zur notwendigen, aber nicht hinreichenden Bedingung wird. Damit muß der Service in einer hohen Qualität angeboten werden, er reicht zur Differenzierung jedoch alleine nicht aus. Es ist davon auszugehen, daß die Antworten aufgrund der Stichprobe nicht genug diskriminieren. In der Stichprobe sind nur mittelständische Einzelhändler. Diese verfolgen in den wenigsten Fällen eine Diskontstrategie. Damit dürfte das Serviceniveau durchschnittlich höher sein als im Einzelhandel insgesamt.

Die Hypothese H1.7, die einen positiven Einfluß des Serviceniveaus auf den Erfolg mittelständischer Einzelhandelsunternehmen postuliert, kann in der vorliegenden Untersuchung nicht bestätigt werden.

Auf weitere Indikatoren der Servicequalität wird noch eingegangen. So wird die Personalqualität im Abschnitt Personalpolitik diskutiert. Andere geplante Indikatoren diskriminieren zu wenig, z.B. geben 86 % der befragten Unternehmen an, ihre Ladenöffnungszeiten nach der Liberalisierung verändert zu haben.

iii. Flexibilität

(a) Metaanalyse und Operationalisierung

Obwohl die Flexibilität in vielen Publikationen als Vorteil mittelständischer Unternehmen angesehen wird, ist dieses Konstrukt in den bisherigen Erfolgsfaktorenuntersuchungen nicht explizit untersucht worden. Lediglich einzelne Merkmale, so die geringe Zahl der Hierarchieebenen, wurden abgefragt. Die Flexibilität läßt sich als Veränderungs- und Innovationsbereitschaft auffassen. Innovationen stellen immer neuartige Produkte oder Verfahren dar.[711] Flexibilität bedeutet auch, Innovationen zu entwickeln. Organisatorische Flexibilität beruht auf der Fähigkeit, innerhalb gegebener Alternativen schnell wählen zu können und auf der Fähigkeit, innovative Lösungen hervorzubringen.[712] Die Flexibilität wird auch als ein in der Unternehmensleitung liegendes Konstrukt angesehen, das mit anderen, z.B. Kreativität und Führungsqualität, die Voraussetzung bildet, daß die Erfolgsfaktoren tatsächlich erfolgswirksam werden.[713] Die Flexibilität zeigt sich

- in der Fähigkeit, auf Marktveränderungen zu reagieren,
- in der Bereitschaft zu organisatorischem Wandel und
- in der Innovationsbereitschaft.[714]

Die Flexibilität weist einen engen Zusammenhang auf zum aktuellen Thema Lean Management. Primäre Ziele des Lean Managements sind Geschwindigkeit und Flexibilität.[715] Ein Kernelement des Lean Management-Ansatzes sind flache Hierarchien, die auch Teamorientierung beinhalten.[716]

Eine der zentralen Lehren der Hidden Champions ist die kontinuierliche Innovation, die sich auf Prozesse und Produkte bezieht. Der Erfolg beruht zu einem entscheidenden Teil auf der Innovationsfähigkeit.[717] Die langfristige Existenz von Unternehmen ist von der Fähigkeit abhängig, Innovationen zu entwickeln. Trends wie technischer Fortschritt, Verkürzung von Produktlebenszyklen und sich ändernde Verbraucherwünsche werden die Bedeutung von Innovationen weiter erhöhen.[718] In der Industrie wird den Forschungs- und Entwicklungsaufwendungen als Maßstab der Innovationsorientierung

---

[711] Vgl. Hauschildt, Jürgen: Innovationsmanagement, (Vahlen) München 1993, S. 4.

[712] Vgl. Kieser, Alfred; Kubicek, Herbert: Organisation, 3. Aufl., (de Gruyter) Berlin u.a. 1992, S. 379.

[713] Vgl. Wölk, Andrea: Zukunftschancen kleiner und mittlerer Unternehmen im Einzelhandel, hrsg. v. Forschungsstelle für den Handel Berlin, Berlin 1991, S. 224-225.

[714] Vgl. Wölk, Andrea: Zukunftschancen kleiner und mittlerer Unternehmen im Einzelhandel, hrsg. v. Forschungsstelle für den Handel Berlin, Berlin 1991, S. 239.

[715] Vgl. Pfeiffer, Werner; Weiß, Enno: Lean Management, (Erich Schmidt) Nürnberg 1992, S. 51.

[716] Vgl. Groth, Uwe; Kammel, Andreas: Lean Management, (Gabler) Wiesbaden 1994, S. 34; vgl. Barth, Klaus; Helpup, Antje: Die Relevanz des Lean-Management-Ansatzes für Handelsunternehmungen, in: Trommsdorff, Volker (Hrsg.): Handelsforschung 1994/95, Forschungsstelle für den Handel Berlin (FfH) e.V., (Gabler) Wiesbaden 1994, S. 223-240, S. 238.

[717] Vgl. Simon, Hermann: Die heimlichen Gewinner (Hidden Champions). Die Erfolgsstrategien unbekannter Weltmarktführer, (Campus) Frankfurt a.M. u.a. 1996, S. 223, S. 107.

[718] Vgl. Möhlenbruch, Dirk: Sortimentspolitik im Einzelhandel, (Gabler) Wiesbaden 1994, S. 178.

große Bedeutung zugewiesen. Dennoch stellt die Höhe der F&E-Ausgaben allein noch keinen Erfolgsfaktor dar, da die Innovationen nicht nur entwickelt, sondern auch am Markt durchgesetzt werden müssen.[719] Ein valider Indikator für die Innovationsrate ist die Zahl der Patente je Mitarbeiter.[720] Diese Meßgröße kann auf den Handel übertragen werden durch die Anzahl der neu ins Sortiment aufgenommenen Artikel in einem bestimmten Zeitraum. Dividiert durch die Zahl der Artikel insgesamt ergibt sich eine Art Erneuerungsquote. Für die empirische Untersuchung erwies sich dieser Indikator als ungeeignet, da in modischen Branchen, z.B. Bekleidung, die Artikel jede Saison nahezu vollständig ausgetauscht werden.

Empirische Studien zu Flexibilität und Innovationsfähigkeit weisen auf folgende Strukturmerkmale flexibler Organisationen hin:[721]

- geringe Spezialisierung,
- starke Dezentralisierung,
- flache Hierarchien,
- Minimierung der Stärke zentraler Abteilungen, z.B. Stäbe,
- einfache Koordination,
- Selbstbestimmung und Organisationskultur zur Koordination und
- leichte Ergänzbarkeit um temporäre Teams.

Die flexible Organisation ist weiter gekennzeichnet durch offene Kommunikation und partizipative Entscheidungsprozesse.[722] Zentralisierung als Gegenpol zur Dezentralisierung führt zu langen Dienstwegen, die Verzögerungen bedeuten. Zentrale Stäbe führen zu einer Einschränkung dezentraler Verantwortung und behindern die Flexibilität.[723] Die Flexibilisierung zeigt sich darüber hinaus in neuen Formen der Arbeitsorganisation und des Arbeitszeitmanagements. Es lassen sich unterschiedliche Flexibilitäts-

---

[719] Vgl. Göttgens, Olaf: Erfolgsfaktoren in stagnierenden und schrumpfenden Märkten, Diss., Saarbrücken 1995, S. 201.

[720] Vgl. Simon, Hermann: Die heimlichen Gewinner (Hidden Champions). Die Erfolgsstrategien unbekannter Weltmarktführer, (Campus) Frankfurt a.M. u.a. 1996, S. 103.

[721] Vgl. Kieser, Alfred; Kubicek, Herbert: Organisation, 3. Aufl., (de Gruyter) Berlin u.a. 1992, S. 382.

[722] Vgl. Steinmann, Horst; Schreyögg, Georg: Management: Grundlagen der Unternehmensführung, 3. Aufl., (Gabler) Wiesbaden 1993, S. 258.

[723] Vgl. Kieser, Alfred; Kubicek, Herbert: Organisation, 3. Aufl., (de Gruyter) Berlin u.a. 1992, S. 384.

formen unterscheiden. Bei der quantitativen Flexibilisierung wird versucht, die Zahl der Arbeitnehmer besser an die Nachfrageschwankungen anzupassen. Die finanzielle Flexibilisierung bedeutet die Anpassung der Entlohnung an die Leistung.[724] Die quantitative Flexibilisierung läßt sich durch den Anteil der Teilzeitbeschäftigten in Unternehmen verdeutlichen.

Der Einsatz betrieblicher Anreizsysteme hat üblicherweise die Steigerung der Effizienz zum Ziel. Neben materiellen können immaterielle Zahlungen erfolgen.[725] Die Anreize sollen die Organisationsteilnehmer motivieren, die Organisationsziele zu erreichen.[726] Damit verbunden ist eine flexible Anpassung an sich ändernde Konsumentenansprüche. Verhaltenstheoretische Grundlage ist die Anreiz-Beitrags-Theorie, die besagt, daß die Anreize der Organisation den Beiträgen des Individuums entsprechen sollten. Die Motivationswirkungen sind nicht unumstritten, in den USA ist aber eine zunehmende Bedeutung von Lohnanreizsystemen zu beobachten.[727]

Die Flexibilität trägt zur Gewinnerzielung bei, wenn Marktverhältnisse oder Rahmenbedingungen wechseln. Zum anderen trägt sie zur Risikominderung bei, wenn sich die Wahrscheinlichkeiten für auftretende Veränderungen schnell ändern.[728] Die Flexibilität ist einer der Erfolgsfaktoren, der gerade mittelständischen Unternehmen Vorteile gegenüber den Großunternehmen verschaffen kann. Die Größe der Handelskonzerne bedingt einen gewissen Grad an Standardisierung und Zentralisierung, der die unmittelbare Anpassungsfähigkeit an lokale Konsumentenbedürfnisse erschwert. Ein Beispiel für ausgeprägte Flexibilität sind die Inhaber einiger Unterhaltungselektronik- oder Möbelfachgeschäfte, die Beratungsgespräche außerhalb der Öffnungszeiten vereinbaren und den Kunden damit eine individuelle und ausführliche Beratung ermöglichen.

---

[724] Vgl. Staehle, Wolfgang H.: Management, Eine verhaltenswissenschaftliche Perspektive, 7. Aufl., (Vahlen) München 1994, S. 789.

[725] Vgl. Kossbiel, Hugo: Überlegungen zur Effizienz betrieblicher Anreizsysteme, in: DBW, 54. Jg., 1994, Nr. 1, S. 75-93, S. 77.

[726] Vgl. Hentze, Joachim; Brose, Peter: Personalführungslehre, (Haupt) Bern u.a. 1990, S. 41.

[727] Vgl. Scholz, Christian: Personalmanagement, 4. Aufl., (Vahlen) München 1994, S. 413, S. 543.

[728] Vgl. Koch, Helmut: Unternehmenspolitik und Flexibilität, in: Bruhn, Manfred; Steffenhagen, Hartwig (Hrsg.): Marktorientierte Unternehmensführung, (Gabler) Wiesbaden 1997, S. 471-486, S. 475.

Empirische Ergebnisse bisheriger Studien

Während die überdurchschnittlich erfolgreichen Betriebe in der Untersuchung von *Patt* durchschnittlich 4,4 Hierarchieebenen angeben, waren es bei der weniger erfolgreichen Gruppe 4,8 Ebenen und somit signifikant mehr.[729] Weiter werden die intensive Information der Mitarbeiter und die Erfolgsbeteiligung leitender Mitarbeiter als Erfolgsmerkmale herausgearbeitet.[730] Die 26 Variablen, die in der Untersuchung von *Patt* die Unternehmensphilosophie beschreiben, werden, nachdem der Einfluß einzelner Variablen betrachtet wurde, durch Faktorenanalyse auf acht Dimensionen reduziert. Die Flexibilität, die u.a. durch Aufgeschlossenheit gegenüber Neuerungen und flexible Reaktion auf Kundenbedürfnisse gebildet wird, ist eine der Dimensionen, in der zentrale Bestimmungsfaktoren des Unternehmenserfolges zu finden sind.[731]

Wölk untersucht die Veränderungsrate durch die Frage, wie oft Fassadengestaltung, Innenausstattung oder Dekoration geändert werden. Im Zuge des Erlebniseinkaufs muß in immer kürzeren Zeitabständen in die Ladengestaltung investiert werden, sie muß ständig überdacht werden.[732] Die Häufigkeit der Veränderung der Schaufensterdekoration ist ein Gradmesser für die Umsetzung der Dynamik in einer Branche.[733] Die permanente Veränderung der Präsentation wird von vielen Autoren als einer der wesentlichen Erfolgsfaktoren von Hennes & Mauritz angesehen.[734] Die hohe Veränderungsrate geht einher mit hoher Aktualität der Ware.

Zu einem überraschenden Ergebnis kommt *Falter*. Nach seinen Erkenntnissen haben materielle Anreize bei wettbewerbsstärkeren Filialisten eine geringere Bedeutung im Vergleich zu den wettbewerbsschwächeren Betrieben.[735] Das Vorhandensein von

---

729 Vgl. Patt, Paul-Josef: Strategische Erfolgsfaktoren im Einzelhandel, 2. Aufl., (Peter Lang) Frankfurt a.M. u.a. 1990, S. 187.

730 Vgl. Patt, Paul-Josef: Strategische Erfolgsfaktoren im Einzelhandel, 2. Aufl., (Peter Lang) Frankfurt a.M. u.a. 1990, S. 194-196.

731 Vgl. Patt, Paul-Josef: Strategische Erfolgsfaktoren im Einzelhandel, 2. Aufl., (Peter Lang) Frankfurt a.M. u.a. 1990, S. 119-120.

732 Vgl. Wölk, Andrea: Zukunftschancen kleiner und mittlerer Unternehmen im Einzelhandel, hrsg. v. Forschungsstelle für den Handel Berlin, Berlin 1991, S. 232.

733 Vgl. Wahle, Peter: Erfolgsdeterminanten im Einzelhandel, (Peter Lang) Frankfurt a.M. 1991, S. 130.

734 Vgl. Müller, Jürgen: Die schwedische Verkaufsmaschine, Hennes & Mauritz: So arbeitet der „McDonald's der Mode", in: TW, 52. Jg., 1997, Nr. 28, S. 42-47, S. 44.

735 Vgl. Falter, Hartmut: Wettbewerbsvorteile von Filialbetrieben, (DUV) Wiesbaden 1992, S. 179.

Scannerkassen als Innovationsindikator ergibt in der Untersuchung von *Good* keine signifikanten Ergebnisse. Dagegen zeigt die Einschätzung der Manager, ob ihre Unternehmen technologisch über dem Durchschnitt der Branche liegen, hochsignifikante Einflüsse.[736] *Thurik* weist in einer Untersuchung französischer und niederländischer Unternehmen nach, daß die Arbeitsproduktivität mit Zunahme der Teilzeitbeschäftigten steigt.[737]

Die Operationalisierung des Konstruktes Flexibilität ist nur näherungsweise möglich, da prinzipiell alle Teile der Unternehmenspolitik dazu beitragen können. Als Veränderung des Erscheinungsbildes werden die Häufigkeit von Schaufenster- und Dekorationswechsel sowie die Häufigkeit von Verkaufsförderungsmaßnahmen analysiert. Die Auffassung beruht auf dem subjektbezogenen Flexibilitätsbegriff, der auch als Handlungsflexibilität bezeichnet wird. Dabei werden Umstellungsgeschwindigkeit und Umstellungsausmaß unterschieden.[738]

Die Intensität leistungsorientierter Vergütung als weiterer Indikator wird getrennt in Prämien für Verkaufspersonal und Provisionen für Führungskräfte.[739]

Als Hypothese **H1.8** wird angenommen:

Je öfter das Erscheinungsbild im Laden verändert wird und je intensiver leistungsabhängige Vergütung eingesetzt wird, desto erfolgreicher sind die mittelständischen Einzelhändler.

(b) Ergebnisse der empirischen Untersuchung

Die fünf in die Faktorenanalyse eingehenden Variablen lassen sich zu zwei Faktoren verdichten, die 74,9 % der Varianz erklären (vgl. Tabelle L-8). Weitere ursprünglich

---

736 Vgl. Good, W. S.: Productivity in the Retail Grocery Trade, in: Journal of Retailing, 60. Jg., 1984, Nr. 3, S. 81-97, S. 95.

737 Vgl. Thurik, Adriaan R.: Quantitative Analysis of Retail Productivity, (W.D. Meinema B.V.) Delft 1984, S. 197.

738 Vgl. Koch, Helmut: Unternehmenspolitik und Flexibilität, in: Bruhn, Manfred; Steffenhagen, Hartwig (Hrsg.): Marktorientierte Unternehmensführung, (Gabler) Wiesbaden 1997, S. 471-486, S. 473-474.

739 Ein weiterer Indikator ist die Zahl der Hierarchieebenen. Die in der Untersuchung angegebene Zahl der Hierarchieebenen diskriminiert zu wenig, als daß bei einer Auswertung signifikante Ergebnisse zu erwarten gewesen wären. Während die kleinen Unternehmen mit zwei Ebenen auskommen, benötigen die etwas größeren drei Ebenen.

vorgesehene Indikatoren wie der Anteil der Verkaufsmitarbeiter oder der Anteil der Teilzeitbeschäftigten konnten aufgrund signifikanter Branchenunterschiede nicht herangezogen werden. So sind in der Unterhaltungs- und Möbelbranche im Gegensatz z.B. zur Bekleidungsbranche Kundendienstkräfte unabdingbar, was den Anteil der Verkaufskräfte deutlich senkt.

Tabelle L-8: Dimensionen der Flexibilität

Faktor	*Varianz*	*Eigenwert*	*Variablen*	*Faktorladung*
Veränderung Erscheinungsbild	39,9 %	1,995	Wechsel Schaufenster	0,89703
			Wechsel Dekoration	0,88630
			Wechsel Verkaufsförderung	0,59348
Prämien	35,0 %	1,749	Prämien Führungskräfte	0,91150
			Prämien Mitarbeiter	0,88606

Die einzige signifikante Beziehung, die sich ergibt, ist der Einfluß von Prämien auf den Umsatz je Mitarbeiter (vgl. Übersicht L-8). Dieser Zusammenhang ist unmittelbar einleuchtend. Mehrere Gründe können dafür verantwortlich sein, daß keine weiteren Einflüsse bestehen. Zum einen ist die durch leistungsorientierte Entlohnung beabsichtigte Motivationssteigerung ein Drittkonstrukt, das im Modell nicht berücksichtigt wird. Zum anderen waren im Rahmen der persönlichen Interviews eine Vielzahl der Gesprächspartner der Meinung, daß die variable Vergütung für mittelständische Unternehmen nur wenig geeignet ist. Sie befürchten eine Störung des Betriebsklimas, die sich negativ auf das Gesamtergebnis auswirkt. Der fehlende Einfluß auf den Umsatz kann durch weniger Personal erklärt werden. Da die Prämienentlohnung auch die Kostenseite erhöht, ist eine Steigerung des Gewinns nur über überproportionale Umsatzsteigerungen zu erreichen.

Die Veränderung des Erscheinungsbildes hat keinen nachweisbaren Einfluß auf die ausgewählten Erfolgsgrößen. Hier hätte ein anderer Erfolgsindikator, z.B. Kundenfrequenz, bessere Ergebnisse bringen können. Ein weiterer Grund für die fehlenden Zusammenhänge könnte sein, daß die ständige Veränderung im Laden bereits selbstverständlich geworden ist.

Übersicht L-8: Einfluß von Dimensionen der Flexibilität auf den Erfolg - nur signifikante Beziehungen

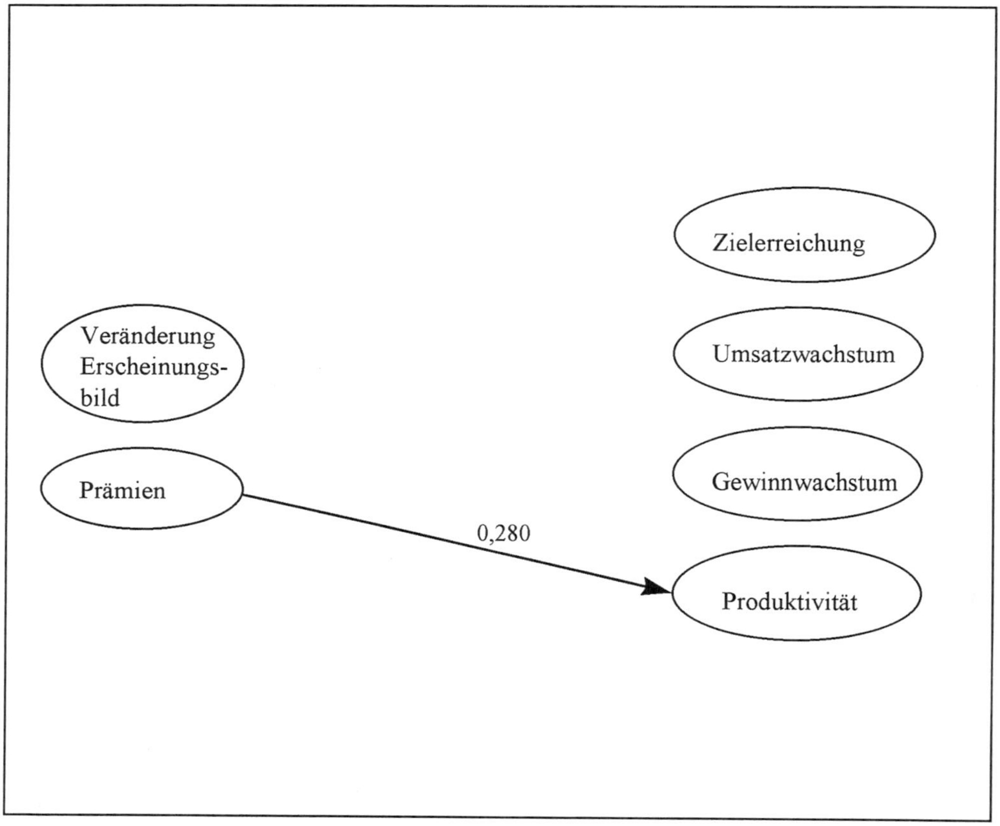

Die Hypothese H1.8, nach der Veränderungsrate und flexible Vergütung positiven Einfluß auf den Erfolg haben, kann nicht bestätigt werden.

c) Personalpolitik

i. Metaanalyse und Operationalisierung

Wichtige Merkmale der Personalpolitik sind Personalintensität und Personalqualität.[740]

740 Vgl. Kube, Christian: Erfolgsfaktoren in Filialsystemen, (Gabler) Wiesbaden 1991, S. 122 f.

Die Personalintensität kann u.a. gemessen werden durch die Zahl der beschäftigten Personen je qm Geschäfts- bzw. Verkaufsfläche oder die Personalkosten in Prozent des Umsatzes. Die absolute Mitarbeiterzahl sagt bei differierenden Betriebsgrößen nur wenig aus. Die Personalintensität ist ein Indikator, wie intensiv sich das Personal um den Kunden kümmern kann oder wie schnell die Abfertigung an den Kassen erfolgt. Sie ist allerdings vom gewählten Bedienungssystem und den angebotenen Waren abhängig.[741]

Die Fachkompetenz des Personals hat hohe Bedeutung.[742] Eng verbunden mit Qualifikation und Motivation ist die Aus- und Weiterbildung, die im mittelständischen Einzelhandel aus Kostengründen oft vernachlässigt wird. Dazu gehört auch die Weiterbildung des Unternehmers, die dessen Qualifikation sichert.[743] Untersuchungen in der mittelständischen Industrie weisen die Erfolgsrelevanz von Personalentwicklung und Weiterbildung nach.[744]

Empirische Ergebnisse bisheriger Studien

Viele Autoren betonen die Erfolgswirksamkeit des Personals für den mittelständischen Handel: „Der Personalstrategie kommt im Fachhandel große Bedeutung zu."[745] „Der wichtigste Erfolgsfaktor im mittelständischen Einzelhandel ist das Personal."[746] Fachkundiges Personal ist unabdingbare Voraussetzung für den Geschäftserfolg.[747]

Das von *Patt* gebildete Konstrukt Personal umfaßt mehrere Aspekte der Personalqualität, so Identifikation mit dem Unternehmen und angepaßte Kleidung. Es ergibt sich

---

741 Vgl. Kube, Christian: Erfolgsfaktoren in Filialsystemen, (Gabler) Wiesbaden 1991, S. 122-124.

742 Vgl. Hansen, Ursula: Absatz- und Beschaffungsmarketing des Einzelhandels, 2. Aufl., (Vandenhoeck & Rupprecht) Göttingen 1990, S. 286; vgl. Möhle, Jürgen; Ziegler, Heiko: Berufsausbildung im Wandel: Qualifikation der Belegschaft als strategischer Erfolgsfaktor, in: Personalführung, 1996, Nr. 11, S. 956-965; vgl. Bullinger, Jörg: Erfolgsfaktor Mitarbeiter, (Teubner) Stuttgart 1996.

743 Vgl. Wölk, Andrea: Zukunftschancen kleiner und mittlerer Unternehmen im Einzelhandel, hrsg. v. Forschungsstelle für den Handel Berlin, Berlin 1991, S. 231.

744 Vgl. Schmidt, Axel; Freund, Werner: Strategien zur Sicherung der Existenz kleiner und mittlerer Unternehmen, (Schäffer-Poeschel) Stuttgart 1989, S. 105; vgl. Pohl, Hans-Joachim; Rehkugler, Heinz: Management-Instrumente als Erfolgsfaktoren in mittelständischen Unternehmen, in: Internationales Gewerbearchiv (IGA), 37. Jg., 1989, Nr. 1, S. 1-13, S. 10.

745 Wahle, Peter: Erfolgsdeterminanten im Einzelhandel, (Peter Lang) Frankfurt a.M. 1991, S. 123.

746 Wölk, Andrea: Zukunftschancen kleiner und mittlerer Unternehmen im Einzelhandel, hrsg. v. Forschungsstelle für den Handel Berlin, Berlin 1991, S. 230.

747 Vgl. zur Bedeutung des Personals für den Mittelstand Scholz, Christian: Personalmarketing im Mittelstand, (Schäffer-Poeschel) Stuttgart 1992.

eine hohe Signifikanz bezüglich des Umsatzwachstums.[748] Als den wichtigsten qualitativen Erfolgsfaktor gibt die europäische STRATOS-Studie die Qualifikation von Mitarbeitern an. Dabei zeigt sich, daß die statistischen Zusammenhänge zwischen Unternehmenserfolg und Mitarbeiterqualifikation in der Studie unabhängig von der Branchenkonkurrenz oder sonstigen Spezifika sind.[749] Die schriftliche Befragung von 253 mittelständischen Industrieunternehmen nach den subjektiv empfundenen Erfolgsfaktoren ergibt, daß 81,4 % der Unternehmen die Qualität der Mitarbeiter als „sehr wichtig" für ihren Erfolg erachten. Das Ergebnis wird bestätigt durch die Untersuchung von *Gabele.*[750]

Die Vergütung je beschäftigte Person kann als Indikator der Personalqualität gelten und beeinflußt den Erfolg ebenfalls positiv.[751] Von der Qualität des Personals (ebenfalls gemessen durch die Vergütung je beschäftigte Person) geht ein wesentlicher Einfluß auf die durch das betriebswirtschaftliche Betriebsergebnis operationalisierte Leistung des Betriebes aus.[752]

Hildebrandt/Trommsdorff kommen zu dem Ergebnis, daß der Personaleinsatz positiv auf das Preis- und Qualitätsimage und über dieses Image auf den Marktanteil wirkt.[753] Nach *Good* hat die Arbeitsintensität keinen signifikanten Einfluß auf die Arbeitsproduktivität. Damit widerlegt er die Vermutung, daß weniger Personal zwingend zu höherer Arbeitsproduktivität führt.[754]

Die Personalintensität gemessen in Personalkosten bzw. Personalbestand je qm Verkaufsfläche zeigt einen signifikant positiven Einfluß auf die Flächenproduktivität der

---

748 Vgl. Patt, Paul-Josef: Strategische Erfolgsfaktoren im Einzelhandel, 2. Aufl., (Peter Lang) Frankfurt a.M. u.a. 1990, S. 212.

749 Vgl. Haake, Klaus: Strategisches Verhalten in europäischen Klein- und Mittelbetrieben, (Duncker & Humblot) Berlin u.a. 1987, S. 151, S. 143-147.

750 Vgl. Daschmann, Hans-Achim: Erfolgsfaktoren mittelständischer Unternehmen, (Schäffer-Poeschel) Stuttgart 1994, S. 149-150.

751 Vgl. Wahle, Peter: Erfolgsdeterminanten im Einzelhandel, (Peter Lang) Frankfurt a.M. 1991, S. 60-61.

752 Vgl. Zopp, Hans: Differenzierungsgründe der Leistung bei gleichgearteten Einzelhandelsbetrieben, (Westdeutscher Verlag) Köln u.a. 1965, S. 74.

753 Vgl. Hildebrandt, Lutz; Trommsdorff, Volker: Anwendungen der Erfolgsfaktorenanalyse im Handel, in: Trommsdorff, Volker (Hrsg.): Handelsforschung 1989, Forschungsstelle für den Handel Berlin (FfH) e.V., (Gabler) Wiesbaden 1989, S. 15-26, S. 23.

754 Vgl. Good, W. S.: Productivity in the Retail Grocery Trade, in: Journal of Retailing, 60. Jg., 1984, Nr. 3, S. 81-97, S. 95.

von *Burmann* untersuchten Filialen. Dieser Effekt ist erwartungsgemäß vor allem auf Umsatzwachstum zurückzuführen.[755] In Studien zur Erfolgsfaktorenforschung hat das Personal trotz seiner hohen Bedeutung bisher wenig Eingang gefunden.[756]

Die Einflüsse folgender Aspekte werden in der vorliegenden Untersuchung analysiert:

- Mitarbeiterintensität als Anteil der Personalkosten am Umsatz und
- Mitarbeiterqualität als Kompetenz (operationalisiert durch Gehaltsniveau) und Intensität der Weiterbildung (Mitarbeiter und Führungskräfte).

Die Weiterbildung soll die Mitarbeiter in die Lage versetzen, die derzeitigen und künftigen Leistungsanforderungen zu erfüllen.[757] Die Weiterbildungsintensität wird als Voraussetzung für die Qualifikation der Mitarbeiter verstanden. Ein hohes Gehaltsniveau impliziert steigende Kosten, die den Gewinn negativ beeinflussen können. Auf der anderen Seite steigt analog zur Anreiz-Beitrags-Theorie der vom Mitarbeiter empfundene Nutzen und damit verbunden die Bereitschaft zum Beitrag zum Unternehmenserfolg. Die Personalkosten werden primär als Kostenverursachungsfaktor gesehen. Im Schnitt geben die Unternehmen Personalkosten in Höhe von 19,35 % des Umsatzes an (einschließlich Unternehmerlohn).[758] Im Hinblick auf die Wettbewerbsfähigkeit bestehen Zielkonflikte zwischen Kostenreduktion und Qualifikationsverbesserungen.[759]

Die zu untersuchende Hypothese **H1.9** lautet:

Je höher die Weiterbildungsintensität, je höher das Gehaltsniveau der Mitarbeiter und je geringer die Personalkosten, desto erfolgreicher sind die mittelständischen Einzelhändler.

---

755 Vgl. Burmann, Christoph: Fläche und Personalintensität als Erfolgsfaktoren im Einzelhandel, (Gabler) Wiesbaden 1995, S. 138.

756 Vgl. Kube, Christian: Erfolgsfaktoren in Filialsystemen, (Gabler) Wiesbaden 1991, S. 128.

757 Vgl. Scholz, Christian: Personalmanagement, 4. Aufl., (Vahlen) München 1994, S. 315.

758 Dieser Anteil liegt etwas über dem vom Institut für Handelsforschung angegebenen Durchschnitt des westdeutschen Facheinzelhandels von 18,5 % im Jahre 1995; vgl. Institut für Handelsforschung, Köln, zit. nach HDE (Hrsg.): 49. Arbeitsbericht 1996, Köln 1997, S. 96.

759 Vgl. Scholz, Christian: Personalmanagement, 4. Aufl., (Vahlen) München 1994, S. 544.

ii. Ergebnisse der empirischen Untersuchung

Die Faktorenanalyse mit den zwei Variablen Weiterbildungshäufigkeit der Führungskräfte und Weiterbildungshäufigkeit der Mitarbeiter ergibt einen Faktor, der 83,6 % der Varianz erklärt. Die beiden anderen Indikatoren, Personalkosten und Gehaltsniveau, werden als Variablen behandelt, da die Personalkosten als Indikator der Personalintensität und das Gehaltsniveau als weiterer Indikator der Personalqualität dienen sollen (vgl. Tabelle L-9). Das Gehaltsniveau der Mitarbeiter wurde als Abweichung von üblichen Gehältern bei vergleichbaren Betrieben erfaßt. Die Korrelationen zwischen den Variablen Gehaltsniveau und Personalkosten sowie mit dem Konstrukt Weiterbildung sind nicht signifikant, so daß die Voraussetzungen der Regressionsanalyse nicht verletzt werden.

Tabelle L-9: Dimensionen der Personalpolitik

Faktor bzw. Variable	*Varianz*	*Eigenwert*	*Variablen*	*Faktorladung*
Weiterbildung	83,6 %	1,672	Weiterbildung Führungskräfte	0,91429
			Weiterbildung Mitarbeiter	0,91429
Personalkosten	/	/	Personalkosten	/
Gehaltsniveau	/	/	Gehaltsniveau	/

Die mit der Regressionsanalyse ausgewiesenen Einflüsse auf den Erfolg sind vielfältig (vgl. Übersicht L-9). Sie bestätigen den zentralen Einfluß der Personalpolitik auf den Erfolg im mittelständischen Einzelhandel.

Die Intensität der Weiterbildung von Führungskräften und Mitarbeitern beeinflußt den Umsatz je Mitarbeiter positiv. Dieser Zusammenhang dürfte auf die steigende Fachkompetenz hinsichtlich Ware und Verkaufsmethoden zurückzuführen sein. Der direkte Einfluß auf die Zielerreichung ist nicht unmittelbar einsichtig. Es ist zu vermuten, daß ein Dritteffekt besteht, z.B. über eine verbesserte Kundenorientierung. Direkte Einflüsse auf Gewinn- und Umsatzwachstum werden nicht ausgewiesen.

Die Personalintensität, die als Anteil der Personalkosten am Umsatz definiert ist, wirkt durchgehend negativ auf die Kriterien Umsatzwachstum, Gewinnwachstum und Produktivität. Das Sinken des Umsatzes je Mitarbeiter bei zunehmendem Personal, ist ebenso schlüssig wie der negative Einfluß auf den Gewinn. Der negative Zusammenhang zum Umsatzwachstum ist dagegen nicht unmittelbar verständlich. Allerdings impliziert die Operationalisierung als Kosten in Prozent des Umsatzes nicht zwangsläufig mehr Personal. So können höhere Kostenanteile auch durch weniger Umsatz oder höhere Gehälter verursacht werden.

Der positive Einfluß des Gehaltsniveaus auf den Umsatz kann durch höhere Kompetenz und Motivation erklärt werden, ebenso wie der positive Einfluß auf die Produktivität. Der positive Einfluß auf den Gewinn weist darauf hin, daß der Umsatzsteigerungseffekt größer ist als der negative Einfluß höherer Gehälter. Damit wird ein, verglichen mit der Konkurrenz, höheres Gehaltsniveau der Mitarbeiter als einer der wenigen Erfolgsfaktoren ausgewiesen, der auf alle Erfolgsindikatoren positiven Einfluß hat.

Abschließend kann festgestellt werden, daß der Erfolg mittelständischer Einzelhandelsunternehmen mit der Personalpolitik wesentlich beeinflußt werden kann. Dabei gehen von der Personalqualität (Gehaltsniveau und Weiterbildungsintensität) positive Effekte aus, während die Personalintensität negativ wirkt. Diese Ergebnisse bestätigen die Bedeutung des Personals für mittelständische Unternehmen.

Übersicht L-9: Einfluß von Dimensionen der Personalpolitik auf den Erfolg - nur signifikante Beziehungen

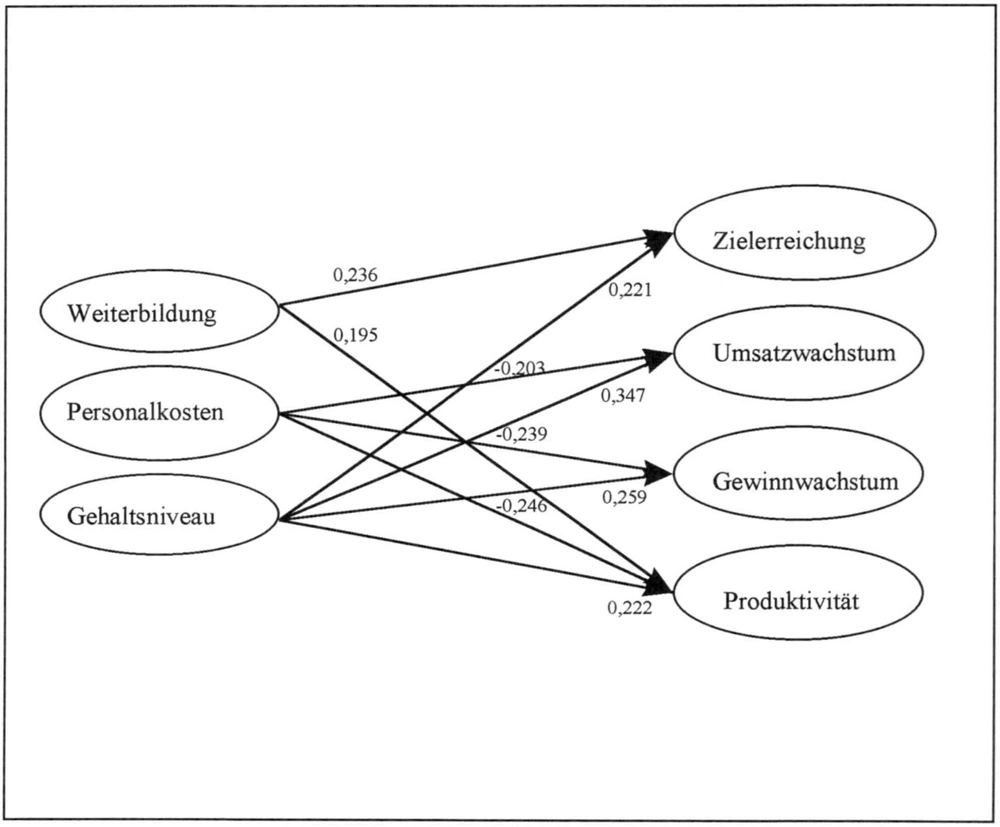

Die Hypothese H1.9, der zufolge Weiterbildung und Gehaltsniveau positiven und die Personalkosten negativen Einfluß auf den Erfolg mittelständischer Einzelhandelsunternehmen haben, kann vorläufig teilweise angenommen werden.

2. Führungspolitik

(a) Metaanalyse und Operationalisierung

Als Führungsstil bezeichnet man eine grundsätzliche Handlungsmaxime des Vorgesetzten. Der Führungsstil bleibt gegenüber dem modifizierbaren Führungsverhalten über einen längeren Zeitraum konstant. Führungsstile sind vereinfachte Modelle, mit deren Hilfe die Realität beschreibbar gemacht wird.[760] Der Führungsstil ist ein langfristig relativ stabiles, situationsinvariantes Verhaltensmuster des Führers.[761] Die einfachste Klassifikation von Führungsstilen ist das Kontinuum von *Tannenbaum/Schmidt* mit den Grundformen autoritär und partizipativ[762].

Die Kontinuum-Theorie von *Tannenbaum/Schmidt* geht insoweit über eine bloße Typologie hinaus, als sie auch Merkmale der Führungssituation benennt. Darüber hinaus gelingt es, die in der Praxis häufig synonym gebrauchten Begriffe kooperativ, partizipativ und demokratisch voneinander abzugrenzen.[763] Die Führungsstilforschung durch *Fiedler* hat zu der Erkenntnis geführt, daß der Führungsstil immer situativ zu betrachten ist, es gibt keinen generell optimalen Führungsstil. Darauf aufbauend untersuchen *Vroom* und *Yetton* die Auswirkungen von Führungsstilen.[764]

Empirische Untersuchungen zu den Auswirkungen auf die Effektivität des Führungsstils kommen zu dem Ergebnis, daß bei Vorliegen von Aufgaben- und Beziehungsorientierung die besten Ergebnisse zu erzielen sind.[765] Nach *Simon* ist die patriarchalische Führung ein wesentliches Merkmal der Hidden Champions.[766]

Neben dem Führungsstil erscheint die Qualität der Führung analog zur Qualität des Personals von Interesse. Die Erfolgswirksamkeit der Qualifikation der Führung beruht auf der Annahme eines besseren Entscheidungsverhaltens gut ausgebildeter oder erfahrener Personen. Theoretisch anzunehmen ist, daß eine Kombination von Erfahrung und Ausbildung die beste Ausgangsbasis darstellt. In der Realität widersprechen sich diese Anforderungen häufig. *Daschmann* verneint einen positiven Einfluß der formalen

---

760 Vgl. Scholz, Christian: Personalmanagement, 4. Aufl., (Vahlen) München 1994, S. 437.

761 Vgl. Neuberger, Oswald: Organisation und Führung, (Kohlhammer) Stuttgart u.a. 1977, S. 97; vgl. Staehle, Wolfgang H.: Management, Eine verhaltenswissenschaftliche Perspektive, 7. Aufl., (Vahlen) München 1994, S. 314.

762 Vgl. Scholz, Christian: Personalmanagement, 4. Aufl., (Vahlen) München 1994, S. 437-438; vgl. weiter Staehle, Wolfgang H.: Management, Eine verhaltenswissenschaftliche Perspektive, 7. Aufl., (Vahlen) München 1994, S. 316-317.

763 Vgl. Staehle, Wolfgang H.; Sydow, Jörg: Führungsstiltheorien, in: Kieser, Alfred; Reber, Gerhard; Wunderer, Rolf (Hrsg.): Handwörterbuch der Führung, (Poeschel) Stuttgart 1987, Sp. 662-671, Sp. 664.

764 Vgl. Scholz, Christian: Personalmanagement, 4. Aufl., (Vahlen) München 1994, S. 443, S. 446.

765 Vgl. Scholz, Christian: Personalmanagement, 4. Aufl., (Vahlen) München 1994, S. 455, S. 464.

766 Vgl. Simon, Hermann: „Hidden Champions", Speerspitze der deutschen Wirtschaft, in ZfB, 60. Jg., 1990, Nr. 9, S. 875-890, S. 886.

Ausbildung und führt dies zurück auf mangelnde Erfahrung. Deren Einfluß kann er empirisch nachweisen.[767]

Empirische Ergebnisse bisheriger Studien

Empirische Untersuchungen zu den Auswirkungen des Führungsverhaltens kommen zu sehr unterschiedlichen Ergebnissen. In den ausgewerteten Studien wird nur vereinzelt auf diesen Aspekt eingegangen. *Bowers/Seashore* kommen zu dem Ergebnis, daß Führungsverhalten allein nicht die Effizienz oder Ineffizienz einer Organisation zu erklären vermag.[768]

Schülergruppen wurden von *Lewin u.a.* den unterschiedlichen Führungsstilen autoritär, demokratisch und laissez faire ausgesetzt. Als Ergebnis ergibt sich auch in Folgestudien, daß sowohl demokratische als auch aufgabenorientierte Führung eher positive Effekte haben. Eine dieser Führungsaktivitäten ist besser als gar keine (laissez faire). Weitere Untersuchungen bestätigen, daß es keinen generell optimalen Führungsstil gibt.[769]

Hinsichtlich des Führungsstils erhält *Burmann* keine signifikanten Ergebnisse. Zunehmende Aufgabendelegation und Entscheidungsfreiräume zeigen schwach positive Auswirkungen auf die Flächenproduktivität.[770] Das marktorientierte Engagement der Geschäftsführung erweist sich in der Untersuchung von *Wöllenstein* dagegen als zentraler Erfolgsfaktor von Handelsunternehmen.[771]

Die Qualität der Führung wird in der Untersuchung von *Zopp* als der wesentlichste Differenzierungsgrund der Leistung im Einzelhandel bezeichnet. Aus der Reihe der Bestimmungsgründe der Unternehmerqualität hebt *Zopp* den Ausbildungsgrad her-

767 Vgl. Daschmann, Hans-Achim: Erfolgsfaktoren mittelständischer Unternehmen, (Schäffer-Poeschel) Stuttgart 1994, S. 160-161.

768 Vgl. Staehle, Wolfgang H.: Management, Eine verhaltenswissenschaftliche Perspektive, 7. Aufl., (Vahlen) München 1994, S. 325.

769 Vgl. Staehle, Wolfgang H.: Management, Eine verhaltenswissenschaftliche Perspektive, 7. Aufl., (Vahlen) München 1994, S. 318-321.

770 Vgl. Burmann, Christoph: Fläche und Personalintensität als Erfolgsfaktoren im Einzelhandel, (Gabler) Wiesbaden 1995, S. 145.

771 Vgl. Wöllenstein, Stephan: Betriebstypenprofilierung in vertraglichen Vertriebssystemen, (Peter Lang) Frankfurt a.M. u.a. 1996, S. 267.

vor.[772] *Good* kann in seiner Untersuchung keinen signifikanten Zusammenhang zwischen dem Ausbildungsniveau und der Produktivität feststellen, ebenso *Gaskill*.[773] Insbesondere explorative Studien heben die Bedeutung der Managementqualität für den Handel hervor.[774]

Als Indikatoren der Managementqualität dienen in der vorliegenden Untersuchung die Erfahrung und die formale Qualifikation des Geschäftsführers (Schulausbildung). Ein weiterer Untersuchungsschwerpunkt ist der Führungsstil. Aus den Ausführungen zum Führungsstil läßt sich ableiten, daß ein ausgeprägter Führungsstil, egal in welcher Richtung, besser ist als eine indifferente Haltung. Im Rahmen der vorliegenden Untersuchung interessiert die Frage, ob und inwieweit der Führungsstil einen Einfluß auf den Unternehmenserfolg hat. Dazu wird in Anlehnung an *Tannenbaum/Schmidt* ermittelt, ob der Führungsstil der befragten Manager eher autoritär oder eher kooperativ ist. Wenn nach theoretischer Auffassung auch kein generell gültiger optimaler Führungsstil existiert, lassen sich aufgrund der spezifischen Situation im Mittelstand, wo das Unternehmen oft von einer Person dominiert wird, positive Einflüsse eines autoritären Führungsstils erwarten.

Die Hypothese **H1.10** lautet:

Je größer die Erfahrung der Führung und je autoritärer der Führungsstil, desto erfolgreicher sind die mittelständischen Einzelhändler.

(b) Ergebnisse der empirischen Untersuchung

Die Faktorenanalyse identifiziert wie erwartet die zwei Faktoren Erfahrung und Führungsstil. Beide erklären zusammen 75,8 % der Varianz (vgl. Tabelle L-10). Die Erfahrung wird gebildet aus den drei Variablen Erfahrung in ähnlicher Position, Erfahrung in der Branche und Erfahrung im jetzigen Unternehmen, jeweils in Jahren. Hinzu kommt die Schulausbildung, die negativ eingeht. Dieser Zusammenhang war zu erwarten, da längere Ausbildung und Berufserfahrung sich tendenziell ausschließen. Die Zusammenführung dieser Variablen über die Faktorenanalyse vermeidet eine einfache

---

772 Vgl. Zopp, Hans: Differenzierungsgründe der Leistung bei gleichgearteten Einzelhandelsbetrieben, (Westdeutscher Verlag) Köln u.a. 1965, S. 93.

773 Vgl. Good, W. S.: Productivity in the Retail Grocery Trade, in: Journal of Retailing, 60. Jg., 1984, Nr. 3, S. 81-97, S. 96; vgl. Gaskill, Frank J.: Small Business Retail Success, Diss., Portsmouth 1993, S. 232-234.

774 Vgl. Kube, Christian: Erfolgsfaktoren in Filialsystemen, (Gabler) Wiesbaden 1991, S. 119-120.

Durchschnittsbildung, die z.B. die Erfahrung in der Branche mit der Erfahrung im Unternehmen gleichsetzen würde. Der zweite Faktor umfaßt den Führungsstil bei operativen und strategischen Fragen. Ein zunehmender Wert weist auf einen zunehmend kooperativen Führungsstil hin.

Tabelle L-10: Dimensionen der Führungspolitik

Faktor	*Varianz*	*Eigenwert*	*Variablen*	*Faktorladung*
Erfahrung der Führung	50,2 %	3,013	Erfahrung Position	0,93149
			Erfahrung Branche	0,92817
			Erfahrung Unternehmen	0,92505
			Schulausbildung	-0,58032
Kooperativer Führungsstil	25,6 %	1,536	Führungsstil bei operativen Fragen	0,89713
			Führungsstil bei strategischen Fragen	0,88840

Die Regressionsanalysen mit den Dimensionen der Führungspolitik als unabhängige und den Erfolgsgrößen als abhängige Variablen ergeben lediglich einen signifikanten negativen Zusammenhang zwischen dem kooperativen Führungsstil und der Zielerreichung (vgl. Übersicht L-10). Dieses Ergebnis kann so interpretiert werden, daß Führungskräfte, die sich selbst als patriarchalisch einschätzen, ihren Erfolg höher bewerten. Damit ist das Muster des typischen Patriarchen „am besten macht man alles selbst" sehr gut zu erkennen. Betrachtet man die einfließenden Variablen, zeigt sich, daß operative Entscheidungen eher kooperativ, strategische Entscheidungen eher patriarchalisch getroffen werden.

Hinsichtlich der Erfahrung ergibt sich kein signifikantes Ergebnis. Dies läßt sich u.a. auf Erhebungsprobleme zurückführen. Da in Familienunternehmen oft mehrere Generationen in der Führung tätig sind, ergeben sich große Unterschiede, je nachdem, ob Senior- oder Juniorchef befragt werden. Weiter kann man argumentieren, daß die Erfahrung an sich keinen Erfolgsfaktor darstellt. Die Verweildauer in einem Unternehmen, noch dazu im eigenen, hat ebenso wenig zwangsläufig einen Einfluß wie eine qualifizierte Schulausbildung. Beide Kriterien wirken nur in Kombination mit anderen qualitativen Größen, z.B. sozialer Kompetenz und gesundem Menschenverstand. Die fehlenden Zusammenhänge dürfen entsprechend nicht als fehlender Einfluß der Führung auf den Erfolg interpretiert werden. Die teilweise Nichtbestätigung der Hypothese dürfte vielmehr auf die mangelnde (und schwierige) Operationalisierung des Konstruktes „Qualität der Führung" zurückzuführen sein. Der Autor ist aufgrund der Erfahrungen bei den persönlichen Interviews von der übergeordneten Bedeutung der Führung für den Erfolg mittelständischer Einzelhandelsunternehmen überzeugt. Im übrigen ist es in kleinen Unternehmen zuallererst die Führung, welche die für das Unternehmen richtige Anwendung anderer Erfolgsfaktoren, z.B. innerhalb der Sortimentspolitik, verantwortet. Daß Führungsaspekte große Bedeutung haben, wurde darüber hinaus im Rahmen der Unternehmenskultur und bei der Diskussion des Beziehungspromotorenansatzes bereits nachgewiesen.

Übersicht L-10: Einfluß von Dimensionen der Führungspolitik auf den Erfolg - nur signifikante Beziehungen

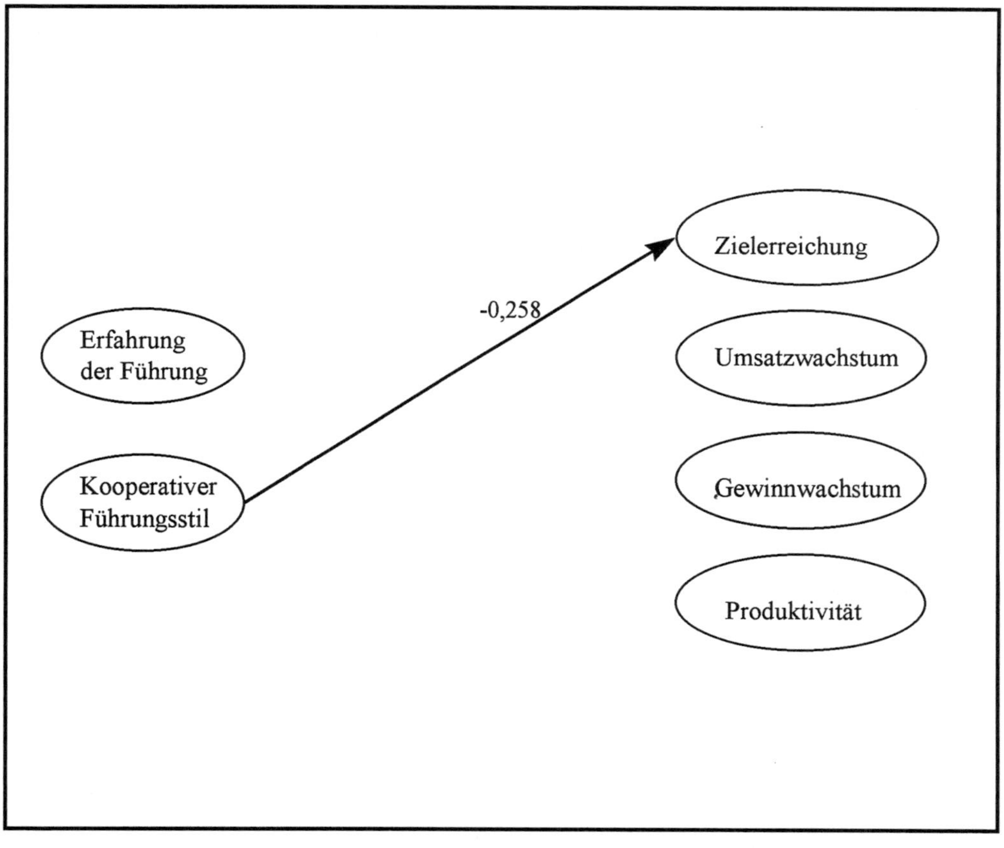

Die Hypothese H1.10, nach der Qualifikation und Führungsstil signifikante Einflüsse auf den Erfolg aufweisen, kann in der vorliegenden Untersuchung teilweise bestätigt werden.

IV. Wettbewerbssituation

1. Metaanalyse und Operationalisierung

Untersuchungen zum Wettbewerb als wesentlichem externen Einflußfaktor lassen sich unterteilen in

- Wettbewerbsintensität und
- Wettbewerbsposition.[775]

Aus der Sicht der Unternehmung ist die Marktattraktivität, die sich durch die Wettbewerbsintensität ausdrückt, entscheidend.[776] Nach *Porter* lassen sich fünf generelle Wettbewerbskräfte unterscheiden. *Schenk* hat diese Auffassung auf den Handel übertragen (vgl. Übersicht L-11). Sein Konzept kann zur Analyse der Wettbewerbsdeterminanten von Handelsunternehmen herangezogen werden:[777]

- Wettbewerb zwischen den Marktteilnehmern, Individual- und Gruppenwettbewerb sowie intraformaler und interformaler Wettbewerb (Rivalität unter Wettbewerbern),
- Bedrohung durch den Eintritt neuer Wettbewerber,
- Bedrohung durch Substitutionsgüter oder -dienste,
- Bedrohung durch Verhandlungsmacht der Lieferanten oder Ausschaltung durch Direktvertrieb,
- Bedrohung durch Verhandlungsmacht der Käufer oder Ausschaltung durch Direktbezug.

---

775 Vgl. Kube, Christian: Erfolgsfaktoren in Filialsystemen, (Gabler) Wiesbaden 1991, S. 90; vgl. Gottschlich, Werner: Strategische Führung in mittleren Unternehmen - Konzepte, Operationalisierung und Messung, (Peter Lang) Frankfurt a.M. 1989, S. 105.

776 Vgl. Hansen, Ursula: Absatz- und Beschaffungsmarketing des Einzelhandels, 2. Aufl., (Vandenhoeck & Rupprecht) Göttingen 1990, S. 137.

777 Vgl. Schenk, Hans-Otto: Marktwirtschaftslehre des Handels, (Gabler) Wiesbaden 1991, S. 532-533.

Übersicht L-11: Determinanten des Wettbewerbs im Handel (in Anlehnung an *Porter*)

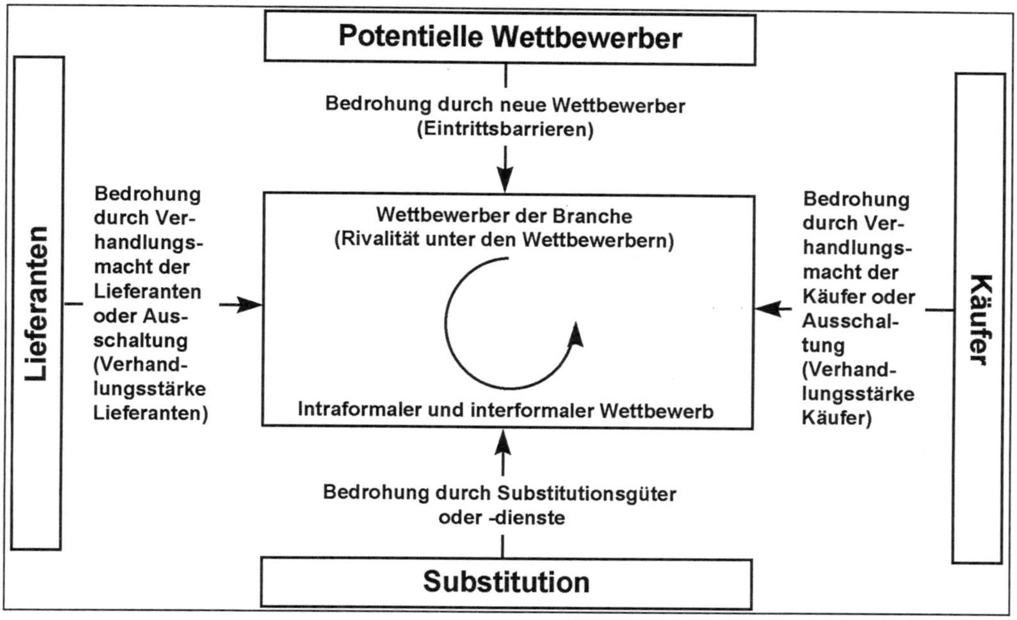

Quelle: Schenk, Hans-Otto: Marktwirtschaftslehre des Handels, (Gabler) Wiesbaden 1991, S. 532.

Alle fünf Wettbewerbskräfte bestimmen die Wettbewerbsintensität, jeweils die stärkste der Kräfte ist ausschlaggebend.[778]

Im Gegensatz zur Wettbewerbsintensität ist die Wettbewerbsposition Gegenstand zahlreicher Untersuchungen geworden. Die Wettbewerbsposition wird durch die Bestimmung der relevanten Wettbewerbsvorteile ermittelt.[779] Eine Schlüsselfrage ist dabei, welche Merkmale die Wettbewerbsposition bestimmen.[780] In mittelständischen Industrieunternehmen werden u.a. Differenzierung, technologische Kompetenz und Niedrigpreise zur Entwicklung von Wettbewerbsvorteilen eingesetzt.[781]

---

778 Vgl. Porter, Michael E.: Wettbewerbsstrategie, 7. Aufl., (Campus) Frankfurt a.M. 1992, S. 28.

779 Vgl. Drexel, Gerhard: Strategische Unternehmensführung im Handel, (de Gruyter) Berlin u.a. 1981, S. 162.

780 Vgl. Gottschlich, Werner: Strategische Führung in mittleren Unternehmen - Konzepte, Operationalisierung und Messung, (Peter Lang) Frankfurt a.M. 1989, S. 105.

781 Vgl. The Stratos Group: Strategies of small and medium-sized enterprises: descriptive results, in: Bamberger, Ingolf (Hrsg.): Product/Market Strategies of Small and Medium-sized Enterprises, (Avebury) Aldershot 1994, S. 86-131, S. 119.

Empirische Ergebnisse bisheriger Studien

Patt operationalisiert die Wettbewerbsintensität als Anzahl, Marktanteil und Entfernung der Wettbewerber. Signifikante Einflüsse auf den Erfolg zeigen sich nicht. Bei der Untersuchung einzelner Wettbewerbsvorteile wird die Einschätzung der Manager abgefragt. Dabei ergeben sich teilweise signifikante Beziehungen zwischen der Einschätzung einzelner Wettbewerbsfaktoren und dem Unternehmenserfolg.[782]

Burmann kommt in seiner Untersuchung zu dem Ergebnis, daß die Wettbewerbsintensität keinen signifikanten Einfluß auf die Flächenproduktivität entfaltet. Eine Betrachtung der indirekten Beziehungen zeigt auf, daß die Intensität des leistungsorientierten Wettbewerbs die Produktivität tendenziell fördert, ein intensiver Preiswettbewerb dagegen negativ wirkt. Weiter erzielt er bei der Untersuchung von 70 Warenhausfilialen das überraschende Ergebnis, daß eine negative Beziehung zwischen Wettbewerbsposition und Erfolg besteht. Dies dürfte auf Ausstrahlungseffekte der Filialgröße zurückzuführen sein. In den flächenkleineren Filialen in kleinen Städten werden bessere Wettbewerbspositionen erzielt als in Großstädten. Durch die niedrigere Flächenproduktivität kleinerer Flächen wird der positive Effekt mehr als kompensiert.[783]

Im Rahmen seiner Untersuchung bei deutschen Automobilhändlern kommt *Wöllenstein* zu dem Ergebnis, daß das Marktpotential und das Marktvolumen positive Korrelationen mit dem Erfolg aufzeigen, während die Wettbewerbsintensität negativ wirkt.[784]

Angelehnt an die Wettbewerbsliteratur werden zwei Bereiche in die vorliegende Studie aufgenommen. Im ersten Teil wird die Branchenstruktur betrachtet, weiter ist die Wettbewerbsposition von Interesse. Nach *Porter* werden die Bedrohung durch neue Wettbewerber, die Gefahr der Umgehung des Einzelhandels durch Direktabsatz und der generelle Wettbewerbsdruck untersucht. Die Bedrohung wird als gewichteter Wert berechnet durch die Multiplikation von Wahrscheinlichkeit des Eintritts mit der damit verbundenen Gefahr (Bedeutung).[785] Es ist davon auszugehen, daß die Wettbewerbs-

---

782 Vgl. Patt, Paul-Josef: Strategische Erfolgsfaktoren im Einzelhandel, 2. Aufl., (Peter Lang) Frankfurt a.M. u.a. 1990, S. 87 f., S. 102 f.

783 Vgl. Burmann, Christoph: Fläche und Personalintensität als Erfolgsfaktoren im Einzelhandel, (Gabler) Wiesbaden 1995, S. 113, S. 118-119.

784 Vgl. Wöllenstein, Stephan: Betriebstypenprofilierung in vertraglichen Vertriebssystemen, (Peter Lang) Frankfurt a.M. u.a. 1996, S. 265.

785 Vgl. zu dieser Operationalisierung Göttgens, Olaf: Erfolgsfaktoren in stagnierenden und schrumpfenden Märkten, Diss., Saarbrücken 1995, S. 150 f.

intensität im mittelständischen Einzelhandel negativen Einfluß auf den Erfolg hat. Das wettbewerbstheoretische Erklärungsmodell geht davon aus, daß eine hohe Wettbewerbsintensität die Rentabilität der Unternehmen reduziert.[786]

Die Wettbewerbsvorteile können prinzipiell auf allen Wettbewerbsparametern beruhen und gehen über die reinen Instrumente der Unternehmenspolitik hinaus. Neben objektiven Vorteilen können auch subjektive, nur in der Wahrnehmung der Konsumenten vorhandene, realisiert werden.[787]

Die Bedeutung des Konzepts der Wettbewerbsvorteile für den Einzelhandel wird von vielen Autoren betont.[788] Die Wettbewerbsposition wird bestimmt durch die strategische Planung. Grundlage der strategischen Planung ist eine Stärken-Schwächen-Analyse, aus der die Wettbewerbsposition folgt.[789] Trotz der in der Theorie einheitlichen Auffassung von der Bedeutung der strategischen Planung für den langfristigen Erfolg, verzichtet ein Großteil der Unternehmen im Handel auf den Einsatz dieser Instrumente.[790] Aufbauend auf der Kontingenztheorie kann gefolgert werden, daß ein starker Zusammenhang zwischen Umwelt, Strategie und Erfolg besteht. Unternehmen, die den Fit zwischen Umwelt und Wettbewerbsstrategie realisieren, sind signifikant erfolgreicher als Unternehmen, denen dieser Fit nicht gelingt.[791] Der positive Einfluß einer guten Wettbewerbsposition ist einleuchtend. Fraglich ist allerdings, ob sie Ursache oder Ausdruck des betrieblichen Erfolges ist. Aus den vorgestellten Überlegungen folgt, daß die Wettbewerbsposition Ausdruck einer gewollten Strategie ist. Es ist davon auszugehen, daß sie Einfluß auf den Erfolg ausübt.[792] *Hildebrandt* kommt zu dem

---

786 Vgl. Fritz, Wolfgang: Marketing-Management und Unternehmenserfolg, 2. Aufl., (Schäffer-Poeschel) Stuttgart 1995, S. 393.

787 Vgl. Simon, Hermann: Management strategischer Wettbewerbsvorteile, in: ZfB, 58. Jg., 1988, Nr. 4, S. 461-480, S. 474.

788 Vgl. z.B. Ellis, Brian; Kelley, Scott W.: Competitive Advantage in retailing, in: The International Review of Retail, Distribution and Consumer Research, 2. Jg., 1992, Nr. 4, S. 381-396.

789 Vgl. Drexel, Gerhard: Strategische Planung im Einzelhandel, in: Die Unternehmung, 37. Jg., 1983, Nr. 3, S. 182-202, S. 191.

790 Vgl. Barth, Klaus; Hartmann, Ralph: Strategische Marketingplanung im Einzelhandel, in: Trommsdorff, Volker (Hrsg.): Handelsforschung 1991, Forschungsstelle für den Handel Berlin (FfH) e.V., (Gabler) Wiesbaden 1992, S. 135-155, S. 139.

791 Vgl. Bamberger, Ingolf; Wrona, Thomas: Umwelt, Wettbewerbsstrategien und Unternehmenserfolg, Arbeitspapier Nr. 2 des Lehrstuhl für Organisation und Planung, (Universität GH Essen), 1993, S. 10, S. 28.

792 Vgl. zur gleichen Auffassung Patt, Paul-Josef: Strategische Erfolgsfaktoren im Einzelhandel, 2. Aufl., (Peter Lang) Frankfurt a.M. u.a. 1990, S. 110.

Schluß, daß über eine Verbesserung der Wettbewerbsposition Kostenvorteile und Steigerungen der Rentabilität zu erzielen sind.[793]

Die Ermittlung der Wettbewerbsposition erfolgt meist in zwei Schritten. Nachdem die situationsspezifischen Kriterien ausgewählt worden sind,[794] werden diese im Vergleich zur Konkurrenz beurteilt und anschließend aus Unternehmenssicht bewertet. Die multiplikative Verknüpfung führt zu einem verdichteten Wert für die, auf das jeweilige Merkmal bezogene, Wettbewerbsposition.[795]

Zusammen mit dem generell empfundenen Wettbewerbsdruck bilden die beiden Variablen Bedrohung durch Wettbewerber und Bedrohung durch Direktabsatz einen Faktor, der für sich genommen 49,1 % der Varianz erklärt (vgl. Tabelle L-11). Die ursprünglich vorgesehene Trennung in Mikroaspekt, die Gefahr neuer Wettbewerber im relevanten Markt, und Makroaspekt, Gefahr durch Direktabsatz, wurde von den Befragten nicht nachvollzogen. Vielmehr interpretierten die Befragten die Gefahr durch Direktabsatz mikropolitisch: „In unserer Region gibt es keine Fabrikläden."

Ein weiteres Konstrukt der Wettbewerbssituation sollte die von *Porter* angeführte Lieferantenkonzentration bilden. Bei der persönlichen Befragung stellte sich allerdings heraus, daß die Lieferantenkonzentration, gemessen als steigender Anteil der zehn größten Lieferanten am Beschaffungsvolumen, im Einzelhandel eher Ausdruck einer verfolgten Strategie als Ausdruck der Abhängigkeit ist. Die Frage wurde deshalb bei der schriftlichen Befragung ausgeschlossen.

---

793 Vgl. Hildebrandt, Lutz: Wettbewerbssituation und Unternehmenserfolg, in: ZfB, 62. Jg., 1992, Nr. 10, S. 1069-1084, S. 1084.

794 Folgende Wettbewerbsvorteile bzw. -nachteile werden in der vorliegenden Untersuchung abgefragt: Kompetenz der Mitarbeiter, Service, Flexibilität, Sortiment, Standort, Führung und Kundenorientierung. Die Messung erfolgt jeweils in 5er Skalen von -2 = viel schlechter als die Konkurrenz bis +2 = viel besser als die Konkurrenz.

795 Vgl. Drexel, Gerhard: Strategische Unternehmensführung im Handel, (de Gruyter) Berlin u.a. 1981, S. 165; vgl. als empirische Studien mit ähnlicher Vorgehensweise Gottschlich, Werner: Strategische Führung in mittleren Unternehmen - Konzepte, Operationalisierung und Messung, (Peter Lang) Frankfurt a.M. 1989, S. 231 f.; Daschmann, Hans-Achim: Erfolgsfaktoren mittelständischer Unternehmen, (Schäffer-Poeschel) Stuttgart 1994, S. 224 f.

Tabelle L-11: Wettbewerbsgefahr

Faktor	*Varianz*	*Eigenwert*	*Variablen*	*Faktorladung*
Wettbewerbsgefahr	49,1 %	1,472	Gefahr durch neue Wettbewerber	0,79676
			Gefahr durch Direktabsatz	0,76614
			Wettbewerbsdruck	0,50034

Eine weitere Faktorenanalyse wurde über die Ausprägungen der sieben ausgewählten Wettbewerbsvorteile durchgeführt. Die Wettbewerbsvorteile werden als Produkt von Bedeutung und Beurteilung ermittelt. Es ergeben sich zwei Faktoren, die zusammen 65,6 % der Varianz erklären (vgl. Tabelle L-12). Die Wettbewerbsposition 1 umfaßt Indikatoren, die sich als Kundennähe interpretieren lassen. Sie zeichnet sich aus durch Vorteile in Service, Kompetenz der Mitarbeiter, Kundenorientierung und Flexibilität. Die Variablen der Wettbewerbsposition 2 entsprechen einer großen Systemprofessionalität, insbesondere durch Vorteile in Führung und Sortiment.

Tabelle L-12: Dimensionen der Wettbewerbsposition

Faktor	*Varianz*	*Eigenwert*	*Variablen*	*Faktorladung*
Wettbewerbsposition1 (Kundennähe)	45,6 %	3,191	Wettbewerbsvorteil Service	0,87390
			Wettbewerbsvorteil Kompetenz der Mitarbeiter	0,82313
			Wettbewerbsvorteil Kundenorientierung	0,73112
			Wettbewerbsvorteil Flexibilität	0,59764
Wettbewerbsposition2 (Systemprofessionalität)	20,0 %	1,402	Wettbewerbsvorteil Standort	0,83225
			Wettbewerbsvorteil Sortiment	0,77261
			Wettbewerbsvorteil Führung	0,59049

Da die drei Konstrukte in getrennten Verfahren ermittelt wurden, ist vor Aufnahme in das Regressionsmodell zu prüfen, inwieweit die Einflußgrößen voneinander unabhängig sind. Es ergeben sich nur geringe und keine signifikanten Korrelationen.

Die Hypothese **H1.11** lautet:

Je geringer die Gefahr durch Wettbewerber und je besser die Wettbewerbsposition, desto erfolgreicher sind die mittelständischen Einzelhändler.

2. Ergebnisse der empirischen Untersuchung

Die Ergebnisse der Regressionsanalyse zeigen vielfältige Wirkungen der Wettbewerbssituation (vgl. Übersicht L-12). Wie zu erwarten, wirkt der von den Befragten empfundene Wettbewerbsdruck negativ auf Gewinn und Zielerreichung. Daß der Umsatz nicht tangiert wird, spricht dafür, daß der Wettbewerb vornehmlich über den Preis ausgetragen wird. Damit ist auch der negative Einfluß auf das Gewinnwachstum und der fehlende Einfluß auf die Produktivität zu erklären.

Eine gute Wettbewerbsposition 1, die als Kundennähe interpretiert wird, wirkt positiv auf Zielerreichung und Gewinnwachstum. Dieses Ergebnis spricht dafür, daß durch die Kundennähe, die z.B. durch Service und Kompetenz der Mitarbeiter erreicht wird, höhere Preise durchgesetzt werden können. Der fehlende Einfluß auf den Umsatz spricht dafür, daß die positiven Gewinnentwicklungen mehr auf Kundenbindung als auf neue Kunden zurückzuführen sind. Die Produktivität wird u.U. deshalb nicht erhöht, weil für den guten Service mehr Mitarbeiter nötig sind.

Die Systemprofessionalität, die einer guten Wettbewerbsposition 2 entspricht, beeinflußt außer der Produktivität alle Erfolgsindikatoren.

Diese Ergebnisse bestätigen den Einfluß des Wettbewerbs auf den Erfolg mittelständischer Einzelhändler. Dabei ist zu beachten, daß lediglich das Konstrukt Wettbewerbsgefahr von außen induziert und nur wenig zu beeinflußen ist. Die beiden Wettbewerbspositionen geben dagegen die von der Unternehmensleitung eingeschätzte Position gegenüber der Konkurrenz wieder und sind damit unmittelbares Ergebnis der Unternehmenstätigkeit.

Übersicht L-12: Einfluß von Dimensionen der Wettbewerbssituation auf den Erfolg - nur signifikante Beziehungen

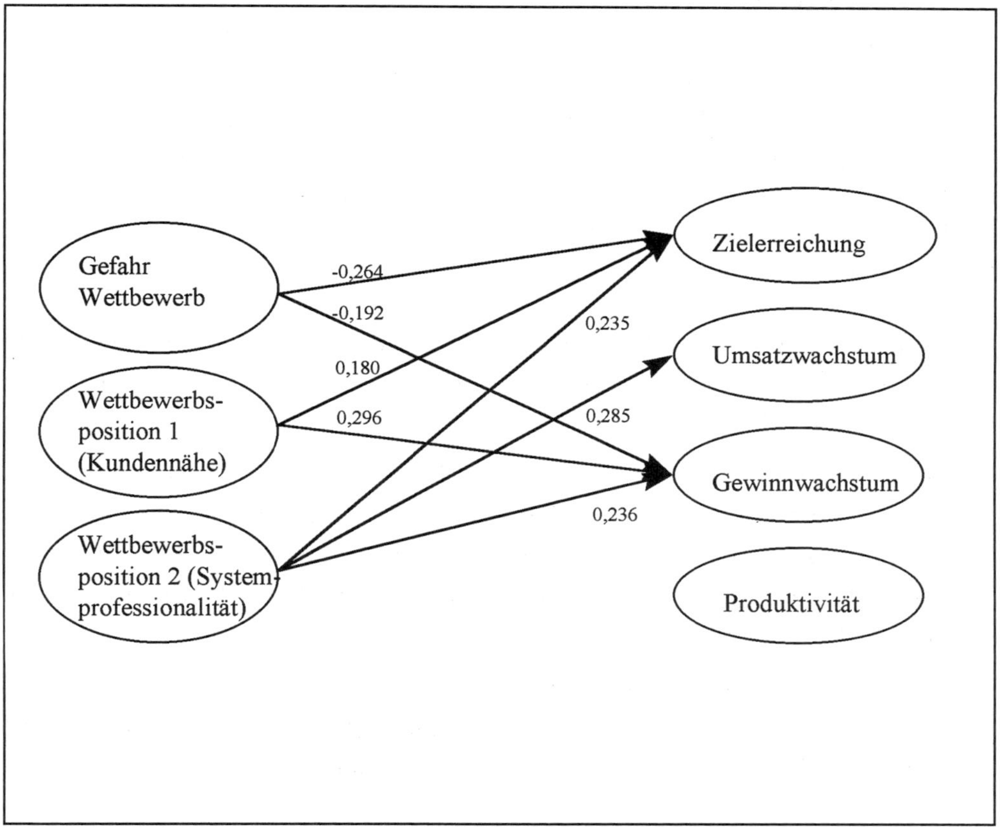

Die Hypothese H1.11, die Wettbewerbsgefahr und die Wettbewerbsposition haben Einfluß auf den Erfolg mittelständischer Einzelhandelsunternehmen, wird vorläufig angenommen.

V. Ergebniszusammenfassung zur Darstellung der generellen Erfolgsfaktoren

Abschließend sollen die Ergebnisse der durchgeführten Auswertungen im Zusammenhang diskutiert werden. Die Erfolgsfaktoren werden graphisch dargestellt. Zur Verbesserung der Übersichtlichkeit werden die Einflüsse auf jeden Erfolgsindikator getrennt. Die synoptische Aufbereitung der Ergebnisse sollte nicht vergessen machen, daß die

Faktoren restringiert ermittelt wurden. Dies bedeutet, daß sie nicht zwangsläufig voneinander unabhängig sind. Im Prinzip bilden die in einem jeweiligen Abschnitt gefundenen Erfolgsfaktoren jeweils ein eigenes Modell. Die Übersichten nach Erfolgsindikatoren können als Checklisten zur Beeinflussung der jeweiligen Erfolgsgröße aufgefaßt werden. Konstrukte, die in der Übersicht dargestellt werden, können mit großer Wahrscheinlichkeit zur Verbesserung dieser Erfolgsgröße eingesetzt werden. Die Übersichten sind dahingehend einzuschränken, daß die Stärke der Regressionskoeffizienten keinen Vergleich über die Wirkungsintensitäten zuläßt, da die Regressionen getrennt ermittelt wurden. Ein solcher Vergleich wäre nur möglich, wenn alle Erfolgsfaktoren simultan als unabhängige Variablen aufgenommen worden wären. Dies ist jedoch nur bei Unabhängigkeit der eingehenden Variablen zulässig, eine Voraussetzung, die hier nicht erfüllt werden kann.

Die insgesamt vier Ergebnisübersichten, die den Einfluß der einzelnen Dimensionen auf die Erfolgsindikatoren wiedergeben (vgl. Übersichten L-13 bis L-16), werden im folgenden interpretiert.

1. Die Zielerreichung wird von einer Vielzahl von Einflußgrößen beeinflußt, z.B. durch Aspekte der Unternehmenskultur, Beziehungspromotorenkonzept, Personalqualität, Führungsstil und Wettbewerbsposition. Weiter sind Sortimentspolitik und Standortpolitik zu nennen. Eher kontraproduktiv wirken kooperative Führung und Wettbewerbsgefahr.

2. Einflüsse auf die Umsatzentwicklung als monetäre Größe ergeben sich durch Ergebnis- und Leistungsorientierung, Systemprofessionalität, Erreichbarkeit und Sortimentsdynamik. Weitere Einflüsse weisen Dimensionen der Personalpolitik auf.

3. Das Gewinnwachstum kann gefördert werden durch eine gute Wettbewerbsposition, den Standort und die Personalqualität. Negative Auswirkungen haben Wettbewerbsgefahr und Personalkosten.

4. Der Umsatz je Mitarbeiter wird beeinflußt durch die Sortimentsdynamik, weitere Effekte haben Leistungsentlohnung, Gehaltsniveau und Weiterbildung sowie der Standort in Agglomerationen. Damit läßt sich die Produktivität vor allem mit Personalmaßnahmen und den klassischen Instrumenten der Handelsprogrammpolitik verbessern.

5. Interessant sind Konstrukte, die Einflüsse auf mehrere Erfolgsindikatoren haben. Das einzige Konstrukt, das auf alle Erfolgsindikatoren Einflüsse ausübt, ist das Gehaltsniveau der Mitarbeiter. Die drei Erfolgsfaktoren Erreichbarkeit, Sorti-

mentsdynamik und Wettbewerbsposition 2 (Systemprofessionalität) beeinflussen drei der vier Erfolgsgrößen signifikant. Das gleiche gilt für die Personalkosten, allerdings in negativer Richtung.

Übersicht L-13: Zusammenfassende Darstellung der Einflüsse von Dimensionen der Unternehmenskultur, der Unternehmenspolitik und des Wettbewerbs auf die Zielerreichung - nur signifikante Beziehungen

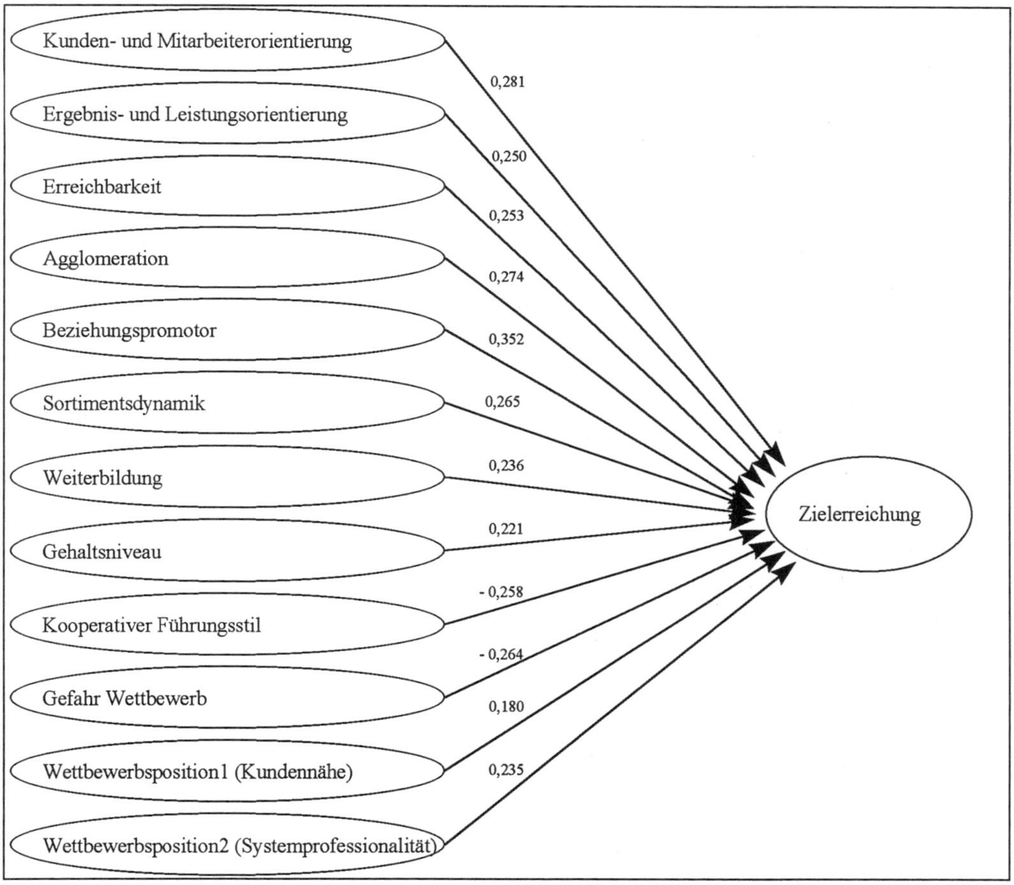

Übersicht L-14: Zusammenfassende Darstellung der Einflüsse von Dimensionen der Unternehmenskultur, der Unternehmenspolitik und des Wettbewerbs auf das Umsatzwachstum - nur signifikante Beziehungen

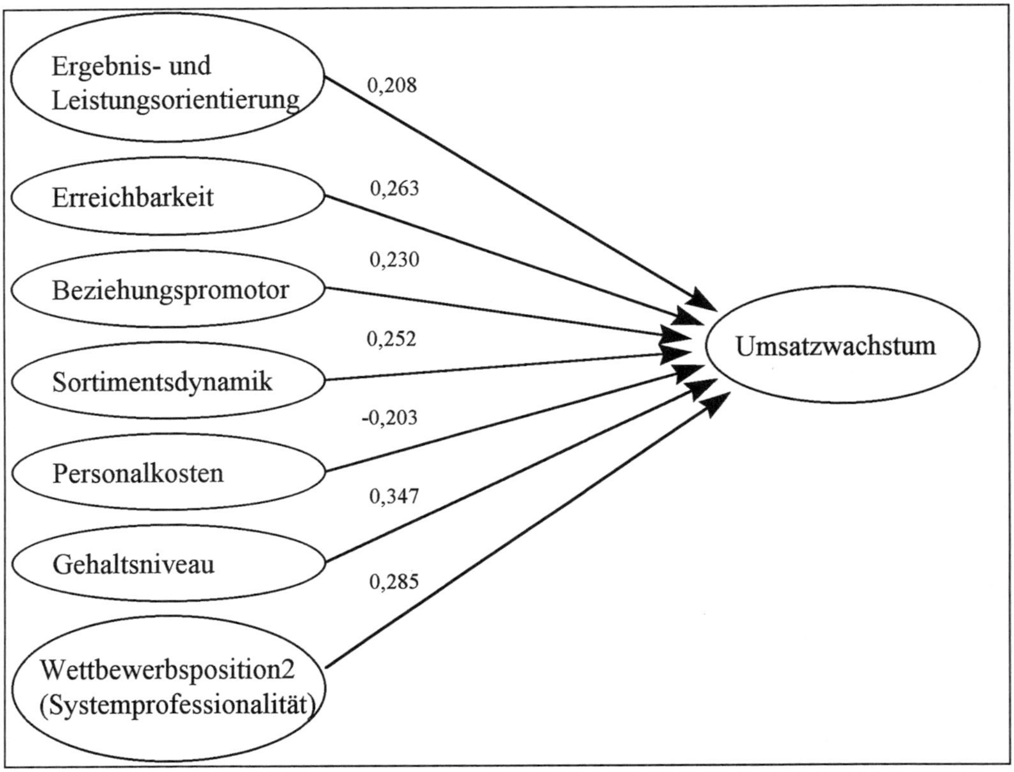

Übersicht L-15: Zusammenfassende Darstellung der Einflüsse von Dimensionen der Unternehmenskultur, der Unternehmenspolitik und des Wettbewerbs auf das Gewinnwachstum - nur signifikante Beziehungen

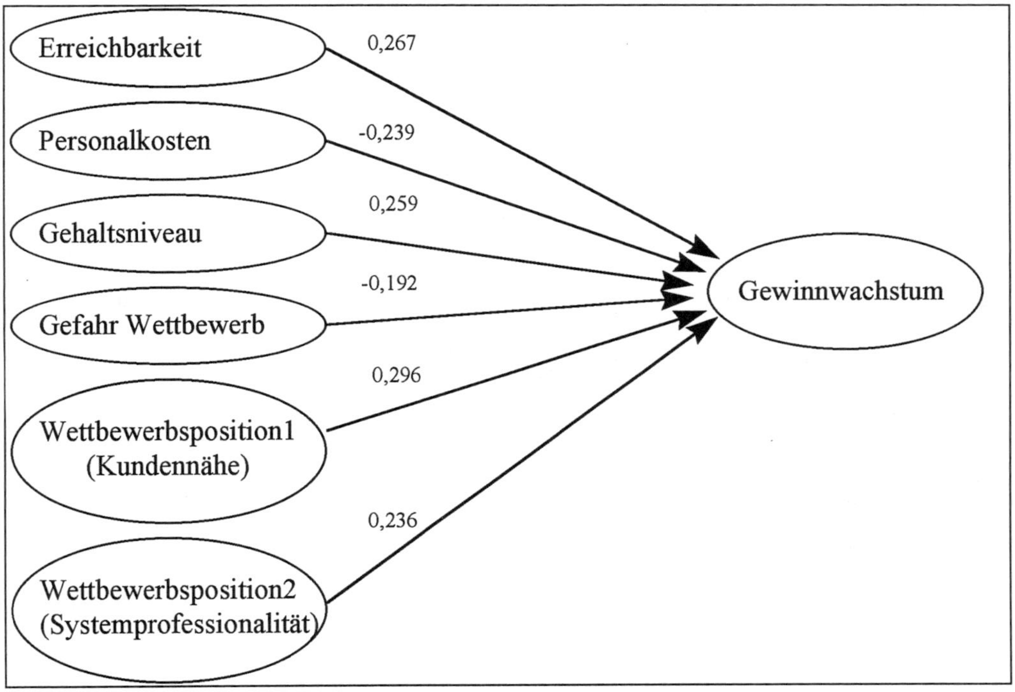

Übersicht L-16: Zusammenfassende Darstellung der Einflüsse von Dimensionen der Unternehmenskultur, der Unternehmenspolitik und des Wettbewerbs auf die Produktivität - nur signifikante Beziehungen

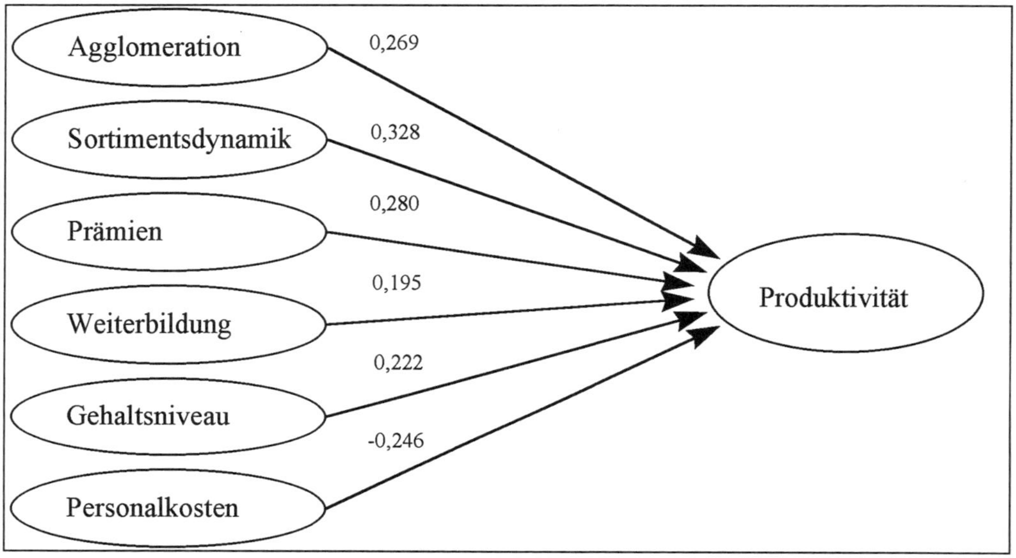

Als **generelle Erfolgsfaktoren** des mittelständischen Einzelhandels werden ermittelt[796] (nach ihrer Reihenfolge im Bezugsrahmen[797]):

- hohe Kunden- und Mitarbeiterorientierung,
- hohe Ergebnis- und Leistungsorientierung,
- gute Erreichbarkeit,
- Standort in Agglomeration,
- Qualität der Führung als Beziehungspromotor,
- hohe Sortimentsdynamik,
- intensive Weiterbildung,
- überdurchschnittliches Gehaltsniveau der Mitarbeiter (als Indikator der Mitarbeiterqualität),
- autoritärer Führungsstil,
- geringe Wettbewerbsgefahr,
- gute Wettbewerbsposition 1 (Kundennähe),
- gute Wettbewerbsposition 2 (Systemprofessionalität).

---

796 Ein Erfolgsfaktor ist ein Konstrukt oder Merkmal, das signifikante Einflüsse auf den Erfolg ausübt. Als der umfassendste Erfolgsindikator wird die Zielerreichung angesehen. Die Konstrukte, die auf diese Erfolgsgröße wirken, werden als die generellen Erfolgsfaktoren angesehen. Die Konstrukte, die signifikanten Einfluß auf die restlichen Indikatoren ausüben sind darüber hinaus eine Teilmenge der hier wirkenden Erfolgsfaktoren, so daß kein Informationsverlust entsteht.

797 Eine Rangfolge nach Bedeutung ist aufgrund der restringiert ermittelten Konstrukte nicht festzulegen.

Damit wird in der vorliegenden Untersuchung nachgewiesen, daß

- die Unternehmenskultur,
- der Führungsstil und ein gutes Beziehungsnetzwerk,
- die Instrumente Standort und Sortiment,
- die Qualität des Personals und
- die Stellung im Wettbewerb

wesentlich den Erfolg im mittelständischen Einzelhandel bestimmen.

Die beiden Ausprägungen der Unternehmenskultur können als Makroaspekt der Führung verstanden werden. Demnach kann entweder eine kunden- und mitarbeiterorientierte oder eine stärker ergebnisorientierte Führung erfolgversprechend sein. Die Ausprägungen sind in der vorliegenden Operationalisierung auch kombinierbar, im Gegensatz zum konkreten Führungsstil gegenüber den Mitarbeitern, der dichotom ausgeprägt ist. Innerhalb der vorliegenden Stichprobe führt der autoritäre Führungsstil zu besseren Ergebnissen. Dies entspricht der Auffassung, daß im Mittelstand, und gerade bei sehr erfolgreichen Mittelständlern, der Patriarch vorherrscht.[798] Als weiterer Erfolgsfaktor wird die Eignung der Führung als Beziehungspromotor ermittelt. Auch dieses Ergebnis erscheint stringent, da im Mittelstand Beziehungen als sehr wichtig erachtet werden.[799] Zusammen mit den bereits erwähnten Aspekten der Unternehmenskultur und des Führungsstils kann damit die überragende Bedeutung der **Führung** im mittelständischen Einzelhandel bestätigt werden.[800]

Die Erfolgsfaktoren Erreichbarkeit des Standortes, **Standort** in Agglomerationen und **Sortiment** weisen darauf hin, daß im mittelständischen Einzelhandel auch Faktoren wirksam sind, die für den Handel i.A. Erfolgsfaktoren darstellen.[801] Dies ist nicht weiter überraschend und dahingehend zu interpretieren, daß nicht nur mittelstandsspe-

---

798 Vgl. Simon, Hermann: Die heimlichen Gewinner (Hidden Champions). Die Erfolgsstrategien unbekannter Weltmarktführer, (Campus) Frankfurt a.M. u.a. 1996, S. 179.

799 Vgl. Belz, Christian: Erkenntnisse zum systematischen Beziehungsmanagement, in: Belz, Christian (Hrsg.): Management von Geschäftsbeziehungen, (Thexis) St. Gallen 1994, S. 24.

800 Vgl. dazu bereits Zopp, Hans: Differenzierungsgründe der Leistung bei gleichgearteten Einzelhandelsbetrieben, (Westdeutscher Verlag) Köln u.a. 1965, S. 93.

801 Vgl. dazu die im Vierten Kapitel wiedergebene Übersicht von Erfolgsfaktorenstudien im Handel und deren Ergebnisse.

zifische Erfolgsfaktoren wirksam sind. Der Auffassung „a small business is not a little big business“[802] kann nur teilweise gefolgt werden.

Die vielfältigen Auswirkungen der **Personalpolitik** bestätigen die Bedeutung des Personals für den mittelständischen Einzelhandel.[803] Neben den Konstrukten Weiterbildung und Gehaltsniveau als Indikatoren der Personalqualität, muß die Bedeutung der bereits aufgeführten Dimensionen Mitarbeiterorientierung und Führungsstil diesem Bereich zugeordnet werden.

Weitere große Bedeutung für den Unternehmenserfolg im mittelständischen Einzelhandel haben **Wettbewerbsintensität und Wettbewerbsposition**. Die Wettbewerbsgefahr muß als subjektive Bedrohung aufgefaßt werden, die vom Unternehmen nur langfristig durch zunehmende Marktstärke positiv beeinflußt werden kann. Sie ist demnach ein vorwiegend situatives Konstrukt. Dagegen ist die Wettbewerbsposition durch gezielte Strategien vom Unternehmen selbst zu beeinflussen. Die Wettbewerbsposition 1 (Kundennähe) ist z.B. durch Erhöhung der Fachkompetenz der Mitarbeiter, durch Intensivierung des Service, Kundenorientierung und Steigerung der Flexibilität zu verbessern. Die Wettbewerbsposition 2 (Systemprofessionalität) entspricht einer hohen „Systempower“, die als Voraussetzung für Erfolg im mittelständischen Handel angesehen wird.[804] Die „Systempower“ wird gebildet durch gute Standortwahl, kompetente Führung und profiliertes Sortiment. Damit läßt sich die Position im Konkurrenzumfeld durch viele der bereits genannten Erfolgsfaktoren verbessern. Dieser Zusammenhang zeigt noch einmal die Ambiguität des Konstruktes Wettbewerbsposition, das nicht nur Ergebnis gezielten Ausbaus von Stärken ist, sondern auch Ergebnis bereits erzielter Erfolge.

Die forschungsleitende Hypothese H1, nach der sich im mittelständischen Einzelhandel generelle Erfolgsfaktoren identifizieren lassen, kann vorläufig bestätigt werden.

---

802 Welsh, John A.; White, Jerry F.: A small business is not a little big business, in: Harvard Business Review, 59. Jg., 1981, Nr. 4, S. 18-32.

803 Vgl. zu den gleichen Ergebnissen z.B. Wölk, Andrea: Zukunftschancen kleiner und mittlerer Unternehmen im Einzelhandel, hrsg. v. Forschungsstelle für den Handel Berlin, Berlin 1991, S. 230; vgl. Wahle, Peter: Erfolgsdeterminanten im Einzelhandel, (Peter Lang) Frankfurt a.M. 1991, S. 123.

804 Vgl. Zentes, Joachim: „Hidden Champions - Die Zukunft gehört den Kleinen Riesen“, in: Express, Händlerzeitschrift Blaupunkt, Ausgabe „Markt“, voraussichtlicher Erscheinungstermin 1997, Nr. 2, S. 8.

M. Mustervergleich von erfolgreichen und nicht erfolgreichen Unternehmen zur Ermittlung der zentralen Erfolgsfaktoren

An dieser Stelle stellt sich die Frage, hinsichtlich welchen Faktoren sich die erfolgreichen von den weniger erfolgreichen Unternehmen unterscheiden. Was sind die zentralen Erfolgsfaktoren? Dabei wird die Hypothese H2 zugrunde gelegt, nach der die Erfolgsfaktoren umso ausgeprägter sind, je erfolgreicher ein Unternehmen ist.

Zur Prüfung der Hypothese wird die Stichprobe in eine erfolgreiche und eine nicht erfolgreiche Gruppe eingeteilt. Als Zuordnungskriterium dient der Erfolgsindikator Zielerreichung. Dieser Indikator umfaßt die Bewertung und Beurteilung von vier Unternehmenszielen, die mit Hilfe der Faktorenanalyse verdichtet werden. Dieses Konstrukt erscheint am ehesten geeignet, den Erfolg der Gesamtunternehmung zu operationalisieren. Als Trennkriterium wird ein Faktorwert größer gleich 0,0 gewählt. Dies führt zu gleich großen Gruppen von je 55 Unternehmen, da die Faktorwerte standardisiert sind als Abweichung vom Mittelwert. Die Validität der Trennung erweist sich durch die Prüfung, ob die anderen Erfolgsindikatoren bei der erfolgreichen Gruppe ebenfalls signifikant besser sind. Dies gilt mit höchster Wahrscheinlichkeit (Signifikanzniveau 0,000) für die drei Erfolgsindikatoren Umsatzwachstum, Gewinnwachstum und Produktivität (vgl. Tabelle M-1). Ein weiterer Indikator für die Güte der Trennung ist der Anteil der persönlich befragten Unternehmen in der Gruppe der Erfolgreichen. Die persönlich befragten Unternehmen sind nach Aussage der Geschäftsführer der Einkaufsgemeinschaften als überdurchschnittlich erfolgreich einzuschätzen. Es zeigt sich, daß 25 der 31 persönlich befragten Unternehmen durch das Trennkriterium als erfolgreich eingestuft werden.

Tabelle M-1: Erfolgsgrößen der erfolgreichen und nicht erfolgreichen Unternehmen im Vergleich

Erfolgsindikator	Ausprägung	Mittelwert	n	t-Wert	Signifikanz
Zielerreichung	erfolgreich	0,83915	55	16,286	0,000
	nicht erfolgreich	-0,8391	55		
Umsatzwachstum	erfolgreich	3,63	54	4,156	0,000
	nicht erfolgreich	2,80	51		
Gewinnwachstum	erfolgreich	3,74	54	6,023	0,000
	nicht erfolgreich	2,63	51		
Produktivität	erfolgreich	3,83	54	3,811	0,000
	nicht erfolgreich	3,13	54		

Bei der Frage, was die erfolgreichen Unternehmen anders machen, erscheint ein paarweiser Mittelwertvergleich mit Hilfe des t-Tests für unabhängige Stichproben am geeignetesten. Dabei werden die Variablen auf Signifikanz der Mittelwertunterschiede getestet. Wird ein Datensatz eines einzelnen Untersuchungsobjektes verglichen, spricht man von einem Profilvergleich, die gemeinsame Untersuchung von mehreren Profilen, z.B. mehrere Unternehmen, dient der Feststellung von (gemeinsamen) Mustern.[805] Die Konfigurationsansätze, die durch die Mustererkennung umgesetzt werden können, geben der vergleichenden Organisationsforschung ein holistisches Instrumentarium zur Hand, das die Ableitung empirisch gehaltvoller Aussagen zuläßt. Die Mustererkennung kann dazu beitragen, den partiellen Charakter von bivariaten Korrelationsanalysen auszugleichen.[806] Es muß davon ausgegangen werden, daß einzelne Erfolgsfaktoren nicht den Erfolg ausmachen. Erst das gezielte Zusammenwirken der Erfolgsfaktoren bringt den Erfolg.[807]

---

805 Vgl. Scholz, Christian: Strategisches Management, (de Gruyter) Berlin u.a. 1987, S. 78.

806 Vgl. Anderer, Michael: Internationalisierung im Einzelhandel, (Deutscher Fachverlag) Frankfurt a.M. 1996, S. 110, S. 301.

807 Vgl. zur gleichen Auffassung Wölk, Andrea: Erfolgsfaktoren kleiner und mittlerer Unternehmen im Einzelhandel - Eine empirische Studie, in: Trommsdorff, Volker (Hrsg.): Handelsforschung 1991, Forschungsstelle für den Handel Berlin (FfH) e.V., (Gabler) Wiesbaden 1992, S. 47-64, S. 50.

Um die erfolgreichen mit den weniger erfolgreichen Unternehmen möglichst genau vergleichen zu können, wird beim Mustervergleich auf die Ausgangsvariablen zurückgegriffen.[808] Die folgenden Übersichten (vgl. Übersichten M-1 bis M-6) stellen die Unterschiede graphisch dar. Die Übersichten werden getrennt nach Unternehmenskultur, Unternehmenspolitik und Wettbewerb. Die ausführlichen Ergebnisse der t-Tests für alle Variablen finden sich im Anhang (vgl. Anhang E). Dort werden auch die Signifikanzen wiedergegeben, während in den Übersichten nur die Kennzeichnung signifikanter Unterschiede erfolgt (*=signifikant). Bei der Interpretation werden über die Variablen hinaus die übergeordneten Konstrukte betrachtet, da sie die Prägnanz der Ergebnisse erhöhen und größere Vergleichbarkeit mit den generellen Erfolgsfaktoren bieten. Die bei den erfolgreichen Unternehmen signifikant stärker ausgeprägten Konstrukte werden als die **zentralen Erfolgsfaktoren** im mittelständischen Einzelhandel angesehen. Von einem zentralen Erfolgsfaktor ist auszugehen, wenn das Konstrukt in besonderem Maße bei den erfolgreichen Betrieben zutrifft und zugleich bei den weniger erfolgreichen unterdurchschnittlich ausgeprägt ist.[809] Bevor auf die zentralen Erfolgsfaktoren eingegangen wird, erfolgt eine deskriptiv vergleichende Beschreibung der beiden Gruppen.

Der Mustervergleich zwischen erfolgreichen und nicht erfolgreichen Unternehmen hinsichtlich der Variablen der Unternehmenskultur ergibt folgendes:

- Die größten Unterschiede bestehen bezüglich der Kunden- und Mitarbeiterorientierung. Die Mitarbeiter der erfolgreichen Unternehmen sind stolz, für das Unternehmen zu arbeiten. Sie wenden mehr Zeit auf für die Kunden und pflegen ein offenes Verhältnis untereinander. Auf der anderen Seite sind die Qualifikationsanforderungen an die Mitarbeiter größer.
- Weitere wesentliche Unterschiede zeigen sich bei der Geschwindigkeitsorientierung: kurze Besprechungen und schnelle Entscheidungen sind Kennzeichen der erfolgreichen Unternehmen.
- Über alle Statements zeigen sich stärkere Ausprägungen bei den erfolgreichen Unternehmen. Dies resultiert aus der generell positiven Formulierung und ist somit konsistent.

---

808 Dabei bedeutet ein hoher Wert auf der 5er-Skala immer positive Ausprägung, z.B. „stimme voll zu."

809 Vgl. Patt, Paul-Josef: Strategische Erfolgsfaktoren im Einzelhandel, 2. Aufl., (Peter Lang) Frankfurt a.M. 1990, S. 72.

Der Mustervergleich der Variablen der Unternehmenspolitik führt aus Sicht der erfolgreichen Unternehmen zu folgenden Ergebnissen:

- Die Erreichbarkeit der erfolgreichen Unternehmen ist wesentlich besser, sie befinden sich außerdem signifikant häufiger in einer Agglomeration.
- Die Merkmale von Filialisierung und Größe unterscheiden sich nicht wesentlich.
- Die Bedeutung der Einkaufsgemeinschaft für den Unternehmensbestand wird von beiden Gruppen relativ hoch eingeschätzt.
- Der quantitative Wert für die Qualität der Führung als Beziehungspromotor wird als Multiplikation zweier Skalenwerte ermittelt und erscheint nicht in der Übersicht. Die erfolgreichen Unternehmen bewerten und beurteilen die externen Beziehungen signifikant höher.
- Die erfolgreichen Betriebe haben ein signifikant breiteres Sortiment als die Vergleichsbetriebe. Sie sind offensichtlich Vollversorger.
- Die Sortimentsdynamik ist bei den erfolgreichen Betrieben nicht wesentlich größer.
- Das Serviceniveau ist nicht deutlich besser.
- Keine signifikanten Unterschiede ergeben sich in der Häufigkeit der Veränderung des Ladenbildes, die Werte sind allerdings durchgehend höher.
- Prämien werden bei den Erfolgreichen nicht wesentlich häufiger eingesetzt.
- Sowohl die Führungskräfte als auch die Mitarbeiter der überdurchschnittlich erfolgreichen Unternehmen nehmen signifikant häufiger an Weiterbildungsmaßnahmen teil.
- Die Personalkosten in Prozent des Umsatzes sind bei den erfolgreichen Unternehmen zwar niedriger, es ist jedoch keine Signifikanz gegeben.
- Die Mitarbeiter der erfolgreichen Unternehmen werden trotz der niedrigeren Personalkosten besser bezahlt.
- Die Erfahrung und Schulausbildung der Führung unterscheiden sich zwischen den Vergleichsgruppen nicht signifikant.
- Der Führungsstil der Führungskräfte der erfolgreichen Unternehmen ist deutlich und hochsignifikant autoritärer, inbesondere bei strategischen Fragen.

Die Ausprägungen der Variablen der Wettbewerbssituation werden durch Multiplikation von Beurteilung und Bewertung ermittelt. Damit können sich Werte zwischen 1 und 20 ergeben. Der Mustervergleich läßt folgende Schlüsse zu:

- Die Gefahr durch Wettbewerb wird von den weniger erfolgreichen Unternehmen höher eingeschätzt. Bei der Beurteilung des generellen Wettbewerbsdrucks[810] geben die weniger erfolgreichen Unternehmen einen signifikant höheren Wettbewerbsdruck an als die Vergleichsbetriebe.
- Die erfolgreichen Unternehmen verfügen über Wettbewerbsvorteile beim Service, bei der Kompetenz der Mitarbeiter, bei der Kundenorientierung und bei der Flexibilität (Wettbewerbsposition 1).
- Die erfolgreichen Unternehmen werden signifikant besser beurteilt bei Sortiment und Führung (Wettbewerbsposition 2).

---

810 Der Wettbewerbsdruck wird abgefragt durch Zustimmung/Ablehnung des Statement „Der Wettbewerbsdruck hat sich in den letzten drei Jahren stark erhöht.“ Dieser Eindruck wird als 5er-Skala abgefragt und erscheint deshalb nicht in der Übersicht.

Übersicht M-1: Mustervergleich von erfolgreichen und nicht erfolgreichen Unternehmen - Unternehmenskultur (1)

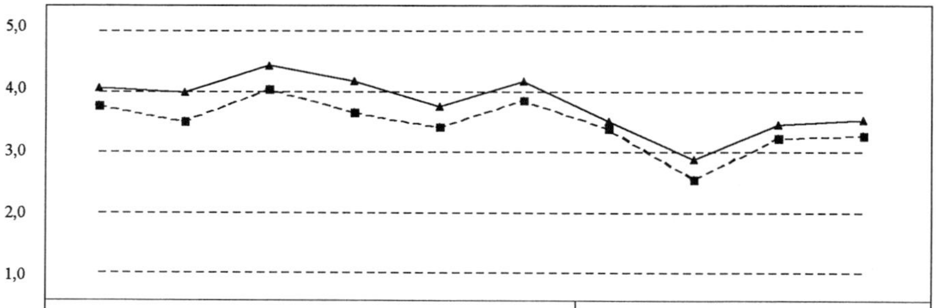

	Kunden- und Mitarbeiterorientierung						Bürokratieorientierung			
	Viel Zeit für Kundenprobleme Geschäftsführung	Viel Zeit für Kundenprobleme Abteilungsleitung (*)	Offenes Vertrauensverhältnis (*)	Stolz auf das Unternehmen (*)	Hohe Qualifikationsanforderungen	Mitarbeiter müssen viele Arbeiten beherrschen	Entscheidungsspielraum Führungskräfte genau festgelegt	Großer Anteil detaillierter Regeln	Abteilungen wissen, was in anderen Abteilungen passiert	Karrieremechanismen durchschaubar
erfolgreich	4,04	3,98	4,42	4,16	3,73	4,15	3,49	2,87	3,44	3,51
nicht erfolgreich	3,75	3,5	4,02	3,65	3,4	3,85	3,38	2,55	3,22	3,25

—▲— erfolgreich - -■- - nicht erfolgreich

Übersicht M-2: Mustervergleich von erfolgreichen und nicht erfolgreichen Unternehmen - Unternehmenskultur (2)

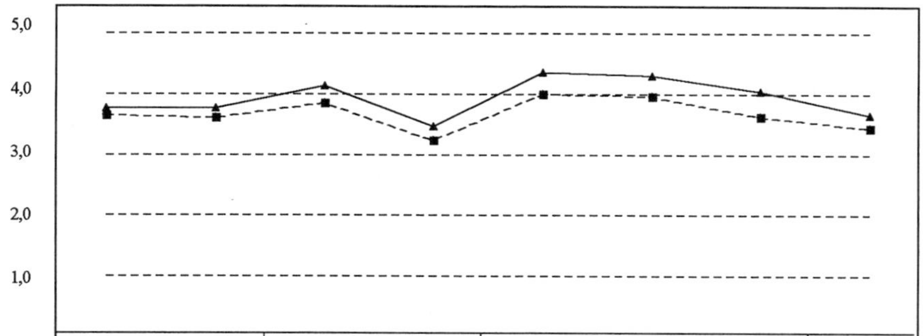

	Systemorientierung		Ergebnis- und Leistungsorientierung		Geschwindigkeits-orientierung			Mitarbeiter-kontakte
	Detaillierte Pläne für Sortiment	Detaillierte Pläne für Personal	Ergebnis zählt	Überstunden sind normal	Auch im Beisein von Kunden zu Mitarbeitern halten (*)	Schnelle Ent-scheidungen	Kurze Be-sprechungen (*)	Ausgeprägte Kontakte zwischen Mitarbeitern
erfolgreich	3,76	3,75	4,13	3,46	4,35	4,29	4,04	3,64
nicht erfolgreich	3,65	3,60	3,85	3,24	4,00	3,96	3,62	3,43

—▲— erfolgreich - -■- - nicht erfolgreich

Übersicht M-3: Mustervergleich von erfolgreichen und nicht erfolgreichen Unternehmen - Unternehmenspolitik (1)

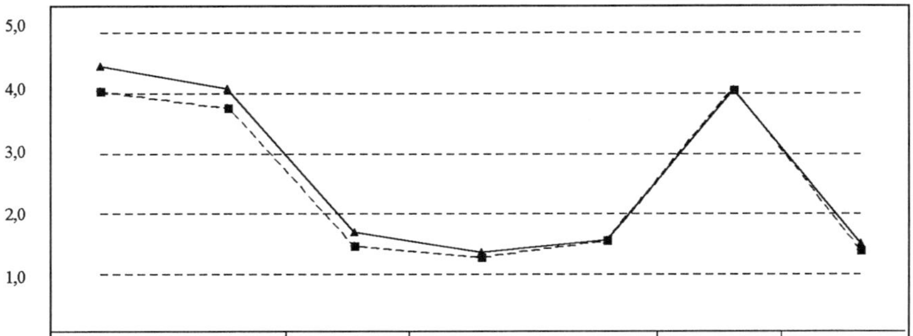

	Erreichbarkeit		Agglomeration	Filialstrategie		Kooperations-intensität	Strategische Allianz
	Gute Erreich-barkeit (*)	Ausreichend Parkplätze	Agglomeration ja/nein (*)	Filialen national	Weitere Filia-lisierung geplant	Bedeutung der Kooperation für den Unter nehmens-bestand	Kooperation über klassische Einkaufs-kooperation hinaus
erfolgreich	4.44	4.07	1.69	1.35	1.56	4.06	1.51
nicht erfolgreich	4.04	3.76	1.47	1.28	1.56	4.05	1.40

—▲— erfolgreich — -■- – nicht erfolgreich

Übersicht M-4: Mustervergleich von erfolgreichen und nicht erfolgreichen Unternehmen - Unternehmenspolitik (2)

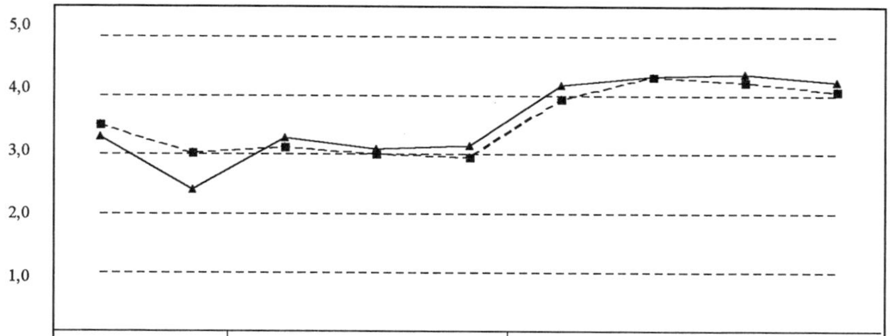

	Fachgeschäftsstrategie		Sortimentsdynamik			Serviceniveau			
	Hohe Preislage	Schmales Sortiment (*)	Zunahme Sorti-ments-breite	Zunahme Sorti-ments-tiefe	Zunahme Preis-niveau	Generelles Service-niveau	Beratung	Kulanz	Lieferbe-reitschaft und Zustellung
erfolgreich	3,29	2,40	3,27	3,07	3,13	4,16	4,31	4,36	4,22
nicht erfolgreich	3,49	3,02	3,11	3,00	2,95	3,93	4,31	4,22	4,07

—▲— erfolgreich   - -■- - nicht erfolgreich

Übersicht M-5: Mustervergleich von erfolgreichen und nicht erfolgreichen Unternehmen - Unternehmenspolitik (3)

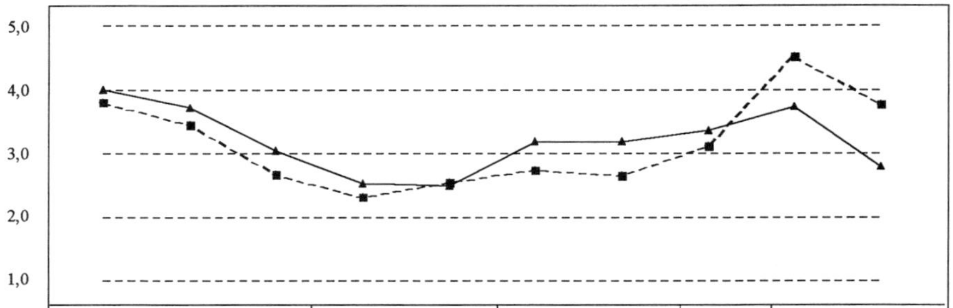

	Veränderung Erscheinungsbild			Prämien		Weiterbildung		Gehaltsniveau	Kooperativer Führungsstil	
	Wechsel Schaufenster	Wechsel Dekoration	Wechsel Verkaufsförderung	Prämien Führungskräfte	Prämien Mitarbeiter	Weiterbildung Führungskräfte (*)	Weiterbildung Mitarbeiter (*)	Gehaltsniveau	Führungsstil bei operativen Fragen (*)	Führungsstil bei strategischen Fragen (*)
erfolgreich	4,00	3,70	3,04	2,53	2,49	3,18	3,17	3,36	3,72	2,78
nicht erfolgreich	3,80	3,45	2,67	2,31	2,54	2,74	2,65	3,11	4,50	3,76

—▲— erfolgreich - -■- - nicht erfolgreich

Übersicht M-6: Mustervergleich von erfolgreichen und nicht erfolgreichen Unternehmen - Wettbewerbssituation

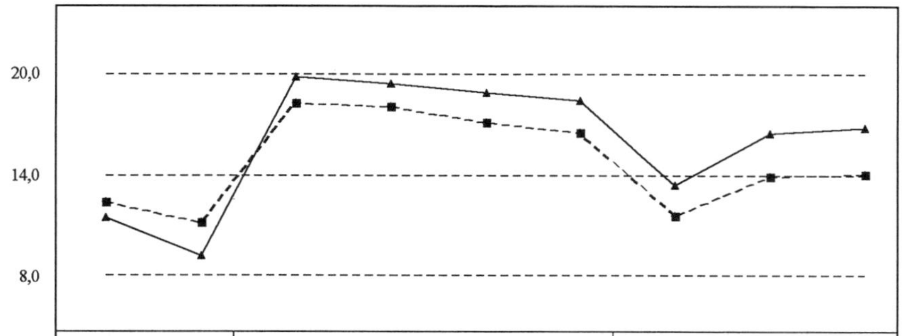

	Wettbewerbsgefahr		Wettbewerbsposition 1 (Kundennähe)				Wettbewerbsposition 2 (Systemprofessionalität)		
	Gefahr durch neue Wettbewerber	Gefahr durch Direktabsatz	Wettbewerbsvorteil Service	Wettbewerbsvorteil Kompetenz der Mitarbeiter	Wettbewerbsvorteil Kundenorientierung	Wettbewerbsvorteil Flexibilität	Wettbewerbsvorteil Standort	Wettbewerbsvorteil Sortiment (*)	Wettbewerbsvorteil Führung (*)
erfolgreich	11,45	9,13	19,80	19,40	18,87	18,42	13,35	16,44	16,78
nicht erfolgreich	12,38	11,13	18,24	18,07	17,09	16,49	11,56	13,93	14,02

—▲— erfolgreich - -■- - nicht erfolgreich

Die detaillierte Analyse der Variablen zeigt eine große Übereinstimmung mit den bisher ermittelten Erfolgsfaktoren. In der anschließenden zusammenfassenden Analyse wird auf die übergeordneten Konstrukte (generelle Erfolgsfaktoren) zurückgegriffen. Der Mustererkennung liegt als Annahme zugrunde, daß sich eine größere Menge von Profilen auf eine begrenzte Anzahl markanter Muster zurückführen läßt.[811] Als zentrale Erfolgsfaktoren in der Reihenfolge ihrer Signifikanz[812] werden ein autoritärer Führungsstil, die Eignung der Führungskraft als Beziehungspromotor und die Systemprofessionalität (Wettbewerbsposition 2) ermittelt.

811 Vgl. Scholz, Christian: Strategische Organisation, (Moderne Industrie) Landsberg a.L. 1997, S. 106.

812 Der Mittelwertvergleich der generellen Erfolgsfaktoren findet sich im Anhang (Anhang D). Dort werden alle Konstrukte angegeben, die sich mit einem Signifikanzniveau von mindestens 0,05 unterscheiden.

Die überdurchschnittlich erfolgreichen Unternehmen unterscheiden sich signifikant in folgenden **zentralen Erfolgsfaktoren** von den weniger erfolgreichen Unternehmen:

1. Der Führungsstil der erfolgreichen Unternehmen ist deutlich autoritärer.
2. Die Führung bewertet und beurteilt die Beziehungen zu externen Partnern wesentlich höher.
3. Die Systemprofessionalität, die Wettbewerbsvorteile bei Standort, Sortiment und Führung beinhaltet, ist signifikant höher.
4. Die Weiterbildungshäufigkeit von Mitarbeitern und Führungskräften ist signifikant höher.
5. Die Kunden- und Mitarbeiterorientierung ist deutlich ausgeprägter.
6. Der Standort der Erfolgreichen befindet sich signifikant häufiger in einer Agglomeration.
7. Die Wettbewerbsgefahr durch neue Wettbewerber, Direktabsatz oder Wettbewerbsdruck wird als wesentlich geringer eingeschätzt.

Damit wird eine **Teilmenge der generellen Erfolgsfaktoren als zentrale Erfolgsfaktoren** der mittelständischen Einzelhandelsunternehmen ermittelt. Die ausgeprägten Merkmale bilden das Muster überdurchschnittlich erfolgreicher Unternehmen im Einzelhandel. Autoritärer Führungsstil, Kunden- und Mitarbeiterorientierung sowie Beziehungsmanagement betreffen Führungsaspekte. Positive Effekte durch Agglomeration und negative Effekte durch Wettbewerbsintensität können als Umfeldmerkmale aufgefaßt werden. Die Weiterbildung als Grundlage der Personalqualifikation und die Professionalität des Systems sind weitere zentrale Einflußgrößen auf den Unternehmenserfolg.

Die Hypothese H2, je erfolgreicher die Unternehmen, desto ausgeprägter die Erfolgsfaktoren kann teilweise bestätigt werden.

Ein Vergleich der Strukturvariablen weist darauf hin, daß die erfolgreichen mittelständischen Einzelhändler tendenziell größer sind als die Unternehmen der Vergleichsgruppe. Im Durchschnitt werden in den erfolgreichen Unternehmen etwa 90 Mitarbeiter beschäftigt, gegenüber 50 bei der Vergleichsgruppe. Während die überdurchschnittlich erfolgreichen Untersuchungsobjekte im Durchschnitt vier Filialen betreiben, sind es beim Rest der Unternehmen nur zwei bis drei Filialen.

Bis hierhin wurden die generell wirksamen Erfolgsfaktoren des mittelständischen Einzelhandels ermittelt. Als zentrale Erfolgsfaktoren werden die Merkmale der überdurchschnittlich erfolgreichen Unternehmen aufgefaßt. Im folgenden wird die den einzelnen Unternehmen übergeordnete Strategiesicht verfolgt. Welche Strategischen Gruppen sind erfolgreich und wie hängen Erfolg und Zugehörigkeit zur Strategischen Gruppe zusammen?

N. Strategische Gruppen im mittelständischen Einzelhandel

I. Überblick

Bei der Betrachtung von Erfolgsfaktoren ist zu berücksichtigen, daß die einzelnen Konstrukte durch eine Gesamtstrategie determiniert und koordiniert werden. Das größte Problem für die Einbeziehung der Determinante Strategie in Erfolgsfaktorenstudien besteht in deren Operationalisierung. Ein Lösungsansatz stellt die Bildung Strategischer Gruppen dar. Die Strategie sollte insbesondere in branchenübergreifenden Untersuchungen analysiert werden.[813] Im folgenden Auswertungsteil wird untersucht, inwieweit im mittelständischen Einzelhandel Strategische Gruppen existieren und welchen Einfluß die Zugehörigkeit zu einer der Gruppen auf den Unternehmenserfolg hat.

Das auswertungstechnische Vorgehen und die zugrundeliegenden Fragestellungen gliedern sich in drei Punkte:

1. Clusteranalyse zur Ermittlung von Strategischen Gruppen.
2. Diskriminanzanalyse zur Ermittlung der trennenden Merkmale.
3. Varianzanalyse zur Analyse der Erfolgswirkungen der Gruppenzugehörigkeit.

Auf die Auswertungsverfahren wird an der entsprechenden Stelle näher eingegangen.

Empirische Ergebnisse bisheriger Studien

Aus der Kombination verschiedener Wettbewerbsmerkmale entwickelt *Falter* eine Typologie von Filialbetrieben. Dabei wird davon ausgegangen, daß die geeignete Kombination der Wettbewerbsmerkmale den Wirkungsgrad eines Unternehmens erhöht.[814] Als Merkmale der wettbewerbsstarken „King`s-Stores“ ergeben sich Kosten- und Preisbewußtsein, Größe, Marktorientierung, Erlebnisorientierung und Kontinuität/Offenheit. Merkmale des Typs „Cost-World“ sind Größe und Unabhängigkeit, Professionalität, Qualitätsbewußtsein, Aktualität sowie Kosten- und Preisbewußtsein. Die wettbewerbsstarken „Quality-Islands“ zeichnen sich aus durch Kundennähe, Qualitäts-

813 Vgl. Kube, Christian: Erfolgsfaktoren in Filialsystemen, (Gabler) Wiesbaden 1991, S. 111 f.

814 Vgl. Falter, Hartmut: Wettbewerbsvorteile von Filialbetrieben, (DUV) Wiesbaden 1992, S. 249.

bewußtsein, Exklusivität, Rentabilitäts- und Kostenbewußtsein. Der „Price-Market“ verfolgt die Waren- und Preisorientierung, Standardisierung, Rentabilitätsorientierung sowie Professionalität und verbindet Kommunikationsbewußtsein mit Marktstärke.[815]

Sulek/Lind/Maruchek unterscheiden in ihrer Untersuchung von 46 Filialen eines lokalen Supermarktbetreibers drei Ladentypen: Die klassischen Supermärkte werden dem zweiten Ladentyp gegenübergestellt, der mit Scannertechnologie ausgestattet ist und größere Sortimentsbreite aufweist. Der Laden der Zukunft verfügt über fortgeschrittene Informationstechnologie, ansprechendes Ladenlayout und ausgeprägte Serviceorientierung. Während der direkte Einfluß auf den Erfolg der Filiale als eher gering einzuschätzen ist, wirkt der Ladentyp indirekt über die signifikant höhere Kundenzufriedenheit.[816]

Als zentrale Erfolgsfaktoren ermittelt *Burmann* die Standortqualität, die Betriebsgröße und die Personalintensität. In einem weiteren Schritt seiner Untersuchung verwendet er die Erfolgsfaktoren als clusterbildende Merkmale. Mit Hilfe der Clusteranalyse erhält er drei Filialtypen, die durch die Merkmale Betriebsgröße und Standortqualität gekennzeichnet sind.[817] Die sich ergebenden Cluster können als große Filialen, mittlere Filialen mit guter Lage und mittlere Filialen mit schlechter Lage beschrieben werden. Mit der Personalintensität als unabhängiger Variable werden anschließend Marktreaktionsfunktionen ermittelt, mit denen er für die unterschiedlichen Cluster die optimalen Personalintensitäten ermittelt.

Olbrich erhält unter Zugrundelegung der Merkmale Selbständigkeit, Geschäftsfläche und Sortiment vier Unternehmenscluster des Lebensmittelhandels:[818]

- kooperierende Handelssysteme des Lebensmittelhandels, die ihre Ware überwiegend an selbständige Lebensmitteleinzelhändler absetzen,
- filialisierende Handelssysteme des Lebensmittelhandels,

---

815 Vgl. Falter, Hartmut: Wettbewerbsvorteile von Filialbetrieben, (DUV) Wiesbaden 1992, S. 250-261.

816 Vgl. Sulek, Joanne M.; Lind, Mary R.; Maruchek, Ann S.: The Impact of a Customer Service Intervention and Facility Design on Firm Performance, in: Management Science, 41. Jg., 1995, Nr. 11, S. 1763-1773, S. 1766-1767, S. 1770.

817 Vgl. Burmann, Christoph: Fläche und Personalintensität als Erfolgsfaktoren im Einzelhandel, (Gabler) Wiesbaden 1995, S. 160-163, S. 167-170.

818 Vgl. Olbrich, Rainer: Erfolgspositionen im Lebensmittelhandel, Ergebnisse und Konsequenzen einer repräsentativen Befragung, in: ZfB, 64. Jg., 1994, Nr. 4, S. 425-442, S. 429.

- Supermarkt-Filialsysteme und
- Verbrauchermarkt-Filialsysteme.

Wöllenstein identifiziert sechs Unternehmenscluster im Automobilhandel:[819]

- Handels-Spezialist: große Häuser mit breitem Sortiment und aggressiver Preisstrategie, Fokussierung auf Verkauf zu Lasten des Kundendienstes,
- Automobil-Center, die Profilierung über den Ausbau aller Leistungen anstreben,
- klassisches Autohaus, das den Absatz forciert, ohne eigene Profilierung anzustreben,
- ambitionierter Händler, der Profilierung über Kundendienst und Service sucht,
- Kundendienst-fokussierter Händler mit Stärken im Werkstattbereich und
- Marken-Stützpunkte, die sich darauf beschränken, eine attraktive Marke zu vertreiben.

Im Hinblick auf Absatzwachstum und Marktanteilswachstum stellen sich die Automobil-Center als erfolgreichster Betriebstyp dar. Die Hypothese, daß signifikante Erfolgsunterschiede zwischen den empirisch ermittelten Betriebstypen existieren, wird bestätigt.[820]

II. Zum Vorhandensein Strategischer Gruppen

Bevor auf die Strategischen Gruppen eingegangen wird, soll die Stichprobe anhand der grundlegenden Strategien und anhand der Betriebstypenstrategien beschrieben werden. Nach *Porter* lassen sich drei grundlegende Strategien unterscheiden:[821]

- Strategie der umfassenden Kostenführerschaft,
- Strategie der Differenzierung,
- Strategie der Nischenbesetzung (Konzentration auf Schwerpunkte).

---

819 Vgl. Wöllenstein, Stephan: Betriebstypenprofilierung in vertraglichen Vertriebssystemen, (Peter Lang) Frankfurt a.M. u.a. 1996, S. 191-195.

820 Vgl. Wöllenstein, Stephan: Betriebstypenprofilierung in vertraglichen Vertriebssystemen, (Peter Lang) Frankfurt a.M. u.a. 1996, S. 260-261.

821 Vgl. Porter, Michael E.: Wettbewerbsstrategie, 7. Aufl., (Campus) Frankfurt a.M. 1992, S. 62.

Die Differenzierungsstrategie zielt darauf, mittels einer überlegenen Leistung einen Mehrwert für den Kunden zu schaffen. So kann u.a. eine Führungsstellung in bezug auf Produkt, Service, Qualität, Design oder Technologie angestrebt werden. Da es kaum möglich ist, auf all diesen Gebieten gleichzeitig führend zu sein, konzentriert sich das Unternehmen auf diejenigen Stärken, mit denen es einen differenzierenden Mehrwert bei einem gewünschten Kundennutzen bieten kann. Bei der Nischenstrategie spezialisiert sich das Unternehmen auf ein oder mehrere klar umrissene Marktsegmente. Es befriedigt die individuellen Bedürfnisse der jeweiligen Segmente und zielt im Wettbewerb innerhalb dieser Segmente entweder auf eine Kostenführerschaft oder eine Differenzierung.[822] Neuere Beiträge betonen die Möglichkeit, die oben genannten Strategien zu kombinieren.[823] Nach *Zentes* wird die Kombination von Kosten- und Qualitäts- bzw. Leistungsführerschaft zur Winner-Strategie des Handels in den kommenden Jahren.[824]

Um die von den untersuchten Unternehmen verfolgten Strategien einordnen zu können, wurden die drei Strategiealternativen von *Porter* vorgegeben. Entgegen seiner Auffassung wurden die Alternativen nicht ausgeschlossen und auch eine Kombination der Antworten zugelassen. 46,4 % der befragten Unternehmen geben ihre Strategie als Differenzierung an, 10,9 % verfolgen die Konzentrationsstrategie und 26,4 % eine Kombination aus diesen beiden (vgl. Übersicht N-1). Der verbleibende Rest verfolgt die Kostenführerschaft oder andere Strategiekombinationen.

---

[822] Vgl. Kotler, Philip; Bliemel, Friedhelm: Marketing-Management: Analyse, Planung, Umsetzung und Steuerung, 8. Aufl., (Schäffer-Poeschel) Stuttgart 1995, S. 120.

[823] Vgl. Warnaby, Gary; Woodruffe, Helen: Cost effective differentiation: an application of strategic concepts to retailing, in: International Review of Retail, Distribution and Consumer Research, 5. Jg., 1995, Nr. 3, S. 253-269, S. 261.

[824] Vgl. Zentes, Joachim: Trends und Erfolgsreserven im Handelsmanagement, in: Belz, Christian (Hrsg.): Kompetenz für Marketing-Innovationen, Bd. 3, Handelsdynamik, (Thexis) St. Gallen 1997, S. 88-96.

Übersicht N-1: Strategiearten nach *Porter* bei den befragten Unternehmen

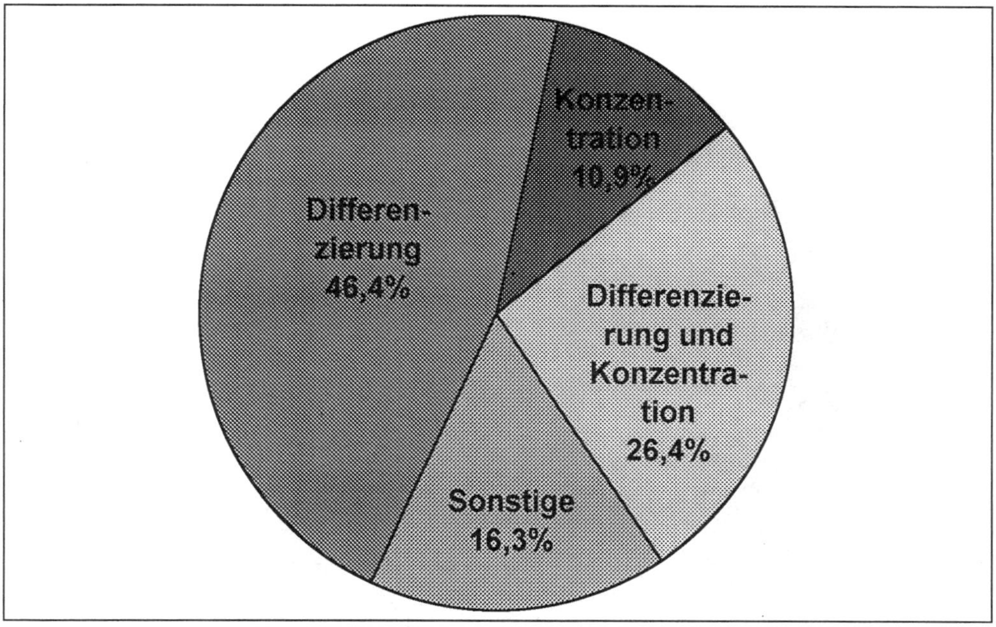

Ein zweiter Aspekt der Absatzmarktstrategie ist der Betriebstyp. Dieser besteht aus einer Kombination mehrerer Instrumente der Unternehmenspolitik, z.B. Sortiment und Service. Als Betriebstypen wurden Spezialgeschäft, Fachgeschäft, Fachmarkt, Fachdiscounter und Warenhaus/Kaufhaus vorgegeben. 61 % der Unternehmen geben das Fachgeschäft als Betriebstyp an, 26 % führen mehrere Betriebstypen (vgl. Übersicht N-2).

Übersicht N-2: Betriebstypen in der untersuchten Stichprobe

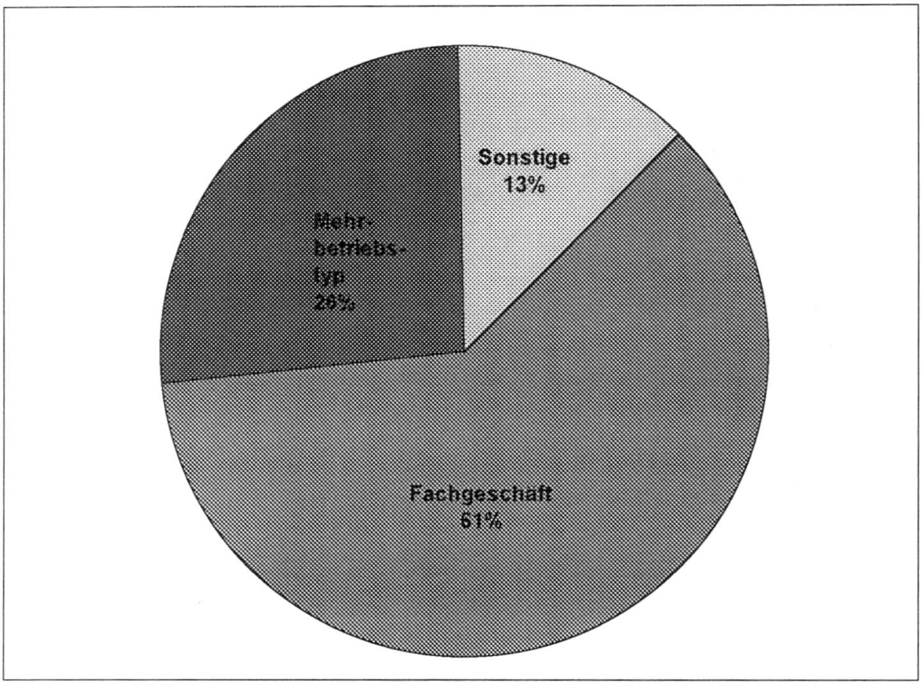

Damit zeigt sich wie erwartet, daß Differenzierungs- und Konzentrationsstrategien bei den untersuchten Unternehmen im Vordergrund stehen und daß vor allem klassische Fachgeschäfte vertreten sind. Folglich kann eine einfache Einteilung der Stichprobe nach den klassischen Betriebstypen keine sinnvollen Ergebnisse hervorbringen. Dies bestätigt die Bedeutung des Konzeptes der Strategischen Gruppen für die vorliegende Untersuchung.

Strategische Gruppen können anhand einer Vielzahl von Merkmalen gebildet werden. Nach einem eindimensionalen Merkmal wie Filialzahl lassen sich z.B. Solitäre, Kleinfilialisten oder Großfilialsysteme unterscheiden. Die isolierte Betrachtung der Sortimentsbreite führt zu der Einteilung in Spezial-, Teil- und Vollsortimenter. Mögliche Einteilungen des mittelständischen Einzelhandels nach nur einem Merkmal werden in der folgenden Übersicht dargestellt (vgl. Übersicht N-3). Die Übersicht ist zeilenweise zu lesen, die Abgrenzungen sind unabhängig voneinander und stellen lediglich Anregungen dar.

Übersicht N-3: Mögliche Strategische Gruppen im mittelständischen Einzelhandel

Merkmal	*Gruppe 1*	*Gruppe 2*	*Gruppe 3*	*Gruppe 4*
Unternehmenskultur	Kunden- und Mitarbeiterorientiert	Ergebnis- und Leistungsorientiert	Bürokratie- und Systemorientiert	
Standortqualität	Schlecht	Mittel	Hoch	
Unternehmensgröße	Klein	Mittel	Groß	
Filialpolitik	Solitär	Kleinfilialist	Mittlerer Filialist	Großfilialist
Kooperationsintensität	Eher unabhängig	Eher kooperativ		
Preislage	Niedrig	Mittel	Hoch	
Sortimentsbreite	Vollsortiment	Teilsortiment	Spezialsortiment	
Sortimentsdynamik	Trading down	Side grading	Trading up	
Serviceniveau	Niedrig	Mittel	Hoch	
Personalintensität	Niedrig	Mittel	Hoch	
Gehaltsniveau	Unterdurchschnittlich	Durchschnittlich	Überdurchschnittlich	
Strategie	Preisführerschaft	Differenzierung	Konzentration	Differenzierung und Konzentration
Betriebstyp	Einbetriebstyp	Mehrbetriebstyp		
Zusammensetzung Führung	Inhabergeführt	Managergeführt	Kombination	

An dieser Stelle soll noch einmal an die zugrundeliegende Hypothese H3 erinnert werden, nach der Strategische Gruppen im mittelständischen Einzelhandel existieren, die sich hinsichtlich bestimmter Merkmale signifikant unterscheiden.

Die Einteilung der Strategie nach nur einem Merkmal kann keine befriedigende Lösung eruieren. Eine Strategie wird immer aus einer Kombination von Merkmalen gebildet. Ein statistisches Verfahren zur Ermittlung von sich ähnelnden Gruppen mit Hilfe mehrerer Variablen ist die Clusteranalyse. Die Clusteranalyse hat die Bildung voneinander unabhängiger Objektgruppen zum Ziel. Kriterium zur Einordnung der Objekte in bestimmte Gruppen ist ihre Ähnlichkeit bezüglich bestimmter Merkmalsausprägungen. Innerhalb der Gruppe sollen die Eigenschaften der Objekte möglichst große Ähnlichkeiten aufweisen, die Gruppen untereinander sollen möglichst heterogen sein. Eine für die Clusteranalyse typische Fragestellung ist die Klassifikation von Unternehmen.[825] Die Analyse weist einen Zusammenhang auf zur Mustererkennung. Bei der Mustererkennung wird eine große Menge von Profilen auf eine begrenzte Zahl markanter Muster zurückgeführt, die gemeinsam untersucht werden. Dazu werden mit Hilfe ausgewählter Merkmale und anhand eines bestimmten Algorithmus Cluster gebildet.[826]

Die Clusteranalyse kann in hierarchische und partitionierende Verfahren unterschieden werden.[827] Da die Clusterzahl nicht vorab festzulegen ist, wird hier hierarchisch vorgegangen. Zwei der gebräuchlichsten Methoden sind das Single-Linkage- und das Ward-Verfahren.[828] Das gewählte Ward-Verfahren findet meist sehr gute Partitionen, neigt allerdings dazu, gleich große Cluster zu bilden, was die Findung von Clustern mit kleiner Elementzahl erschwert. Zur Durchführung des Ward-Algorithmus sollten die Variablen unkorreliert sein.[829] Falls die Ausgangsvariablen korreliert sind, bieten sich zwei Möglichkeiten an: der Ausschluß der korrelierenden Variablen oder die explorative Faktorenanalyse zur Vermeidung der Abhängigkeit.[830]

Zur Ermittlung der clusterbildenden Dimensionen mit Hilfe der Faktorenanalyse müssen in einem ersten Schritt die in die Analyse einzubeziehenden Variablen festgelegt werden. Die Auswahl der strategischen Dimensionen ist die Grundlage zur Bestimmung der Strategischen Gruppen. Sie kann aus einer Branchenanalyse abgeleitet werden. *Effen* verwendet als Gruppierungskriterien zur Bildung von Strategischen Gruppen im Bucheinzelhandel z.B. Zielgruppe, Warengruppe und Betriebsgröße.[831] Die Auswahl der Variablen wird in der vorliegenden Studie theoriegeleitet getroffen. Der Großteil der bisherigen empirischen Studien nimmt die Selektion der Gruppierungskriterien nicht auf der Basis theoretischer Ansätze vor, sondern leitet diese aus Plausi-

---

825 Vgl. Zentes, Joachim: Grundbegriffe des Marketing, 4. Aufl., (Schäffer-Poeschel) Stuttgart 1996, S. 60-61.

826 Vgl. Scholz, Christian: Strategische Organisation, (Moderne Industrie) Landsberg a.L. 1997, S. 106.

827 Vgl. Backhaus, Klaus u.a.: Multivariate Analysemethoden, 8. Aufl., (Springer) Berlin u.a. 1996, S. 281.

828 Vgl. Brosius, Gerhard; Brosius, Felix: SPSS. Base System und Professional Statistics, (Thomson) Bonn 1995, S. 869-870.

829 Vgl. Backhaus, Klaus u.a.: Multivariate Analysemethoden, 8. Aufl., (Springer) Berlin u.a. 1996, S. 298.

830 Vgl. Backhaus, Klaus u.a.: Multivariate Analysemethoden, 8. Aufl., (Springer) Berlin u.a. 1996, S. 313.

831 Vgl. Effen, Ingrid: Erfolgsfaktoren strategischer Gruppen, (Pirrot) Saarbrücken 1995, S. 123.

bilitätsüberlegungen oder aus den Ergebnissen vorhergehender empirischer Studien ab.[832] Im Einzelhandel ist davon auszugehen, daß die betriebstypenbildenden Merkmale zur Bildung von Typen gut geeignet sind. Nach Katalog E sind u.a. Sortiment, Preisniveau, Standort und Filialisierung betriebstypenbildende Merkmale.[833] Neuere Studien wählen den Geschäftsfeldansatz zur Ermittlung relevanter Merkmale.[834] Kriterien für Geschäftsfelder sind z.B. der relevante Markt oder die Strategien nach *Porter*.[835] Ein weiterer Ansatzpunkt zur Vorgabe relevanter Merkmale sind die im vorigen Abschnitt ermittelten Erfolgsfaktoren. Aus diesem Grunde werden neben den betriebstypenbildenden Merkmalen Aspekte der Führungspolitik, hier Kundenorientierung und Ergebnis- und Leistungsorientierung sowie der Führungsstil, aufgenommen.

Insgesamt 17 Variablen sind schließlich in die Faktorenanalyse integriert worden. Es ergeben sich sieben Faktoren, die 72,3 % der Varianz erklären (vgl. Tabelle N-1). Sie stimmen teilweise mit den vorab ermittelten Erfolgsfaktoren überein und werden als Dimensionen der Cluster interpretiert.[836]

---

832 Vgl. zu einer Kritik an der bisherigen empirischen Forschung Homburg, Christian; Sütterlin, Stefan: Strategische Gruppen: Ein Survey, in: ZfB, 62. Jg., 1992, Nr. 6, S. 635-662, S. 651.

833 Vgl. Ausschuß für Begriffsdefinitionen aus der Handels- und Absatzwirtschaft (Hrsg.): Katalog E, 4. Ausgabe, Köln 1995, S. 41.

834 Vgl. z.B. Heinemann, Gerrit: Betriebstypenprofilierung und Erlebnishandel, (Gabler) Wiesbaden 1989.

835 Vgl. Effen, Ingrid: Erfolgsfaktoren strategischer Gruppen, (Pirrot) Saarbrücken 1995, S. 115.

836 Die Konstrukte stimmen nicht vollständig überein, z.B. wird beim Konstrukt Größe die Umsatzklasse mit aufgenommen im Gegensatz zum Erfolgsfaktorenteil der Arbeit.

Tabelle N-1: Dimensionen als Clustermerkmale im mittelständischen Einzelhandel

Dimension	*Varianz*	*Eigenwert*	*Variablen*	*Faktorladung*
Kunden- und Serviceorientierung	19,6 %	3,356	Viel Zeit für Kundenprobleme - Geschäftsführung	0,84145
			Viel Zeit für Kundenprobleme - Abteilungsleitung	0,83299
			Serviceniveau	0,71962
Filialstrategie	13,4 %	2,405	Weitere Filialen geplant	0,81195
			Filialen regional	0,73917
			Anzahl Filialen	0,64623
Größe	10,5 %	1,889	Mitarbeiter	0,80672
			Managerführung	0,76907
			Umsatzklasse	0,71373
Kooperativer Führungsstil	8,3 %	1,485	Führungsstil bei strategischen Fragen	0,84946
			Führungsstil bei operativen Fragen	0,81764
Erreichbarkeit	7,8 %	1,411	Gute Erreichbarkeit	0,85424
			Ausreichend Parkplätze	0,80369
Fachgeschäftsstrategie	6,8 %	1,230	Schmales Sortiment	0,76196
			Hohe Preislage	0,64598
Ergebnis- und Leistungsorientierung	5,9 %	1,055	Ergebnis zählt	0,87000
			Überstunden sind normal	0,61880

Bei der Faktorenanalyse wurde der Ausschluß eines Falles bei Vorliegen eines Missing-Wertes vorgegeben. Dadurch ergeben sich statt der 110 in die Untersuchung eingegangenen Datensätze nur 91 Faktorwerte. Dies ist insofern wichtig, da die Auswahl des Clusterverfahrens durch die Fallzahl mitbestimmt wird. Ab einer Fallzahl von etwa 100 sind Clusterverfahren für große Fallzahlen zu verwenden, z.B. die K-Means-Cluster-Analyse, bei der die Clusterzahl vorzugeben ist.[837] Mit Hilfe der Clusteranalyse werden drei Cluster ermittelt. Die Ermittlung der optimalen Clusterzahl erfolgt nach

[837] Vgl. Brosius, Gerhard; Brosius, Felix: SPSS. Base System und Professional Statistics, (Thomson) Bonn 1995, S. 864.

dem Elbow-Verfahren.[838] Dabei wird die Clusterzahl ermittelt, an deren Stelle sich der größte Heterogenitätszuwachs ergibt. Graphisch zeigt sich dieser Punkt in einem Koordinatensystem, das aus der Fehlerquadratsumme und der entsprechenden Clusterzahl gebildet wird, an der Stelle, an der sich ein „Ellbogen" herausbildet (vgl. Übersicht N-4).

Übersicht N-4: Ermittlung der optimalen Clusterzahl mit Hilfe des Elbow-Kriteriums

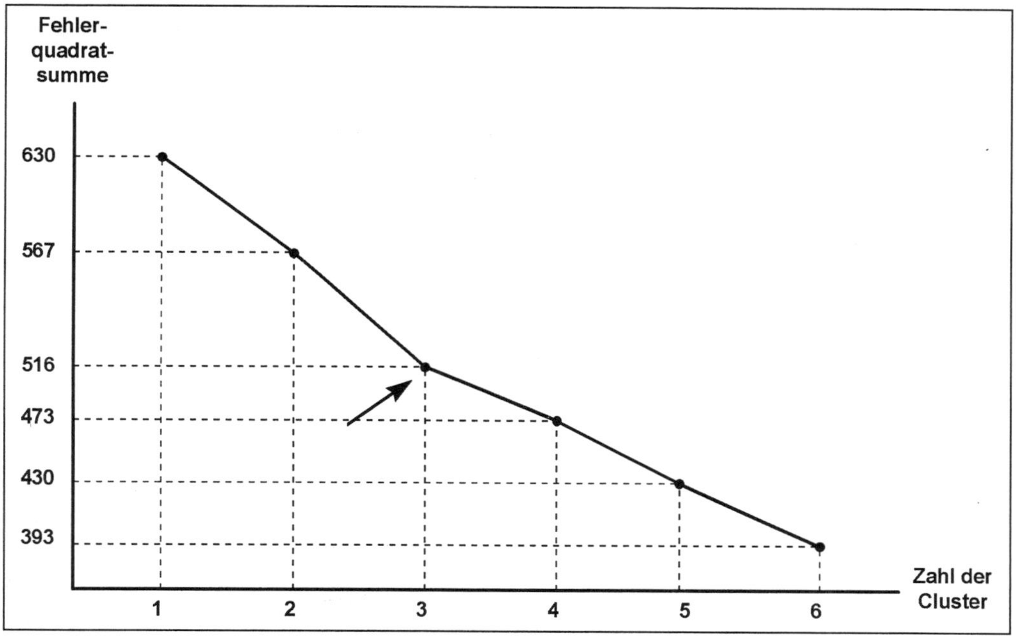

18 Unternehmen bilden das Cluster 1, 49 Unternehmen das Cluster 2 und 24 Unternehmen gehen in Cluster 3 ein. Zur Interpretation der Cluster werden sie im folgenden anhand einiger clusterbildender Merkmale beschrieben.

838 Vgl. Backhaus, Klaus u.a.: Multivariate Analysemethoden, 8. Aufl., (Springer) Berlin u.a. 1996, S. 307.

Der Mustervergleich (vgl. Übersicht N-5) zeigt folgende Charakteristika:

- Cluster 1 ist nur durchschnittlich kunden- und service-, aber überdurchschnittlich ergebnis- und leistungsorientiert. Die Führung ist autoritär. Die Unternehmen des Clusters bieten ein Vollsortiment zu attraktiven Preisen.
- Cluster 2 ist stark kunden- und serviceorientiert. Die Entscheidungen werden überwiegend gemeinsam getroffen, insbesondere bei operativen Fragen. Die Sortimentsbreite ist weder über- noch unterdurchschnittlich ausgeprägt, die Preise sind relativ hoch.
- Cluster 3 ist wenig kundenorientiert. Sowohl bei Ergebnis- und Leistungsorientierung als auch beim kooperativen Führungsstil sind die Ausprägungen widersprüchlich. Die Standortqualität ist hoch, der Betriebstyp ist wenig profiliert.

Übersicht N-5: Mustervergleich der Strategischen Gruppen anhand ausgewählter clusterbildender Merkmale

Dimension	Variable	Cluster 1	Cluster 2	Cluster 3
		trifft nicht zu – trifft voll zu	trifft nicht zu – trifft voll zu	trifft nicht zu – trifft voll zu
Kunden- und Service-orientierung	Viel Zeit für Kundenprobleme - Geschäftsführung	3,56	4,22	3,38
	Viel Zeit für Kundenprobleme - Abteilungsleitung	3,72	4,12	3,13
	Serviceniveau	3,83	4,27	3,63
Ergebnis- und Leistungs-orientierung	Ergebnis zählt	4,44	3,61	4,38
	Überstunden sind normal	4,00	3,29	2,79
Kooperativer Führungsstil	Kooperative Entscheidung - strategisch	2,83	3,61	2,83
	Kooperative Entscheidung - operativ	3,50	4,51	3,75
Erreichbar-keit	Gute Erreichbarkeit	4,44	4,04	4,58
	Ausreichend Parkplätze	3,89	3,80	4,38
Fachge-schäfts-strategie	Zielgruppenorientiertes Sortiment	1,67	2,76	3,00
	Überdurchschnittliche Preise	2,94	3,49	3,42

Die Analyse der Strukturvariablen weist auf folgende Merkmale der Cluster hin:

- Cluster 1 besteht ausschließlich aus Filialisten, die durchschnittlich Umsätze zwischen 25 und 50 Mio. DM realisieren. Die Filialen verteilen sich auf die Region, weitere Filialen sind geplant. Im Durchschnitt werden 200 Mitarbeiter beschäftigt.
- Cluster 2 wird von Unternehmen gebildet mit ca. 5 Mio. DM Umsatz und durchschnittlich einer Betriebsstätte. Die Unternehmen beschäftigen im Schnitt 36 Mitarbeiter.
- Cluster 3 umfaßt mittlere Unternehmen mit Umsätzen knapp über 5 Mio. DM und ca. 45 Mitarbeitern, die ein bis zwei Betriebsstätten unterhalten.

Aus den beschriebenen Merkmalen werden folgende **Strategische Gruppen des mittelständischen Einzelhandels** abgeleitet:

1. Die Kleinen Riesen (Cluster 1)
2. Das kundenorientierte Fachgeschäft (Cluster 2)
3. Die Mediokren (Cluster 3)

Das Cluster 1 wird von überdurchschnittlich großen mittelständischen Einzelhändlern gebildet, die filialisiert sind. Diese Kennzeichen stimmen überein mit der Arbeitsdefinition der Kleinen Riesen im Zweiten Kapitel. Einige Autoren gehen davon aus, daß die Kleinen Riesen erfolgreicher sind als andere Gruppen des mittelständischen Einzelhandels. Diese These wird in Form der Hypothese 4 später geprüft. Zum jetzigen Zeitpunkt besteht kein Zusammenhang zum Erfolg der Strategischen Gruppe, da die Ermittlung der Cluster mit Hilfe von theoriegeleitet ausgewählten Struktur- und Leistungsmerkmalen erfolgte und nicht anhand von Erfolgskennziffern.

Die drei Gruppen lassen sich in einer strategischen Karte abbilden (vgl. Übersicht N-6). Aus Gründen der Übersichtlichkeit wird die Darstellung zweidimensional vorgenommen. Als Kriterien werden dabei die Unternehmensgröße, hier als Umsatzklasse, und der Betriebstyp, als Kombination von Preisniveau und Sortimentsumfang, ausgewählt.

Übersicht N-6: Karte der Strategischen Gruppen im mittelständischen Einzelhandel

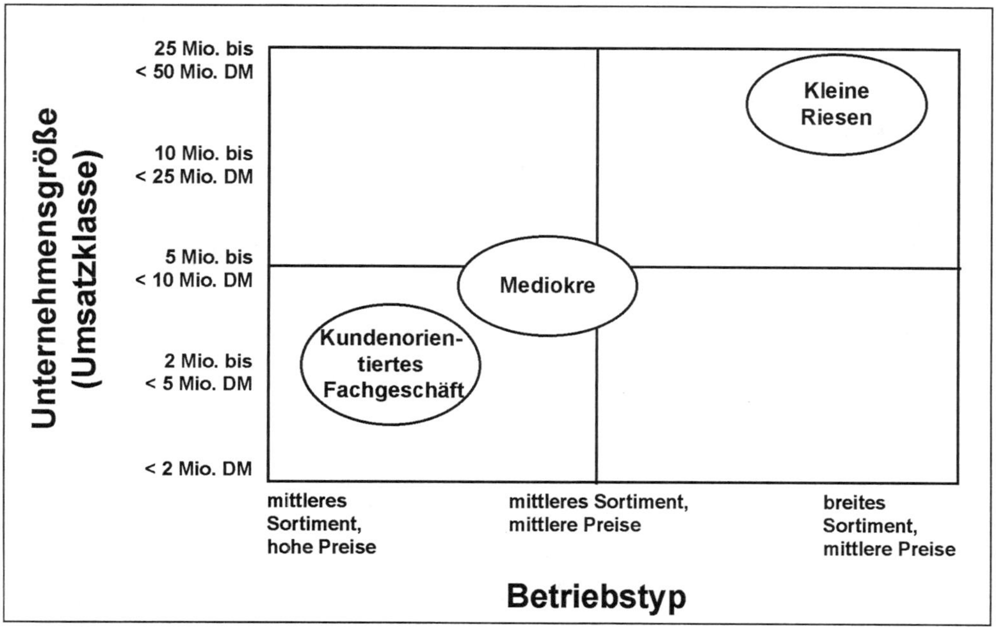

Die forschungsleitende Hypothese H3 enthält in ihrem zweiten Teil die Frage nach der Signifikanz der Clusterunterschiede. Die Fragestellung läßt sich wie folgt verdeutlichen:

1. Unterscheiden sich die Cluster signifikant hinsichtlich der clusterbildenden Dimensionen?
2. Welche Dimensionen sind zur Unterscheidung zwischen den Gruppen geeignet bzw. ungeeignet?

Diese Fragestellungen liegen typischerweise der Diskriminanzanalyse zugrunde, die mit der Regressionsanalyse verwandt ist.[839] Während bei der Regression die abhängige Variable intervallskaliert ist, versucht die Diskriminanzanalyse, die Zugehörigkeit zu

[839] Vgl. Backhaus, Klaus u.a.: Multivariate Analysemethoden, 8. Aufl., (Springer) Berlin u.a. 1996, S. 91.

alternativen Gruppen zu erklären.[840] Daneben kann Aufschluß darüber gewonnen werden, welche Dimensionen die Cluster besonders differenzieren. Die Variablen, die im Rahmen der Analyse stärker als andere die Gruppenunterschiede erklären, können als Profilierungsdimensionen interpretiert werden.[841]

In die Diskriminanzanalyse werden die für die Clusteranalyse verwendeten Faktorwerte als unabhängige Variablen aufgenommen. Das Verfahren ermittelt zwei Diskriminanzfunktionen, die beide hohe Eigenwerte und hohe kanonische Korrelationskoeffizienten aufweisen (vgl. Tabelle N-2). Beide Funktionen tragen hochsignifikant zur Gruppentrennung bei. Dies weist darauf hin, daß die Streuung zwischen den Gruppen sehr groß und innerhalb der Gruppen sehr klein ist. Die erste Funktion liefert mit 64,11 % einen höheren Varianzerklärungsbeitrag als die zweite Funktion mit 35,89 %. Die größere diskriminatorische Bedeutung zeigen auch die Wilk`s Lambda-Werte. Der multivariate Wilk`s Lambda (Multiplikator der univariaten Lambdas) ist mit 0,058 sehr niedrig, was hohe Trennkraft bedeutet. Insgesamt kann die Güte der Gruppentrennung als sehr hoch eingeschätzt werden.[842]

Tabelle N-2: Gütekriterien der Diskriminanzfunktionen

Funktion	*Eigenwerte*	*Varianz in %*	*Kanonische Korrelation*	*Wilk`s Lambda*	*Chi-Square*	*df*	*Signifkanzniveau*
1	2,2969	64,11	0,8347	0,132685	171,681	14	0,0000
2	1,2860	35,89	0,7500	0,437449	70,278	6	0,0000

Das gleiche Ergebnis weist die Tabelle der Zuordnungen (Klassifikationsmatrix) (vgl. Übersicht N-7) aus. Von den zur ersten Gruppe gehörenden Fällen werden 100,0 %

840 Vgl. Brosius, Gerhard; Brosius, Felix: SPSS. Base System und Professional Statistics, (Thomson) Bonn 1995, S. 771.

841 Vgl. Wöllenstein, Stephan: Betriebstypenprofilierung in vertraglichen Vertriebssystemen, (Peter Lang) Frankfurt a.M. u.a. 1996, S. 160.

842 Zu den Gütekriterien der Diskriminanzanalyse vgl. Brosius, Gerhard; Brosius, Felix: SPSS. Base System und Professional Statistics, (Thomson) Bonn 1995, S. 778-780.

richtig zugeordnet, bei der Gruppe 2 sind es 89,8 %, bei der Gruppe 3 100,0 %. Insgesamt werden 94,5 % der Fälle richtig zugeordnet.[843]

Übersicht N-7: Diskriminanzanalytisch ermittelte Klassifikationsmatrix zur Überprüfung der Strategischen Gruppen anhand der clusterbildenden Dimensionen

	Durch Diskriminanzfunktion geschätzte Gruppenzugehörigkeit Kleine Riesen	Durch Diskriminanzfunktion geschätzte Gruppenzugehörigkeit Kundenorientiertes Fachgeschäft	Durch Diskriminanzfunktion geschätzte Gruppenzugehörigkeit Die Mediokren
Durch Clusteranalyse vorgegebene Gruppenzugehörigkeit Kleine Riesen	100,0 %		
Durch Clusteranalyse vorgegebene Gruppenzugehörigkeit Kundenorientiertes Fachgeschäft		89,8 %	10,2 %
Durch Clusteranalyse vorgegebene Gruppenzugehörigkeit Die Mediokren			100,0 %

Neben der Güte der Trennung ist der Erklärungswert der clusterbildenden Merkmale für die Gruppentrennung zu prüfen. Eine Möglichkeit ist, die Korrelation zwischen den unabhängigen Variablen und den Diskriminanzfunktionen zu testen. Eine hohe Korrelation ist nur aussagekräftig, wenn keine Korrelationen zwischen den Variablen vorlie-

843 Die Trefferwahrscheinlichkeit erhöht sich, wenn sie auf der Basis der gleichen Stichprobe berechnet wird, die auch für die Schätzung der Diskriminanzfunktion verwendet wurde; vgl. Backhaus, Klaus u.a.: Multivariate Analysemethoden, 8. Aufl., (Springer) Berlin u.a. 1996, S. 116.

gen.[844] Da die Clustermerkmale als unabhängige Faktorwerte eingehen, ist dieser Fall hier gegeben. Eine weitere Möglichkeit, die Diskriminierung durch die Merkmale zu messen, ist der Vergleich der Mittelwerte auf Signifikanz. Während eine solche Fragestellung bei zwei Gruppen mit dem t-Test geprüft werden kann, muß bei mehr als zwei Gruppen die Varianzanalyse angewendet werden.[845] Da metrische Variablen immer in nominale Variablen transformiert werden können, ist die Varianzanalyse bei allen Fragestellungen der Regressionsanalyse möglich.[846]

Der Unabhängigkeit als Vorteil der faktoranalytisch ermittelten Dimensionen steht als Nachteil gegenüber, daß sie nicht einfach zu interpretieren sind. Die Strukturmatrix (Matrix der standardisierten Diskriminanzkoeffizienten) weist aus, daß die erste Diskriminanzfunktion vor allem durch die Dimensionen Filialstrategie, Fachgeschäftsstrategie und Größe bestimmt wird. Die zweite Funktion weist hohe Korrelationen auf mit den Konstrukten Kunden- und Serviceorientierung, Erreichbarkeit, Ergebnis- und Leistungsorientierung und kooperativer Führungsstil. Den größten Erklärungsgehalt auf ihre Funktionen haben Filialstrategie und Kunden- und Serviceorientierung (vgl. Tabelle N-3).

---

844 Vgl. Brosius, Gerhard; Brosius, Felix: SPSS. Base System und Professional Statistics, (Thomson) Bonn 1995, S. 782.

845 Vgl. Brosius, Gerhard; Brosius, Felix: SPSS. Base System und Professional Statistics, (Thomson) Bonn 1995, S. 417.

846 Vgl. Hammann, Peter; Erichson, Bernd: Marktforschung. 3. Aufl., (Gustav Fischer) Stuttgart u.a. 1994, S. 256 f.

Tabelle N-3: Standardisierte Diskriminanzkoeffizienten der beiden Diskriminanzfunktionen

Dimension	*Erste Funktion*	*Zweite Funktion*
Kunden- und Serviceorientierung	-0,17539	-0,92034
Filialstrategie	1,07273	-0,16311
Größe	0,49814	0,13214
Kooperativer Führungsstil	-0,36347	-0,40364
Erreichbarkeit	0,0299	0,63130
Fachgeschäftsstrategie	-0,57855	0,37262
Ergebnis- und Leistungsorientierung	0,27911	0,43038

Der Vergleich der Mittelwerte der Dimensionen mit Hilfe der Varianzanalyse (einfaktorielle Anova) zeigt, daß sich die Mittelwerte der Cluster für alle Dimensionen bis auf Größe signifikant unterscheiden (vgl. Tabelle N-4). Die Mittelwerte der Dimensionen sind standardisiert, d.h. sie streuen mit einer Varianz von 1 um den Mittelwert 0. Werte über 0 weisen überdurchschnittliche Ausprägung, Werte unter 0 unterdurchschnittliche Ausprägung auf.

Tabelle N-4: Mittelwerte der clusterbildenden Dimensionen nach Clusterzugehörigkeit

Dimension	*Cluster*	*Mittelwert*	*F-Wert*	*Signifikanz des F-Wertes*
Kunden- und Serviceorientierung	1	-0,12244	20,0245	0,0000
	2	0,46217		
	3	-0,85177		
Filialstrategie	1	1,43294	47,0617	0,0000
	2	-0,29902		
	3	-0,46422		
Größe	1	0,46327	2,8273	0,0646
	2	-0,17864		
	3	0,01727		
Kooperativer Führungsstil	1	-0,31972	3,4854	0,0349
	2	0,24893		
	3	-0,26844		
Erreichbarkeit	1	-0,02292	5,4573	0,0058
	2	-0,25233		
	3	0,53236		
Fachgeschäftsstrategie	1	-0,59201	5,9478	0,0038
	2	0,00762		
	3	0,42846		
Ergebnis- und Leistungsorientierung	1	0,23652	3,1325	0,0485
	2	-0,23640		
	3	0,30525		

Die Hypothese H3, die davon ausgeht, daß sich Strategische Gruppen für den mittelständischen Einzelhandel ableiten lassen, die sich hinsichtlich ausgewählter Merkmale signifikant unterscheiden, wird vorläufig angenommen.

III. Strategische Gruppen und Unternehmenserfolg

Nachdem die Strategischen Gruppen des mittelständischen Einzelhandels identifiziert sind, rückt die Frage der Erfolgswirksamkeit der Gruppenzugehörigkeit in den Vordergrund (Hypothese H4).

Der Hypothese liegt die grundlegende Auffassung von *Porter* zugrunde, nach der die von den Unternehmen gewählten Wettbewerbsstrategien den Erfolg maßgeblich beeinflussen.[847] Das Konzept der Strategischen Gruppen hat sich als geeignet erwiesen zur Erklärung von Profitabilitätsunterschieden zwischen einzelnen Wettbewerbern.[848] Obwohl das Cluster 1 als Kleine Riesen bezeichnet wird, wird in der vorliegenden Untersuchung nicht ex ante von einem größeren Erfolg dieser Gruppe ausgegangen. Dies beruht auf der unabhängig von Erfolgsgrößen vorgenommenen Clusterung. Aufgrund der Ausführungen im Zweiten Kapitel kann allerdings vermutet werden, daß die Kleinen Riesen erfolgreicher sind als die anderen Strategischen Gruppen.

Die aufgezeigte Fragestellung läßt sich mit der im vorigen Abschnitt vorgestellten Varianzanalyse untersuchen. Bei der Varianzanalyse werden die metrisch skalierten abhängigen Variablen, hier die Erfolgsindikatoren, daraufhin untersucht, ob sie sich in Abhängigkeit von nominalskalierten Variablen (Clusterzugehörigkeit) unterscheiden.[849] Die Nullhypothese geht davon aus, daß kein Unterschied zwischen den Gruppen besteht.[850]

Die Ergebnisse der Varianzanalyse weisen einen unterschiedlichen Erfolg der Strategischen Gruppen aus (vgl. Tabelle N-5).[851] Die Kleinen Riesen sind signifikant erfolgreicher als die beiden anderen Gruppen. Die Kundenorientierten Fachgeschäfte liegen mit einem Zielerreichungswert von 0,00972 fast genau im standardisierten Durch-

---

847 Vgl. Bamberger, Ingolf: Theoretische Grundlagen strategischer Entscheidungen, in: WiSt, 10. Jg., 1981, Nr. 3, S. 97-104, S. 102.

848 Vgl. Homburg, Christian; Sütterlin, Stefan: Strategische Gruppen: Ein Survey, in: ZfB, 62. Jg., 1992, Nr. 6, S. 635-662, S. 635.

849 Vgl. Zentes, Joachim: Grundbegriffe des Marketing, 4. Aufl., (Schäffer-Poeschel) Stuttgart 1996, S. 410.

850 Vgl. Brosius, Gerhard; Brosius, Felix: SPSS. Base System und Professional Statistics, (Thomson) Bonn 1995, S. 402.

851 Als Erfolgsindikator, der den Gesamtunternehmenserfolg am besten operationalisiert, wird der Zielerreichungsgrad aus den bereits erwähnten Gründen ausgewählt.

schnitt von 0,0000. Die Mediokren sind unterdurchschnittlich erfolgreich. Damit kann die These von der Erfolgswirksamkeit der Kleinen Riesen bestätigt werden.[852]

Tabelle N-5: Erfolg in Abhängigkeit der Strategischen Gruppe

Erfolgsindikator	Strategische Gruppe	n	Mittelwert	F-Wert	Signifikanz des F-Wertes
Zielerreichung	Kleine Riesen	18	0,55359	3,635	0,030
	Kundenorientiertes Fachgeschäft	49	0,00972		
	Mediokre	24	-0,23220		

Die Hypothese H4, nach der es Strategische Gruppen gibt, die signifikant erfolgreicher sind, wird vorläufig bestätigt.

Die Annahme der Hypothese bestätigt die Anwendbarkeit der Theorie der Strategischen Gruppen im mittelständischen Einzelhandel.

Aufgrund der Erfolgsträchtigkeit der Kleinen Riesen stellt sich die Frage, welche Dimensionen sich bei dieser Gruppe unterscheiden. Die Clustermerkmale, die signifikant zur Gruppentrennung beitragen, können als Profilierungsdimensionen aufgefaßt werden.[853] Um die diskriminatorische Bedeutung der Dimensionen für beide Diskriminanzfunktionen zu erhalten, muß der mittlere Diskriminanzkoeffizient[854] berechnet werden. Dieser Wert ergibt sich durch die standardisierten Koeffizienten, gewichtet mit den Eigenwerten der Funktionen. Die größte diskriminatorische Bedeutung hat die Dimension Filialstrategie, gefolgt von der Fachgeschäftsstrategie und der Kunden- und Serviceorientierung (vgl. Tabelle N-6). Dieses Ergebnis bestätigt die vorgenommene

---

852 Vgl. z.B. Zentes, Joachim: „Hidden Champions - Die Zukunft gehört den kleinen Riesen", in: Express, Händler-Zeitschrift Blaupunkt, Ausgabe „Markt", 1997, Nr. 2.

853 Vgl. Wöllenstein, Stephan: Betriebstypenprofilierung in vertraglichen Vertriebssystemen, (Peter Lang) Frankfurt a.M. u.a. 1996, S. 160.

854 Vgl. Backhaus, Klaus u.a.: Multivariate Analysemethoden, 8. Aufl., (Springer) Berlin u.a. 1996, S. 141.

Einteilung der Strategischen Gruppen. Die Kleinen Riesen grenzen sich durch die Filialisierung ab. Die kundenorientierten Fachgeschäfte stellen den klassischen Betriebstyp des mittelständischen Handels dar.

Tabelle N-6: Diskriminatorische Bedeutung der clusterbildenden Dimensionen für die Strategischen Gruppen

Dimension	*Mittlerer Diskriminanz-koeffizient*	*Relative Bedeutung der Dimension*	
		in %	*Rang*
Kunden- und Serviceorientierung	1,5684	14,6	3.
Filialstrategie	2,6737	24,8	1.
Größe	1,3141	12,2	5.
Kooperativer Führungsstil	1,3539	12,6	4.
Erreichbarkeit	0,8601	8,0	7.
Fachgeschäftsstrategie	1,8081	16,8	2.
Ergebnis- und Leistungsorientierung	1,1946	11,1	6.
Summe	10,7729	100,0	

Als **Profilierungsdimensionen der Kleinen Riesen** ergeben sich (geordnet nach den mittleren Diskriminanzkoeffizienten):[855]

1. Ausgeprägte Filialisierungsstrategie
2. Breites Sortiment mit attraktivem Preisniveau
3. Autoritärer Führungsstil
4. Überdurchschnittliche Größe nach Mitarbeitern und Umsatz
5. Überdurchschnittliche Ergebnis- und Leistungsorientierung

Im Sinne des Konzeptes der Strategischen Gruppen entsprechen die Unterschiede in den Dimensionen den Mobilitätsbarrieren.[856] Nach dem Transaktionskostenansatz verhindern die Wechselkosten den leichten Übergang von einer Strategischen Gruppe zur nächsten. Insbesondere die strukturellen Dimensionen Filialisierung und Größe dürften als Mobilitätsbarrieren im mittelständischen Einzelhandel wirken. So ist es für einen kleinen Einzelhändler oft mit hohem Risiko verbunden, die Filialisierung anzustreben. Auf diesen Aspekt wird noch näher eingegangen.

Auffallend ist, daß einige der Dimensionen nicht stärker ausgeprägt sind als bei den anderen Clustern. Der Standort scheint aufgrund der Größe und der lokalen Bedeutung der Kleinen Riesen weniger wichtig zu sein als im Einzelhandel insgesamt. Offensichtlich erzeugen die Kleinen Riesen eine eigene Anziehungskraft. Eine solche Konstellation läßt sich z.B. bei Möbelhäusern beobachten. Das Sortiment der Kleinen Riesen muß aufgrund der für große Mittelständler oft vorhandenen Alleinversorgerfunktion eher breit ausgestaltet werden.

---

[855] Vgl. dazu Tabelle N-4. Darüber hinaus wird auf den bereits diskutierten Mustervergleich zurückgegriffen (vgl. Übersicht N-5).

[856] Vgl. Homburg, Christian; Sütterlin, Stefan: Strategische Gruppen: Ein Survey, in: ZfB, 62. Jg., 1992, Nr. 6, S. 635-662, S. 642.

O. Zum Zusammenhang zwischen erfolgreichen Unternehmen und der Zugehörigkeit zu den Strategischen Gruppen

Im letzten Auswertungsschritt wird untersucht, inwieweit die Zugehörigkeit der Unternehmen zur Gruppe der Erfolgreichen und ihre Zugehörigkeit zur Strategischen Gruppe Kleine Riesen zusammenhängen (Hypothese H5). Die Untersuchung dieser Fragestellung dient der Zusammenführung der bisher getrennt untersuchten Komplexe Erfolgsfaktoren und Strategische Gruppen. Aufgrund der theoretisch angenommenen und empirisch bestätigten Erfolgsrelevanz der Strategischen Gruppen ist von einem Zusammenhang auszugehen.

Der Zusammenhang zweier nominalskalierter Variablen (Zugehörigkeit zur Gruppe der erfolgreichen Unternehmen bzw. zu einem der Cluster) wird üblicherweise mit Hilfe der Kreuztabellierung untersucht. Dabei wird analysiert, inwieweit sich die tatsächlichen von den erwarteten Häufigkeiten in den Feldern der Kreuztabelle unterscheiden. Das entscheidende Maß zur Prüfung, ob eine solche Abweichung signifikant ist, ist die Gesamtabweichung. Ein statistisches Prüfverfahren, das diesen Zweck erfüllt, ist der Chi-Quadrat-Test.[857]

Vergleicht man den Zusammenhang zwischen der Zugehörigkeit zur Strategischen Gruppe Kleine Riesen und der Zugehörigkeit zu den 55 überdurchschnittlich erfolgreichen Unternehmen, ergibt sich ein leichter, aber kein signifikanter Zusammenhang. Die folgende Tabelle (vgl. Tabelle O-1) weist etwas mehr erfolgreiche Unternehmen in der Gruppe der Kleinen Riesen auf, als wahrscheinlichkeitstheoretisch zu erwarten wären. In den Klammern werden die erwarteten Häufigkeiten, die auf der Verteilung der Cluster in der Stichprobe beruhen, angezeigt. Bei den anderen beiden Gruppen ergeben sich noch geringere Abweichungen.

---

[857] Vgl. Brosius, Gerhard; Brosius, Felix: SPSS. Base System und Professional Statistics, (Thomson) Bonn 1995, S. 354.

Tabelle O-1: Kreuztabelle zum Zusammenhang Strategische Gruppe und erfolgreiche Unternehmen

	Strategische Gruppe		
	Kleine Riesen	Kundenorientiertes Fachgeschäft	Mediokre
erfolgreich	12 (9,5)	23 (25,8)	13 (12,7)
nicht erfolgreich	6 (8,5)	26 (23,2)	11 (11,3)

Dieses Ergebnis läßt darauf schließen, daß auch in den anderen Strategischen Gruppen erfolgreiche Unternehmen existieren. Aufgrund des vorab nachgewiesenen größeren Erfolges der Strategischen Gruppe Kleine Riesen ergibt sich die Frage, ob, wenn nicht die überdurchschnittlich erfolgreichen Unternehmen, dann die weit überdurchschnittlich erfolgreichen Unternehmen des mittelständischen Einzelhandels, die Local Heroes, signifikant häufiger in der Gruppe der Kleinen Riesen vertreten sind.

Zur Prüfung dieser Hypothese sind die **Local Heroes** in der vorliegenden Untersuchung abzugrenzen. Im Grundlagenteil werden sie definiert als weit überdurchschnittlich erfolgreiche Unternehmen, die über große lokale Bedeutung, gute Führung und ansprechende Läden verfügen. Die Beurteilung qualitativer Merkmale erfolgt meist mit Hilfe von Expertenurteilen. Als Experten dienen die Geschäftsführer der kooperierenden Einkaufsgemeinschaften. Die persönlich befragten Unternehmen der Stichprobe werden von ihnen als sehr erfolgreich eingestuft. Eine weitere Bestätigung dieser Einschätzung erfolgte durch die Interviews und die anschließende Betriebsbesichtigung des Autors. Für einige der befragten Unternehmen konnte die ursprüngliche Beurteilung nach der persönlichen Inaugenscheinnahme nicht aufrecht erhalten werden. Darüber hinaus wurden einige nicht von den Experten vorgeschlagene Unternehmen interviewt. Als Local Heroes wurden schließlich 20 der 31 persönlich befragten Unternehmen eingeordnet. Zur weiteren Validierung dieser Einteilung werden die Erfolgsindikatoren der Champions mit den Werten einer gleich großen Kontrollgruppe[858] vergli-

[858] Die Kontrollgruppe wurde per Zufallsauswahl aus den schriftlich befragten Unternehmen ausgewählt.

chen. Dabei ergeben sich für alle Erfolgsindikatoren hochsignifikant bessere Werte der Local Heroes (vgl. Tabelle O-2).[859]

Tabelle O-2: Erfolg der Local Heroes im Vergleich zur Kontrollgruppe

Erfolgsindikator	Ausprägung	Mittelwert	n	t-Wert	Signifikanz
Zielerreichung	Local Heroes	0,74218	20	2,678	0,011
	Kontrollgruppe	-0,3002	20		
Umsatzwachstum	Local Heroes	4,05	20	3,829	0,000
	Kontrollgruppe	2,95	19		
Gewinnwachstum	Local Heroes	4,05	20	3,360	0,002
	Kontrollgruppe	2,89	18		
Produktivität	Local Heroes	4,30	20	3,710	0,001
	Kontrollgruppe	3,20	20		

Eine weitere Bestätigung der Abgrenzung ergibt sich durch externe Vergleichsdaten. So betrug das durchschnittliche Umsatzniveau der Local Heroes im Vergleich 1996 zu 1993 113,35 während der Einzelhandel insgesamt zwischen 1995 und 1992 stagnierte (Niveau 100,00).[860] Der durchschnittliche Umsatz je Mitarbeiter betrug in Fachgeschäften im Jahre 1995 263 000 DM.[861] Die Produktivität der untersuchten Local Heroes liegt mit ca. 341 000 DM deutlich darüber.

Der Vergleich der Strukturmerkmale zeigt, daß die Local Heroes wesentlich größer sind als die Unternehmen der Kontrollgruppe. Während die ersteren durchschnittlich neun Filialen betreiben, sind es bei der Vergleichsgruppe nur zwei Filialen. Die Heroes

[859] Die Indikatoren Umsatzwachstum, Gewinnwachstum und Produktivität sind auch deutlich besser als die entsprechenden Erfolgsgrößen der als überdurchschnittlich erfolgreich eingestuften Unternehmen (vgl. Tabelle M-1).

[860] Vgl. BAG (Hrsg.): Vademecum des Einzelhandels 1996, Köln 1996, S. 56.

[861] Vgl. Kaapke, Andreas: Bericht über die Ergebnisse des Betriebsvergleichs der Einzelhandelsfachgeschäfte aus den alten und den neuen Bundesländern im Jahre 1995, in: Müller-Hagedorn, Lothar (Hrsg.): Mitteilungen des Instituts für Handelsforschung an der Universität zu Köln, 48. Jg., 1996, Nr. 11, S. 178.

beschäftigen etwa 200 Mitarbeiter und erzielen durchschnittliche Umsätze zwischen 25 und 50 Mio. DM. Die Vergleichsunternehmen beschäftigen bei Umsätzen zwischen 5 und 10 Mio. DM etwa 36 Mitarbeiter. Diese Strukturdaten deuten bereits auf einen starken Zusammenhang zwischen Local Heroes und Kleinen Riesen hin. Diese Vermutung wird durch die Kreuztabelle bestätigt.

13 der 20 Heroes gehören zur Strategischen Gruppe Kleine Riesen (vgl. Übersicht O-1 und Tabelle O-3). Nur ein Unternehmen der Kontrollgruppe wird dieser Gruppe zugeordnet. Damit weicht die tatsächliche Zuordung hochsignifikant von der zu erwartenden Zuordnung ab.[862] Die **Local Heroes sind signifikant häufiger in der Gruppe der Kleinen Riesen vertreten** als die restlichen Unternehmen.

Übersicht O-1: Verteilung der Local Heroes in den Strategischen Gruppen

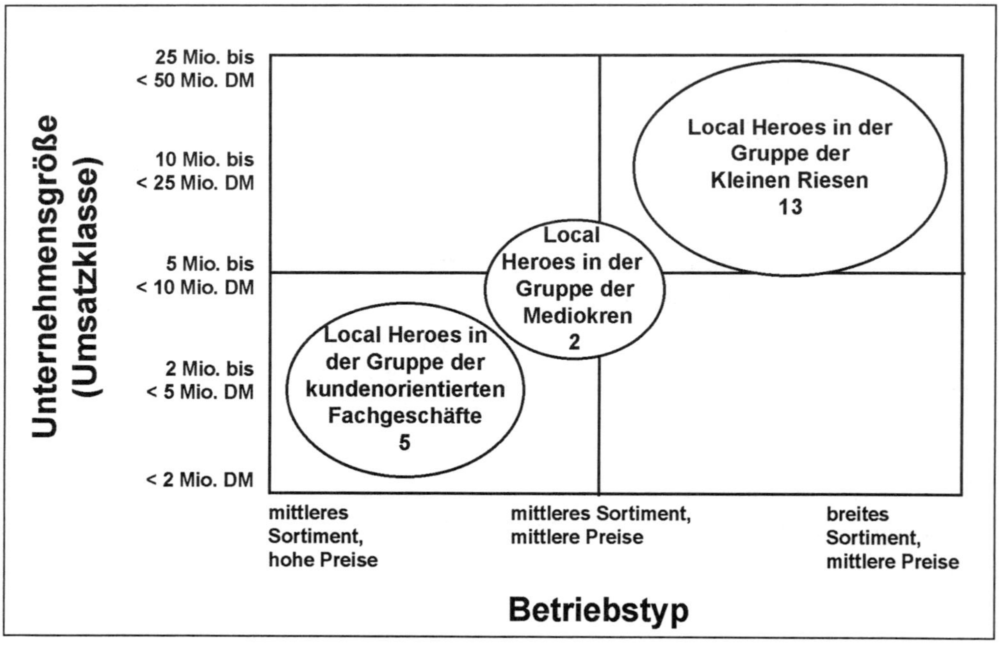

---

862 Der Chi-Quadrat-Test ergibt sowohl für den Pearson`schen Test als auch für den Likelihood-Test ein Signifikanzniveau von 0,000. Auch die Werte für Phi und Cramer`s V weisen auf einen starken Zusammenhang hin; vgl. zu den Gütemaßen des Chi-Quadrat-Tests Brosius, Gerhard; Brosius, Felix: SPSS. Base System und Professional Statistics, (Thomson) Bonn 1995, S. 355, S. 363.

Tabelle O-3: Kreuztabelle zum Zusammenhang Strategische Gruppe und Local Heroes

	Strategische Gruppe		
	Kleine Riesen	Kundenorientiertes Fachgeschäft	Mediokre
Local Heroes	13 (7,0)	5 (9,5)	2 (3,5)
Kontrollgruppe	1 (7,0)	14 (9,5)	5 (3,5)

Die Hypothese H5, nach der sehr erfolgreiche Unternehmen eher in einer erfolgreichen Strategischen Gruppe zu finden sind, kann vorläufig angenommen werden.

Auffallend ist, daß relativ viele Champions der Gruppe der kundenorientierten Fachgeschäfte zugeordnet sind, während in der Strategischen Gruppe der Mediokren die wenigsten erfolgreichen Unternehmen zu finden sind. Aus diesem Zusammenhang läßt sich schließen, daß Erfolg mit kleiner Größe eher zu erzielen ist als im mittleren Stadium. Dabei ist zu berücksichtigen, daß in der Stichprobe generell weniger mittlere als kleine Unternehmen zu finden sind. Die Nichtexistenz einer großen Zahl von mittleren Unternehmen spricht dafür, daß eine solche Unternehmensgröße in den meisten Fällen eine Übergangsphase vom klassischen Fachgeschäft zum kleinen Handelssystem darstellt. Ein dauerhafter Erfolg scheint entweder durch Größe oder durch bewußte Beschränkung auf die Befriedigung der Bedürfnisse einer kleinen Kundschaft möglich.

Aus den genannten Gründen scheint es schlüssig, daß einige der erfolgreichen kleinen Unternehmen versuchen, zu expandieren. Dabei geraten sie in die Strategische Gruppe der Mediokren, in der es nur wenige schaffen, erfolgreich zu bleiben. Diejenigen, die diese kritische Phase überstehen, gelangen in die Gruppe der Kleinen Riesen und werden dort mit hoher Wahrscheinlichkeit zu Local Heroes. Diese Auffassung entspricht weitgehend der Theorie der kritischen Wachstumsschwellen. Auf die sich aus dieser Sichtweise ableitenden Implikationen für den mittelständischen Einzelhandel wird im Sechsten Kapitel detailliert eingegangen.

Für die Interpretation mit Wachstumsschwellen sprechen mehrere Gründe:

- Nach der Transaktionskostentheorie sind beim Übergang von einer Strategischen Gruppe zur nächsten Wechselkosten aufzubringen,[863] dies ist beim Aufbau eines Filialsystems unmittelbar einsichtig.
- Nach der Theorie der Wachstumsschwellen sind kritische Größen während des Wachstums zu überwinden. In der Wachstumsphase verschlechtert sich die Rentabilität aufgrund nötiger Investitionen.[864]
- Die Local Heroes müssen einmal klein angefangen haben und in diesem Stadium erfolgreich gewesen sein, um die Mittel und den Mut zur Expansion aufbringen zu können.[865]

Die vorgestellten Ergebnisse bestätigen die Relevanz der Theorie der Wachstumsschwellen im mittelständischen Einzelhandel.

863 Vgl. zu den Mobilitätsbarrieren Porter, Michael E.: Wettbewerbsstrategie, 7. Aufl., (Campus) Frankfurt a.M. 1992, S. 180 f.

864 Vgl. Albach, Horst; Bock, Kurt; Warnke, Thomas: Kritische Wachstumsschwellen in der Unternehmensentwicklung, (Poeschel) Stuttgart 1985.

865 Der Geschäftsführer der Wöhrl-Gruppe, Gerhard Wöhrl, meint dazu: „Größe allein ist noch kein Erfolgsfaktor, sonst würde es nicht so viele erfolgreiche kleine Einzelhändler geben"; vgl. Müller, Jürgen: 36 Häuser sind erst mal genug, in: TW, 51. Jg., 1997, Nr. 33, S. 28-29, S. 29.

P. Ergebnisse der Hypothesentests

Zum Ende des Auswertungsteils werden die Hypothesen und ihre vorläufigen Bestätigungen oder Ablehnungen als Übersicht dargestellt. Die forschungsleitenden Hypothesen H1 bis H5 können bestätigt werden. Die spezifischen Hypothesen H1.1 bis H1.11 werden teilweise angenommen (vgl. Übersicht P-1).

Übersicht P-1: Ergebnisse der Hypothesentests

Hypothese Nr.	Kurzfassung Hypothese	Vorgehen Hypothesentest	Vorläufige Bestätigung ja/nein/ teilweise
H1	Es gibt Erfolgsfaktoren	Restringierte Faktorenanalyse mit anschließender Regressionsanalyse	ja
H1.1	Einfluß der Unternehmenskultur auf den Erfolg	wie H1	teilweise
H1.2	Einfluß Erreichbarkeit und Agglomeration auf den Erfolg	wie H1	ja
H1.3	Einfluß Filialstrategie und Unternehmensgröße auf den Erfolg	wie H1	nein
H1.4	Einfluß Kooperation und Strategische Allianz auf den Erfolg	wie H1	nein
H1.5	Einfluß Beziehungspromotor auf den Erfolg	wie H1	ja
H1.6	Einfluß Sortimentsdynamik und Fachgeschäftsstrategie auf den Erfolg	wie H1	teilweise
H1.7	Einfluß Serviceniveau auf den Erfolg	wie H1	nein
H1.8	Einfluß leistungsabhängiger Vergütung und Veränderung im Laden auf den Erfolg	wie H1	nein

Hypothese Nr.	Kurzfassung Hypothese	Vorgehen Hypothesentest	Vorläufige Bestätigung ja/nein/ teilweise
H1.9	Einfluß Weiterbildung, Gehaltsniveau und Personalkosten auf den Erfolg	wie H1	teilweise
H1.10	Einfluß Erfahrung und Stil der Führung auf den Erfolg	wie H1	teilweise
H1.11	Einfluß Wettbewerbssituation auf den Erfolg	wie H1	ja
H2	Je erfolgreicher, desto ausgeprägter die Erfolgsfaktoren	t-Test	teilweise
H3	Es gibt Strategische Gruppen	Cluster- Diskriminanz- und Varianzanalyse	ja
H4	Die Strategischen Gruppen weisen signifikante Erfolgsunterschiede auf	Varianzanalyse	ja
H5	Je erfolgreicher, desto eher in erfolgreicher Strategischer Gruppe	Chi-Quadrat-Test	ja

Im Abschlußkapitel werden die Ergebnisse der empirischen Untersuchung auf ihre Bedeutung für Forschung und Praxis untersucht. Vorab wird auf die Güte der Daten eingegangen.

Q. Güte der Messung

Im Rahmen empirischer Untersuchungen ist die Frage nach der Reliabilität und Validität der Daten ein wichtiges Kriterium für die Güte von Messung und Operationalisierung.[866] Eine Messung ist valide, wenn sie den gemeinten Sachverhalt wiedergibt. Eine Messung ist reliabel, wenn keine Zufallsergebnisse gewonnen werden, sondern konsistente Ergebnisse, die bei mehreren Messungen immer wieder bestätigt werden.[867]

Die wichtigsten Teilbereiche der Validität sind Inhaltsvalidität und Konstruktvalidität.[868] Bei der Inhaltsvalidität geht es darum, inwieweit die Meßinstrumente inhaltlich geeignet sind. Die Konstruktvalidität bezeichnet das Ausmaß der Beziehungen zwischen einem theoretischen Konstrukt und dem Konzept seiner empirischen Messung. Verfahren zur Prüfung der Validität sind z.B. die Validierung anhand eines externen Kriteriums oder die Heranziehung theoretischer Hypothesen zur Erklärung der Ergebnisse.[869]

Die Validität der abhängigen Variablen ist aufgrund der Orientierung an betriebswirtschaftlichen Erfolgsgrößen als hoch einzuschätzen. Die Angabe von Wachstumsraten über einen Zeitraum von drei Jahren erscheint als valider Indikator. Dieser Eindruck wird bestätigt durch die hohe Korrelation zwischen den relativen und den absoluten Erfolgsindikatoren. Weiter zeigt der Vergleich der Erfolgsindikatoren der Local Heroes mit externen Daten einen weit überdurchschnittlichen Erfolg. Die Validität der unabhängigen Variablen ist gegeben, wenn die ermittelten generellen Erfolgsfaktoren auch branchenspezifisch Gültigkeit besitzen. Dies ist weitgehend gegeben.[870] Weitere

---

[866] Vgl. Hammann, Peter; Erichson, Bernd: Marktforschung, 3. Aufl., (Gustav Fischer) Stuttgart u.a. 1994, S. 75; vgl. Homburg, Christian; Giering, Annette: Konzeptualisierung und Operationalisierung komplexer Konstrukte, Ein Leitfaden für die Marketingforschung, in: Marketing ZFP, 18. Jg., 1995, Nr. 1, S. 5-24, S. 5.

[867] Vgl. Kroeber-Riel, Werner; Weinberg, Peter: Konsumentenverhalten, 6. Aufl., (Vahlen) München 1996, S. 32.

[868] Vgl. Hüttner, Manfred: Grundzüge der Marktforschung, 4. Aufl., (de Gruyter) Berlin u.a. 1989, S. 14-15.

[869] Vgl. Zentes, Joachim: Grundbegriffe des Marketing, 4. Aufl., (Schäffer-Poeschel) Stuttgart 1996, S. 408.

[870] Dazu wurden die Merkmale der erfolgreichen und der nicht erfolgreichen Unternehmen für jede Branche per t-Test verglichen. Die signifikanten Unterschiede, die ermittelt wurden, entsprechen weitgehend den branchenübergreifend ermittelten Konstrukten.

Gründe, die für die Güte der Messung sprechen, sind die Operationalisierung der Konstrukte mit Hilfe theoretischer Grundlagen und einer Analyse früherer und als valide erachteter Studien, die vergleichbaren Ergebnisse und die vorab durchgeführten Expertengespräche.[871]

Die Reliabilität einer Messung liegt vor, wenn sich die Ergebnisse bei Wiederholung der Messung bestätigen. Ein Maß für die Reliabilität ist die Höhe der Korrelation zwischen verschiedenen Items zur Messung.[872] In der vorliegenden Untersuchung wird vorwiegend mit Konstrukten gearbeitet, die mehrere korrelierende Variablen zusammenfassen. Die mehrdimensionalen Konstrukte und die Verknüpfung durch Faktorenanalyse tragen damit an sich zur Reliabilität bei.[873] Streng genommen müßte mit den „wahren“ Indikatoren korreliert werden. Diese sind in der Sozialforschung meist nicht bekannt.[874] Weitere Argumente für die Reliabilität der Daten sind der fehlende Interviewereinfluß und die Homogenität der Stichprobe. Die Aufteilung der Stichprobe in vier Branchen wirft die Frage nach der Homogenität der Untersuchungsobjekte auf. Strukturelle Unterschiede hinsichtlich verschiedener Merkmale könnten dabei die Ergebnisse der Auswertung beeinflussen.[875] Eine solche Inhomogenität ist in der vorliegenden Untersuchung nicht zu erwarten, da die Items bewußt branchenübergreifend angelegt wurden und bei zu erwartenden Brancheneinflüssen die Fragen relativ, z.B. zu vergleichbaren Unternehmen, gestellt wurden. Dennoch wurde ein in solchen Fällen üblicher Mittelwertvergleich durchgeführt, der die Homogenität der Stichprobe weitgehend bestätigte.[876] Die Reliabilität der Clusterlösung wurde an einer Teilstichprobe

---

871 Ein Anspruch auf vollständige externe Validität kann nicht erhoben werden, da dies durch eine einzelne Untersuchung auf Stichprobenbasis nicht geleistet werden kann; vgl. Swoboda, Bernhard: Interaktive Medien am Point of Sale, (DUV) Wiesbaden 1996, S. 350.

872 Vgl. Zentes, Joachim: Grundbegriffe des Marketing, 4. Aufl., (Schäffer-Poeschel) Stuttgart 1996, S. 356.

873 Die Faktorenanalyse birgt hohes Potential zur Bildung valider Indikatoren; vgl. Kubicek, Herbert: Organisationsforschung, (Poeschel) Stuttgart 1975, S. 108.

874 Vgl. Hammann, Peter; Erichson, Bernd: Marktforschung, 3. Aufl., (Gustav Fischer) Stuttgart 1994, S. 76.

875 Die Homogenität ist z.B. Voraussetzung für die Faktorenanalyse; vgl. Backhaus, Klaus u.a.: Multivariate Analysemethoden, 8. Aufl., (Springer) Berlin u.a. 1996, S. 198.

876 Bei mehr als zwei Gruppen wird die einfaktorielle Anova verwendet. Als unabhängige Variablen wurden insgesamt 17 Variablen, sowohl Struktur- als auch Marketingvariablen, auf Abweichungen getestet. Es ergeben sich signifikante Unterschiede hinsichtlich Filialzahl und Größenmerkmalen. Ein paarweiser t-Test zeigt, daß die Unterschiede lediglich zwischen einzelnen Gruppen bestehen; vgl. zum t-Test Brosius, Gerhard; Brosius, Felix: SPSS. Base System und Professional Statistics, Thomson) Bonn 1995, S. 401 f.; vgl. Bühl, Achim; Zöfel, Peter: SPSS für Windows Version 6, (Addison-Wesley) Bonn u.a. 1994, S. 210 f.

getestet. Dabei wurde eine vergleichbare Clusterlösung ermittelt.[877] Aufgrund der Nicht-Repräsentativität der Stichprobe[878] und nicht kontrollierbarer situativer Einflußgrößen, insbesondere bei der schriftlichen Befragung, ist die Reliabilität nicht abschließend zu beurteilen. Methodische Überprüfungen der Reliabilität, z.B. Wiederholungsreliabilität oder Paralleltestreliabilität, waren aus forschungsökonomischen Gründen nicht möglich.

Die Güte der Messung kann aufgrund der vorliegenden Diskussion insgesamt als zufriedenstellend bezeichnet werden.[879]

---

877 In einer Stichprobe von 45 Unternehmen (50 % von 91 den Clustern zugeordneten Fällen) ergeben sich ebenfalls drei Gruppen, von denen die Gruppe mit den größeren Unternehmen signifikant erfolgreicher ist.

878 Die externe Validität sinkt mit abnehmender Repräsentativität; vgl. Bortz, Jürgen: Statistik für Sozialwissenschaftler, 4. Aufl., (Springer) Berlin u.a. 1993, S. 8.

879 Nach Kieser/Kubicek können aus empirischen Untersuchungen trotz bestehender Mängel zumindest Tendenzen oder Gestaltungshilfen abgeleitet werden; vgl. Kieser, Alfred; Kubicek, Herbert: Organisation, 3. Aufl., (de Gruyter) Berlin u.a. 1992, S. 390.

Sechstes Kapitel: Implikationen der Untersuchung

R. Implikationen für die Praxis

Erfolgsfaktoren

Als generelle Erfolgsfaktoren werden Führung, Standort und Sortiment, Personal und Wettbewerbsposition ermittelt. Aus den Ergebnissen werden folgende Implikationen für den mittelständischen Einzelhandel und seine Führung abgeleitet:

1. Die Führung des Unternehmens sollte sowohl Kunden- als auch Mitarbeiterorientiert sein. „Die Qualität des Managements beinhaltet das Ausmaß an Fähigkeiten einer Führungskraft, einen Organismus so anzuleiten und zu steuern, daß sowohl die Ziele des Unternehmens als auch die der Mitarbeiter weitestgehend erreicht werden.“[880]
2. Die Entscheidungsfindung kann kooperativ erfolgen. Eine einmal gefällte Entscheidung sollte aber autoritär vertreten werden.
3. Die Beziehungen zu externen Partnern sind zu pflegen.
4. Neben den modischen Begriffen Kundenorientierung oder Lean Management dürfen die klassischen Instrumente des Handels nicht vergessen werden. Sortiment und Standort bleiben die Grundlagen des Handelsgeschäfts.
5. Die Personalqualität muß durch leistungsgerechte Bezahlung und ständige Weiterbildung gesichert werden.

880 Meffert, Heribert; Patt, Paul-Josef: Erfolgsfaktoren im Einzelhandelsmarketing, in: Schöttle, Klaus (Hrsg.): Jahrbuch Marketing, 4. Aufl., (Vulkan) Essen 1987, S. 40-61, S. 58.

6. Die Unternehmensleitung sollte sich an der Konkurrenz ausgerichtete Ziele setzen. Das Streben, die Nummer 1 zu werden, treibt die Mehrzahl der Hidden Champions zu ihren Leistungen.[881] Die Ziele sollten hoch, aber nicht zu hoch gesetzt werden, um das Erreichen nicht gänzlich unmöglich werden zu lassen.

Generelle Erfolgsfaktoren ja, generelles Set von Erfolgsfaktoren nein

Wenn auch für den mittelständischen Einzelhandel generell gültige Erfolgsfaktoren ermittelt wurden, muß jedem Unternehmen gegenwärtig sein, daß es keine in allen Fällen und für alle Unternehmen gültige Erfolgsfaktoren geben kann. Selbst ein grundlegender Erfolgsfaktor wie die Sortimentspolitik stellt nur eine notwendige, aber keine hinreichende Bedingung für den Erfolg dar. Das Set der relevanten Erfolgsfaktoren wird immer durch die Situation determiniert.[882] Einen Ansatzpunkt für Handlungsbedarf kann eine Stärken-Schwächen-Analyse darstellen.

Kundenorientierung als zentrales Konstrukt

Die Kundenorientierung wird in vielen qualitativen Ansätzen als zentraler Erfolgsfaktor angesehen. Schwierig ist die Operationalisierung des Konstrukts, da die Kundenorientierung mit einer Vielzahl von Instrumenten verbessert werden kann.[883] In der vorliegenden Untersuchung ergeben sich mehrere Anhaltspunkte für die Erfolgsrelevanz:

- Im Rahmen der Unternehmenskultur wird die Kunden- und Mitarbeiterorientierung als Erfolgsfaktor ermittelt. Der Erfolgsfaktor Wettbewerbsposition 1 wird als Kundennähe umschrieben.
- Die Mitarbeiterqualität, insbesondere die Weiterbildung, ist ein weiterer Baustein durch den die Kundenorientierung verbessert werden kann.

---

881 Vgl. Simon, Hermann: Die heimlichen Gewinner (Hidden Champions). Die Erfolgsstrategien unbekannter Weltmarktführer, (Campus) Frankfurt a.M. u.a. 1996, S. 28; vgl. Simon, Hermann: Die heimlichen Gewinner, in: gdi impuls, 14. Jg., 1996, Nr. 3, S. 26-37, S. 28; vgl. Simon, Hermann: Der Erfolg der Champions, in: Absatzwirtschaft, 40. Jg., 1996, Nr. 4, S. 107-118, S. 108.

882 Sineath kommt zu dem Ergebnis, daß es zwar branchenübergreifende Erfolgsfaktoren gibt, aber kein branchenübergreifendes Set von Erfolgsfaktoren. Damit wird die Kontingenztheorie bestätigt; vgl. Sineath, Palmer W.: An Empirical Investigation into the Relationship between Strategic Management and the Retail Sector, Diss., Wilmington 1975, S. 103.

883 Vgl. Simon, Hermann; Homburg, Christian (Hrsg.): Kundenzufriedenheit als strategischer Erfolgsfaktor, 2. Aufl., (Gabler) Wiesbaden 1997; vgl. Lingenfelder, Michael; Schneider, Willi: Kundenzufriedenheit: Bedeutung, Meßkonzept und empirische Befunde, in: Marketing ZFP, 18. Jg., 1991, Nr. 2, S. 109-119.

- Die Sortimentsdynamik kann als Anpassungsfähigkeit und -willigkeit an Kundenbedürfnisse interpretiert werden.
- Schließlich wurde eine positive Beziehung zwischen der Intensität der Nutzung von Kundeninformationen und dem Erfolg festgestellt.

Die Kundenorientierung stellt ein zentrales Konstrukt in der Unternehmenspolitik erfolgreicher mittelständischer Einzelhandelsunternehmen dar. Alle Möglichkeiten zur Erhöhung der Kundenorientierung sind auszuschöpfen. „Kundenorientierung ist eine Haltung, die im kundengerichteten Verhalten und Handeln der Mitarbeiter und des ganzen Unternehmens zum Ausdruck kommt.“[884] Die daraus resultierende Kundenzufriedenheit stellt einen echten Erfolgsfaktor dar.[885]

---

[884] Trommsdorff, Volker: Kundenorientierung verhaltenswissenschaftlich gesehen, in: Bruhn, Manfred; Steffenhagen, Hartwig (Hrsg.): Marktorientierte Unternehmensführung, (Gabler) Wiesbaden 1997, S. 275-293, S. 280. In diesem Beitrag fordert Trommsdorff eine stärkere theoretische Durchleuchtung der Kundenorientierung. Dem ist aufgrund der vorliegenden Ergebnisse uneingeschränkt beizupflichten. Damit ist eine Implikation an die Forschung verbunden, auf die hier nicht weiter eingegangen wird.

[885] Vgl. Zentes, Joachim; Opgenhoff, Ludger: Kundenzufriedenheit als Erfolgsfaktor im Handel, in: GDI Handelstrendletter I/95, (gdi) Rüschlikon 1995, S. 1-47.

Kleine Riesen als erfolgreichste Strategische Gruppe

Die Strategische Gruppe Kleine Riesen erweist sich als die erfolgreichste der drei Gruppen. Die Kleinen Riesen sind geprägt durch Filialisierung, relativ breites Sortiment, autoritären Führungsstil, überdurchschnittliche Größe und ausgeprägte Ergebnis- und Leistungsorientierung. Einige der Dimensionen hängen eng zusammen. So ist das vergleichsweise breite Sortiment als Indikator eines Vollversorgers anzusehen. Eine solche Funktion kann nur durch eine gewisse Mindestgröße erfüllt werden.

Die deutlich besseren Erfolge der Kleinen Riesen führen zur Wachstums- und Filialisierungsempfehlung. Wachstumsstrategien des Handels sind neben der Filialisierung die Marktdurchdringung und die Betriebstypeninnovation.[886] Neben den offensichtlich vorhandenen Chancen des Wachstums existieren aber auch Risiken, wie die geringe Erfolgsträchtigkeit der Strategischen Gruppe der Mediokren zeigt. Die Dimensionen Filialisierung und Größe stellen Mobilitätsbarrieren dar, die den Wechsel in die Strategische Gruppe Kleine Riesen erschweren.

Einige der befragten Händler sind „froh, bei der jetzigen konjunkturellen Lage nicht größer zu sein.“ Selbst die expansionswilligen Unternehmen haben meist genaue Vorstellungen über eine maximale Unternehmensgröße bzw. Filialzahl. Andere ziehen für sich selbst eine geographische Grenze über die hinweg nicht expandiert werden soll. *Krauss* in Lahr, ein Unternehmen mit derzeit neun Filialen gibt z.B. die Devise aus, keine Filialen zu eröffnen, die weiter als 100 km vom Stammhaus entfernt sind.[887] Das Modehaus *Lantermann* aus Oberhausen mit bisher acht Filialen orientiert sich dagegen an der Region und „schließt eine Expansion über den Niederrhein hinaus aus.“[888]

Wachstumsschwellen

Eine Wachstumsschwelle ist ein Vorstadium einer Krise. Meist handelt es sich um eine Kumulation von Problemfeldern. Die kritische Wachstumsschwelle ist dadurch gekennzeichnet, daß nur wenige Unternehmen ohne kritischen Punkt in die nächste Grö-

---

886 Vgl. Zentes, Joachim: Trends und Erfolgsreserven im Handelsmanagement, in: Belz, Christian (Hrsg.): Kompetenz für Marketing-Innovationen, Bd. 3, Handelsdynamik, (Thexis) St. Gallen 1997, S. 88-96.

887 Vgl. o.V.: An fünf Standorten die Nummer 1, in: TW, 51. Jg., 1996, Nr. 21, S. 20-21, S. 21.

888 Vgl. o.V.: Für den Aufschwung gerüstet, in: TW, 52. Jg., 1997, Nr. 16, S. 21.

ßenklasse hineinwachsen.[889] Nach der Theorie der Wachstumsschwellen lassen sich die Schwierigkeiten der mittleren Unternehmen vor allem auf Finanzierungsprobleme zurückführen. Dadurch sinken die Investionen, was den Erfolg langfristig behindert. Daneben sind Unternehmen in einer solchen Phase oft mit Reorganisationsprozessen beschäftigt.[890] Die Unternehmen, welche die Wachstumsschwelle überwinden, werden zu Kleinen Riesen und, wie empirisch nachgewiesen, sehr häufig zu weit überdurchschnittlich erfolgreichen Local Heroes. Wachsen die Unternehmen nicht, verharren sie in einer zwar überlebensfähigen, oft aber nicht befriedigenden Situation. *Albach* hält viele Familienunternehmen „für die Zukunft schlicht zu klein."[891]

Um die Risiken der Wachstumsstrategie zu vermeiden, muß man die Ursachen kennen. Die Gründe für die Schwierigkeiten können in Markt-, Faktor-, Finanzierungs- oder Managementrestriktionen liegen.[892] Bei einer regionalen Expansion werden die Konsumenten heterogener, das Unternehmen kennt seine Kunden nicht mehr so genau. Die Unbekanntheit ist eine der wichtigsten Zutrittsschranken für Unternehmen. Die Betriebe müssen das Vertrauen ihrer Kunden erst erwerben.[893] Gleichzeitig zu den Marktschwierigkeiten werden die Ressourcen knapp. Es wird z.B. schwierig, genügend ausreichend qualifizierte Mitarbeiter zu finden.

Bei der Filialisierung sollte versucht werden, die lokalspezifische Marktbearbeitung beizubehalten. Zur besseren Handhabbarkeit kann eine Typologisierung der Filialen vorgenommen werden. Dabei werden die Filialen zu Gruppen zusammengefaßt, die sich in der Mehrzahl ausgewählter Kriterien gleichen.[894] Darüber hinaus ist genügend qualifizierter Nachwuchs zu sichern.

---

[889] Vgl. Yim, Byung-Chun: Wachstumsschwellen von kleinen und mittleren Unternehmen, Diss., Stuttgart 1989, S. 88-89.

[890] Vgl. Albach, Horst; Bock, Kurt; Warnke, Thomas: Wachstumskrisen von Unternehmen, in: ZfbF, 36. Jg., 1984, Nr. 10, S. 779-793, S. 787-789.

[891] Bierach, Barbara: Schmoren im eigenen Saft. Viele deutsche Mittelständler sind für einen globalen Auftritt nicht gerüstet. Sie müssen wachsen oder weichen, in: Wirtschaftswoche, 1997, Nr. 30, 17. Juli 1997, S. 58-61, S. 59.

[892] Vgl. Tietz, Bruno: Zukunftsstrategien für Handelsunternehmen, (Deutscher Fachverlag) Frankfurt a.M. 1993, S. 572.

[893] Vgl. Albach, Horst: Unternehmenswachstum, -stagnation, und -schrumpfung, in: Tietz, Bruno; Köhler, Richard; Zentes, Joachim (Hrsg.): Handwörterbuch des Marketing, 2. Aufl., (Schäffer-Poeschel) Stuttgart 1995, Sp. 4417-4436, Sp. 4420.

[894] Vgl. Kamakura, Wagner A.; Lenartowicz, Thomasz; Ratchford, Brian T.: Productivity Assessment of Multiple Retail Outlets, in: Journal of Retailing, 72. Jg., 1996, Nr. 4, S. 333-356, S. 349-350.

Der wichtigste Engpaß für das Wachstum ist die Vernachlässigung des persönlichen und fachlichen Wachstums des Management. Oft wird die Ein-Mann-Herrschaft aus der Zeit, als das Unternehmen klein war, beibehalten. Aufgrund der zunehmenden Belastung und der mangelnden Delegation kommt es zu Entscheidungsfehlern. Beim Wachstumsprozeß ist eine Anpassung der Führung und Organisation nötig. Dies ist aber nicht permanent, sondern nur in Schüben möglich. Deshalb sollte nach einer Wachstumsphase eine Konsolidierung folgen. In einer solchen Ruhephase können der für die Expansion notwendige hohe Verschuldungsgrad abgebaut und nötige Restrukturierungen durchgeführt werden.[895] Der Pause folgt ein Wachstumsschub. Dieses Vorgehen kann als „Raupengangprinzip" bezeichnet werden, nach dem die Phase der Erholung dem Sammeln innerer Kraft dient. Mit der inneren Kraft ist nicht nur der Aufbau von finanziellen Rücklagen gemeint, sondern in erster Linie Management und Mitarbeiter, bei denen eine ausreichende Begeisterung vorhanden sein muß, um die auftretenden Schwierigkeiten durchzustehen.[896]

Entscheidend ist darüber hinaus, daß die für jedes Unternehmen individuell bestehende Wachstumsschwelle rechtzeitig erkannt wird.[897] Dazu sind unternehmensspezifische Früherkennungssysteme einzurichten.[898]

Eine weitere Implikation, die nicht direkt aus der vorliegenden Arbeit abgeleitet werden kann, ist der Unternehmenskauf als Alternative zur eigenen Filialisierung.[899] Ein zentrales Problem der Filialisierung ist, genügend geeignete Standorte zu finden. Wird die Wachstumsgrenze eines Betriebstyps erreicht, sinkt die Flächenproduktivität.[900]

---

895 Vgl. Albach, Horst; Bock, Kurt; Warnke, Thomas: Wachstumskrisen von Unternehmen, in: ZfbF, 36. Jg., 1984, Nr. 10, S. 779-793, S. 780; vgl. Tietz, Bruno: Zukunftsstrategien für Handelsunternehmen, (Deutscher Fachverlag) Frankfurt a.M. 1993, S. 559.

896 Zu den Strategien zur Steuerung der inneren Kraft vgl. Tietz, Bruno: Marktbearbeitung morgen, (Moderne Industrie) Landsberg a.L. 1988, S. 694 f.

897 Vgl. dazu ausführlich Wieselhuber, Norbert: Kritische Wachstumsschwellen in der Unternehmensentwicklung: rechtzeitig erkennen - richtig bewerten - erfolgreich meistern, 3. Aufl., (RKW) Eschborn 1989.

898 Vgl. Yim, Byung-Chun: Wachstumsschwellen von kleinen und mittleren Unternehmen, Diss., Stuttgart 1989, S. 91 f.

899 Nach empirischen Ergebnissen aus England wachsen mittelständische Unternehmen proportional gesehen sehr intensiv durch Unternehmensaufkäufe. Detaillierte Untersuchungen werden aber vermißt; vgl. Hughes, Allan: Small Firms` Merger Activity and Competition Policy, in: Barber, John; Metcalfe, Stanley; Porteous, Mike (Hrsg.): Barriers to growth in small firms, (Routledge) London u.a. 1992, S. 128-172, S. 145.

900 Vgl. Olbrich, Rainer; Reinke, Bodo: Aldi ist nicht mehr unangreifbar, in: LZ, 48. Jg., 1996, Nr. 13, S. 72-74, S. 72-73.

Die Verfügbarkeit geeigneter Standorte dürfte insbesondere für den klassischen Betriebstyp des mittelständischen Einzelhandels, das Fachgeschäft, ein Problem darstellen. Eine Umgehung dieser Restriktion stellt das externe Wachstum dar. Beim externen Wachstum werden andere Unternehmen aufgekauft. Damit verbunden sind ein schnellerer Marktzutritt und größere Wachstumssprünge, aber auch ein größerer finanzieller Aufwand.[901]

[901] Vgl. Olbrich, Rainer; Reinke, Bodo: Individual- statt Systemwettbewerb. Die Bewertung von Größenwachstum im Handel, in: LZ, 48. Jg., 1996, Nr. 13, S. 66-68, S. 67.

S. Implikationen für die Wissenschaft

Untersuchung von Teilmodellen

Die Einbeziehung aller möglichen Einflußgrößen in ein Gesamtmodell des Unternehmenserfolges erscheint nicht möglich. Diese Restriktion entsteht nicht nur aus der begrenzten Kapazität der heutigen Auswertungsverfahren,[902] sondern in erster Linie aus der nicht beherrschbaren Komplexität der Realität. Die Qualität eines Modells ist davon abhängig, daß alle relevanten Einflußgrößen einbezogen, richtig operationalisiert und ihre Wirkungsbeziehungen vollständig aufgeführt werden. Mit zunehmender Anzahl von Konstrukten, Items und Hypothesen erhöht sich die Fehlerwahrscheinlichkeit. Damit ist ein Aufsplitten des Gesamtmodells in Teilmodelle unvermeidbar. Innerhalb dieser Teilmodelle ist es möglich, mit Hilfe kausaler Versuchsaufbauten (z.B. Experimente), Wirkungsbeziehungen zwischen den Erfolgsfaktoren zu untersuchen. Insofern muß der gängigen Auffassung widersprochen werden, nach der zur Erfolgsfaktorenforschung nur Untersuchungen zu rechnen sind, die eine Vielzahl möglicher Einflußgrößen untersuchen.[903] Eine Rückbesinnung auf Teilmodelle, die Betrachtungen der Kausalität eher zulassen und den unrealistischen Anspruch der Erklärung des Gesamtunternehmenserfolges aufgeben, ist wünschenswert.

Erfolgsfaktoren im Mittelstand und Wachstumstheorie

Die Erfolgsfaktorenforschung im Mittelstand sollte das Wissen um erfolgsbeeinflussende Merkmale der Unternehmen in einen größeren Zusammenhang stellen. Bei langfristigem Erfolg ist Wachstum fast zwangsläufig.[904] Nach dem deterministischen WG-Modell (Kritische Wachstumsrate W, Trägheitsgrad G) sind eine agressive Wachstumsstrategie, also der Wille zu wachsen, und ein aktives, rasch reagierendes Management zum Überleben des Unternehmens nötig.[905] Da das lokale Marktpotential im Handel relativ schnell ausgeschöpft ist, erfolgt die Expansion durch Filialisierung in

---

[902] LISREL kann z.B. nicht mehr als etwa 50 Items gleichzeitig verarbeiten.

[903] Vgl. z.B. Fritz, Wolfgang: Marketing - ein Schlüsselfaktor des Unternehmenserfolges?, in: Marketing ZFP, 12. Jg., 1990, Nr. 2, S. 91-110, S. 92.

[904] Nach der Wettbewerbstheorie sind nur Unternehmen, die wachsen erfolgreich. Dennoch expandieren auch wenig erfolgreiche Unternehmen; vgl. zum Problem der Multiplikation von Mittelmäßigkeit Tietz, Bruno: Der Handelsbetrieb, 2. Aufl., (Vahlen) München 1993, S. 1506.

[905] Vgl. Graumann, Matthias: Jüngere Theorien des Unternehmenswachstums, in: WISU, 23. Jg., 1994, Nr. 11, S. 911-914, S. 912.

andere Regionen. In diesem Wachstumsprozeß verändern sich die anzuwendenden Erfolgsfaktoren und ihre Wirkung. Aus diesem Gedankengang kann geschlossen werden, daß die wirksamen Einflußgrößen immer in Beziehung gesetzt werden müssen zur Entwicklungsphase des Unternehmens und daß die Erfolgsfaktorenforschung im Mittelstand einhergehen muß mit einer Theorie des Wachstums. Filialisierungsprobleme mittelständischer Einzelhändler sollten verstärkt untersucht werden. Dieser Forschungsbereich ist im Einzelhandel bisher unterentwickelt.[906]

Eine weitere Fragestellung betrifft die Rolle der Politik beim Wachstumsprozeß mittelständischer Unternehmen. Die Wissenschaft muß die Frage beantworten, ob ein Eingreifen der Politik zur Unterstützung von in Wachstumskrisen geratenen Unternehmen sinnvoll ist, oder nicht. Unter einzelwirtschaftlichen Gesichtspunkten muß dieser Folgerung zugestimmt werden. Gesamtwirtschaftlich kann in einer existierenden Wachstumsschwelle eine notwendige Voraussetzung für einen Selektionsprozeß gesehen werden. Unternehmen, welche die Schwierigkeiten nicht aus eigener Kraft überwinden können, sollten aus dem Wettbewerbsprozeß ausscheiden. Es ist zu untersuchen, ob die Schwellen bei betriebswirtschaftlichen Effizienzindikatoren auftreten und ob sie zu Veränderungen der Marktstruktur führen.[907]

Schließlich ist zu prüfen, ob über die identifizierten Mobilitätsbarrieren hinaus weitere Wachstumshemmnisse im mittelständischen Einzelhandel bestehen. Im Wettbewerbsgleichgewicht sind die Mobilitätsbarrieren gerade so groß, daß sie den innerhalb einer Strategischen Gruppe erzielbaren Gewinnen entsprechen. Im Gleichgewicht ist der potentielle Grenzwettbewerber indifferent zwischen dem Verbleib in seiner Strategischen Position und dem Wechsel in eine andere Gruppe.[908]

---

906 Auch in der Industrie haben sich über Clifford, Albach und Königs/Spies hinaus kaum Autoren mit Wachstumsprozessen beschäftigt, vgl. Yim, Byung-Chun: Wachstumsschwellen von kleinen und mittleren Unternehmen, Diss., Stuttgart 1989, S. 6. Eine Forschungslücke proklamieren auch ausländische Autoren; vgl. Barber, John; Metcalfe, Stanley; Porteous, Mike: Barriers to Growth: The ACARD Study, in: Barber, John; Metcalfe, Stanley; Porteous, Mike (Hrsg.): Barriers to growth in small firms, (Routledge) London u.a. 1992, S. 1-19, S. 1.

907 Vgl. Koenigs, Konstantin; Spies, Richard: Wachstumsschwellen der Unternehmen in Abhängigkeit von der Größenklasse, Arbeitspapiere zur Strukturanalyse, Nr. 23, Institut für Volkswirtschaftslehre der Universität Augsburg, Augsburg 1985, S. 27-28.

908 Vgl. Albach, Horst: Strategische Allianzen, strategische Gruppen und strategische Familien, in: ZfB, 62. Jg., 1992, Nr. 6, S. 663-670, S. 667.

Verbindung bisher isolierter Theoriebereiche

Der Kontingenzansatz (situativer Ansatz) erklärt die Wirkung von Variablen aus ihrer Beziehung zur internen und externen Umwelt. Nach dem Konfigurationsansatz (Konsistenzansatz) erweisen sich spezifische Kombinationen aus Organisations- und Systemvariablen als überlebensfähig.[909] Die Konsistenz-Theorie ist zum Teil komplementär zum situativen Ansatz, da gerade die Abgrenzung gegenüber der Umwelt (und nicht der Fit) die Identität des Systems ausmacht. *Mintzberg* integriert die Kontingenz- und die Konsistenztheorie zu folgendem Postulat: Effektive Strukturierung erfordert Konsistenz zwischen den Gestaltungsparametern und den Kontingenzfaktoren.[910] Die vorliegende Untersuchung liefert eine Bestätigung dieser Hypothese, da sowohl unternehmensexterne Konstrukte wie Wettbewerbsposition als auch unternehmensimmanente Größen wie Personal als erfolgswirksam ermittelt werden. Darüber hinaus sprechen die Ergebnisse dafür, daß Theoriebausteine wie die Industrieökonomik, nach der die Wettbewerbssicht für den Erfolg entscheidend ist, und der Ressourcenansatz, der interne Größen in den Vordergrund stellt, in Zukunft stärker verbunden werden sollten.

Neue Forschungsfelder

Die Konstrukte Führungsstil, Qualität der Führung als Beziehungspromotor und Unternehmenskultur als Instrumentvariable wurden bisher in der Erfolgsfaktorenforschung im Einzelhandel nicht untersucht. Die vorliegende Untersuchung kann die Erfolgswirksamkeit dieser Konstrukte und deren Übertragbarkeit auf den mittelständischen Einzelhandel nachweisen. Die Forschung sollte aus diesen ersten Ergebnissen neue Forschungsfelder ableiten, die ein großes Potential noch zu klärender Fragen bieten.

Vergleich mit Großunternehmen

Die vorliegende Untersuchung stellt in ihrer Zielsetzung die Ermittlung von Erfolgsfaktoren im mittelständischen Einzelhandel in den Vordergrund. Dazu werden erfolgreiche und weniger erfolgreiche mittelständische Unternehmen gegenübergestellt. Die Mittelstandsspezifizierung geschieht zum einen durch die Auswahl der untersuchten

---

909 Vgl. Scholz, Christian: Deutsch-Britische Zusammenarbeit: Organisation und Erfolg von Auslandsniederlassungen, (Hampp) München u.a. 1993, S. 8-9.

910 Vgl. Staehle, Wolfgang H.: Management, Eine verhaltenswissenschaftliche Perspektive, 7. Aufl., (Vahlen) München 1994, S. 59.

Einflußgrößen, so Beziehungspromotorenkonzept oder Flexibilität, zum anderen durch die Operationalisierung der Konstrukte bei der auf Mittelstands- und Handelsbezug geachtet wurde. Durch den Vergleich von erfolgreichen KMU und Großunternehmen des Handels kann der Mittelstandsbezug weiter erhöht werden. Dabei geht es nicht um generelle Erfolgsfaktoren, sondern um erfolgsbeeinflussende Unterschiede zwischen Groß- und Kleinunternehmen des Handels. Zur Erhöhung der Validität einer solchen Untersuchung sollte sowohl bei den Groß- als auch bei den Kleinunternehmen eine Kontrollgruppe weniger erfolgreicher Unternehmen in die Stichprobe aufgenommen werden.

Qualitative statt quantitative Forschung

Die Untersuchung der Charakteristika der Champions erscheint mit einem, verglichen mit der vorliegenden Untersuchung, stärker qualitativ geprägten Forschungsstil gezielter machbar. Einzelfallstudien können umfassender analysiert und beschrieben werden. Voraussetzung ist die gezielte Auswahl von Spitzenunternehmen. Qualitative Erfolgsindikatoren wie der regionale Bekanntheitsgrad können herangezogen werden. Darüber hinaus lassen sich unterstützende Konsumentenbefragungen durchführen, bei der die Wahrnehmung des Unternehmens durch die Konsumenten im Vergleich zur jeweiligen Konkurrenz abgefragt werden kann.

Literaturverzeichnis

Abell, Derek F.; Hammond, John S.: Strategic Market Planning, (Prentice Hall) Englewood Cliffs 1979.

Adamer, Manfred M.; Hinterhuber, Hans H.; Kaindl, Günter: Markt- und Weltmarktführer, was zeichnet diese Unternehmen aus? Eine Analyse vor dem Hintergrund der Erfolgsfaktorenforschung, in: der markt, 32. Jg., 1993, Nr. 124, S. 6-11.

Ahlert, Dieter: Auf der Suche nach den Spitzenleistungen im Handel, Evolution mit Benchmarking oder Revolution durch Reengineering als Erfolgsstrategie für Handelsbetriebe, Handelssysteme und Distributionssysteme?, Arbeitspapier Nr. 17, Institut für Handelsmanagement, Westfälische Wilhelmsuniversität Münster, Münster 1994/95.

Albach, Horst: Empirische Theorie der Unternehmensentwicklung, (Westdeutscher Verlag) Opladen 1986.

Albach, Horst: Kritische Wachstumsschwellen in der Unternehmensentwicklung, in ZfB, 46. Jg., 1976, Nr. 10, S. 683-696.

Albach, Horst: Strategische Allianzen, strategische Gruppen und strategische Familien, in: ZfB, 62. Jg., 1992, Nr. 6, S. 663-670.

Albach, Horst: Unternehmenswachstum, -stagnation und -schrumpfung, in: Tietz, Bruno; Köhler, Richard; Zentes, Joachim (Hrsg.): Handwörterbuch des Marketing, 2. Aufl., (Schäffer-Poeschel) Stuttgart 1995, Sp. 4417-4436.

Albach, Horst: Zur Theorie des wachsenden Unternehmens, in: Albach, Horst u.a.: (Hrsg.): Theorie des einzelwirtschaftlichen und des gesamtwirtschaftlichen Wachstums, (Duncker & Humblot) Berlin 1965.

Albach, Horst; Bock, Kurt; Warnke, Thomas: Kritische Wachstumsschwellen in der Unternehmensentwicklung, (Poeschel) Stuttgart 1985.

Albach, Horst; Bock, Kurt; Warnke, Thomas: Wachstumskrisen von Unternehmen, in: ZfbF, 36. Jg., 1984, Nr. 10, S. 779-793.

Albers, Sönke; Bauer, Hans H.; Eggert, Karin: Kundennähe, Arbeitspapier, Wissenschaftliche Hochschule für Unternehmensführung, Koblenz 1987.

Andreae, Clemens-August: Mittelstand, in: Tietz, Bruno (Hrsg.): Handwörterbuch der Absatzwirtschaft, (C.E. Poeschel) Stuttgart 1974, Sp. 1488-1497.

Anderer, Michael: Internationalisierung im Einzelhandel, (Deutscher Fachverlag) Frankfurt a.M. 1996.

Arbeitskreis „Das Unternehmen im Markt": Vertikale Geschäftsbeziehungen zwischen Industrie und Handel, in: Kaas, Klaus P. (Hrsg.): Kontrakte, Geschäftsbeziehungen, Netzwerke - Marketing und Neue Institutionenökonomik, Sonderheft Nr. 35 der ZfbF, (Verlagsgruppe Handelsblatt) Düsseldorf u.a. 1995, S. 179-204.

Arnold, Danny R.; Capella, Louis M.; Smith, Garry D.: Strategic Retail Management, (Addison-Wesley) Reading/Massachusetts u.a. 1983.

Aufderheide, Detlef; Backhaus, Klaus: Institutionenökonomische Fundierung des Marketing: Der Geschäftstypenansatz, in: Kaas, Klaus P. (Hrsg.): Kontrakte, Geschäftsbeziehungen, Netzwerke - Marketing und Neue Institutionenökonomik, Sonderheft Nr. 35 der ZfbF, (Verlagsgruppe Handelsblatt) Düsseldorf u.a. 1995, S. 43-60.

Ausschuß für Begriffsdefinitionen aus der Handels- und Absatzwirtschaft (Hrsg.): Katalog E, 4. Ausgabe, Köln 1995.

Backhaus, Klaus u.a.: Multivariate Analysemethoden, 8. Aufl., (Springer) Berlin u.a. 1996.

Backhaus, Klaus: Relationship Marketing - Ein neues Paradigma im Marketing?, in: Bruhn, Manfred; Steffenhagen, Hartwig (Hrsg.): Marktorientierte Unternehmensführung, (Gabler) Wiesbaden 1997, S. 19-35.

Bädecker, Petra: Erfolgsfaktoren von Existenzgründungen im Facheinzelhandel, Diplomarbeit, Universität Göttingen 1995.

BAG (Hrsg.): Vademecum des Einzelhandels 1996, Köln 1996.

Balderjahn, Ingo: Einstellungen und Einstellungsmessungen, in: Tietz, Bruno; Köhler, Richard; Zentes, Joachim (Hrsg.): Handwörterbuch des Marketing, 2. Aufl., (Schäffer-Poeschel) Stuttgart 1995, Sp. 542-554.

Bamberger, Ingolf: Strategien von Klein- und Mittelunternehmen und ihre Messung, Arbeitspapier Nr. 3 des Lehrstuhl für Organisation und Planung, (Universität GH Essen) 1994.

Bamberger, Ingolf: Theoretische Grundlagen strategischer Entscheidungen, in: WiSt, 10. Jg., 1981, Nr. 3, S. 97-104.

Bamberger, Ingolf; Wrona, Thomas: Der Ressourcenansatz im Rahmen des strategischen Managements, Arbeitspapier Nr. 8 des Lehrstuhls für Organisation und Planung, (Universität GH Essen) Essen 1995.

Bamberger, Ingolf; Wrona, Thomas: Der Ressourcenansatz und seine Bedeutung für die Strategische Unternehmensführung, in: ZfbF, 48. Jg., 1996, Nr. 2, S. 130-153.

Bamberger, Ingolf; Wrona, Thomas: Umwelt, Wettbewerbsstrategien und Unternehmenserfolg, Arbeitspapier Nr. 2 des Lehrstuhl für Organisation und Planung, (Universität GH Essen) 1993.

Barber, John; Metcalfe, Stanley; Porteous, Mike: Barriers to Growth: The ACARD Study, in: Barber, John; Metcalfe, Stanley; Porteous, Mike (Hrsg.): Barriers to growth in small firms, (Routledge) London u.a. 1992, S. 1-19.

Barth, Klaus: Betriebswirtschaftslehre des Handels, (Gabler) Wiesbaden 1988.

Barth, Klaus: Betriebswirtschaftslehre des Handels, 3. Aufl., (Gabler) Wiesbaden 1996.

Barth, Klaus: Handelsforschung, in: Tietz, Bruno; Köhler, Richard; Zentes, Joachim (Hrsg.): Handwörterbuch des Marketing, (Schäffer-Poeschel) Stuttgart 1995, Sp. 864-875.

Barth, Klaus: Ziele und Theoriesysteme der Handelsforschung, in: Tietz, Bruno: Handwörterbuch der Absatzwirtschaft, (Poeschel) Stuttgart 1974, Sp. 703-709.

Barth, Klaus; Hartmann, Ralph: Strategische Marketingplanung im Einzelhandel, in: Trommsdorff, Volker (Hrsg.): Handelsforschung 1991, Forschungsstelle für den Handel Berlin (FfH) e.V., (Gabler) Wiesbaden 1992, S. 135-155.

Barth, Klaus; Helpup, Antje: Die Relevanz des Lean-Management-Ansatzes für Handelsunternehmungen, in: Trommsdorff, Volker (Hrsg.): Handelsforschung 1994/95, Forschungsstelle für den Handel Berlin (FfH) e.V., (Gabler) Wiesbaden 1994, S. 223-240.

Barzen, Dietmar; Wahle, Peter: Das PIMS-Programm - was es wirklich wert ist, in: Harvard Manager, 12. Jg., 1990, Nr. 1, S. 100-109.

Bauer, Hans H.: Unternehmensstrategie und Strategische Gruppen, in: Kirstner, Klaus-Peter; Schmidt, Reinhard (Hrsg.): Unternehmensdynamik, (Gabler) Wiesbaden 1991, S. 389-416.

BBE (Hrsg.): Megatrends in Vertrieb, Handel und Gesellschaft II, Köln 1996.

Becker, Jochen: Strategisches Marketing, in: Tietz, Bruno; Köhler, Richard; Zentes, Joachim (Hrsg.): Handwörterbuch des Marketing, 2. Aufl., (Schäffer-Poeschel) Stuttgart 1995, Sp. 2411-2436.

Belz, Christian: Erkenntnisse zum systematischen Beziehungsmanagement, in: Belz, Christian (Hrsg.): Management von Geschäftsbeziehungen, (Thexis) St. Gallen 1994.

Belz, Christian: Management von persönlichen Geschäftsbeziehungen, in Belz, Christian (Hrsg.): Kompetenz für Marketing-Innovationen, Bd. 2, Leistungs- und Kundensysteme, (Thexis) St. Gallen 1997.

Berekoven, Ludwig; Eckert, Werner; Ellenrieder, Peter: Marktforschung. Methodische Grundlagen und praktische Anwendung, 7. Aufl., (Gabler) Wiesbaden 1996.

Biallo, Horst: Die geheimen deutschen Weltmeister: mittelständische Erfolgsunternehmen und ihre Strategien, (Wirtschaftsverlag Uebereuter) Wien 1993.

Bierach, Barbara: Schmoren im eigenen Saft. Viele deutsche Mittelständler sind für einen globalen Auftritt nicht gerüstet. Sie müssen wachsen oder weichen, in: Wirtschaftswoche, 1997, Nr. 30, 17. Juli 1997, S. 58-61.

Bierbaum, Harald: Leistung und Leistungsbedingungen im Einzelhandel, Rationalisierungs-Gemeinschaft des Handels beim RKW e.V. Köln, 3. Teil, Köln 1979.

BMWi (Hrsg.): Unternehmensgrößenstatistik 1992/1993, Bonn 1993.

Bock, Kurt: Unternehmenserfolg und Organisation, Eine empirische Untersuchung, (Bonner Betriebswirtschaftliche Schriften) Bonn 1986.

Bogaschewsky, Ronald: Vertikale Kooperation - Erklärungsansätze der Transaktionskostentheorie und des Beziehungsmarketing, in: Kaas, Klaus P. (Hrsg.): Kontrakte, Geschäftsbeziehungen, Netzwerke - Marketing und Neue Institutionenökonomik, Sonderheft Nr. 35 der ZfbF, (Verlagsgruppe Handelsblatt) Düsseldorf u.a. 1995, S. 159-178.

Bortz, Jürgen: Statistik für Sozialwissenschaftler, 4. Aufl., (Springer) Berlin u.a. 1993.

Bössmann, Eva: Unternehmungen, Märkte, Transaktionskosten, in: WiSt, 12. Jg., 1983, Nr. 12, S. 105-111.

Brockhoff, Klaus: Wachstumsschwellen und Forschungsschwellen, in: ZfB, 50. Jg., 1980, Nr. 5, S. 475-499.

Brosius, Gerhard; Brosius, Felix: SPSS. Base System und Professional Statistics, (Thomson) Bonn 1995.

Brown, Stephen: Postmodernism, the wheel of retailing and will to power, in: The International Review of Retail, Distribution and Consumer Research, 5. Jg., 1995, Nr. 3, S. 387-414.

Brown, Stephen: Retail location theory: evolution and evaluation, in: The International Review of Retail, Distribution and Consumer Research, 3. Jg., 1993, Nr. 2, S. 185-229.

Bruhn, Manfred: Internes Marketing als Forschungsgebiet der Marketingwissenschaft, in: Bruhn, Manfred (Hrsg.): Internes Marketing, (Gabler) Wiesbaden 1995, S. 13-61

Bühl, Achim; Zöfel, Peter: SPSS für Windows Version 6, (Addison-Wesley) Bonn u.a. 1994.

Bullinger, Jörg: Erfolgsfaktor Mitarbeiter, (Teubner) Stuttgart 1996.

Bullinger, Jörg; Stanke, Alexander: Erfolgsfaktor Kunden/Management, Kundenorientierung muß konsequent gestaltet werden, in: Office Management, 1997, Nr. 2, S. 10-14.

Bundesverband des Unterhaltungs- und Kommunikationselektronik-Einzelhandels e.V. (BVU) (Hrsg.): Geschäftsbericht 1995/96, Köln 1996.

Bürkner, Sven: Erfolgsfaktorenforschung und Marketing-Management, Studien- und Arbeitspapiere Marketing, Nr. 16, Institut für Marketing, Universität München 1996.

Burmann, Christoph: Fläche und Personalintensität als Erfolgsfaktoren im Einzelhandel, (Gabler) Wiesbaden 1995.

Buzzell, Robert D.; Gale, Bradley T.: Das PIMS-Programm. Strategien und Unternehmenserfolg, (Gabler) Wiesbaden 1989.

Buzzell, Robert D.; Gale, Bradley T.; Sultan Robert G.: Market Share - a Key to Profitability, in: Harvard Business Review, 53. Jg., 1975, Nr. 1, S. 97-106.

Caves, Richard E.; Porter, Michael E.: From entry barriers to mobility barriers, in: Quarterly Journal of Economics, May 1977, S. 241-262.

Chmielewicz, Klaus: Forschungskonzeption der Wirtschaftswissenschaften, 2. Aufl., (Poeschel) Stuttgart 1979.

Coase, Ronald H.: The Nature of the Firm, in: Economica, 4. Jg., 1937, November, S. 386-405; zit. nach: Staudacher, Frank: Auswirkungen der Herstellerkonzentration auf das vertikale Marketing, in: Irrgang, Wolfgang (Hrsg.): Vertikales Marketing im Wandel, (Vahlen) München 1993, S. 25-48.

Conant, Jeffrey S.; Smart, Denise T.; Solano-Mendez, Roberto: Generic Retailing Types, Distinctive Marketing Competencies, and Competitive Advantage, in: Journal of Retailing, 69. Jg., 1993, Nr. 3, S. 254-279.

Conz, Bernd: Mehr Mut zu weniger Beratung, Rationalisierungs-Gemeinschaft des Handels, Köln 1976.

Craig, Samuel S.; Gosh, Avigit; Mc Lafferty, Sara: Models of Retail Location and Site Selection: A Review, Working Paper 83-3, Institute of Retail Management, New York University, New York 1983.

Cronin, J.; Skinner, St.: Marketing Outcomes, Financial Conditions, and Retail Profit Performances, in: Journal of Retailing, 60. Jg., 1984, Nr. 4, S. 9-22.

Daniel, Roland D.: Managing Information Crisis, in: Harvard Business Review, 39. Jg., 1961, Nr. 5, S. 111-121.

Daschmann, Hans-Achim: Erfolgsfaktoren mittelständischer Unternehmen, (Schäffer-Poeschel) Stuttgart 1994.

Davidson, William R.; Bates, Albert D.; Bass, Stephen J.: The retail life cycle, in: Harvard Business Review, 54. Jg., 1976, Nr. 6, S. 89-96.

Dichtl, Erwin: Leitlinien der Marketing-Forschung, in: Marketing-ZFP, 5. Jg., 1983, Nr. 1, S. 61-62.

Diller, Hermann: Beziehungsmanagement, in: Diller, Hermann (Hrsg.): Vahlens großes Marketinglexikon, (Vahlen) München 1992, S. 215.

Diller, Hermann: Beziehungsmanagement, in: Tietz, Bruno; Köhler, Richard; Zentes, Joachim (Hrsg.): Handwörterbuch des Marketing, 2. Aufl., (Schäffer-Poeschel) Stuttgart 1995, Sp. 285-300.

Dinkelbach, Werner: Entscheidungstheorie, in: Wittmann, Waldemar u.a. (Hrsg.): Handwörterbuch der Betriebswirtschaft, 5. Aufl., (Poeschel) Stuttgart 1993, Sp. 929-943.

Drexel, Gerhard: Strategische Unternehmensführung im Handel, (de Gruyter) Berlin u.a. 1981.

Easton, Geoff; Hakansson, Hakan: Market as networks, in: International Journal of Research in Marketing, 13. Jg., 1996, Nr. 5, S. 407-413.

Effen, Ingrid: Erfolgsfaktoren strategischer Gruppen, (Pirrot) Saarbrücken 1995.

Eickhoff, Markus: Erfolgsfaktorenforschung im Bekleidungseinzelhandel, (Peter Lang) Frankfurt a.M. u.a. 1997.

Ellis, Brian; Kelley, Scott W.: Competitive Advantage in retailing, in: The International Review of Retail, Distribution and Consumer Research, 2. Jg., 1992, Nr. 4, S. 381-396.

Esch, Franz-Rudolf; Meyer, Susanne: Umsetzung erlebnisbetonter Positionierungskonzepte in der Ladengestaltung von Handelsunternehmen, in: Trommsdorff, Volker (Hrsg.): Handelsforschung 1994/95, Forschungsstelle für den Handel Berlin (FfH) e.V., (Gabler) Wiesbaden 1995, S. 287-312.

Europäische Kommission (Hrsg.): Maßnahmen für die KMU und das Handwerk, (Amt für amtliche Veröffentlichungen der Europäischen Gemeinschaften) Brüssel u.a. 1995.

Falk, Bernd; Wolf, Jakob: Handelsbetriebslehre, 11. Aufl., (Moderne Industrie) Landsberg a.L. 1992.

Falter, Hartmut: Wettbewerbsvorteile von Filialbetrieben, (DUV) Wiesbaden 1992.

Fischer, Marc: Die Theorie der Transaktionskosten, in: WiSt, 23. Jg., 1994, Nr. 11, S. 582-584.

Frese, Erich: Exzellente Unternehmungen - Konfuse Theorien. Kritisches zur Studie von Peters und Waterman, in DBW, 45. Jg., 1985, Nr. 5, S. 604-606.

Frese, Erich: Grundlagen der Organisation, 5. Aufl., (Gabler) Wiesbaden 1995.

Frese, Erich: Organisationstheorie, 2. Aufl., (Gabler) Wiesbaden 1992.

Frese, Erich: Organisationstheorie, in: Frese, Erich (Hrsg.): Handwörterbuch der Organisation, 3. Aufl., (Poeschel) Stuttgart 1992, Sp. 1706-1733.

Fritz, Wolfgang u.a.: Unternehmensziele in Industrie und Handel, in: DBW, 45. Jg., 1985, Nr. 4, S. 375-394.

Fritz, Wolfgang u.a.: Unternehmensziele und strategische Unternehmensführung, in: DBW, 48. Jg., 1988, Nr. 5, S. 567-586.

Fritz, Wolfgang: Erfolgsfaktoren im Marketing, in: Tietz, Bruno; Köhler, Richard; Zentes, Joachim (Hrsg.): Handwörterbuch des Marketing, 2. Aufl., (Schäffer-Poeschel) Stuttgart 1995, Sp. 594-607.

Fritz, Wolfgang: Marketing - ein Schlüsselfaktor des Unternehmenserfolges?, in: Marketing-ZFP, 12. Jg., 1990, Nr. 2, S. 91-110.

Fritz, Wolfgang: Marketing-Management und Unternehmenserfolg, 2. Aufl., (Schäffer-Poeschel) Stuttgart 1995.

Fritz, Wolfgang: Marktorientierte Unternehmensführung und Unternehmenserfolg, (Schäffer-Poeschel) Stuttgart 1992.

Fueglistaller, Urs; Wick, Veronika: Beziehungsmanagement als Erfolgsfaktor in Klein- und Mittelbetrieben, in: Internationales Gewerbearchiv, 43. Jg., 1995, Nr. 2, S. 116-122.

Gabele, Eduard; Moraw, Dieter-Jürgen: Marktstrategien zur Erringung von Wettbewerbsvorteilen in mittelständischen Unternehmen, in: ZfB, 61. Jg., 1991, Nr. 9, S. 1007-1025.

Gaitanides, Michael; Westphal, Jörg: Strategische Gruppen und Unternehmenserfolg, in: Zeitschrift für Planung, Bd. 2, 1991, S. 247-265.

Gaskill, Frank J.: Small Business Retail Success, Diss., Portsmouth 1993.

Gemünden Hans G.; Walter, Achim: Förderung des Technologietransfers durch Beziehungspromotoren, in: Zeitschrift für Führung und Organisation, 65. Jg., 1996, S. 237-245.

Gemünden, Hans G.: Bedeutung von Promotoren für Innovationsprozesse im Unternehmen, in: Marketing- und Management-Transfer, 1997, April, hrsg. v. Institut für Handel und Internationales Marketing, S. 23-27.

Gemünden, Hans G.: Der Einfluß von Ablauforganisationen auf die Effizienz von Entscheidungen - eine empirische Analyse am Beispiel von Bilanzanalysen, in: ZfbF, 39. Jg., 1987, Nr. 12, S. 1063-1077.

Gemünden, Hans Georg; Walter, Achim: Der Beziehungspromotor - Schlüsselperson für interorganisationale Innovationsprozesse, Institut für angewandte Betriebswirtschaftslehre & Unternehmensführung, Universität Karlsruhe 1994.

Gemünden, Hans Georg; Walter, Achim: Der Beziehungspromotor: Schlüsselperson für inter-organisationale Austauschprozesse, in: ZfB, 65. Jg., 1995, S. 971-986.

Good, W. S.: Productivity in the Retail Grocery Trade, in: Journal of Retailing, 60. Jg., 1984, Nr. 3, S. 81-97.

Göttgens, Olaf: Erfolgsfaktoren in stagnierenden und schrumpfenden Märkten, Diss., Saarbrücken 1995.

Gottschlich, Werner: Strategische Führung in mittleren Unternehmen - Konzepte, Operationalisierung und Messung, (Peter Lang) Frankfurt a.M. u.a. 1989.

Grabatin, Günther: Effizienz von Organisationen, (de Gruyter) Berlin u.a. 1981.

Grabner-Kräuter, Sonja: Diskussionsansätze zur Erforschung von Erfolgsfaktoren, in: Journal für Betriebswirtschaftslehre, 1996, Nr. 6, S. 278-300.

Grant, Robert: Contemporary Strategy Analysis, (Blackwell Business) Cambridge 1995.

Graumann, Mathias: Jüngere Theorien des Unternehmenswachstums, in: WISU, 23. Jg., 1994, Nr. 11, S. 911-914.

Gripsrud, Geir; Horverak, Oyvind: Determinants of retail patronage, A natural experiment, in: International Journal of Research in Marketing, 3. Jg., 1986, S. 263-272.

Gröppel, Andrea: Die Erfolgswirksamkeit der Preisführerschafts- und Differenzierungsstrategie im Einzelhandel, in: Trommsdorff, Volker (Hrsg.): Handelsforschung 1993/94, Forschungsstelle für den Handel Berlin (FfH) e.V., (Gabler) Wiesbaden 1993, S. 165-181.

Groth, Uwe; Kammel, Andreas: Lean Management, (Gabler) Wiesbaden 1994.

Gruhler, Wolfram: Wirtschaftsfaktor Mittelstand, Wesenselemente der Marktwirtschaft in West und Ost, (Deutscher Instituts-Verlag) Köln 1994.

Grunert, Klaus G.; Ellegaard, Charlotte: The concept of key success factors: Theory and method, in: Baker, M. J. (Hrsg.): Perspectives on Marketing Management, 3. Aufl., (Wiley & Sons) New York u.a. 1993, S. 245-274.

Gümbel, Rudolf: Die Sortimentspolitik in den Betrieben des Wareneinzelhandels, (Westdeutscher Verlag) Köln u.a. 1963.

Gümbel, Rudolf: Sortimentspolitik, in: Tietz, Bruno (Hrsg.): Handwörterbuch der Absatzwirtschaft, (Poeschel) Stuttgart 1974, Sp. 1884-1897.

Haake, Klaus: Strategisches Verhalten in europäischen Klein- und Mittelbetrieben, (Duncker & Humblot) Berlin u.a. 1987.

Hakannson, Hakan: Corporate Technological Behaviour: Co-operation and Networks, (Routledge) London u.a. 1989.

Hall, Graham; Adams, Gail: Influences on the growth of SMES, in: Bamberger, Ingolf (Hrsg.): Product/Market Strategies of Small and Medium-sized Enterprises, (Avebury) Aldershot 1994, S. 364-386.

Hammann, Peter; Erichson, Bernd: Marktforschung, 3. Aufl., (Gustav Fischer) Stuttgart u.a. 1994.

Handy, Charles: Die Fortschrittsfalle. Der Zukunft neuen Sinn geben, (Gabler) Wiesbaden 1994.

Hansen, Ursula: Absatz- und Beschaffungsmarketing des Einzelhandels, 2. Aufl., (Vandenhoeck & Rupprecht) Göttingen 1990.

Harrigan, Kathryn R.: An Application of Clustering for Strategic Groups Analysis, in: Strategic Management Journal, 6. Jg., 1985, S. 55-73.

Hatten, Kenneth J.: Strategic groups, asymmetrical mobility barriers and contestability, in: Strategic Management Journal, 8. Jg., 1987, S. 329-342.

Hauschildt, Jürgen: Innovationsmanagement - Determinanten des Innovationserfolges, in: Hauschildt, Jürgen; Grün, Oskar (Hrsg.): Ergebnisse empirischer betrieblicher Forschung, (Schäffer-Poeschel) Stuttgart 1993, S. 295-326.

Hauschildt, Jürgen: Innovationsmanagement, (Vahlen) München 1993.

HDE (Hrsg.): 49. Arbeitsbericht 1996, Köln 1997.

Heinemann, Gerrit: Betriebstypenprofilierung und Erlebnishandel, (Gabler) Wiesbaden 1989.

Hentze, Joachim; Brose, Peter: Personalführungslehre, (Haupt) Bern u.a. 1990.

Herter, Roland: Unternehmenswertorientiertes Management, (Vahlen) 1991.

Hildebrandt, Lutz: Erfolgsfaktorenforschung im Handel, in: Trommsdorff, Volker (Hrsg.): Handelsforschung 1986, Forschungsstelle für den Handel Berlin (FfH) e.V., (Gabler) Wiesbaden 1986, S. 37-52.

Hildebrandt, Lutz: Wettbewerbssituation und Unternehmenserfolg, in: ZfB, 62. Jg., 1992, Nr. 10, S. 1069-1084.

Hildebrandt, Lutz; Annacher, Dirk: Panelanalysen zur Kontrolle „unbeobachtbarer" Einflußgrößen in der Erfolgsfaktorenforschung, in: ZFB, 66. Jg., 1996, Nr. 11, S. 1409-1425.

Hildebrandt, Lutz; Trommsdorff, Volker: Anwendungen der Erfolgsfaktorenanalyse im Handel, in: Trommsdorff, Volker (Hrsg.): Handelsforschung 1989, Forschungsstelle für den Handel Berlin (FfH) e.V., (Gabler) Wiesbaden 1989, S. 15-26.

Hinterhuber, Hans H.; Rechenauer, Ottmar; Stumpf, Monika (Hrsg.): Die mittelständische Familienunternehmung, (Peter Lang) Frankfurt a.M. u.a. 1994.

Hise, Richard T. u.a.: Factors Affecting the Performance of Individual Chain Store Units: An Empirical Analysis, in: Journal of Retailing, 59. Jg., 1983, Nr. 2, S. 22-39.

Hoffman, Friederich: Kritische Erfolgsfaktoren - Erfahrungen in großen und mittelständischen Unternehmen, in: ZfbF, 38. Jg., 1986, Nr. 10, S. 831-843.

Homburg, Christian; Giering, Annette: Konzeptualisierung und Operationalisierung komplexer Konstrukte, Ein Leitfaden für die Marketingforschung, in: Marketing ZFP, 18. Jg., 1996, Nr. 1, S. 5-24.

Homburg, Christian; Sütterlin, Stefan: Strategische Gruppen: Ein Survey, in: ZfB, 62. Jg., 1992, Nr. 6, S. 635-662.

Hörschgen, Hans; Kachel, Helmut: Größenbedingte Vor- und Nachteile mittelständischer Einzelhandelsunternehmen im Absatzbereich, in: Treis, Bartho (Hrsg.): Der mittelständische Einzelhandel im Wettbewerb, (Vahlen) München 1981, S. 77-125.

Hughes, Allan: Small Firms` Merger Activity and Competition Policy, in: Barber, John; Metcalfe, Stanley; Porteous, Mike (Hrsg.): Barriers to growth in small firms, (Routledge) London u.a. 1992, S. 128-172.

Hüttner, Manfred: Grundzüge der Marktforschung, 4. Aufl., (de Gruyter) Berlin u.a. 1989.

Jacobs, Siegfried: Strategische Erfolgsfaktoren der Diversifikation, (Gabler) Wiesbaden 1992.

Kaapke, Andreas: Bericht über die Ergebnisse des Betriebsvergleichs der Einzelhandelsfachgeschäfte aus den alten und den neuen Bundesländern im Jahre 1995, in: Müller-Hagedorn, Lothar (Hrsg.): Mitteilungen des Instituts für Handelsforschung an der Universität zu Köln, 48. Jg., 1996, Nr. 11, S. 178.

Kaas, Klaus P.: Marketing und Neue Institutionenökonomik, in: Kaas, Klaus P. (Hrsg.): Kontrakte, Geschäftsbeziehungen, Netzwerke - Marketing und Neue Institutionenökonomik, Sonderheft Nr. 35 der ZfbF, (Verlagsgruppe Handelsblatt) Düsseldorf u.a. 1995, S. 1-18.

Kaas, Klaus P.: Marketing zwischen Markt und Hierarchie, in: Kaas, Klaus P. (Hrsg.): Kontrakte, Geschäftsbeziehungen, Netzwerke - Marketing und Neue Institutionenökonomik, Sonderheft Nr. 35 der ZfbF, (Verlagsgruppe Handelsblatt) Düsseldorf u.a. 1995, S. 19-42.

Kahle, Egbert: Organisation der Mittelständischen Unternehmung, in: Frese, Erich (Hrsg.): Handwörterbuch der Organisation, 3. Aufl., (Poeschel) Stuttgart 1992, Sp. 1408-1419.

Kamakura, Wagner A.; Lenartowicz, Thomasz; Ratchford, Brian T.: Productivity Assessment of Multiple Retail Outlets, in: Journal of Retailing, 72. Jg., 1996, Nr. 4, S. 333-356.

Kantzenbach, Erhard; Kallfass, Hermann H.: Das Konzept des funktionsfähigen Wettbewerbs - Workable competition, in: Cox, Helmut; Jens, Uwe; Markert, Kurt (Hrsg.): Handbuch des Wettbewerbs, (Vahlen) München 1981, S. 104-127.

Kaufer, Erich: Industrieökonomik, Eine Einführung in die Wettbewerbstheorie, (Vahlen) München 1980.

Kieser, Alfred: Der Situative Ansatz, in: Kieser, Alfred (Hrsg.): Organisationstheorien, (Kohlhammer) Stuttgart u.a. 1993, S. 161-191.

Kieser, Alfred; Kubicek, Herbert: Organisation, 3. Aufl., (de Gruyter) Berlin 1992.

Kirsch, Werner: Strategische Unternehmensführung, in: Wittmann, Waldemar u.a. (Hrsg.): Handwörterbuch der Betriebswirtschaft, 5. Aufl., (Poeschel) Stuttgart 1993, Sp. 4094-4111.

Kleinaltenkamp, Michael: Institutionenökonomische Begründung der Geschäftsbeziehung, in: Backhaus, Klaus; Diller, Hermann (Hrsg.): Arbeitsgruppe „Beziehungsmanagement" der wissenschaftlichen Kommission für Marketing im Verband der Hochschulleiter für Betriebswirtschaftslehre, Dokumentation des 1. Workshops vom 27.-28.9.1993 in Frankfurt a.M., Münster-Nürnberg 1994, S. 8-39.

Kleinaltenkamp, Michael; Marra, Andreas: Institutionenökonomische Aspekte der „Customer Integration“, in: Kaas, Klaus P. (Hrsg.): Kontrakte, Geschäftsbeziehungen, Netzwerke - Marketing und Neue Institutionenökonomik, Sonderheft Nr. 35 der ZfbF, (Verlagsgruppe Handelsblatt) Düsseldorf u.a. 1995, S. 101-118.

Klein-Blenkers, Fritz: Unternehmerziele im Facheinzelhandel, in: Mitteilungen des Instituts für Handelsforschung an der Universität zu Köln, 24. Jg., 1972, Nr. 7, S. 69-75.

Knebel, Heinz: Der Schlüssel zum Erfolg mittelständischer Unternehmen, in: Management Heute, 1988, Nr. 6, S. 5-9.

Koch, Helmut: Unternehmenspolitik und Flexibilität, in: Bruhn, Manfred; Steffenhagen, Hartwig (Hrsg.): Marktorientierte Unternehmensführung, (Gabler) Wiesbaden 1997, S. 471-486.

Koenigs, Konstantin; Spies, Richard: Wachstumsschwellen der Unternehmen in Abhängigkeit von der Größenklasse, Arbeitspapiere zur Strukturanalyse, Nr. 23, Institut für Volkswirtschaftslehre der Universität Augsburg 1985.

Köhler, Richard: Produktpolitik - Strategische Stoßrichtung und Erfolg von Produktinnovationen, in: Hauschildt, Jürgen; Grün, Oskar (Hrsg.): Ergebnisse empirischer betrieblicher Forschung, (Schäffer-Poeschel) Stuttgart 1993, S. 255-293.

Kossbiel, Hugo: Überlegungen zur Effizienz betrieblicher Anreizsysteme, in: DBW, 54. Jg., 1994, Nr. 1, S. 75-93.

Kotler, Philip; Bliemel, Friedhelm: Marketing-Management: Analyse, Planung, Umsetzung und Steuerung, 8. Aufl., (Schäffer-Poeschel) Stuttgart 1995.

Kreilkamp, Edgar: Strategisches Management und Marketing, (de Gruyter) Berlin u.a. 1987.

Krickhahn, Thomas: Die wirtschaftlichen Verbände des Mittelstands in Deutschland, (DUV) Wiesbaden 1995.

Kricsfalussy, Andreas: Kundenorientierung = Mitarbeiterorientierung?!, in: Zeitschrift für Führung und Organisation, 1997, Nr. 2, S. 99-103.

Kroeber-Riel, Werner; Weinberg, Peter: Konsumentenverhalten, 6. Aufl., (Vahlen) München 1996.

Kube, Christian: Erfolgsfaktoren in Filialsystemen, (Gabler) Wiesbaden 1991.

Kubicek, Herbert: Organisationsforschung, (Poeschel) Stuttgart 1975.

Kühn, Richard: Methodische Überlegungen zum Umgang mit der Kundenorientierung im Marketing-Management, in: Marketing ZFP, 13. Jg., 1991, Nr. 2, S. 97-107.

Lange, Bernd: Bestimmung strategischer Erfolgsfaktoren und Grenzen ihrer empirischen Fundierung. Dargestellt am Beispiel der PIMS-Studie, in: Die Unternehmung, 36. Jg., 1982, Nr. 1, S. 27-41.

Lapierre, Jozée; Filiatrault, Pierre; Perrien, Jean: Research on service quality evaluation: evolution and methodological issues, in: Journal of Retailing and Consumer Services, 3. Jg., 1996, Nr. 2, S. 91-98.

Lasch, Rainer; Trost, Ralf: Wettbewerbs-Benchmarking: Ein empfehlenswertes Management-Instrument?, in: ZfB, 67. Jg., 1997, Nr. 7, S. 689-712.

Laurent, Monika: Vertikale Kooperationen zwischen Industrie und Handel, (Deutscher Fachverlag) Frankfurt a.M. 1996.

Lee, Jinkook; Vryza, Maria: The paradigm of retailing revitised: directions for theory and research development, in: Journal of Retailing and Consumer Services, 1. Jg., 1994, Nr. 1, S. 53-55.

Lehner, Franz: Die Erfolgsfaktoren-Analyse in der betrieblichen Informationsverarbeitung, in: ZfB, 65. Jg., 1995, Nr. 4, S. 385-409.

Leidecker, Joel K.; Bruno, Albert V.: Identifying and Using Critical Success Factors, in: Long Range Planning, 17. Jg., 1984, Nr. 1, S. 23-32.

Lenzen, W.; Reisner, H.: Kundenorientierung im Handel, in: FfH Mitteilungen, 21. Jg., 1980, Nr. 7, S. 1-7.

Lerchenmüller, Michael: Handelsbetriebslehre, (Kiehl) Ludwigshafen 1992.

Lewin, Jeffrey E.; Johnston, Wesley J.: Relationship Marketing Theory in Practice: A Case Study, in: Journal of Business Research, 39. Jg., 1997, Nr. 1, S. 23-31.

Lingenfelder, Michael; Schneider, Willi: Kundenzufriedenheit: Bedeutung, Meßkonzept und empirische Befunde, in: Marketing ZFP, 18. Jg., 1991, Nr. 2, S. 109-119.

Lord, J. Dennis; Lynds, Charles D.: The Use of Regression Models in Store Location Research: A Review and Case Study, in: Akron Business and Economic Review, 10. Jg., 1981, Sommer, S. 13-19.

Lubritz, Stefan: Internationale Strategische Allianzen mittelständischer Unternehmen - Eine theoretische und empirische Analyse, Diss., Saarbrücken 1996.

Lusch, Robert F.; Moon, SooYoung: An Exploratory Analysis of the Correlates of Labour Productivity in Retailing, in: Journal of Retailing, 60. Jg., 1984, Nr. 9, S. 37-61.

Maderner, Stephan: Was tun, wenn der Alte geht?, in: TW, 51. Jg., 1996, Nr. 17, S. 32-33.

March, James G.; Simon, Herbert A.: Organizations, (Wiley) New York u.a. 1958.

Martin, Albert: Die empirische Forschung in der Betriebswirtschaftslehre, (Poeschel) Stuttgart 1987.

Mattson, Lars-Gunnar: Management of Strategic Change in a „Market to Networks"-Perspective, in: Pettigrew, Andrew M. (Hrsg.): The Management of Strategic Change, (Basil Blackwell) Oxford 1987, S. 234-260.

Mazursky, David; Jakoby, Jacob: Forming Impressions of Merchandise and Service Quality, Working Paper Nr. 83-6, Institute of Retail Management, New York University 1983, Anhang 2.

McGee, Thomas; Thomas, Howard: Strategic Groups: Theory, Research and Taxonomy, in: Strategic Management Journal, 7. Jg., 1986, S. 141-150.

McNair, Malcolm P.: Trends in Large Scale Retailing, in: Harvard Business Review, 10. Jg., 1931, Nr. 10, S. 30-39.

Meffert, Heribert: Erfolgsfaktoren im Handel, Einführung in die Problemstellung, in: Meffert, Heribert; Wagner, Helmut (Hrsg.): Dokumentationspapier der Wissenschaftlichen Gesellschaft für Marketing und Unternehmensführung, Nr. 45, Universität Münster, Münster 1988, S. 1-13.

Meffert, Heribert; Heinemann, Gerrit: Strategische Gruppen im Handel, Eine empirische Analyse am Beispiel des textilen Einzelhandels, in: Trommsdorff, Volker (Hrsg.): Handelsforschung 1989, Forschungsstelle für den Handel Berlin (FfH) e.V., (Gabler) Wiesbaden 1989, S. 119-133.

Meffert, Heribert; Patt, Paul-Josef: Erfolgsfaktoren im Einzelhandelsmarketing, in: Schöttle, Klaus (Hrsg.): Jahrbuch Marketing, 4. Aufl., (Vulkan) Essen 1987, S. 40-61.

Meyer, Gerhard: Die Faktorkombination als strategischer Erfolgsfaktor im Einzelhandel, in: Trommsdorff, Volker (Hrsg.): Handelsforschung 1991, Forschungsstelle für den Handel Berlin (FfH) e.V., (Gabler) Wiesbaden 1992, S. 65-88.

Meyer, Margit: Ökonomische Organisation der Industrie - Netzwerkarrangements zwischen Markt und Unternehmung, (Gabler) Wiesbaden 1995.

Möbel Zahlen Daten 1996/97, (Holzmann) Hamburg 1996.

Moeller, Krischan von: Marktprozesse in der Distributionswirtschaft, (DUV) Wiesbaden 1995.

Möhle, Jürgen; Ziegler, Heiko: Berufsausbildung im Wandel: Qualifikation der Belegschaft als strategischer Erfolgsfaktor, in: Personalführung, 1996, Nr. 11, S. 956-965.

Möhlenbruch, Dirk: Sortimentspolitik im Einzelhandel, (Gabler) Wiesbaden 1994.

Möhlenbruch, Dirk; Nickel, Sylvia: Kooperationsstrategien als Element der wettbewerbsstrategischen Konzeption von Einzelhandelsunternehmungen, in: Trommsdorff, Volker (Hrsg.): Handelsforschung 1994/95, Forschungsstelle für den Handel (FfH) Berlin e.V., (Gabler) Wiesbaden 1994, S. 3-22.

Monopolkommission (Hrsg.): Elftes Hauptgutachten der Monopolkommission 1994/1995, Unterrichtung durch die Bundesregierung, Deutscher Bundestag, 13. Wahlperiode, Drucksache 13/5309, Juli 1996.

Monopolkommission (Hrsg.): Marktstruktur und Wettbewerb im Handel, Sondergutachten der Monopolkommission gemäß § 24b Abs. 5 Satz 4 GWB, (Nomos) Baden-Baden 1994.

Mugler, Josef: Betriebswirtschaftslehre der Klein- und Mittelbetriebe, 2. Aufl., (Springer) Wien u.a. 1995.

Müller, Jürgen: 36 Häuser sind erst mal genug, in: TW, 51. Jg., 1997, Nr. 33, S. 28-29.

Müller, Jürgen: Die schwedische Verkaufsmaschine, Hennes & Mauritz: So arbeitet der „McDonald's der Mode“, in: TW, 52. Jg., 1997, Nr. 28, S. 42-47.

Müller, Klaus: Kooperation bei Klein- und Mittelbetrieben - Gründe, Formen, Voraussetzungen und Hemmnisse, in: Pfohl, Hans-Christian (Hrsg.): Betriebswirtschaftslehre der Klein- und Mittelbetriebe, 2. Aufl., (Erich Schmidt) Berlin 1990, S. 349-374.

Müller-Hagedorn, Lothar: Betriebstypen im Einzelhandel, in: Tietz, Bruno; Köhler, Richard; Zentes, Joachim (Hrsg.): Handwörterbuch des Marketing, 2. Aufl., (Schäffer-Poeschel) Stuttgart 1995, Sp. 238-255.

Müller-Hagedorn, Lothar: Erfolgsfaktoren im Einzelhandel, in: Absatzwirtschaft, 37. Jg., 1993, Nr. 11, S. 90-101.

Müller-Hagedorn, Lothar: Handelsmarketing, 2. Aufl., (Kohlhammer) Stuttgart u.a. 1993.

Müller-Hagedorn, Lothar: Preisstrategien im Handel, in: Absatzwirtschaft, 40. Jg., 1996, Nr. 4, S. 40-44.

Müller-Hagedorn, Lothar; Greune, Malte: Erfolgsfaktorenforschung und Betriebsvergleich im Handel, in: Müller-Hagedorn, Lothar (Hrsg.): Mitteilungen des Instituts für Handelsforschung an der Universität zu Köln, 44. Jg., 1992, Nr. 9, S. 121-131.

Müller-Hagedorn, Lothar; Heidel, Bernd: Die Sortimentstiefe als absatzpolitisches Instrument, in: ZfbF, 38. Jg., 1986, Nr. 1, S. 39-63.

Nelson, Richard L.: The selection of Retail Locations, (Dodge) New York 1958.

Neuberger, Oswald: Führungstheorien, in: Kieser, Alfred; Reber, Gerhard; Wunderer, Rolf (Hrsg.): Handwörterbuch der Führung, (Poeschel) Stuttgart 1987, Sp. 867-880.

Neuberger, Oswald: Organisation und Führung, (Kohlhammer) Stuttgart u.a. 1977.

Nieschlag, Robert: Der Mittelstand im Handel gestern und heute, in: Treis, Bartho (Hrsg.): Der mittelständische Einzelhandel im Wettbewerb, Größenbedingte Vor- und Nachteile, (Vahlen) München 1981, S. 1-10.

Nieschlag, Robert: Die Dynamik der Betriebsformen im Handel, (Rheinisch-Westfälisches Institut für Wirtschaftsforschung) Essen 1954.

Nieschlag, Robert; Dichtl, Erwin; Hörschgen, Hans: Marketing, 18. Aufl., (Duncker & Humblot) Berlin 1997.

o.V.: An fünf Standorten die Nummer 1, in: TW, 51. Jg., 1996, Nr. 21, S. 20-21.

o.V.: Erfolgreich als Platzhirsch, in: einzelhandelsberater, 1996, Nr. 6, S. 58.

o.V.: EU definiert Mittelstand neu, in: FAZ, 8. Februar 1996, S. 14.

o.V.: Für den Aufschwung gerüstet, in: TW, 52. Jg., 1997, Nr. 16, S. 21.

o.V.: Kaufring baut auf die Kleinen Riesen, in: FAZ, 1. Februar 1996, S. 16.

o.V.: Konzentration nimmt zu, in: Handelsblatt, Nr. 147, 1. August 1996, S. 9.

o.V.: Mittelstand, Abtritt der Kerngruppe, in: BAG Handelsmagazin, 1996, Nr. 6, S. 8.

o.V.: Mittelstand, Die Kleinen schaffen Arbeitsplätze, in: BAG Handelsmagazin, 1997, Nr. 5, S. 9.

o.V.: Paradiesvögel wie wir, in: TW, 50. Jg., 1995, Nr. 47, S. 32-35.

o.V.: Spezialisierung oder Generalisierung, in: LZ, 48. Jg., 1996, Nr. 28, S. 52.

o.V.: Textilfachhandel bleibt führend, in: TW, 51. Jg., 1996, Nr. 44, S. 10.

o.V.: Wer geht als nächstes baden?, TW-Rangliste der Größten, in: TW, 50. Jg., 1995, Nr. 45, S. 38-43.

Oehme, Wolfgang: Handels-Marketing, 2. Aufl., (Vahlen) München 1992.

Olbrich, Rainer: Erfolgspositionen im Lebensmittelhandel, Ergebnisse und Konsequenzen einer repräsentativen Befragung, in: ZfB, 64. Jg., 1994, Nr. 4, S. 425-442.

Olbrich, Rainer; Reinke, Bodo: Aldi ist nicht mehr unangreifbar, in: LZ, 48. Jg., 1996, Nr. 13, S. 72-74.

Olbrich, Rainer; Reinke, Bodo: Individual- statt Systemwettbewerb. Die Bewertung von Größenwachstum im Handel, in: LZ, 48. Jg., 1996, Nr. 13, S. 66-68.

Olbrich, Rainer; Reinke, Bodo: Unternehmenswachstum im deutschen Konsumgüterhandel, Institut für Handelsmanagement, Westfälische Wilhelms-Universität Münster, Münster 1995.

Olesch, Günter: Kooperation, in: Tietz, Bruno; Köhler, Richard; Zentes, Joachim (Hrsg.): Handwörterbuch des Marketing, 2. Aufl., (Schäffer-Poeschel) Stuttgart 1995, Sp. 1273-1284.

Olten, Rainer: Wettbewerbstheorie und Wettbewerbspolitik, (Oldenbourg) München u.a. 1995.

Patt, Paul-Josef: Strategische Erfolgsfaktoren im Einzelhandel, 2. Aufl., (Peter Lang) Frankfurt a.M. 1987.

Peters, Thomas J.; Waterman, Robert H.: Auf der Suche nach Spitzenleistungen, 15. Aufl., (Moderne Industrie) Landsberg a.L. 1993.

Pfeiffer, Werner; Weiß, Enno: Lean Management, (Erich Schmidt) Nürnberg 1992.

Pfohl, Hans-Christian: Abgrenzung der Klein- und Mittelbetriebe von Großbetrieben, in: Pfohl, Hans-Christian (Hrsg.): Betriebswirtschaftslehre der Klein- und Mittelbetriebe, 2. Aufl., (Erich Schmidt) Berlin 1990, S. 1-23.

Pohl, Hans-Joachim; Rehkugler, Heinz: Management-Instrumente als Erfolgsfaktoren in mittelständischen Unternehmen, in: Internationales Gewerbearchiv (IGA), 37. Jg., 1989, Nr. 1, S. 1-13.

Porter, Michael E.: Wettbewerbsstrategie, 7. Aufl., (Campus) Frankfurt a.M. 1992.

Porter, Michael E.: Wettbewerbsvorteile, 3. Aufl., (Campus) Frankfurt a.M. 1992.

Raffée, Hans: Gegenstand, Methoden und Konzepte der Betriebswirtschaftslehre, in: Baetge, Jörg u.a. (Hrsg.): Vahlens Kompendium der Betriebswirtschaftslehre, 3. Aufl., Bd. 1, (Vahlen) München 1989, S. 1-46.

Raffée, Hans; Fritz, Wolfgang: Die Führungskonzeption erfolgreicher und weniger erfolgreicher Industrieunternehmen im Vergleich, Ergebnisse einer empirischen Untersuchung, in: ZfB, 61. Jg., 1991, Nr. 11, S. 1211-1226.

Rationalisierungs-Gemeinschaft des Handels beim RKW e.V.: Zur Lage des mittelständischen Facheinzelhandels, (RGH mbH Rationalisierungs-Gemeinschaft des Handels beim RKW e.V.) Köln 1983.

Rehkugler, Heinz: Erfolgsfaktoren der mittelständischen Unternehmen, in: WISU, 18. Jg., 1989, Nr. 11, S. 626-632.

Richter, Rudolf; Furubotn, Eirik G.: Neue Institutionenökonomik, (J.C.B. Mohr) Tübingen 1996.

Ridinger, Rudolf (Hrsg.): Gesamtwirtschaftliche Funktion des Mittelstandes, (Duncker & Humblot) Berlin 1997.

Rockart, John F.: Chief Executives Define their own Data Needs, in: Harvard Business Review, 57. Jg., 1979, Nr. 2, S. 81-93.

Roeb, Thomas: Wenn der Händler zur Marke wird, in: LZ, 49. Jg., 1997, Nr. 17, S. 81-83.

Schäfer, Henry: Beziehungsmarketing durch Dialogmarketing, in: Kaas, Klaus P. (Hrsg.): Kontrakte, Geschäftsbeziehungen, Netzwerke - Marketing und Neue Institutionenökonomik, Sonderheft Nr. 35 der ZfbF, (Verlagsgruppe Handelsblatt) Düsseldorf u.a. 1995, S. 119-138.

Schanz, Günther: Jenseits von Empirismus, in: Schanz, Günther (Hrsg.): Die Betriebswirtschaftslehre als Gegenstand kritisch-konstruktiver Betrachtungen, (Poeschel) Stuttgart 1990, S. 141-158.

Schanz, Günther: Methodologie für Betriebswirte, 2. Aufl., (Poeschel) Stuttgart 1988.

Schär, Johann F.: Allgemeine Handelsbetriebslehre, Leipzig 1911.

Schauenberg, Bernd: Theorien der Unternehmung, in: Handwörterbuch der Betriebswirtschaft, 5. Aufl., (Poeschel) Stuttgart 1993, Sp. 4168-4182.

Schawilye, Ramona: Die kleine AG als Alternative für den Mittelstand, in: WiSt, 25. Jg., 1996, Nr. 6, S. 322-323.

Schenk, Hans-Otto: Handelsforschung, in: Falk, Bernd; Wolf, Jakob (Hrsg.): Das große Lexikon für Handel und Absatz, 2. Aufl., (Moderne Industrie) Landsberg a.L. 1982, S. 312.

Schenk, Hans-Otto: Marktwirtschaftslehre des Handels, (Gabler) Wiesbaden 1991.

Schenk, Karl-Ernst: Property Rights und Theorie der Institutionen, in: WISU, 17. Jg., 1988, Nr. 4, S. 226-231.

Scherer, Frederic M.: Stand und Perspektiven der Industrieökonomik, in: Bombach, Gottfried; Gahlen, Bernhard; Ott, Alfred E. (Hrsg.): Industrieökonomik: Theorie und Empirie, (J.C.B. Mohr) Tübingen 1985, S. 3-19.

Schmidt, Axel G.: Der überproportionale Beitrag kleiner und mittlerer Unternehmen zur Beschäftigungsdynamik: Realität oder Fehlinterpretation von Statistiken?, in: ZfB, 66. Jg., 1996, Nr. 5, S. 537-557.

Schmidt, Axel; Freund, Werner: Strategien zur Sicherung der Existenz kleiner und mittlerer Unternehmen, (Schäffer-Poeschel) Stuttgart 1989.

Schmitt, Eckart: Strategien mittelständischer Welt- und Europamarktführer, (Gabler) Wiesbaden 1997.

Schoeffler, Sidney; Buzzell, Robert D.; Heany, Donald F.: Impact of Strategic Planning on Profit Performance, in: Harvard Business Review, 52. Jg., 1974, Nr. 2, S. 137-145.

Scholz, Christian: Deutsch-britische Zusammenarbeit: Organisation und Erfolg von Auslandsniederlassungen, (Hampp) München u.a. 1993.

Scholz, Christian: Organisatorische Effektivität und Effizienz, in: Frese, Erich (Hrsg.): Handwörterbuch der Organisation, 2. Aufl., (Schäffer-Poeschel) Stuttgart 1992, Sp. 533-552.

Scholz, Christian: Personalmanagement, 4. Aufl., (Vahlen) München 1994.

Scholz, Christian: Strategische Branchenanalyse durch Mustererkennung, in: ZfB, 55. Jg., 1985, Nr. 2, S. 120-137.

Scholz, Christian: Strategische Organisation, (Moderne Industrie) Landsberg a.L. 1997.

Scholz, Christian: Strategisches Management, (de Gruyter) Berlin u.a. 1987.

Schreyögg, Georg: Organisationskultur, in: Frese, Erich (Hrsg.): Handwörterbuch der Organisation, 3. Aufl., (Poeschel) Stuttgart 1992, Sp. 1525-1537.

Schröder, Hendrik: Erfolgsfaktorenforschung im Handel - Stand der Forschung und kritische Würdigung der Ergebnisse, in: Marketing-ZFP, 16. Jg., 1994, Nr. 2, S. 89-105.

Schröder, Hendrik: Minimalprogramm, Benchmarking im Handel, in: Absatzwirtschaft, 40. Jg., 1996, Nr. 9, S. 94-99.

Schröder, Hendrik: Noch besteht hoher Nachholbedarf, Bestandsaufnahme zum Umfang des Benchmarking im Handel, in: LZ, 48. Jg., 1996, Nr. 47, S. 58-59.

Schuchard-Ficher, Christiane: Multivariate Analysemethoden, 2. Aufl., (Springer) Berlin u.a. 1982.

Schulte-Zurhausen, Manfred: Organisation, (Vahlen) München 1995.

Seibert, Siegfried: Strategische Erfolgsfaktoren in mittleren Unternehmen, Diss., Frankfurt a.M. 1987.

Seyffert, Rudolf: Sortimentspolitik, in: Seyffert, Rudolf (Hrsg.): Sonderhefte der Mitteilungen des Instituts für Handelsforschung an der Universität zu Köln, Nr. 15, (Westdeutscher Verlag) Köln u.a. 1962, S. 5-12.

Seyffert, Rudolf: Wirtschaftslehre des Handels, 5. Aufl., hrsg. v. Edmund Sundhoff, (Westdeutscher Verlag) Opladen 1972.

Simon, Hermann: „Hidden Champions", Speerspitze der deutschen Wirtschaft, in: ZfB, 60. Jg., 1990, Nr. 9, S. 875-890.

Simon, Hermann: Der Erfolg der Champions, in: Absatzwirtschaft, 40. Jg., 1996, Nr. 4, S. 107-118.

Simon, Hermann: Die heimlichen Gewinner (Hidden Champions). Die Erfolgsstrategien unbekannter Weltmarktführer, (Campus) Frankfurt a.M. u.a. 1996.

Simon, Hermann: Die heimlichen Gewinner, in: gdi impuls, 14. Jg., 1996, Nr. 3, S. 26-37.

Simon, Hermann: Elemente der Erfolgsstrategien unbekannter Weltmarktführer, in: Belz, Christian (Hrsg.): Kompetenz für Marketing-Innovationen, Bd. 1, Suchfelder für innovatives Marketing, (Thexis) St. Gallen 1997, S. 100-113.

Simon, Hermann: Hidden-Champions - Speerspitzen der deutschen Wirtschaft, in: Working Paper 02-90, Lehrstuhl für BWL und Marketing, Universität Mainz, Mainz 1990.

Simon, Hermann: Lessons from Germany´s midsize giants, in: Harvard Business Review, 70. Jg., 1992, Nr. 2, S. 115-123.

Simon, Hermann: Management strategischer Wettbewerbsvorteile, in: ZfB, 58. Jg., 1988, Nr. 4, S. 461-480.

Simon, Hermann: Wettbewerbsvorteile und Wettbewerbsfähigkeit, (Poeschel) Stuttgart 1988.

Simon, Hermann; Homburg, Christian (Hrsg.): Kundenzufriedenheit als strategischer Erfolgsfaktor, 2. Aufl., (Gabler) Wiesbaden 1997.

Sineath, Palmer W.: An Empirical Investigation into the Relationship between Strategic Management and the Retail Sector, Diss., Wilmington 1975.

Spreng, Richard A.; Mackoy, Robert D.: An Empirical Examination of a Model of Perceived Service Quality and Satisfaction, in: Journal of Retailing, 72. Jg., 1996, Nr. 2, S. 201-214.

Staehle, Wolfgang H.: Deutschsprachige situative Ansätze in der Managementlehre, in: Kieser, Alfred (Hrsg.): Organisationstheoretische Ansätze, (Vahlen) München 1981, S. 215-226.

Staehle, Wolfgang H.: Führungstheorien und -konzepte, in: Frese, Erich (Hrsg.): Handwörterbuch der Organisation, 3. Aufl., (Poeschel) Stuttgart 1992, Sp. 655-676.

Staehle, Wolfgang H.: Management, Eine verhaltenswissenschaftliche Perspektive, 7. Aufl., (Vahlen) München 1994.

Staehle, Wolfgang; Sydow, Jörg: Führungsstiltheorien, in: Kieser, Alfred; Reber, Gerhard; Wunderer, Rolf (Hrsg.): Handwörterbuch der Führung, (Poeschel) Stuttgart 1987, Sp. 662-671.

Statistisches Bundesamt (Hrsg.): Fachserie 6, Handel, Gastgewerbe, Reiseverkehr, Handels- und Gaststättenzählung 1993, Einzelhandel, Heft 1: Unternehmen des Einzelhandels (Metzler-Poeschel) Stuttgart 1995.

Staudt, Erich u.a.: Kooperation als Erfolgsfaktor ostdeutscher Unternehmen, in: ZfB, 65. Jg., 1995, Nr. 11, S. 1209-1230.

Steinmann, Horst; Schreyögg, Georg: Management: Grundlagen der Unternehmensführung, 3. Aufl., (Gabler) Wiesbaden 1993.

Stier, Winfried: Empirische Forschungsmethoden, (Springer) Berlin u.a. 1996.

Sulek, Joanne M.; Lind, Mary R.; Maruchek, Ann S.: The Impact of a Customer Service Intervention and Facility Design on Firm Performance, in: Management Science, 41. Jg., 1995, Nr. 11, S. 1763-1773.

Swoboda, Bernhard: Interaktive Medien am Point of Sale, (DUV) Wiesbaden 1996.

Sydow, Jörg: Finanzdienstleistungsnetzwerke: Zur Organisation einer ökonomischen Institution des Kontraktgütermarketings, in: Kaas, Klaus P. (Hrsg.): Kontrakte, Geschäftsbeziehungen, Netzwerke - Marketing und Neue Institutionenökonomik, Sonderheft Nr. 35 der ZfbF, (Verlagsgruppe Handelsblatt) Düsseldorf u.a. 1995, S. 139-158.

Täger, Uwe Chr. u.a.: Entwicklungsstand und -perspektiven des Handels mit Konsumgütern, (Duncker & Humblot) Berlin u.a. 1994.

Täger, Uwe Chr.: Struktur und Entwicklungen des Handels in der Europäischen Gemeinschaft, Vortrag anläßlich der Vollsitzung des Ausschusses für Handel und Vertrieb der Generaldirektion XXIII der Europäischen Kommission am 26. April 1996 in Brüssel.

Täger, Uwe Chr.; Costa, Christine: Anbindung der Kleinen und Mittleren, in: BAG Handelsmagazin, 1996, Nr. 6, S. 40-42.

The Stratos Group: Strategies of small and medium-sized enterprises: descriptive results, in: Bamberger, Ingolf (Hrsg.): Product/Market Strategies of Small and Medium-sized Enterprises, (Avebury) Aldershot 1994, S. 86-131.

Theisen, Paul: Betriebsgröße im Handel, in: Tietz, Bruno (Hrsg.): Handwörterbuch der Absatzwirtschaft, (C. E. Poeschel) Stuttgart 1974, Sp. 376-384.

Theisen, Paul; Dürr, Klaus: Statistische Untersuchung des Einflusses der Betriebsgröße auf die Wirtschaftlichkeit im Einzelhandel, in: Mitteilungsblatt des Handelsinstituts an der Universität des Saarlandes, 1961, Nr. 18, S. 1-11.

Thurik, Adriaan R.: Quantitative Analysis of Retail Productivity, (W.D. Meinema B.V.) Delft 1984.

Tietz, Bruno: Der Handelsbetrieb, 2. Aufl., (Vahlen) München 1993.

Tietz, Bruno: Einzelhandelsperspektiven für die Bundesrepublik Deutschland bis zum Jahre 2010, (Deutscher Fachverlag) Frankfurt a.M. 1992.

Tietz, Bruno: Grundlagen der Handelsforschung, (gdi) Rüschlikon 1969.

Tietz, Bruno: Handbuch Franchising, 2. Aufl., (Moderne Industrie) Landsberg a.L. 1991.

Tietz, Bruno: Marktbearbeitung morgen, (Moderne Industrie) Landsberg a.L. 1988.

Tietz, Bruno: Neue Aspekte der Wettbewerbsforschung, in: Marketing ZFP, 8. Jg., 1986, Nr. 2, S. 115-122.

Tietz, Bruno: Zukunftsstrategien für Handelsunternehmen, (Deutscher Fachverlag) Frankfurt a.M. 1993.

Tomczak, Torsten: Forschungsmethoden in der Marketingwissenschaft, Ein Plädoyer für den qualitativen Forschungsansatz, in: Marketing ZFP, 14. Jg., 1992, Nr. 2, S. 77-88.

Tomczak, Torsten: Situative Marketingstrategien, (de Gruyter) Berlin u.a. 1989.

Treis, Bartho: Größenbedingte Vor- und Nachteile mittelständischer Einzelhandelsunternehmen im Beschaffungsbereich, in: Treis, Bartho (Hrsg.): Der mittelständische Einzelhandel im Wettbewerb, Größenbedingte Vor- und Nachteile, (Vahlen) München 1981.

Treis, Bartho: Perspektiven des mittelständischen Einzelhandels, Vortrag im Sommer 1995, hrsg. v. Institut für Marketing & Handel, Universität Göttingen, Göttingen 1995.

Treis, Bartho: Standortpolitik, in: Tietz, Bruno; Köhler, Richard; Zentes, Joachim (Hrsg.): Handwörterbuch des Marketing, 2. Aufl., (Schäffer-Poeschel) Stuttgart 1995, Sp. 2364-2379.

Treis, Bartho: Zur Problematik der statistischen Erfaßbarkeit des Mittelstands im Einzelhandel, in: Treis, Bartho (Hrsg.): Der mittelständische Einzelhandel im Wettbewerb, Größenbedingte Vor- und Nachteile, (Vahlen) München 1981, S. 11-20.

Trommsdorff, Volker: Die Messung von Produktimages für das Marketing. Grundlagen und Operationalisierung, (Carl Heymanns) Köln u.a. 1975.

Trommsdorff, Volker: Erfolgsfaktorenforschung, Produktinnovation und Schnittstelle Marketing, F&E, Diskussionspapier 143, Wirtschaftswissenschaftliche Dokumentation, Technische Universität Berlin 1990.

Trommsdorff, Volker: Kundenorientierung verhaltenswissenschaftlich gesehen, in: Bruhn, Manfred; Steffenhagen, Hartwig (Hrsg.): Marktorientierte Unternehmensführung, (Gabler) Wiesbaden 1997, S. 275-293.

Trommsdorff, Volker; Bienert, Michael: Handelsforschung, in: Gabler-Wirtschafts-Lexikon, Bd. 2, 13. Aufl., (Gabler) Wiesbaden 1992, S. 1461-1466.

Trommsdorff, Volker; Kube, Christian: Erfolgsfaktor-Strukturen im Filialsystem erforschen und steuern, in: Trommsdorff, Volker (Hrsg.): Handelsforschung 1991, Forschungsstelle für den Handel (FfH) e.V., (Gabler) Wiesbaden 1992, S. 17-45.

Ulrich, Peter: Unternehmenskultur, in: Wittmann, Waldemar u.a. (Hrsg.): Handwörterbuch der Betriebswirtschaft, 5. Aufl., (Poeschel) Stuttgart 1993, Sp. 4351-4366.

Vlosky, Richard P.; Wilson, Elisabeth J.: Partnering and Traditional Relationships in Business Marketing: An Introduction to the Special Issue, in: Journal of Business Research, 39. Jg., 1997, Nr. 1, S. 1-4.

Wagner, Helmut: Marktorientierte Unternehmensführung versus Orientierung an Mitarbeiterinteressen, Shareholder-Value und Gemeinwohlverpflichtung, in: Bruhn, Manfred; Steffenhagen, Hartwig (Hrsg.): Marktorientierte Unternehmensführung, (Gabler) Wiesbaden 1997, S. 88-102.

Wahle, Peter: Erfolgsdeterminanten im Einzelhandel, (Peter Lang) Frankfurt a.M. u.a. 1991.

Wahle, Peter: Erfolgsdeterminanten im mittelständischen Einzelhandel, Ergebnisse einer theoriegestützten empirischen Analyse im Radio- und Fernsehfacheinzelhandel, in: Internationales Gewerbearchiv (IGA), 39. Jg., 1991, Nr. 3, S. 173-174.

Warnaby, Gary; Woodruffe, Helen: Cost effective differentiation: an application of strategic concepts to retailing, in: International Review of Retail, Distribution and Consumer Research, 5. Jg., 1995, Nr. 3, S. 253-269.

Wehrli, Hans P.; Wirtz, Bernd W.: Mass Customization und Kundenbeziehungsmanagement, Aspekte und Gestaltungsvarianten transaktionsspezifischer Marketingbeziehungen, in: Jahrbuch der Absatz- und Verbrauchsforschung, 43. Jg., 1997, Nr. 2, S. 116-138.

Weinberg, Peter: Erlebnismarketing, (Vahlen) München 1992.

Weinberg, Peter: Erlebnismarketing, in: Tietz, Bruno; Köhler, Richard; Zentes, Joachim (Hrsg.): Handwörterbuch des Marketing, (Schäffer-Poeschel) Stuttgart 1995, Sp. 607-615.

Welsh, John A.; White, Jerry F.: A small business is not a little big business, in: Harvard Business Review, 59. Jg., 1981, Nr. 4, S. 18-32.

Wieselhuber, Norbert: Kritische Wachstumsschwellen in der Unternehmensentwicklung: rechtzeitig erkennen - richtig bewerten - erfolgreich meistern, 3. Aufl., (RKW) Eschborn 1989.

Wilde, Klaus D.: Bewertung von Produkt-Markt-Strategien, (Duncker & Humblot) Berlin 1989.

Williamson, Oliver E.: The Economic Institutions of Capitalism - Firms, Markets, Relational Contracting, (Macmillan) New York u.a. 1985.

Wimmer, Rolf u.a.: Familienunternehmen, Chancen und Risiken, (Gabler) Wiesbaden 1996.

Witte, Eberhard: Effizienz der Führung, in: Kieser, Alfred u.a. (Hrsg.): Handwörterbuch der Führung, (Poeschel) Stuttgart 1987, Sp. 163-175.

Witte, Eberhard: Entscheidungsprozesse, in: Wittmann, Waldemar u.a. (Hrsg.): Handwörterbuch der Betriebswirtschaft, 5. Aufl., (Poeschel) Stuttgart 1993, Sp. 910-920.

Wolff, Rolf; Goldberg, Walter H.: Das mittelständische Unternehmen und seine Umwelt - Anmerkungen zu einer betriebswirtschaftlichen Theorie der Interorganisationsbeziehungen, in: Albach, Horst; Held, Thomas (Hrsg.): Betriebswirtschaftslehre mittelständischer Unternehmen, (Poeschel) Stuttgart 1984, S. 523-542.

Wölk, Andrea: Erfolgsfaktoren kleiner und mittlerer Unternehmen im Einzelhandel - Eine empirische Studie, in: Trommsdorff, Volker (Hrsg.): Handelsforschung 1991, Forschungsstelle für den Handel Berlin (FfH) e.V., (Gabler) Wiesbaden 1992, S. 47-64.

Wölk, Andrea: Zukunftschancen kleiner und mittlerer Unternehmen im Einzelhandel, hrsg. v. Forschungsstelle für den Handel Berlin (Ffh) e.V., Berlin 1991.

Wöllenstein, Stephan: Betriebstypenprofilierung in vertraglichen Vertriebssystemen, (Peter Lang) Frankfurt a.M. u.a. 1996.

Woo, Carolyn Y.; Cooper, Arnold C.: Erfolg trotz kleinen Marktanteils, in: Harvard Manager, 6. Jg., 1984, Nr. 3, S. 72-75.

Woratschek, Herbert: Betriebsform, Markt und Strategie, (Gabler) Wiesbaden 1992.

Woratschek, Herbert: Die Positionierung von Handelsbetrieben: Ein Modell zur Unterstützung der Positionierungsentscheidung, in: Trommsdorff, Volker (Hrsg.): Handelsforschung 1996/97, Forschungsstelle für den Handel Berlin (FfH) e.V., (Gabler) Wiesbaden 1996, S. 3-24.

Wunderer, Rolf: Führungsforschung und Betriebswirtschaftslehre, in: Kieser, Alfred: Handwörterbuch der Führung, (Poeschel) Stuttgart 1987, Sp. 411-422.

Yim, Byung-Chun: Wachstumsschwellen von kleinen und mittleren Unternehmen, Diss., Stuttgart 1989.

Zeitel, Gerhard: Volkswirtschaftliche Bedeutung von Klein- und Mittelbetrieben, in: Pfohl, Hans-Christian (Hrsg.): Betriebswirtschaftslehre der Klein- und Mittelbetriebe, 2. Aufl., (Erich Schmidt) Berlin 1990, S. 24-44.

Zentes, Joachim: „Hidden Champions - Die Zukunft gehört den Kleinen Riesen", in: Express, Händlerzeitschrift Blaupunkt, Ausgabe „Markt", 1997, Nr. 2.

Zentes, Joachim: Grundbegriffe des Marketing, 4. Aufl., (Schäffer-Poeschel) Stuttgart 1996.

Zentes, Joachim: Kooperative Wettbewerbsstrategien im internationalen Konsumgütermarketing, in: Zentes, Joachim (Hrsg.): Strategische Partnerschaften im Handel, (Poeschel) Stuttgart 1992, S. 3-31.

Zentes, Joachim: Strategische Allianzen: Neuorientierung der kooperativen Wettbewerbsstrategien im Handel, in: Trommsdorff, Volker (Hrsg.): Handelsforschung 1994/95, Forschungsstelle für den Handel Berlin (FfH) e.V., (Gabler) Wiesbaden 1994, S. 73-85.

Zentes, Joachim: Trends und Erfolgsreserven im Handelsmanagement, in: Belz, Christian (Hrsg.): Kompetenz für Marketing-Innovationen, Bd. 3, Handelsdynamik, (Thexis) St. Gallen 1997, S. 88-96.

Zentes, Joachim; Opgenhoff, Ludger: Kundenzufriedenheit als Erfolgsfaktor im Handel, in: GDI-Handelstrendletter I/95, (gdi) Rüschlikon 1995, S. 1-47.

Zentes, Joachim; Swoboda, Bernhard: Grundbegriffe des Internationalen Managements, (Schäffer-Poeschel) Stuttgart 1997.

Zopp, Hans: Differenzierungsgründe der Leistung bei gleichgearteten Einzelhandelsbetrieben, (Westdeutscher Verlag) Köln u.a. 1965.

Anhang

A. Fragebogen

Forschungsprojekt

„Erfolgsfaktoren mittelständischer Einzelhandelsunternehmen"

in Kooperation mit KATAG und weiteren Verbundgruppen

- Standardisierter Fragebogen -

Empirische Studie des
INSTITUT FÜR HANDEL UND INTERNATIONALES MARKETING
an der Universität des Saarlandes, Saarbrücken
Direktor: Univ.-Professor Dr. Joachim Zentes

Wissenschaftliche Projektleitung: Dipl.-Kfm. Joachim Hurth

Rücksendung erbeten bis spätestens 18 April 1997

Saarbrücken, im März 1997

Hinweise zum Fragebogen:

1. Der Fragebogen enthält zwei Skalenarten, niedrige Werte bedeuten negative Beurteilung, z.B.:

①--------②--------③--------④--------⑤		-2	-1	0	+1	+2
stimme nicht zu	**stimme voll zu**	**stark gesungen**				**stark gestiegen**
geringe Bedeutung	**hohe Bedeutung**	**unterdurchschnittlich**				**überdurchschnittlich**
sehr selten	**sehr oft**	**nicht zufrieden**				**sehr zufrieden**
usw.						

2. Wenn nach der Entwicklung in den letzten drei Jahren gefragt wird, ist das Verhältnis des Wertes im Jahr 1996 zum Wert im Jahr 1993 gemeint.

A. Zum Unternehmen

1.	Welcher der folgenden Branchen ist Ihr Unternehmen schwerpunktmäßig zuzuordnen?	( ) Textil/Bekleidung ( ) Schuhe ( ) Unterhaltungselektronik ( ) Möbel ( ) Sonstige ____________________
2.	Wie hoch ist der Einzelhandelsumsatzanteil der von Ihnen angegebenen Hauptwarengruppe?	ca. ____________ %
3.	Wieviel Beschäftigte hatte Ihr Unternehmen im Durchschnitt des Jahres 1996? (umgerechnet auf Vollzeit, d.h. Teilzeitbeschäftigte und Auszubildende = 0,5)	________________________
4.	Wie hoch ist der Anteil der Teilzeitbeschäftigten in Ihrem Unternehmen (nicht vollzeitbeschäftigt)?	ca. ____________ %
5.	Wieviele Einzelhandelsbetriebsstätten haben Sie Ende des Jahres 1996 betrieben? (inkl. Stammhaus) davon in Ostdeutschland	________________________ ________________________
6.	Wieviele Einzelhandelsbetriebsstätten haben Sie in den letzten drei Jahren eröffnet oder geschlossen?	___ eröffnet ___ geschlossen ( ) keine Veränderung
7.	Planen Sie, neue Einzelhandelsbetriebsstätten in den nächsten drei Jahren zu eröffnen? Wenn ja, wieviele?	( ) ja ( ) nein ( ) eventuell ________________________
8.	In welchem Jahr wurde Ihr Unternehmen gegründet?	________________________

B. Unternehmensgrundsätze und Ziele

1. Jedes Unternehmen hat gewisse Grundsätze, inwieweit stimmen Sie den folgenden Statements zu?

		stimme nicht zu — **stimme voll zu**
1.	Unsere Mitarbeiter sind stolz auf das Unternehmen.	①------②------③------④------⑤
2.	Der private Kontakt zwischen den Mitarbeitern ist stark ausgeprägt.	①------②------③------④------⑤
3.	Der Entscheidungsspielraum unserer Führungskräfte ist bei uns genau festgelegt.	①------②------③------④------⑤
4.	Wir haben eine große Anzahl von detaillierten Regeln für unsere Aktivitäten.	①------②------③------④------⑤
5.	Was zählt, ist das Ergebnis.	①------②------③------④------⑤
6.	Überstunden sind bei uns etwas ganz normales.	①------②------③------④------⑤
7.	Schnelle Entscheidungen sind für uns überlebenswichtig.	①------②------③------④------⑤
8.	Besprechungen werden bei uns eher kurz gehalten.	①------②------③------④------⑤
9.	Bei uns sind die Qualifikationsanforderungen besonders hoch.	①------②------③------④------⑤
10.	Unsere Mitarbeiter müssen eine Vielzahl von unterschiedlichen Arbeiten beherrschen.	①------②------③------④------⑤
11.	Wir verbringen viel Zeit damit, die Kundenprobleme genau zu kennen. - Geschäftsführung - Abteilungsleitung	 ①------②------③------④------⑤ ①------②------③------④------⑤
12.	Bei uns herrscht ein ehrliches, offenes Vertrauensverhältnis.	①------②------③------④------⑤
13.	Unsere Abteilungen wissen immer, was in anderen Abteilungen passiert.	①------②------③------④------⑤
14.	Die Karrieremechanismen sind bei uns gut durchschaubar.	①------②------③------④------⑤
15.	Selbst im Beisein von Kunden halte ich zu meinen Mitarbeitern.	①------②------③------④------⑤
16.	Für die folgenden Bereiche existieren bei uns detaillierte Pläne: - Sortiment - Personal	 ①------②------③------④------⑤ ①------②------③------④------⑤

2. Welche Bedeutung haben die nachfolgenden Ziele für Ihr Unternehmen?

	Bitte bewerten Sie zuerst die Bedeutung der einzelnen Ziele von gering bis sehr hoch. (1. Spalte) Vergeben Sie anschließend Rangplätze von 1 bis 4, z.B. Gewinn als wichtigstes Ziel = 1 usw. (2. Spalte)	**geringe Bedeutung** **sehr hohe Bedeutung**	**Rangplatz 1-4**
1.	Umsatzwachstum	①---②---③---④---⑤	
2.	Gewinn	①---②---③---④---⑤	
3.	Sicherung des Unternehmensbestandes	①---②---③---④---⑤	
4.	Sicherung der Unabhängigkeit	①---②---③---④---⑤	

C. Unternehmenspolitik

1. Handelsprogrammpolitik

a. Standort

Bitte beantworten Sie einige Fragen zur Standortlage Ihrer Einzelhandelsstätten. Die Fragen sind in der Mehrzahl formuliert, können aber auch bei nur einer Betriebsstätte beantwortet werden.

1.	Liegen Ihre Standorte eher in Agglomerations- (Shopping-Center, Fußgängerzone usw.) oder in Einzellagen?	( ) Eher Agglomeration ( ) Eher Einzellage
2.	Wie beurteilen Sie folgende Statements?	**stimme nicht zu** **stimme voll zu**
	Die Standorte sind für unsere Kunden gut erreichbar	①------②------③------④------⑤
	Es stehen genügend Parkplätze in der Umgebung unserer Standorte zur Verfügung	①------②------③------④------⑤
3.	In welchen Stadtgrößen sind Ihre Häuser <u>überwiegend</u> angesiedelt?	( ) Kleinstädte (bis 20.000 Einwohner) ( ) Mittelstädte (20.000-100.000 Einwohner) ( ) Großstädte (über 100.000 Einwohner)
4.	Wie ist die regionale Verteilung Ihrer Betriebsstätten?	( ) eine/alle Filialen in einer Stadt ( ) mehrere Filialen in der Region ( ) Filialen in ganz Deutschland

b. Beschaffung/Kooperation

		Beschaffungsanteil in %
1.	Auf welchem Wege beziehen Sie Ihre Ware und in welchem Umfang? Wie ist die Rechnungsabwicklung? Die Summe sollte 100 % ergeben.	Kauf beim Hersteller, Zahlung an Hersteller __________ Kauf beim Hersteller, Zahlung über Kooperation __________ Kauf bei Kooperation __________ Sonstige __________
2.	Kooperieren Sie langfristig mit einer der folgenden Gruppen?	( ) Industrie ( ) Sonstige ( ) Großhandel ( ) Keine Koop. ( ) Wettbewerber
	Wenn ja, wie intensiv sind diese Kooperationen?	**Nur lose Vereinbarungen** … **straffe vertragliche Zusammenarbeit** ①------②------③------④------⑤
3.	Sind Sie Mitglied einer Beschaffungskooperation? Sie können auch mehrere Alternativen ankreuzen.	( ) Klassischer Einkaufsverbund ( ) Kooperation mit befreundeten Einzelhändlern („freie Kooperation“) ( ) Keine Beschaffungskooperation
4.	Welche Bedeutung hat die Mitgliedschaft in Ihren Kooperationen für Ihren Unternehmensbestand?	**nur geringe Bedeutung** … **existentielle Bedeutung** ①------②------③------④------⑤
5.	Wie groß war Ihr Lagerumschlag im Durchschnitt der letzten drei Jahre?	ca. __________
6.	Pflegen Sie einen elektronischen Informationsaustausch mit Marktpartnern? (auch mit Verbundgruppe)	( ) Datenträgeraustausch ( ) Online/Offline-Verbindung ( ) Informationsverbund nicht vorhanden, aber geplant ( ) Informationsverbund nicht vorhanden, nicht geplant
7.	Nutzen Sie ein computergestütztes Warenwirtschaftssystem?	( ) ja ( ) nein

c. Sortiment

1.	Wie haben sich folgende Merkmale Ihres Sortiments in den letzten drei Jahren entwickelt?	**stark gesunken** … **stark gestiegen**
	Anzahl der Artikel (Sortimentstiefe)	-2 -1 0 +1 +2
	Anzahl der Warengruppen/Teilsortimente (Sortimentsbreite)	-2 -1 0 +1 +2
	Preislage (niedrig- oder hochpreisige Waren)	-2 -1 0 +1 +2
2.	Wie stufen Sie Ihr Sortiment hinsichtlich der folgenden Merkmale gegenüber vergleichbaren Unternehmen ein?	
	Sortimentsbreite	**Breites Sortiment für alle Kundengruppen** … **Spezielles, segmentspezifisches Sortiment**
		①------②------③------④------⑤
	Preislage	**Sehr niedrigpreisig** … **Sehr hochpreisig**
		-2 -1 0 +1 +2
3.	Falls Sie Eigenmarken führen, wie hoch ist deren Umsatzanteil? (echte Eigenmarken, keine Exklusivmarken, auch Labelling)	ca. ____________ %
4.	Wie hoch ist der Umsatzanteil von Verbundmarken (Eigenmarken der Verbundgruppe)?	ca. ____________ %

d. Service

1.	Wieviel Stunden sind Ihre Läden in der Woche durchschnittlich geöffnet?	ca. ____________ Stunden
2.	Haben Sie die Ladenöffnungszeiten nach der Liberalisierung verändert?	( ) ja ( ) nein
3.	Wie schätzen Sie Ihr Serviceniveau im Vergleich zur Konkurrenz ein?	**stark unterdurchschnittlich** … **stark überdurchschnittlich**
	Generelles Serviceniveau	-2 -1 0 +1 +2
	Beratung	-2 -1 0 +1 +2
	Kulanz (Umtausch, Reklamationsabwicklung)	-2 -1 0 +1 +2
	Warenbereitstellung (Zustellung, Reservierung)	-2 -1 0 +1 +2

3.	Wie häufig ...	**seltener**	**einmal alle 6 Monate**	**einmal alle 3 Monate**	**einmal im Monat**	**alle 14 Tage**
	wechseln Sie die Innendekoration Ihrer Geschäfte?	①	②	③	④	⑤
	wechseln Sie die Schaufenstergestaltung Ihrer Geschäfte?	①	②	③	④	⑤
	finden Verkaufsförderungsaktionen statt?	①	②	③	④	⑤
4.	Nutzen Sie systematisch Kundeninformationen?	**Eher nicht**				**sehr intensiv**
		①------②------③------④------⑤				

e. Personal

1.	Wie hoch sind Ihre durchschnittlichen Personalkosten in % des Umsatzes?	ca. ___________ %				
2.	Wie intensiv setzen Sie leistungsabhängige Vergütung ein?	**gar nicht**				**sehr intensiv**
	Verkaufspersonal (Prämien, Provisionen)	①------②------③------④------⑤				
	Führungskräfte (Prämien, Provisionen, Tantieme)	①------②------③------④------⑤				
3.	Wie häufig nehmen folgende Mitarbeitergruppen an Weiterbildungsmaßnahmen teil?	**nie**	**seltener als einmal alle 6 Monate**	**einmal alle 6 Monate**	**einmal alle 3 Monate**	**mindestens einmal im Monat**
	Lehrlinge, Verkaufspersonal, untere Führungskräfte	①	②	③	④	⑤
	Mittlere und obere Führungskräfte	①	②	③	④	⑤
4.	Wie schätzen Sie das Gehaltsniveau Ihrer Mitarbeiter im Vergleich zur Branché ein?	**stark unterdurchschnittlich**				**stark überdurchschnittlich**
		-2	-1	0	+1	+2

f. Strategie

1.	Wie würden Sie Ihre Absatzmarktstrategie einordnen? Sie können auch mehrere der Alternativen ankreuzen.	( ) Preisführerschaft ( ) Differenzierung, z.B. durch Service oder Kommunikationspolitik ( ) Konzentration auf Marktnischen, z.B. Kundengruppe
2.	Welchem der folgenden Betriebstypen ordnen Sie Ihre Läden zu? Wenn Sie verschiedene Betriebstypen führen, kreuzen Sie mehrere an.	( ) Spezialgeschäft ( ) Fachgeschäft ( ) Fachmarkt ( ) Fachdiskonter ( ) Warenhaus/ Kaufhaus ( ) Sonstige
	Falls Sie mehrere Betriebstypen führen, welcher ist der wichtigste Betriebstyp?	___________

2. Management

a. Organisation

1.	In wieviel Hierarchien ist Ihr Unternehmen gegliedert? Welche sind das?	___________ ______________________________
2.	Wie schätzen Sie folgende Aussage zur Organisationsstruktur ein?	**trifft nicht zu** … **trifft voll zu**
	Wir versuchen, den Grad der Entscheidungsdelegation an nachgelagerte Instanzen und Mitarbeiter zu erhöhen.	①------②------③------④------⑤
3.	Existiert ein Beirat, Aufsichtsrat oder ein sonstiges Kontrollgremium?	( ) ja ( ) nein
4.	Wieviele Mitglieder hat Ihre Geschäftsführung?	___________
5.	Besteht die Geschäftsführung	( ) ausschließlich aus Eigentümern bzw. Familienmitgliedern? ( ) ausschließlich aus angestellten Führungskräften? ( ) Kombination?
6.	Wie verteilen sich Ihre Mitarbeiter auf die folgenden Bereiche?	Verkauf und verkaufsnahe Bereiche ca. _________ % Sonstige (Verwaltung, Fuhrpark, Lager, Werkstatt usw.) ca. _________ %

b. Führung

<table>
<tr><td>1.</td><td colspan="3">Bitte beurteilen Sie folgendes Statement.</td><td colspan="5">Trifft nicht zu … trifft voll zu</td></tr>
<tr><td></td><td colspan="3">Ich besuche regelmäßig Tagungen und Kongresse.</td><td colspan="5">①------②------③------④------⑤</td></tr>
<tr><td>2.</td><td colspan="3">Wie lange</td><td colspan="5"></td></tr>
<tr><td></td><td colspan="3">arbeiten Sie bereits in der Branche?</td><td colspan="5">ca. __________ Jahre</td></tr>
<tr><td></td><td colspan="3">arbeiten Sie bereits in ähnlicher Position?</td><td colspan="5">ca. __________ Jahre</td></tr>
<tr><td></td><td colspan="3">arbeiten Sie bereits im Unternehmen?</td><td colspan="5">ca. __________ Jahre</td></tr>
<tr><td>3.</td><td colspan="3">Welchen Schulabschluß haben Sie?</td><td colspan="5">( ) kein Abschluß
( ) bis einschließlich Abitur, auch Lehre
( ) Studium (Uni, Fachhochschule usw.)</td></tr>
<tr><td>4.</td><td colspan="3">Wie beurteilen Sie folgende Statements?</td><td colspan="5">trifft nicht zu … trifft voll zu</td></tr>
<tr><td></td><td colspan="3">Ich habe gute persönliche Beziehungen zu externen Partnern, z.B. Banken, Lieferanten und Behörden.</td><td colspan="5">①------②------③------④------⑤</td></tr>
<tr><td></td><td colspan="3">Gute persönliche Beziehungen sind wichtig für das Unternehmen.</td><td colspan="5">①------②------③------④------⑤</td></tr>
<tr><td>5.</td><td>Wie ist der übliche Ablauf der Entscheidungsfindung in Ihrem Unternehmen? Unterscheiden Sie bitte strategische und Umsetzungsfragen.

Falls die Aussagen nicht genau zutreffen, entscheiden Sie sich für die Alternative, die der Realität am nächsten kommt.</td><td>Der Vorgesetzte entscheidet und gibt die Entscheidung bekannt</td><td>Der Vorgesetzte entscheidet, verkauft seine Entscheidung aber diplomatisch</td><td>Der Vorgesetzte präsentiert seine Ideen und bittet um weitere Vorschläge</td><td>Der Vorgesetzte präsentiert seine Vorschläge und ermuntert zu Veränderungsvorschlägen</td><td>Der Vorgesetzte präsentiert Probleme, sucht Vorschläge trifft aber dann doch die Entscheidung</td><td>Der Vorgesetzte setzt Rahmenbedingungen, die Gruppe löst das Problem</td><td>Der Vorgesetzte fungiert als Koordinator für Problemdefinitionen, Alternativsuche und Entscheidung</td></tr>
<tr><td></td><td>Strategische Fragen</td><td>(1)</td><td>(2)</td><td>(3)</td><td>(4)</td><td>(5)</td><td>(6)</td><td>(7)</td></tr>
<tr><td></td><td>Umsetzungsfragen</td><td>(1)</td><td>(2)</td><td>(3)</td><td>(4)</td><td>(5)</td><td>(6)</td><td>(7)</td></tr>
<tr><td>6.</td><td colspan="3">Wie steuern Sie Ihr Unternehmen?</td><td colspan="5">( ) eher intuitiv/Erfahrung
( ) eher Kennzahlensteuerung, z.B. Beobachtung vonProduktivitäts- oder Kostenentwicklung
( ) Kombination</td></tr>
<tr><td>7.</td><td colspan="3">Arbeiten Sie mit Unternehmensberatern zusammen?</td><td colspan="5">( ) häufig
( ) selten
( ) nie</td></tr>
</table>

D. Unternehmensdaten

Bitte beziehen Sie die folgenden Fragen auf Ihr Gesamtunternehmen.

1.	Wie hoch war der Bruttojahresumsatz Ihres Unternehmens im Jahre 1996? Bitte ordnen Sie sich einer Umsatzklasse zu.	( ) < 2 Mio. DM ( ) 2 Mio. DM bis < 5 Mio. DM ( ) 5 Mio. DM bis < 10 Mio. DM ( ) 10 Mio. DM bis < 25 Mio. DM ( ) 25 Mio. DM bis < 50 Mio. DM ( ) 50 Mio. DM bis < 100 Mio. DM ( ) 100 Mio. DM bis < 250 Mio. DM ( ) 250 Mio. DM bis < 1 Mrd. DM ( ) >/= 1 Mrd. DM
2.	Wie hoch war der Umsatz je Mitarbeiter (nicht je Verkaufskraft) im Durchschnitt der letzten 3 Jahre?	ca. ___________ DM

Wie beurteilen Sie Ihre durchschnittliche Mitarbeiterproduktivität gegenüber vergleichbaren Unternehmen?
Sollten Sie die Produktivitäten vergleichbarer Unternehmen nicht kennen, sind als Anhaltspunkt die Branchendurchschnittswerte nach IfH (Institut für Handel, Uni Köln) angegeben.

		Unsere Mitarbeiterproduktivität				
Umsatz je Mitarbeiter und Jahr		**war mehr als 30 % niedriger**	**war 10 bis 30 % niedriger**	**war etwa durchschnittlich**	**war 10 bis 30 % höher**	**war mehr als 30 % höher**
Textil/Bekleidung	**ca. 246 000 DM**					
Schuhe	**ca. 211 000 DM**					
Unterhaltungselektronik*	**ca. 237 000 DM**					
Möbel	**ca. 373 000 DM**					
* Radio- und Fernseheinzelhandel		①	②	③	④	⑤

3.	Wie zufrieden sind Sie mit der Erreichung der folgenden Ziele in den letzten drei Jahren?	**gar nicht zufrieden**				**sehr zufrieden**
	Umsatzwachstum	-2	-1	0	+1	+2
	Gewinn	-2	-1	0	+1	+2
	Sicherung des Unternehmensbestandes	-2	-1	0	+1	+2
	Sicherung der Unabhängigkeit	-2	-1	0	+1	+2

4. Bitte beantworten Sie die folgende Frage in zwei Schritten.
A) Wie haben sich die folgenden Größen in den letzten drei Jahren **verändert**?
(z.B. Umsatz 1996/Umsatz 1993 = 110 = Wachstum von insgesamt 10 %) (1. Spalte)
B) Wie schätzen Sie Ihre Wachstumswerte ein gegenüber vergleichbaren Unternehmen? (2. Spalte)

	Wachstum/Rückgang	**Vergleichbare Unternehmen**				
	1996/1993	**wesentlich schlechter**				**wesentlich besser**
Umsatz	ca. ___________	-2	-1	0	+1	+2
Gewinn	ca. ___________	-2	-1	0	+1	+2

5.	Halten Sie Ihr Unternehmen für einen der Marktführer in dem für Sie relevanten Markt?	( ) ja ( ) nein

E. Wettbewerb

1.	Wie beurteilen Sie die Wahrscheinlichkeit, daß in den nächsten drei Jahren neue Wettbewerber in Ihren Markt eintreten?	**nicht wahrscheinlich** … **sehr wahrscheinlich** -2 -1 0 +1 +2
2.	Inwieweit bedeutet der Eintritt neuer Wettbewerber in Ihren Markt eine Gefahr für Ihr Unternehmen?	**keine Gefahr** … **große Gefahr** ①------②------③------④------⑤
3.	Wie beurteilen Sie die Wahrscheinlichkeit, daß Sie durch Direktabsatz als Absatzweg an Bedeutung verlieren?	**nicht wahrscheinlich** … **sehr wahrscheinlich** -2 -1 0 +1 +2
4.	Inwieweit bedeuten solche Direktvertriebsaktivitäten eine Gefahr für Ihr Unternehmen?	**keine Gefahr** … **große Gefahr** ①------②------③------④------⑤
5.	Der Wettbewerbsdruck hat sich in den letzten drei Jahren...	**stark verringert** … **stark erhöht** -2 -1 0 +1 +2

6. Bitte bewerten Sie Ihre Wettbewerbsposition in zwei Schritten.
A) In welchen der folgenden Bereichen sind Sie **besser als** Ihre **Konkurrenz**? (1. Spalte)

B) Wie groß ist die **Bedeutung** der angegebenen Bereiche Ihrer Meinung nach zur **Erringung** von **Wettbewerbsvorteilen**? (2. Spalte)

	Vergleich zur Konkurrenz	**Bedeutung zur Erzielung von Wettbewerbsvorteilen**
	viel schlechter als Konkurrenz … **viel besser als Konkurrenz**	**geringe Bedeutung** … **sehr hohe Bedeutung**
Fachkompetenz der Mitarbeiter	-2 -1 0 +1 +2	①----②----③----④----⑤
Service	-2 -1 0 +1 +2	①----②----③----④----⑤
Flexibilität	-2 -1 0 +1 +2	①----②----③----④----⑤
Sortiment	-2 -1 0 +1 +2	①----②----③----④----⑤
Standorte	-2 -1 0 +1 +2	①----②----③----④----⑤
Führung	-2 -1 0 +1 +2	①----②----③----④----⑤
Kundenorientierung	-2 -1 0 +1 +2	①----②----③----④----⑤

F. Abschlußfrage

Bitte beurteilen Sie abschließend folgende Statements.

		stimme nicht zu ... stimme voll zu
1.	Wir haben eine leistungsfördernde Unternehmens-kultur.	①------②------③------④------⑤
2.	Wir haben überwiegend gute Standorte.	①------②------③------④------⑤
3.	Wir profitieren von Kooperationen.	①------②------③------④------⑤
4.	Wir verfügen über eine ausreichende Betriebsgröße.	①------②------③------④------⑤
5.	Wir verfügen über ein profiliertes Sortiment.	①------②------③------④------⑤
6.	Unser Serviceniveau ist angemessen.	①------②------③------④------⑤
7.	Wir sind flexibel.	①------②------③------④------⑤
8.	Wir haben ausreichend Personal.	①------②------③------④------⑤
9.	Wir haben kompetentes Personal.	①------②------③------④------⑤
10.	Wir konzentrieren uns auf unsere Stärken.	①------②------③------④------⑤
11.	Wir sind kundenorientiert.	①------②------③------④------⑤
12.	Wir verfügen über eine funktionsfähige Organisation.	①------②------③------④------⑤
13.	Wir haben kompetente Führungskräfte.	①------②------③------④------⑤
14.	Wir sind in einer guten Wettbewerbsposition.	①------②------③------④------⑤

Vielen Dank für Ihre Mitwirkung!

Die Untersuchungsergebnisse erhalten Sie, indem Sie die nachfolgende Seite ausfüllen. Zur Wahrung Ihrer Anonymität können Sie diese vom Fragebogen abtrennen und mit getrennter Post an uns senden.

Institut für Handel und Internationales Marketing

an der Universität des Saarlandes

Herrn Dipl.-Kfm. Joachim Hurth

Postfach 15 11 50

66041 Saarbrücken

Ich bin an den Ergebnissen des Forschungsprojektes „Erfolgsfaktoren mittelständischer Einzelhandelsunternehmen“ interessiert.

Meine Anschrift lautet:

Herr/Frau:
Position:
Firma: **(Stempel)** **Straße:** **Ort:**

B. Operationalisierungsübersicht

Konstrukt	Variablen	Frage im FB	Variable
Bindung an das Unternehmen	Stolz auf das Unternehmen	B1/1	kul1
	Ausgeprägte private Kontakte zwischen den Mitarbeitern	B1/2	kul2
Bürokratieorientierung	Entscheidungsspielraum Führungskräfte genau festgelegt	B1/3	kul3
	Große Anzahl detaillierter Regeln	B1/4	kul4
Systemorientierung	Detaillierte Pläne für Sortiment Detaillierte Pläne für Personal	B1/16	kul161/2
Ergebnis/Leistungsorientierung	Ergebnis zählt	B1/5	kul5
	Überstunden sind normal	B1/6	kul6
Geschwindigkeitsorientierung	Schnelle Entscheidungen	B1/7	kul7
	Kurze Besprechungen	B1/8	kul8
Qualitätsorientierung	Hohe Qualifikationsanforderungen	B1/9	kul9
	Mitarbeiter müssen viele Arbeiten beherrschen	B1/10	kul10
Kundenorientierung	Viel Zeit für Kundenprobleme - Geschäftsführung Viel Zeit für Kundenprobleme - Abteilungsleitung	B1/11	kul111/2
Kommunikationsorientierung	Offenes Vertrauensverhältnis	B1/12	kul12
	Abteilungen wissen, was in anderen Abteilungen passiert	B1/13	kul14
Mitarbeiterorientierung	Karrieremechanismen durchschaubar	B1/14	kul14
	Auch im Beisein von Kunden zu Mitarbeitern halten	B1/15	kul15

Konstrukt	Variablen	Frage im FB	Variable
Erreichbarkeit	Gute Erreichbarkeit Ausreichend Parkplätze	C/Standort2 C/Standort3	erreich park
Agglomeration	Agglomeration ja/nein	C/Standort1	agglo
Filialstrategie	Filialen regional Weitere Filialisierung geplant ja/nein Anzahl Filialen Mitarbeiter	C/Standort4 A7 A5 A3	vertfil planfil fil ma
Unternehmensgröße	Umsatzklasse	D1	umsatz
Kooperationsintensität	Bezugsquote Kooperation Bedeutung der Kooperation für den Unternehmensbestand	C/Beschaffung1 C/Beschaffung4	bezkoop bedkoop
Strategische Allianz	Kooperation über klassische Einkaufskooperation hinaus	C/Beschaffung2	allianz
Beziehungspromotor	Gute persönliche Beziehungen Bedeutung persönlicher Beziehungen	C/Führung4	beurtbez bewbez
Fachgeschäftsstrategie	Preislage Sortimentsbreite	C/Sortiment2	preislag sortbrei
Sortimentsdynamik	Veränderung Sortimentsbreite Veränderung Sortimentstiefe Veränderung Preisniveau	C/Sortiment1	verwg versotie verpreis
Serviceniveau	Serviceniveau Beratung Kulanz Lieferbereitschaft und Zustellung	C/Service3	vergserv vergber vergkul vergzus

Konstrukt	Variablen	Frage im FB	Variable
Veränderung Erscheinungsbild	Wechsel Dekoration Wechsel Schaufenster Wechsel Verkaufsförderung	C/Service3	wechsdek wechscha wechsvfö
Prämien	Prämien Mitarbeiter Prämien Führungskräfte	C/Personal2	prämverk prämfü
Personalintensität	Personalkosten in % des Umsatzes	C/Personal1	persko
Weiterbildung	Häufigkeit Weiterbildung Führungskräfte Häufigkeit Weiterbildung Mitarbeiter	C/Personal3	weiterfü weiterma
Gehaltsniveau	Gehaltsniveau im Vergleich	C/Personal4	gehniv
Nutzung Kundeninfos	Intensität Nutzung Kundeninfos	C/Service4	kundinfo
Wettbewerbsstrategie	Strategien nach Porter	C/Strategie1	strat
Betriebstyp	Betriebstyp	C/Strategie2	betrty
Zusammensetzung Führung	Eigentümer oder Manager	C/Organisation5	zusfü
Erfahrung der Führung	Erfahrung Branche Erfahrung Position Erfahrung Unternehmen Schulausbildung	C/Führung2	erfbra erfpos erfunt schul
Führungsstil	Kontinuum Tannenbaum/Schmidt in strategischen und operativen Fragen	C/Führung5	entschst entschop

Konstrukt	Variablen	Frage im FB	Variable
Wettbewerbsgefahr	Wahrscheinlichkeit neue Wettbewerber	E1	wahrwett
	Gefahr neue Wettbewerber	E2	gefwett
	Wahrscheinlichkeit Direktabsatz	E3	wahrdir
	Gefahr Direktabsatz	E4	gefdir
	Wettbewerbsdruck	E5	druck
Wettbewerbsposition	Kompetenz Mitarbeiter Beurteilung	E6	vergkom
	Bewertung		bedkom
	Service Beurteilung		vergser
	Bewertung		bedser
	Flexibilität Beurteilung		vergflex
	Bewertung		bedflex
	Sortiment Beurteilung		vergser
	Bewertung		bedser
	Standorte Beurteilung		vergstan
	Bewertung		bedstan
	Führung Beurteilung		vergfü
	Bewertung		bedfü
	Kundenorientierung Beurteilung		vergkun
	Bewertung		bedkun

Konstrukt	Variablen	Frage im FB	Variable
Zielerreichung	Bedeutung Umsatzwachstum	B2	bedu
	Bedeutung Gewinn		bedg
	Bedeutung Sicherung des Unternehmensbestandes		bedbest
	Bedeutung Sicherung der Unabhängigkeit		beduna
	Erreichen Umsatzziel	D3	beurtu
	Erreichen Gewinnziel		beurtg
	Sicherung Unternehmensbestand		beurtbes
	Sicherung Unabhängigkeit		beurtuna
Umsatzentwicklung	absolut	D4	entwums
	relativ		veruentw
Gewinnentwicklung	absolut	D4	entwgew
	relativ		vergentw
Produktivität	absolut	D2	ujema
	relativ		prodkonk
Psychologische Marktführerschaft	Marktführer ja/nein	D5	mafü

C. Tabellen der Regressionsfunktion

Tabelle C-1: Regressionsfunktion Unternehmenskultur - Umsatzwachstum

Konstrukt	*Standardisierter Regressions-koeffizient*	*Signifikanzniveau p<=0,05*
Kunden- und Mitarbeiterorientierung	0,166	0,083
Bürokratieorientierung	0,131	0,168
Systemorientierung	0,125	0,188
Ergebnis- und Leistungsorientierung	0,208	0,030
Geschwindigkeitsorientierung	-0,045	0,632
Mitarbeiterkontakte	0,153	0,107
	Ergebnisse der Varianzanalyse df = 6 F = 2,458 p = 0,029	

Tabelle C-2: Regressionsfunktion Nutzung Kundeninformation-Produktivität

Konstrukt	*Standardisierter Regressions-koeffizient*	*Signifikanzniveau p<=0,05*
Nutzung Kundeninformation	0,220	0,023
	Bestimmtheitsmaß $r^2 = 0,048$	
	Ergebnisse der Varianzanalyse df = 1 F = 5,333 p = 0,023	

Tabelle C-3: Regressionsfunktion Standortpolitik-Zielerreichung

Konstrukt	*Standardisierter Regressions-koeffizient*	*Signifikanzniveau $p<=0,05$*
Agglomeration	0,274	0,004
Erreichbarkeit	0,253	0,008
	Bestimmtheitsmaß $r^2 = 0,111$	
	Ergebnisse der Varianzanalyse df = 2 F = 6,619 p = 0,002	

Tabelle C-4: Regressionsfunktion Standortpolitik-Umsatzwachstum

Konstrukt	*Standardisierter Regressions-koeffizient*	*Signifikanzniveau $p<=0,05$*
Agglomeration	0,096	0,327
Erreichbarkeit	0,263	0,009
	Bestimmtheitsmaß $r^2 = 0,068$	
	Ergebnisse der Varianzanalyse df = 2 F = 3,708 p = 0,028	

Tabelle C-5: Regressionsfunktion Standortpolitik-Gewinnwachstum

Konstrukt	*Standardisierter Regressions-koeffizient*	*Signifikanzniveau $p<=0,05$*
Agglomeration	0,125	0,201
Erreichbarkeit	0,267	0,007
	Bestimmtheitsmaß $r^2 = 0,075$	
	Ergebnisse der Varianzanalyse df = 2 F = 4,096 p = 0,019	

Tabelle C-6: Regressionsfunktion Standortpolitik-Produktivität

Konstrukt	*Standardisierter Regressions-koeffizient*	*Signifikanzniveau p<=0,05*
Agglomeration	0,269	0,006
Erreichbarkeit	0,166	0,085
	Bestimmtheitsmaß $r^2 = 0,083$	
	Ergebnisse der Varianzanalyse df = 2 F = 4,689 p = 0,011	

Tabelle C-7: Regressionsfunktion Beziehungspromotorenkonzept-Zielerreichung

Konstrukt	*Standardisierter Regressions-koeffizient*	*Signifikanzniveau p<=0,05*
Beziehungspromotor	0,352	0,000
	Bestimmtheitsmaß $r^2 = 0,124$	
	Ergebnisse der Varianzanalyse df = 1 F = 15,304 p = 0,000	

Tabelle C-8: Regressionsfunktion Beziehungspromotorenkonzept - Umsatzwachstum

Konstrukt	*Standardisierter Regressions-koeffizient*	*Signifikanzniveau p<=0,05*
Beziehungspromotor	0,230	0,018
	Bestimmtheitsmaß $r^2 = 0,053$	
	Ergebnisse der Varianzanalyse df = 1 F = 5,757 p = 0,018	

Tabelle C-9: Regressionsfunktion Sortimentspolitik-Zielerreichung

Konstrukt	*Standardisierter Regressions-koeffizient*	*Signifikanzniveau p<=0,05*
Fachgeschäftsstrategie	-0,143	0,125
Sortimentsdynamik	0,265	0,005
	Bestimmtheitsmaß $r^2 = 0,091$	
	Ergebnisse der Varianzanalyse df = 2 F = 5,325 p = 0,006	

Tabelle C-10: Regressionsfunktion Sortimentspolitik - Umsatzwachstum

Konstrukt	*Standardisierter Regressions-koeffizient*	*Signifikanzniveau p<=0,05*
Fachgeschäftsstrategie	0,005	0,962
Sortimentsdynamik	0,252	0,010
	Bestimmtheitsmaß $r^2 = 0,063$	
	Ergebnisse der Varianzanalyse df = 2 F = 3,454 p = 0,035	

Tabelle C-11: Regressionsfunktion Sortimentspolitik - Produktivität

Konstrukt	*Standardisierter Regressions-koeffizient*	*Signifikanzniveau p<=0,05*
Fachgeschäftsstrategie	0,019	0,839
Sortimentsdynamik	0,328	0,001
	Bestimmtheitsmaß $r^2 = 0,108$	
	Ergebnisse der Varianzanalyse df = 2 F = 6,336 p = 0,003	

Tabelle C-12: Regressionsfunktion Flexibilität - Produktivität

Konstrukt	*Standardisierter Regressions-koeffizient*	*Signifikanzniveau p<=0,05*
Veränderung Erscheinungsbild	0,059	0,538
Prämien	0,280	0,004
	Bestimmtheitsmaß $r^2 = 0,082$	
	Ergebnisse der Varianzanalyse df = 2 F = 4,498 p = 0,013	

Tabelle C-13: Regressionsfunktion Personalpolitik - Zielerreichung

Konstrukt	*Standardisierter Regressions-koeffizient*	*Signifikanzniveau p<=0,05*
Weiterbildung	0,236	0,016
Personalkosten	-1,03	0,275
Gehaltsniveau	0,221	0,025
	Bestimmtheitsmaß $r^2 = 0,135$	
	Ergebnisse der Varianzanalyse df = 3 F = 5,163 p = 0,002	

Tabelle C-14: Regressionsfunktion Personalpolitik -Umsatzwachstum

Konstrukt	*Standardisierter Regressions-koeffizient*	*Signifikanzniveau p<=0,05*
Weiterbildung	0,033	0,738
Gehaltsniveau	0,347	0,001
Personalkosten	-0,203	0,035
	Bestimmtheitsmaß $r^2 = 0,151$	
	Ergebnisse der Varianzanalyse df = 3 F = 5,674 p = 0,001	

Tabelle C-15: Regressionsfunktion Personalpolitik - Gewinnwachstum

Konstrukt	*Standardisierter Regressions-koeffizient*	*Signifikanzniveau p<=0,05*
Weiterbildung	0,006	0,948
Gehaltsniveau	0,259	0,011
Personalkosten	-0,239	0,016
	Bestimmtheitsmaß $r^2 = 0,111$	
	Ergebnisse der Varianzanalyse df = 3 F = 3,999 p = 0,010	

Tabelle C-16: Regressionsfunktion Personalpolitik - Produktivität

Konstrukt	*Standardisierter Regressions-koeffizient*	*Signifikanzniveau p<=0,05*
Gehaltsniveau	0,222	0,023
Personalkosten	-0,246	0,010
Weiterbildung	0,195	0,044
	Bestimmtheitsmaß $r^2 = 0,156$	
	Ergebnisse der Varianzanalyse df = 3 F = 6,052 p = 0,001	

Tabelle C-17: Regressionsfunktion Führungspolitik - Zielerreichung

Konstrukt	*Standardisierter Regressions-koeffizient*	*Signifikanzniveau $p<=0,05$*
Erfahrung der Führung	-0,023	0,817
Kooperativer Führungsstil	-0,258	0,012
	Bestimmtheitsmaß $r^2 = 0,067$	
	Ergebnisse der Varianzanalyse df = 2 F = 3,306 p = 0,041	

Tabelle C-18: Regressionsfunktion Wettbewerbssituation - Zielerreichung

Konstrukt	*Standardisierter Regressions-koeffizient*	*Signifikanzniveau $p<=0,05$*
Wettbewerbsgefahr	-0,264	0,004
Wettbewerbsposition1 (Kundennähe)	0,180	0,048
Wettbewerbsposition2 (Systemprofessionalität)	0,235	0,010
	Bestimmtheitsmaß $r^2 = 0,178$	
	Ergebnisse der Varianzanalyse df = 3 F = 7,527 p = 0,000	

Tabelle C-19: Regressionsfunktion Wettbewerbssituation - Umsatzwachstum

Konstrukt	*Standardisierter Regressions-koeffizient*	*Signifikanzniveau p<=0,05*
Wettbewerbsgefahr	-0,075	0,434
Wettbewerbsposition1 (Kundennähe)	0,187	0,052
Wettbewerbsposition2 (Systemprofessionalität)	0,285	0,003
	Bestimmtheitsmaß $r^2 = 0,131$	
	Ergebnisse der Varianzanalyse df = 3 F = 4,988 p = 0,003	

Tabelle C-20: Regressionsfunktion Wettbewerbssituation - Gewinnwachstum

Konstrukt	*Standardisierter Regressions-koeffizient*	*Signifikanzniveau p<=0,05*
Wettbewerbsgefahr	-0,192	0,037
Wettbewerbsposition1 (Kundennähe)	0,296	0,002
Wettbewerbsposition2 (Systemprofessionalität)	0,236	0,010
	Bestimmtheitsmaß $r^2 = 0,208$	
	Ergebnisse der Varianzanalyse df = 3 F = 8,659 p = 0,000	

D. Mittelwerte Erfolgsfaktoren erfolgreiche und nicht erfolgreiche Unternehmen - nur signifikante Unterschiede

Erfolgsfaktor	Ausprägung	Mittelwert	n	t-Wert	Signifikanz
Kooperativer Führungsstil	erfolgreich	-0,29557	49	-3,107	0,003
	nicht erfolgreich	0,31484	46		
Beziehungspromotor	erfolgreich	20,0000	55	2,755	0,007
	nicht erfolgreich	17,1455	55		
Wettbewerbsposition2 (Systempro-fessionalität)	erfolgreich	0,24160	55	2,613	0,010
	nicht erfolgreich	-0,24608	54		
Weiterbildung	erfolgreich	0,22901	53	2,399	0,018
	nicht erfolgreich	-0,22477	54		
Kunden- und Mitar-beiterorientierung	erfolgreich	0,22432	55	2,404	0,018
	nicht erfolgreich	-0,22432	55		
Agglomeration	erfolgreich	1,6909	55	2,357	0,020
	nicht erfolgreich	1,4727	55		
Gefahr Wettbewerb	erfolgreich	-0,21032	55	-2,258	0,026
	nicht erfolgreich	0,21421	54		

E. Mittelwerte Variablen erfolgreiche und nicht erfolgreiche Unternehmen

Tabelle E-1: Variablenmittelwerte von erfolgreichen und nicht erfolgreichen Unternehmen - Unternehmenskultur

Konstrukt	*Variablen*	*Ausprägung*	*Mittelwert*	*n*	*t-Wert*	*Signifikanz*
Kunden- und Mitarbeiter-orientierung	Viel Zeit für Kundenprobleme - Geschäftsführung	erfolgreich	4,04	55	1,791	0,076
		nicht erfolgreich	3,75	55		
	Viel Zeit für Kundenprobleme - Abteilungsleitung	erfolgreich	3,98	54	2,473	0,015
		nicht erfolgreich	3,50	54		
	Offenes Vertrauensverhältnis	erfolgreich	4,42	55	2,463	0,015
		nicht erfolgreich	4,02	55		
	Stolz auf das Unternehmen	erfolgreich	4,16	55	3,142	0,002
		nicht erfolgreich	3,65	55		
	Hohe Qualifikationsanforderungen	erfolgreich	3,73	55	1,922	0,057
		nicht erfolgreich	3,40	55		
	Mitarbeiter müssen viele Arbeiten beherrschen	erfolgreich	4,15	55	1,621	0,108
		nicht erfolgreich	3,85	55		
Bürokratie-orientierung	Entscheidungsspielraum Führungskräfte genau festgelegt	erfolgreich	3,49	55	0,501	0,617
		nicht erfolgreich	3,38	55		
	Große Anzahl detaillierter Regeln	erfolgreich	2,87	55	1,377	0,171
		nicht erfolgreich	2,55	55		
	Abteilungen wissen, was in anderen Abteilungen passiert	erfolgreich	3,44	55	0,988	0,325
		nicht erfolgreich	3,22	55		
	Karrieremechanismen durchschaubar	erfolgreich	3,51	55	1,207	0,230
		nicht erfolgreich	3,25	55		
System-orientierung	Detaillierte Pläne für Sortiment	erfolgreich	3,76	55	0,485	0,629
		nicht erfolgreich	3,65	55		
	Detaillierte Pläne für Personal	erfolgreich	3,75	55	0,644	0,521
		nicht erfolgreich	3,60	55		
Ergebnis- und Leistungs-orientierung	Ergebnis zählt	erfolgreich	4,13	55	1,279	0,203
		nicht erfolgreich	3,85	55		
	Überstunden sind normal	erfolgreich	3,46	54	0,875	0,383
		nicht erfolgreich	3,24	55		

Konstrukt	*Variablen*	*Ausprägung*	*Mittelwert*	*n*	*t-Wert*	*Signifikanz*
Geschwindigkeitsorientierung	Auch im Beisein von Kunden zu Mitarbeitern halten	erfolgreich	4,35	55	2,006	0,047
		nicht erfolgreich	4,00	54		
	Schnelle Entscheidungen	erfolgreich	4,29	55	1,888	0,062
		nicht erfolgreich	3,96	55		
	Kurze Besprechungen	erfolgreich	4,04	54	2,040	0,044
		nicht erfolgreich	3,62	55		
Mitarbeiterkontakte	Ausgeprägte private Kontakte zwischen den Mitarbeitern	erfolgreich	3,64	53	1,037	0,302
		nicht erfolgreich	3,43	54		

Tabelle E-2: Variablenmittelwerte von erfolgreichen und nicht erfolgreichen Unternehmen - Unternehmenspolitik

Konstrukt	*Variablen*	*Ausprägung*	*Mittelwert*	*n*	*t-Wert*	*Signifikanz*
Erreichbarkeit	Gute Erreichbarkeit	erfolgreich	4,44	55	2,358	0,020
		nicht erfolgreich	4,04	55		
	Ausreichend Parkplätze	erfolgreich	4,07	55	1,263	0,209
		nicht erfolgreich	3,76	54		
Agglomeration	Agglomeration ja/nein	erfolgreich	1,69	55	2,357	0,020
		nicht erfolgreich	1,47	55		
Filialstrategie	Filialen regional	erfolgreich	1,35	55	0,665	0,507
		nicht erfolgreich	1,28	53		
	Weitere Filialisierung geplant	erfolgreich	1,56	55	0,000	1,000
		nicht erfolgreich	1,56	55		
	Anzahl Filialen	erfolgreich	4,09	55	1,007	0,316
		nicht erfolgreich	2,82			
Unternehmensgröße	Managerführung	erfolgreich	1,53	55	0,801	0,425
		nicht erfolgreich	1,40	55		
	Mitarbeiter	erfolgreich	87,62	54	1,532	0,128
		nicht erfolgreich	49,63	53		
Kooperations intensität	Bezugsquote Kooperation	erfolgreich	72,96	55	0,425	0,672
		nicht erfolgreich	71,04	53		
	Bedeutung der Kooperation für den Unternehmensbestand	erfolgreich	4,06	54	0,005	0,996
		nicht erfolgreich	4,05	55		
Strategische Allianz	Kooperation über klassische Einkaufskooperation hinaus	erfolgreich	1,51	55	1,145	0,255
		nicht erfolgreich	1,40	55		
Beziehungspromotor	Beziehungspromotor	erfolgreich	20,00	55	2,755	0,007
		nicht erfolgreich	17,15	55		
Betriebstyp	Hohe Preislage	erfolgreich	3,29	55	-1,59	0,115
		nicht erfolgreich	3,49	55		
	Schmales Sortiment	erfolgreich	2,40	55	-2,89	0,005
		nicht erfolgreich	3,02	55		

Konstrukt	*Variablen*	*Ausprägung*	*Mittelwert*	*n*	*t-Wert*	*Signifikanz*
Sortiments-dynamik	Zunahme Sortimentsbreite	erfolgreich	3,27	55	0,891	0,375
		nicht erfolgreich	3,11	55		
	Zunahme Sortimentstiefe	erfolgreich	3,07	55	0,368	0,713
		nicht erfolgreich	3,00	55		
	Zunahme Preisniveau	erfolgreich	3,13	55	1,115	0,267
		nicht erfolgreich	2,95	55		
Service-niveau	Generelles Serviceniveau	erfolgreich	4,16	55	1,733	0,086
		nicht erfolgreich	3,93	55		
	Beratung	erfolgreich	4,31	55	0,000	1,000
		nicht erfolgreich	4,31	55		
	Kulanz	erfolgreich	4,36	55	1,022	0,309
		nicht erfolgreich	4,22	55		
	Lieferbereitschaft und Zu-stellung	erfolgreich	4,22	55	1,049	0,296
		nicht erfolgreich	4,07	55		
Veränderung Erschei-nungsbild	Wechsel Schaufenster	erfolgreich	4,00	55	0,977	0,331
		nicht erfolgreich	3,80	54		
	Wechsel Dekoration	erfolgreich	3,70	54	1,158	0,249
		nicht erfolgreich	3,45	55		
	Wechsel Verkaufsförderung	erfolgreich	3,04	55	1,630	0,106
		nicht erfolgreich	2,67	54		
Prämien	Prämien Führungskräfte	erfolgreich	2,53	55	0,768	0,444
		nicht erfolgreich	2,31	54		
	Prämien Mitarbeiter	erfolgreich	2,49	55	-0,16	0,871
		nicht erfolgreich	2,54	54		
Weiter-bildung	Weiterbildung Führungs-kräfte	erfolgreich	3,18	55	2,151	0,034
		nicht erfolgreich	2,74	54		
	Weiterbildung Mitarbeiter	erfolgreich	3,17	53	2,382	0,019
		nicht erfolgreich	2,65	55		
Personal-intensität	Personalkosten	erfolgreich	18,84	53	-1,03	0,306
		nicht erfolgreich	19,87	52		
Gehalts-niveau	Gehaltsniveau	erfolgreich	3,36	55	1,886	0,062
		nicht erfolgreich	3,11	55		

Konstrukt	*Variablen*	*Ausprägung*	*Mittelwert*	*n*	*t-Wert*	*Signifikanz*
Erfahrung der Führung	Erfahrung Position	erfolgreich	18,33	55	0,195	0,846
		nicht erfolgreich	17,92	53		
	Erfahrung Branche	erfolgreich	22,40	55	-1,29	0,200
		nicht erfolgreich	25,21	52		
	Erfahrung Unternehmen	erfolgreich	18,60	55	-0,80	0,423
		nicht erfolgreich	20,31	54		
	Schulausbildung	erfolgreich	2,28	54	-0,21	0,833
		nicht erfolgreich	2,30	54		
Kooperativer Führungsstil	Führungsstil bei operativen Fragen	erfolgreich	3,72	50	-2,48	0,015
		nicht erfolgreich	4,50	48		
	Führungsstil bei strategischen Fragen	erfolgreich	2,78	50	-3,22	0,002
		nicht erfolgreich	3,76	54		

Tabelle E-3: Variablenmittelwerte von erfolgreichen und nicht erfolgreichen Unternehmen - Wettbewerbssituation

Konstrukt	*Variablen*	*Ausprägung*	*Mittelwert*	*n*	*t-Wert*	*Signifikanz*
Wettbewerbs gefahr	Gefahr durch neue Wettbewerber	erfolgreich	11,45	55	-0,85	0,397
		nicht erfolgreich	12,38	54		
	Gefahr durch Direktabsatz	erfolgreich	9,13	55	-1,77	0,080
		nicht erfolgreich	11,13	54		
	Wettbewerbsdruck	erfolgreich	4,24	55	-2,46	0,016
		nicht erfolgreich	4,53	55		
Wettbewerbs position1 (Kundennähe)	Wettbewerbsvorteil Service	erfolgreich	19,80	55	1,726	0,087
		nicht erfolgreich	18,24	55		
	Wettbewerbsvorteil Kompetenz der Mitarbeiter	erfolgreich	19,40	55	1,471	0,144
		nicht erfolgreich	18,07	55		
	Wettbewerbsvorteil Kundenorientierung	erfolgreich	18,87	55	1,838	0,069
		nicht erfolgreich	17,09	55		
	Wettbewerbsvorteil Flexibilität	erfolgreich	18,42	55	1,893	0,061
		nicht erfolgreich	16,49	55		
Wettbewerbs position2 (Systemprofessionalität)	Wettbewerbsvorteil Standort	erfolgreich	13,35	55	1,576	0,118
		nicht erfolgreich	11,56	55		
	Wettbewerbsvorteil Sortiment	erfolgreich	16,44	55	2,691	0,008
		nicht erfolgreich	13,93	55		
	Wettbewerbsvorteil Führung	erfolgreich	16,78	55	2,902	0,005
		nicht erfolgreich	14,02	54		

F. Erhebungs- und Auswertungsverfahren der in die Metaanalyse einbezogenen Studien

Autor, Jahr	*Untersuchungsgegenstand*	*Erhebungsverfahren*	*Auswertungsverfahren*
Bierbaum, Harald 1979	24 Betriebe des Textileinzelhandels	keine Angabe	• Regressionsanalyse • Multiple Regression
Burmann, Christoph 1995	70 Warenhausfilialen, 5842 Konsumenten	• Schriftliche Befragung Geschäftsleitung • Persönliche Kundenbefragung	• LISREL • Clusteranalyse • Diskriminanzanalyse • Regressionsanalyse • NLR (Nichtlineare Regression)
Conant, Jeffrey S.; Smart, Denise T.; Solano-Mendez, Roberto 1993	601 Bekleidungsfachgeschäfte	• Schriftliche Befragung	• Faktorenanalyse • Clusteranalyse • Multiple Diskriminanz- und Varianzanalyse
Falter, Hartmut 1992	24 Experten, 90 Filialbetriebe Nonfood	• Mündliche Befragung • Schriftliche Befragung Manager	• t-Test
Gaskill, Frank J. 1993	137 kleine und mittelständische Handelsbetriebe verschiedener Branchen	• Schriftliche Befragung • Persönliche Befragung	• t-Test • Korrelationsanalyse
Good, W. S. 1984	96 Lebensmittelhändler	• Mündliche Befragung Manager	• t-Test • Regressionsanalyse
Gripsrud, Geir; Horverak, Øyvind 1986	24 Lebensmittelgeschäfte	• Experiment	• Regressionsanalyse (ANOVA)
Hildebrandt, Lutz; Trommsdorff, Volker 1989	2 Handelsketten, Sample von Spezialgeschäften	• Haushaltspanel mit 2105 Haushalten	• LISREL • LVPLS
Kube, Christian 1990	77 Gastronomiebetriebe	• Schriftliche Befragung Außendienstler	• LISREL • Regressionsanalyse • Faktorenanalyse

Autor, Jahr	*Untersuchungsgegenstand*	*Erhebungsverfahren*	*Auswertungsverfahren*
Lord, J. Dennis; Lynds, Charles D. 1982	16 Spirituosengeschäfte	• keine Angabe	• Regressionsanalyse
Lusch, Robert F.; Moon Soo Young 1984	751 Eisenwarenhändler	• Schriftliche Befragung (sekundäre Verbandsdaten)	• Regressionsanalyse • t-Test
Olbrich, Rainer 1994	54 Systemzentralen des Lebensmittelhandels	keine Angaben	• Varianzanalyse • Korrelationsanalyse
Patt, Paul-Josef 1990	55 textile Bekleidungsfachgeschäfte	• Strukturierte Expertengespräche mit Hilfe eines Fragebogens • Teilweise schriftliche Befragung, z.B. bei objektivierbaren Daten • Betriebsbesichtigung	• Korrelationsanalyse • t-Test • Faktorenanalyse • Clusteranalyse • Chi-Quadrat-Test • Multiple Regressionsanalyse
Sineath, William P. 1974	139 Fachgeschäfte in 11 Shopping-Centern	• Schriftliche Befragung Unternehmensleiter • 6251 Konsumentenbefragungen	• Multiple Regressionsanalyse • Kovarianzanalyse (ANCOVA)
Sulek, Joanne M.; Lind, Mary R.; Maruchek, Ann S. 1995	46 Filialen eines regionalen Lebensmittelhändlers; 1537 Konsumetenbefragungen	• Standardisierte Befragung	• LISREL
Thurik, Aadrian R. 1984	211 Supermärkte	• Sekundäranalyse	• Ökonometrisches Modell (Maximum Likelihood)
Thurik, Aadrian R. 1984	946 Fachgeschäfte	• Sekundäranalyse	• Ökonometrisches Modell (Maximum Likelihood)
Thurik, Aadrian R. 1984	451 Lebensmittel- und Bekleidungsgeschäfte	• Sekundäranalyse	• Ökonometrisches Modell (Maximum Likelihood)
Wahle, Peter 1991	127 Fachgeschäfte des Radio- und Fernseheinzelhandels sowie 6 Unternehmen und 434 Konsumenten in Siegen	• Standardisierte schriftliche Befragung	• Clusteranalyse • Diskriminanzanalyse • Faktorenanalyse • Regressionsanalyse

Autor, Jahr	*Untersuchungsgegenstand*	*Erhebungsverfahren*	*Auswertungsverfahren*
Wöllenstein, Stephan 1996	345 Vertragshändler eines Automobilherstellers	• Schriftliche Befragung	• Faktorenanalyse • LISREL • Diskriminanzanalyse • Clusteranalyse • Varianzanalyse • Regressionsanalyse
Zopp, Hans 1965	180 Facheinzelhandelsbetriebe aus sechs verschiedenen Branchen in Nordrhein-Westfalen	• Daten des Betriebsvergleichs des IfH Köln • Persönliche Befragung zur Ermittlung von Zusatzdaten	• Korrelationsanalyse

ERFOLGSKONZEPTE

Clive Woodger

Erfolgreiches Handels-Design

Der kostensparende Weg zum unverwechselbaren Handelsprofil

1998, 200 Seiten, über 120 vierfarbige Abbildungen, gebunden mit Schutzumschlag
Bestell-Nr. 50577 DM 178,– (SFr 158,–/ öS 1.299,–)

Clive Woodger hat weltweit Handelsbetriebe geplant und nach einem integrierten Design-Konzept realisiert.

Aus dem Inhalt: Corporate Identity als Gesamtkonzept • Außenflächen – Attraktion oder Mißerfolg? • Corporate Architecture • Innenraumgestaltung im Wandel • Wegeführung zum Verkauf • Grafische Kommunikation rundum perfekt • Service oder Wüste? • Marketing • u. v. m.

Sarah Auer / Roman Koidl

Convenience Stores – Handelsform der Zukunft

1997, 274 Seiten, gebunden mit Schutzumschlag, mit über 170 vierfarbigen Abbildungen und Checklisten
Bestell-Nr. 50492 DM 128,– (SFr 114,–/ ÖS 934,–)

Aus dem Inhalt: Entwicklung, Chancen, Marktpotential • Der deutsche Convenience-Markt • Convenience als Qualitätsphilosophie • C-Ladentypen • C-Shopper • C-Betreiber-Profile • C-Produkte • C-Faktoren: Atmosphäre, Sortiment, Standort und Zeit • C-Fachbegriffe (dt./engl.) • Checklisten zu Shopgestaltung und Sortiment • u.v.m.

Hans-Peter Liebmann / Joachim Zentes (Hrsg.)

HandelsMonitor

Zukunftsperspektiven im Handel

Der Trendletter für das Top-Management erscheint zweimal jährlich, mit jeweils über 100 Seiten und zahlreichen Grafiken
Bestell-Nr. 50579 DM 378,–
(SFr 336,–/ öS 2.759,–) für zwei Ausgaben

ständig aktuell!

Aus dem Inhalt: Einschätzung der Konjunkturlage für Handel und Industrie • Zukünftige Kooperationspotentiale zwischen Industrie und Handel • Einkauf und Beschaffung des Handels • Die Einführung des Euro • Aktivitäten zum Jahrtausendwechsel: Was ist in Planung? • Maßnahmen zur Kundenbindung • Entwicklungen und Trends: Wo liegen Durchsetzungspotentiale? • Wettbewerb der Zukunft – Wo liegt Ihr Unternehmen? Wie sehen die Hersteller-Handels-Beziehungen tatsächlich aus? • u.v.m.

Erhältlich in jeder Buchhandlung!
Deutscher Fachverlag · 60264 Frankfurt

dfv DEUTSCHER FACHVERLAG FACHBUCH

MANAGEMENT

Praxis im Handel

Erwin Dichtl / Michael Lingenfelder (Hrsg.)

Handel im Wandel

Erfolgsstrategien – gestern, heute und morgen

1998, 320 Seiten, gebunden

Bestell-Nr. 50603 DM 68,– (SFr 62,– / öS 496,–)

Aus dem Inhalt: Unternehmenspolitik • Kundenorientierung • Marketinginstrumente • Standort • Ladengestaltung • Sortiment • Preis und Bezahlung • Verkaufstechnik • Werbung • Beschaffung und Logistik • Verwaltung und Controlling • Ordnungspolitische Rahmenbedingungen • u.v.m

Zukunft im Handel Bd. 8

Zentes / Swoboda (Hrsg.)

Globales Handelsmanagement

Voraussetzungen – Strategien – Beispiele

1998, 320 Seiten, zahlreiche Abbildungen, gebunden mit Schutzumschlag

Bestell-Nr. 50588 DM 128,– (SFr 114,– / öS 934,–)

Aus dem Inhalt: Rahmenbedingungen an Beispielen aus Europa, Asien und Nordamerika • Welche konkreten Internationalisierungsstrategien setzt der Handel ein? • Welche internationalen Beschaffungskooperationen geht der EH ein? • Die neue Rolle von Electronic Commerce, ECR, Category Management • Unternehmensführung in internationalen Handelsunternehmen • u.v.m.

Brandmeyer / Deichsel (Hrsg.)

Jahrbuch Markentechnik 97/98

1997, 368 Seiten, gebunden mit Schutzumschlag

Bestell-Nr. 50538 DM 148,–

(SFr 131,– / öS 1.080,–)

Jahrbuch 1995/96: **Bestell-Nr. 50458 DM 148,–**

Aus dem Inhalt: Vom Werden der Modemarke (Berger) • Biedermann, Benetton und die Brandstifter (Brandmeyer) • Die Marke als Gestaltsystem (Deichsel) • Die Vernunft kollektiver Subjekte (Etzioni) • Die Führung des Markenkapitals (Kapferer) • Vor Abweichungen wird gewarnt (Peitgen) • Die Selbstzerstörung der Duftbranche (Schmidt) • Lob der Einfachheit (Vasata) • u.v.m.

Erhältlich in jeder Buchhandlung!
Deutscher Fachverlag · 60264 Frankfurt

dfv DEUTSCHER FACHVERLAG FACHBUCH

Management

Ulrich Byszio

Erfolg mit Shop-in-the-Shop

Reihe „Zukunft im Handel“ Bd. 2

1995, 401 Seiten, gebunden mit Schutzumschlag, zahlreiche Farbabbildungen, Tabellen und Übersichten
Bestell-Nr. 50501, DM 128,- (SFr 114,- / ÖS 934,-)

Aus dem Inhalt: Die Verbreitung von Shop-in-the-Shop-Konzepten ● Rahmenbedingungen für die Einführung und Betreibung eines Shop-in-the-Shop-Konzeptes ● Hemmende und fördernde Gründe ● Entscheidungsmodelle ● Vertragsgestaltung ● Sortiment, Preis, Marke und Menge ● Shopgestaltung ● Personal ● Werbung und VKF ● Künftige Entwicklung ● u.v.m.

Lebensmittel Zeitung   M+M EUROdATA

Storecheck

1995, 632 Seiten, über 1.200 vierfarbige Abbildungen, im stabilen A4-Ordner
Bestell-Nr. 50489, DM 1.476,60
(SFr 1.314,- / ÖS 10.779,-)

Storecheck^PC: Preis und Leistung auf Anfrage

Storecheck bietet mit umfangreichem Daten- und Bildmaterial hochpräzise Informationen zu Grundstruktur-, Flächen-, Positionierungs-, Preis-, Verkaufsförderungs-, Warenpräsentations-, Sortiments-, Kommunikations- und Einkaufspolitik der 70 wichtigsten Vertriebslinien im deutschen Lebensmittelhandel. Ideal für Ihre gesamte Handelsabsatzpolitik.

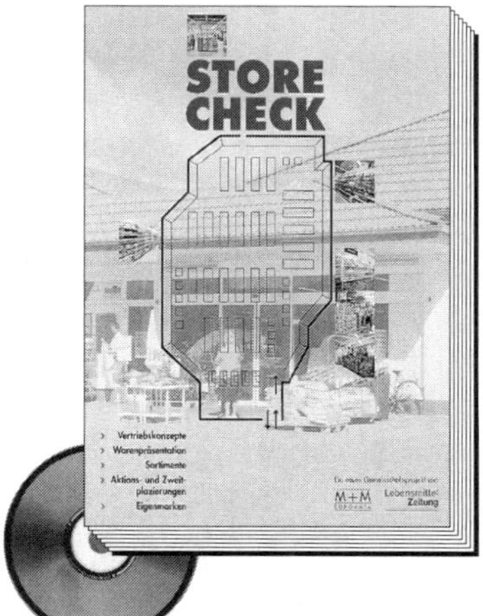

Dieter Jennen

Handelsumsätze steuern lernen

Erfolgskonzepte für Praktiker aus Handel und Industrie

1996, 322 Seiten im stabilen A4-Ordner, mit zahlreichen Checklisten und Arbeitshilfen, Abbildungen und Handelslexikon im Anhang
Bestell-Nr. 50515, DM 148,- (SFr 131,- / ÖS 1.080,-)

Aus dem Inhalt: IST-Analysen für Handel und Industrie: Betrieb, Plazierung, Preise, Werbung etc. ● Die Kundenbefragung ● Den Kundenlauf ermitteln ● Verkaufs- und Kaufarten ● Erfolgsfaktor Sortiment ● Neue Zielgruppen gewinnen ● Ladenzonen ● Die Plazierung ● Handelslexikon von A - Z ● u.v.m.

Erhältlich in jeder Buchhandlung!
Deutscher Fachverlag • 60264 Frankfurt

dfv DEUTSCHER FACHVERLAG FACHBUCH